Gerhard Rohlfs
Anmerkungen zu einem bewegten Leben

Günter Bolte

Gerhard Rohlfs

Anmerkungen zu einem bewegten Leben

Edition Falkenberg

1. Auflage 2019
Copyright © Edition Falkenberg, Bremen
ISBN 978-3-95494-201-5
www.edition-falkenberg.de

Abbildung auf dem Umschlag: Deutsche Rundschau für Geographie und Statistik, 1896

Alle Rechte vorbehalten. Kein Teil des Werkes darf in irgendeiner Form (durch Fotografie, Mikrofilm oder irgendein anderes Verfahren) ohne schriftliche Erlaubnis des Verlages reproduziert oder unter Verwendung elektronischer Systeme verarbeitet, vervielfältigt oder verbreitet werden.

www.edition-falkenberg.de

Inhalt

1. Biografie, Biografen und biografische Daten 7

2. Geburt, Elternhaus, Kindheit, Geschwister, Hauslehrer 12

3. Rohlfs als Gymnasiast 15

4. Militärzeit in Bremen und Schleswig-Holstein 19

5. Medizinstudium 21

6. Soldat in Österreich 23

7. Fremdenlegionär 25

8. »Mein erster Aufenthalt in Marokko und Reise südlich vom Atlas durch die Oasen Draa und Tafilet« 31

9. »Reise durch Marokko, Uebersteigung des grossen Atlas, Exploration der Oasen von Tafilet, Tuat und Tidikelt und Reise durch die grosse Wüste über Rhadames nach Tripoli« 42

10. »Quer durch Afrika - Reise vom Mittelmeer nach dem Tschad-See und zum Golf von Guinea« 49

11. »Im Auftrage Sr. Majestät des Königs von Preussen mit dem Englischen Expeditionscorps in Abessinien« 69

12. »Von Tripolis nach Alexandrien Beschreibung der im Auftrage Sr. Majestät des Königs von Preussen in den Jahren 1868 und 1869 ausgeführten Reise« 87

13. Die Tunesische Mission 96

14. Aufarbeitungszeit 100

15. »Drei Monate in der libyschen Wüste« 104

16. Reiseauswertung 112

17. Vortragsreise in die USA 116

18. Neue Pläne und Aktivitäten 118

19. »Kufra - Reise von Tripolis nach der Oase Kufra - Ausgeführt im Auftrage der Afrikanischen Gesellschaft in Deutschland« 121

20. Auf der Suche 131

21. »Meine Mission nach Abessinien Auf Befehl Sr. Maj. des Deutschen Kaisers im Winter 1880/81« 133

22. Erste Schritte auf diplomatischer Bühne 141

23. Parallel laufende Aktivitäten 144

24. Generalkonsul in Sansibar 146

25. Rückkehr 158

26. Pläne 163

27. Umzug 165

28. Letzte Jahre 167

29. Berufe - Tätigkeiten 170

30. Seine Person 177

Anhang

Quellenverzeichnis 182

Lebenslauf 195

1.
Biografie, Biografen und biografische Daten

Über Gerhard Rohlfs – mit vollem Namen Friedrich Gerhard Rohlfs – gibt es eine Reihe von Biografien, und zwar in Buchform[1], als umfangreiche Beiträge in Sammelwerken[2], als Artikel in Lexika, Zeitschriften und Zeitungen[3] oder als Vorwort in Neuauflagen seiner

---

1   in zeitlicher Reihenfolge ihres Erscheinens: Konrad Guenther: Gerhard Rohlfs - Lebensbild eines Afrikaforschers, Freiburg 1912, zitiert als Guenther Alwin Belger: Die große Zeit deutscher Afrikaforschung und Kolonialarbeit. Nach dem Briefwechsel von Gerhard Rohlfs, ohne Jahr, [ca 1942], nur als ungedrucktes Manuskript im RA [Rohlfs-Archiv im Heimatmuseum Schloss Schönebeck. Rohlfs - Ein großer Afrikaforscher, Leipzig 1963, zitiert als Müller Hans-Otto Meissner: Durch die sengende Glut der Sahara, die Abenteuer des Gerhard Rohlfs, Stuttgart 1967 Wolfgang Genschorek: Im Alleingang durch die Wüste - Das Forscherleben des Gerhard Rohlfs, Leipzig 1982, zitiert als Genschorek. Rainer-K. Langner: Das Geheimnis der großen Wüste - Auf den Spuren des Saharaforschers Gerhard Rohlfs, Frankfurt am Main 2004, zitiert als Langner. Horst Gnettner: Der Bremer Afrikaforscher Gerhard Rohlfs - Vom Aussteiger zum Generalkonsul. Eine Biografie, Bremen 2005, zitiert als Gnettner

2   E. G. Erich Lorenz, Der Pilger Mustapha, in: Pfadsuche in der Wüste, Stuttgart 1931. Ewald Banse: Unsere großen Afrikaner - Das Leben deutscher Entdecker und Kolonialpioniere, Gerhard Rohlfs, Berlin 1942, S. 78-114, zitiert als Banse. Herbert Scurla (Hg): Zwischen Mittelmeer und Tschadsee - Reisen deutscher Forscher im 19. Jahrhundert durch Nord- und Zentralafrika, Berlin 4. Auflage 1970, Vom Mittelmeer zum Tschadsee S. 521-598: Robert Rotberg (Hg.): Africa and its Explorers, Massachusetts 1970, Wolfe W. Schmokel: Gerhard Rohlfs - The Lonely Explorer, S. 175-221, zitiert als Schmokel Anke Helfensteller und Heike Kammerer-Grothaus (Hg.): Afrika-Reise - Leben und Werk des Afrikaforschers Gerhard Rohlfs, 1998, zitiert als Helfensteller (Hg.) Helfensteller (Hg.), Horst Gnettner, Gerhard Rohlfs - der Bremer Afrikaforscher, S. 13-22

3   eine Auswahl: J. G. Kohl: Der Afrikareisende Gerhard Rohlfs, in Nr. 1074 der Illustrirten Zeitung vom 30. 1.184, zitiert als Kohl Frank Leslie's Illustrierte Zeitung, Nr. 956 Band XXXVII Nr. 23, New York, 4.12.1875, Gerhard Rohlfs, zitiert als Leslies Zeitung Der Fortschritt der Zeit, Nr. 170, Milwaukee 1876, Gerhard Rohlfs, der Afrika-Reisende Meyer's Conversation-Lexikon, III. Auflage 1878, S. 722, 723, zitiert als Meyers Lexikon 1878 Deutsche Rundschau Band II. 1880, Gerhard Rohlfs (unter Berühmte Geographen, Naturforscher und Reisende), S. 294, zitiert als Deutsche Rundschau 1880 Conrad Weidmann: Deutsche Männer in Afrika - Lexicon der hervorragendsten deutschen Afrika- Forscher, Missionare etc., Lübeck 1894 Paul Heichen: Afrika Hand-Lexikon - Ein Nachschlagebuch für Jedermann, S. 1094, 1095, Leipzig ohne Jahr [1895], zitiert als Heichen Brockhaus Konversations-Lexikon, 14. Auflage 1894/96, Band 13, S. 922 Deutsche Geographische Blätter, Band XIX,

Bücher[4]. Eine Selbstbiografie gibt es außer den Aufzeichnungen über seine Kindheit und Jugend in Vegesack[5] nicht.

Unter allen Biografien sind die ältesten besonders interessant:

Zunächst hat sich der Stadtbibliothekar Johann Georg Kohl versucht[6]. Er dürfte sich in Bremen umgehört haben, und zwar wohl auch bei den beiden ihm persönlich bekannten Brüdern Hermann und Heinrich Rohlfs[7]. Besonders Hermann Rohlfs könnte ihm etliche Informationen gegeben – und negative vorenthalten – haben, zumal er sich im Sommer 1863 mit dem verloren geglaubten Bruder Gerhard in Algier getroffen und von ihm dessen Geschichte mit allen Höhen und Tiefen gehört haben dürfte. Hermann Rohlfs hat wahrscheinlich auch das Atelierfoto mitgebracht, das die Vorlage für den Holzstich abgegeben hat[8].

Auf der anderen Seite können spätere biografische Daten nur von Rohlfs selbst stammen[9], wenn er den Artikel nicht gar selbst geschrieben hat[10]. Es wird nachzuweisen sein,

---

    Heft 4, Bremen 1896, W[ilhelm] Wolkenhauer, Gerhard Rohlfs 1831 – 1896, S. 165–182, zitiert als Wolkenhauer Dietmar Henze: Enzyklopädie der Entdecker und Erforscher der Erde, Band 4 Pallegoix – Soposchnikow, Graz 2000, S. 647–659

4   als Beispiel Herbert Gussenbauer: Einleitung des Herausgebers – in: Gerhard Rohlfs: Quer durch Afrika, Stuttgart 1984, und Jaques Debetz: Voyages & Explorations au Sahara – Tome 1, Paris 2001, zitiert als Debetz

5   Neue Deutsche Rundschau (Freie Bühne) 1898, Franz Giesebrecht (Hg.) Einleitung zu Gerhard Rohlfs' Briefe aus Abessinien, S. 883–886, zitiert als Giesebrecht

6   J(ohann) G(eorg) Kohl: Der Afrikareisende Gerhard Rohlfs, in Illustrirte Zeitung, Leipzig, Nr. 1074 vom 30. Januar 1984, zitiert als Kohl

7   Briefe im nicht katalogisierten Bestand der Staats- und Universitäts-Bibliothek Bremen

8   Ein zweites Foto aus diesem Studio trägt den handschriftlichen Vermerk von Rohlfs: »Erstes Foto aus Algier 1861«, was möglich ist, da er in diesem Jahr wie im Sommer 1863 in Algier war. Wenn die Fotos bereits aus 1861 stammen, bleibt die Frage offen, wann sie nach Bremen gekommen sind. Stammen sie erst aus 1863, dürfte Hermann Rohlfs sie auf jeden Fall mitgebracht haben.

9   Victor Adolphe Malte-Brun: Résumé historique et géographique de l'Exploration de Gérard Rohlfs au Touât et a In-Câlah d'après le journal de ce voyageur publié par les soins d'Aug. Petermann, Paris 1866, S. 7 und 8 – zitiert als Malte-Brun, beispielsweise auch für die in den USA erschienenen Artikel – siehe unter Anmerkung 3

10   Was für den Artikel in Meyer's Conservation-Lexikon 1878 anzunehmen ist, da er besonders zu der Zeit Artikel über Reisende – für den »alten Fechtbruder« Meyer, nach Brief RA 24.43a, ohne Datum, Hermann Meyer an Gerhard Rohlfs – geschrieben hat, was als Beispiel bezüglich des Artikels bei Conrad Weidmann im Brief vom 13.1.1894 von Conrad Weidmann an Gerhard Rohlfs belegt ist, RA 29.11. Nach der Korrespondenz im RA zu urteilen hat Rohlfs 67 Biografien geschrieben.

dass in diesen frühen Biografien bewusst und gewollt Angaben weggelassen oder geschönt sind, so dass Aussagen getroffen wurden, die der Quellenlage nicht entsprechen.

Wenn eine Biografie auf Fakten und Interpretationen reduziert wird, dann hat der Biograf zunächst seine Angaben sorgfältig zu recherchieren, was vor allem bei den späteren Biografen überwiegend sehr leichtfertig gehandhabt worden ist, so dass sich erkennbare Fehler bis in neueste Publikationen gehalten haben[11]. Darauf wird einzugehen sein. Erst in den letzten Jahren sind weitere Quellen zugänglich geworden, was nicht von allen Biografen bemerkt worden zu sein scheint.

Dass Biografen bei der Interpretation der von ihnen herangezogenen Fakten zu abweichenden Ergebnissen kommen, ist nicht zu beanstanden, regen unterschiedliche Einschätzungen doch die Diskussion über das bewegte Leben des Gerhard Rohlfs an.

Die erste Biografie in Buchform hat eine bezeichnende Geschichte: Ewald Banse hat 1909, wie er am 20.2.1933 Alwin Belger, dem seinerzeitigen Schriftführer des Heimatmuseums Vegesack (heute: Heimatmuseum Schloss Schönebeck), schrieb[12], von Tripolis aus bei Frau Rohlfs um Material für eine Biografie angefragt. Sie, die zu Lebzeiten ihren Mann vergeblich zu einer Biografie angeregt hatte[13], begrüßte das Vorhaben, war aber nicht bereit, das Material nach Tripolis zu senden. Das ist bei dem Umfang und den mit einem Versand verbundenen Gefahren auch verständlich. Banse war nach eigenem Bekunden darüber verärgert und ließ den Plan fallen.

Er hat dann 1942 den Band »Unsere großen Afrikaner – Das Leben deutscher Entdecker und Kolonialpioniere« herausgebracht, in dem in dem Kapitel »Die geistige Besitzergreifung« auch das Leben von Gerhard Rohlfs dargestellt und kritisch gewürdigt wird.

Frau Rohlfs hat Banses Vorhaben aber im Familienkreis angesprochen und der Neffe Konrad Guenther[14] hat diese Aufgabe übernommen und mit der Biografie »Gerhard Rohlfs – Lebensbild eines Afrikaforschers« Banse überrascht, der gegenüber Belger meinte: »… ein nettes Lesebuch, aber nicht mehr.« Es war für ihn »… weder eine psychologisch eindringende Biografie, noch eine geographisch ausreichende Würdigung«[15]. Dabei waren die Voraussetzungen für Konrad Guenther gut. Er war zwar Zoologe und

---

11   als Beispiel Gisela Graichen, Horst Gründer: Deutsche Kolonien – Traum und Trauma, Berlin 2005, S. 47ff, Charlotte Trümpler (Hg.): Das grosse Spiel – Archäologie und Politik, Essen, Köln 2008, Karin Kindermann: Gerhard Rohlfs – Vom Abenteurer zum Forschungsreisenden, S. 48-57
12   RA 1933 – Banse
13   Guenther, S. 339
14   Ein Sohn ihrer Schwester Barbara Julie, die mit Hermann Julius Adolf Guenther verheiratet war
15   RA 1933 – Banse, siehe Anmerkung 9

damit nicht von seiner Ausbildung war auf den Gebieten bewandert, um die sich Rohlfs vornehmlich bemüht hatte, ihm stand aber zunächst der gesamte Nachlass zur Verfügung: eine umfangreiche Fachbibliothek einschließlich vieler Fachzeitschriften und ein umfangreicher Briefnachlass, der zu der Zeit auch noch die privaten Briefe enthielt, die später auf Wunsch von Frau Rohlfs verbrannt worden sind[16].

Guenther hat Rohlfs auch persönlich gekannt. Er war bei dessen Tod 19 Jahre alt, dürfte sich also kaum mit ihm über biografische Gegebenheiten unterhalten haben.

Dafür stand ihm nur noch Frau Rohlfs zur Verfügung, da auch Adelheid Rohlfs als letzte noch lebende Schwester Rohlfs' 1908 verstorben war.

Die Biografie enthält etliche Details, die nur von Frau Rohlfs, der Guenther auch sein Werk gewidmet hat[17], stammen können. Die Frage ist nur, was hat Frau Rohlfs von dem Leben ihres Mannes bis zu ihrer Heirat 1870 gewusst? Guenther sagt selbst[18], Rohlfs wollte auf bestimmte Phasen seines Lebens nicht angesprochen werden. Es ist bei seinen abenteuerlichen Vorhaben fraglich, ob er seiner Frau alles erzählt hat. Zweifel sind angebracht, beispielsweise in der Frage, wo Rohlfs zur Schule gegangen ist. Wolkenhauer, der sich um einen lesenswerten Nachruf bemüht hat[19], stand mit Frau Rohlfs über Einzelheiten in Briefwechsel und hat betont, dass er – offensichtlich im Gegensatz zu Frau Rohlfs – sich nach Recherchen in Bremen sicher war, Rohlfs habe zuletzt eine Schule in Bremen besucht, was Gnettner aus Guenther auch zugänglichen Quellen nachgewiesen hat[20] und was bereits bei Kohl nachzulesen ist[21]. Frau Rohlfs hat das wohl nicht gekannt oder geglaubt und durchgesetzt, dass die seinerzeit bereits widerlegte Aussage Eingang in die Biografie fand. Auch dieser Fehler wird bis in die Gegenwart hinein zitiert[22].

So ist zu befürchten, dass auch andere Aussagen von Guenther der Durchsicht von Frau Rohlfs, die ihren Mann ausschließlich positiv dargestellt sehen wollte, zum Opfer fielen.

Das kann den Wert von Biografien aus der Feder von Verwandten mindern, ohne sich dem Urteil von Banse[23] anzuschließen, es sollte die notwendige Distanz beachtet werden.

---

16   Brief vom 20.6.1937 von Alwin Belger an Rudolph Said Ruete, RA – Belger
17   »Seiner lieben Tante und treuen Mitarbeiterin Frau Lony Rohlfs gewidmet vom Verfasser.«
18   Guenther, S. 18
19   Wolkenhauer, S. 165-182
20   Gnettner, S. 21
21   siehe Anmerkung 6
22   Zum Beispiel Charlotte Trümpler (Hg.): Das grosse Spiel – Archäologie und Politik, Essen und Köln 2008, Karin Kindermann: Gerhard Rohlfs – Vom Abenteurer zum Forschungsreisenden, S. 48-57, hier: S. 48
23   Banse, S. 78-114

Die nächste Einzelbiografie stammt von Alwin Belger, dem bereits angesprochenen Museumsmitarbeiter, der sich intensiv mit Rohlfs beschäftigt hat. Gemeint ist nicht nur seine kleine Schrift »Gerhard Rohlfs« Niedersachsens Gestalten und Zeiten, Heft 3, ohne Jahr, sondern seine Arbeit »Die große Zeit deutscher Afrikaforschung und Kolonialarbeit – Nach dem Briefwechsel von Gerhard Rohlfs«, die um 1942 entstanden ist und von der es nur ein unveröffentlichtes Manuskript gibt[24].

Was ihm fehlt, ist die kritische Distanz, wie aus seinem Fazit hervorgeht: Gerhard Rohlfs »trug durch opferfreudige Einsatzbereitschaft seinen Teil dazu bei, daß unser Vaterland in der zweiten Hälfte des vorigen Jahrhunderts – aus heutiger Sicht des 19. Jahrhunderts, der Verf. – den Platz an der Sonne erhielt, den es unbedingt beanspruchen mußte«.

Die Autoren weiterer Einzelbiografien, Schneider, Genschorek und Langner, haben den Nachlass im Heimatmuseum Schloss Schönebeck[25] nicht eingesehen und auch sonst leichtfertig recherchiert, jedenfalls kaum neue Fakten erschlossen. Ihre Interpretationen lassen über weitere Zusammenhänge nachdenken.

Allein Gnettner hat sich in seiner Biografie »Der Bremer Afrikaforscher Gerhard Rohlfs«[26] intensiv bemüht, weitere Quellen zu erschließen, was ihm vor allem über die Militärzeiten auch gelungen ist. Zudem hat er aus dem Briefverkehr manches entnommen, was zu neueren Erkenntnissen geführt hat.

In der Zwischenzeit hat Debetz[27] tiefere Einsicht in die früher nicht einsehbaren Archive der Fremdenlegion nehmen können und ist auch der Rohlfs-Teil aus dem Perthes-Archiv einsehbar gewesen, so dass neue Aspekte aufgetaucht sind, die Korrekturen an den bisherigen Biografien erfordern.

Das heißt nicht, das jetzt alle Fragen geklärt sind – im Gegenteil, es werden eine Reihe neue Fragen zu stellen sein, wenn man parallel alle Biografien, Rohlf's Bücher, seine Artikel und die im Nachlass vorhandenen und sonst bekannt gewordenen Briefe und Aktenvermerke liest.

Diese Arbeit soll die Lektüre der angesprochenen Veröffentlichungen nicht ersetzen, sie soll sie ergänzen.

---

24 Unter Nr. 10 Bel 2 im Nachlass von Gerhard Rohlfs im Heimatmuseum Schloss Schönebeck.
25 Ist seit 1980 im »Gesamtverzeichnis national wertvollen Kulturguts und national wertvoller Archive« aufgenommen (im Internet einsehbar)
26 Siehe Anmerkung 1
27 Siehe Anmerkung 4

2.
Geburt, Elternhaus, Kindheit, Geschwister, Hauslehrer

»Meine liebe Frau, Mehrgebärende, Vegesack d. 14. April«. So dokumentierte der Arzt und Geburtshelfer Gottfried Heinrich Rohlfs unter Nr. 1203 die Geburt seines 6. Kindes aus seiner zweiten Ehe mit Maria Adelheid Wernsing aus Badbergen (nördlich von Osnabrück) in seinem Notizbuch, in dem er alle Geburten registrierte, bei denen er Beistand leistete[28]. Es war der 14. April 1831 und nicht 1832, wie verschiedentlich[29] – und selbst von Georg Schweinfurth[30], dem Onkel seiner späteren Frau – geschrieben wurde.

Rohlfs beschrieb ein gutbürgerliches Elternhaus und seine Kindheit in einem längeren Artikel[31] anschaulich und erwähnte, wie auch unter den wohl auf ihn zurückgehenden biografischen Angaben[32], keine Besonderheiten, da er »sich körperlich und geistig frühzeitig entwickelte«[33] Anders Genschorek: Rohlfs war das »Sorgenkind der Familie.« »Noch lange fürchteten die Eltern, das Kind wieder zu verlieren.« »Eine Krankheit löste die Andere ab.«[34] Da dafür keine Belege angeführt und gefunden wurden, bleibt als einziges Indiz der eher lange Abstand zwischen Geburt und Taufe: 14. April 1831 – 22. Juni 1831[35].

Auch Müller äußerte sich vorher in dieser Richtung ähnlich, aber auch ohne Quellenangabe: »In den ersten Lebensjahren war Gerhard oft krank, ein schwieriges, eigensinniges Kind«[36].

Rohlfs hatte 6 Geschwister, 2 ältere Brüder – Johann Hermann Rohlfs (1834 – 1886) und Gottfried Heinrich (1827 – 1898), die beide wie der Vater Arzt wurden – und 4

---

28 Im Rohlfs-Nachlass im Heimatmuseum Schloss Schönebeck unter R 281a
29 Meyer's Conversation Lexikon, 3. Auflage 1878, Band 13, S. 722, Malte-Brun, S. 7, Heichen, S. 1094; Wolkenhauer, S. 166, hat bereits auf den Fehler hingewiesen
30 Georg Schweinfurth: Gerhard Rohlfs 1831 – 1896 – in: Westermanns Monatshefte, 1897, S. 565 – 577
31 Giesebrecht, S. 883 – 886
32 Siehe alle Quellen unter Anmerkung 3
33 Kohl, siehe Anmerkung 6
34 Genschorek, S. 7
35 RA 2.70a – Auszug aus dem Kirchenbuch von Vegesack vom 22.7.1870 durch Heinrich Albrecht Zedler
36 Müller, S. 21

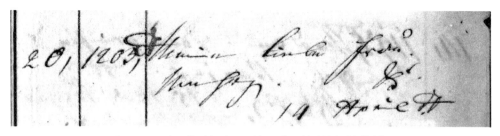

Auszug aus dem Notizbuch vom Vater Gottfried Heinrich Rohlfs

Schwestern – Helene Marie Adelheid (1822–1880), die einen Arzt heiratete und als einzige unter den Geschwistern Kinder hatte, Johanna Elisabeth (1826–1895), Adelheid Henriette (1829–1908) und Julie Charlotte (1834–1855), die alle unverheiratet blieben.

Über die Vorfahren ist ist wenig bekannt, da sich die – wohl von Rohlfs initiierten und bezahlten – Angaben im Genealogischen Handbuch über seinen Großvater und darüber hinaus als unrichtig herausgestellt haben[37].

Da es sich die Eltern leisten konnten, ließen sie ihre Kinder durch Hauslehrer unterrichten, wobei die Brüder zu gegebener Zeit auf ein Gymnasium wechselten[38].

---

37   Genealogisches Handbuch bürgerlicher Familien, 2. Band, Berlin 1889, S. 323, und 3. Band, Berlin 1884, S. 219–222. Nachweisbar ist nach »Die Maus – Gesellschaft für Familienforschung e. V.«, Bremen (im Internet), als Großvater Johann Friedrich Rohlfs, geb. 19.8.1743, gest. 1.7.1803 in Vegesack. Dessen Eltern und sein Geburtsort sind der Maus unbekannt. Auch Heinrich Rolffs sagt in »Stammbaum und Familiengeschichte Rolffs«, Stettin 1910, S. 8, dass es keine nachweisbare Verbindung seiner Familie mit der von Gerhard Rohlfs gibt, da es einen im Genealogischen Handbuch geannten Johann Friedrich Rolffs, geb. 22.6.1748 in Bliedersdorf, gest. 4.7.1803 in Vegesack, nicht gab. Rohlfs Großvater hieß zwar Johann Friedrich Rohlfs, lebte aber von 1743 bis 1803. Der im Handbuch genannte »Großvater« hieß auch Friedrich Johann Rolffs, lebte aber vom 22.6.1748 bis 29.8.1790. Er starb nicht in Vegesack, sondern in Bremen. Bei einer Einsicht in das »Familienverzeichnis von Bliedersdorf, 1682–1970« in Buxtehude-Neukloster ergab sich, dass außer der Familie von Johann Jacob Rolffs mit 6 Kindern (darunter der 1748 geborene Johann Friedrich) in Bliedersdorf keine Rolffs, Rohlfs o. ä. gab. – Die im Handbuch genannten und von Guenther in seine Biografie übernommenen (Guenther, S. 3) älteren Generationen betreffen Johann FriedrichRolffs (geb. 1748), den Sohn von Johann Jacob Rohlfs, nicht Johann Friedrich Rolffs (geb. 1743) und damit nicht Gerhard Rohlfs.

38   Gerhard Rohlfs hat entgegen der Aussage von Kohl die Lateinschule in Vegesack nie besucht: siehe Anmerkung 6

Von den Hauslehrern sind namentlich bekannt Adolf Weniger[39], ein Herr Schröter[40], Rudolf Kulemann (1811–1899), Theologe, Schriftsteller, und Diedrich August Iken (1818–1899), Lehrer, ab 1852 Pfarrer in Riga[41]. Nach seiner Vita kann Kulemann nur in der Zeit von ca. 1835–1839 Lehrer im Hause Rohlfs gewesen sein. Er spricht über Hermann Rohlfs nach dessen Tod von »meinem Schüler«[42].

Diedrich August Iken war Sohn des Dr. phil. Heinrich Friedrich Iken (1794–1853), der von 1835 bis zu seinem Tode Pastor in Vegesack war. Die Familien Rohlfs und Iken kannten sich mithin. Vom Alter und von seiner Studienzeit als Theologe her kann davon ausgegangen werden, dass Diedrich August Iken Rohlfs vor seinem Übergang zum Gymnasium unterrichtet hat.

---

39 Aus den Briefen RA 18.26 und 18.42 vom 24.3.1883 bzw. 19.4.1883 von Rudolf Kulemann an Gerhard Rohlfs
40 »Deutsch-katholischer Pfarrer in Amerika, Hauslehrer von uns«, Notiz im Album 1 zu Foto 16 von Gerhard Rohlfs. Das Porträt stammt aus Sauk City, Wisconsin/USA. Folglich dürfte der Herr Schröter in die USA ausgewandert sein, wo ihn Rohlfs auf seiner Vortragstour 1875/76 besucht und wo man Fotos ausgetauscht hat.
41 D(iedrich) Steilen: Geschichte der bremischen Hafenstadt Vegesack, oJ (1926), S. 72
42 Brief vom 29.2.1886 von Rudolf Kulemann an Gerhard Rohlfs, RA 21.7

3.
Rohlfs als Gymnasiast

Rohlfs präsentiert sich in seinen späten Kindheitserinnerungen nicht gerade als Musterschüler, wobei eine altersbedingte Koketterie eine Rolle gespielt haben kann.

Da es zu seiner Zeit in Vegesack kein Gymnasium[43] gab, bedingte jeder Wechsel in Pension zu gehen. Von daher war es in etwa gleich, wo er seine Schulzeit fortsetzte.

Seine Brüder hatten sehr erfolgreich[44] das heute noch bestehende Rathsgymnasium in Osnabrück absolviert, nur dass es heute nicht mehr im Schatten des Domes steht, wo es dem dortigen Stadttheater Platz gemacht hat.

Beide Brüder dürften bei Verwandten in Pension gewesen sein, da Frau Rohlfs bekanntlich aus dem Raum Osnabrück stammte.

Gerhard Rohlfs hätte über die schulische und private Situation, die ihn in Osnabrück erwartete[45], zeitnah informiert sein können, als er im März 1846 mit fast 15 Jahren dorthin ging, denn sein Bruder Gottfried Heinrich hatte dort gerade[46] sein Abitur gemacht.

Von jetzt an beginnen die Lücken in den Quellen und die Aussagen der Biografen werden widersprüchlich. Rohlfs selbst schwieg über diese Zeit geflissentlich oder beschränkte sich auf lückenhafte Aussagen. Auch bei Guenther findet sich nichts. Frau Rohlfs hat es wohl nicht gewusst oder wollte es nicht sagen.

Fest steht wohl, dass Rohlfs sich nicht wohl gefühlt hat, und möglich ist auch, dass neben dem Fleiß auch das Betragen zu wünschen übrig ließ. Offen bleibt, woher Genschorek die Information hat, dass »der Vater über die Aktivitäten seines hoffnungsvollen Sprösslings informiert«[47] wurde. Wann? Von wem? Worüber? Müller spricht von einem Verweis, leider auch ohne nähere Angaben[48]. Dann aber passierte es, wie in einem

---

43 Langner, S. 48, irrt, wenn er glaubt, in Vegesack habe es keine Schule gegeben, es gab nur kein Gymnasium, siehe D. Steilen: Geschichte der bremischen Hafenstadt Vegesack, ohne Jahr [1926], S. 67–73
44 Ausweislich der sich im Heimatmuseum Schloss Schönebeck befindenden Abiturzeugnisse: O 6.1.7 bzw 1.9.1
45 Und nicht, wie Langner (S. 48) behauptet: in Oldenburg
46 Zeugnis vom 2.4.1846
47 Genschorek, S. 10
48 Müller, S. 22

Geleitschreiben des königlichen Postsekretärs von Münster vom 13.8.1846 nachzulesen ist: »Madame Rohlfs, aus Vegesack bei Bremen, beabsichtigt, mit ihrer Tochter von hier nach Rotterdam zu reisen, um ihren Sohn, der sich vom Raths-Gymnasium Osnabrück heimlich und ohne Willen seiner Eltern entfernt hat, bis dahin einzuholen«[49]. Mutter und Schwester[50] waren erfolgreich: Sie holten ihn zurück.

Es dürfte im Hause Rohlfs eine ernsthafte Auseinandersetzung gegeben haben, bei der die Eltern zwar den Schulabbruch in Osnabrück akzeptierten, aber darauf bestanden, dass Gerhard Rohlfs seine Gymnasialzeit fortsetzte, und zwar in Celle auf dem dortigen Ernestinum, das es auch heute noch gibt.

Es ist nicht nachzuvollziehen, warum Celle gewählt wurde und bei wem Rohlfs dort in Pension war. Bekannt ist längst, dass er bereits zu Johanni 1847 wieder abgemeldet wurde[51]. Alle Biografen, von Guenther angefangen, haben die frühen biografischen Daten von Rohlfs selbst nicht registriert, der von Bremen sprach[52]. Frau Rohlfs, die es von ihrem Mann nicht erfahren zu haben scheint, ignoriert den entsprechenden Hinweis von Wolkenhauer[53]. Festzuhalten bleibt: Rohlfs hat ein weiteres Mal die Schule abgebrochen.

Aber auch die Schulzeit in Bremen in der zum Abitur führenden Gelehrtenschule, meist Gymnasium genannt, hinterlässt Fragen. Bremen wurde wohl gewählt, weil sich sein Bruder Johann Hermann dort in der Faulenstr 26 als »Dr. d. Medizin« niedergelassen hatte[54]. Rohlfs selbst hat diese Anschrift in zwei Schulbüchern vermerkt, die sich in seinem Nachlass befinden[55]. Spätestens auf diese Zeit geht wohl die enge Bindung zurück, die besonders diese beiden Brüder zueinander hatten.

Aber auch in dieser Gymnasialzeit hat sich Rohlfs nicht auf die Schule konzentrieren können oder wollen.

Im Alter von 17 Jahren und 9 Monaten hat er sich am 6.1.1849[56] – und damit auch nicht am Ende eines Schuljahres – freiwillig bei den bremischen Füsilieren gemeldet, also

---

49   RA 1.0 vom 13.8.1846 vom »Königlichen Postsecretar Jahn« zu Münster
50   Wahrscheinlich die älteste Schwester Marie, die gerade 24 Jahre geworden war
51   Mitteilung von Gerhard Lampe vom 29.4.1997 aus dem Schülerverzeichnis von 1847
52   So in den ältesten 4 der unter Anmerkung 2 genannten Quellen
53   Brief vom 5.7.1896 von Wilhelm Wolkenhauer an Leontine Rohlfs, RA 31.23
54   Adressbuch der Freien Hansestadt Bremen 1848, S. 18 und 242
55   H. E. Lloyd's theoretisch-praktische Englische Sprachlehre für Deutsche, 7. Auflage, Hamburg 1844, und Friedrich Jacobs: Elementarbuch der griechischen Sprache für Anfänger und Geübte, 2. Theil, 7. Auflage, Jena 1847
56   A Akte Abt. 22 Eb Nr. 34 II Mappe 19 im Landesarchiv Schleswig-Holstein

Altes Ratsgymnasium in der von Böselager'schen Kurie, Domhof Nr. 12, Foto um 1900

in einem Alter, in dem er – zumal nach zwei Schulabbrüchen – wohl nicht alt genug war, sein Abitur abzulegen.

Mit einem resignierenden Unterton ist in einer »Notiz betreffend Dr. Rohlfs« des Auswärtigen Amtes vom 25.5.1885 unter anderem zu lesen: »Gerhard Rohlfs, geboren den 14ten April 1832 [sic] in Vegesack, ist wohl noch bremischer Staatsbürger. Über sein Leben vor dem Jahre 1863 ... läßt sich aktenmäßig nichts feststellen. Die bezüglichen Angaben der Konversationslexika etc dürften auf Genauigkeit und Glaubwürdigkeit wenig Anspruch haben, vielleicht auch von ihm selbst herrühren. Zuverlässigen Privatnachrichten zufolge hat Rohlfs seine Vorbildung auf dem Gymnasium in Bremen genossen, ist von dort als Sekundaner entfernt, und ...«[57]. Wenn die »Privatnachrichten« wirklich zuverlässig sind, decken sie sich mit der Vermutung: Rohlfs hat ein drittes Mal die Schule vorzeitig verlassen, er hatte keinen Abschluss.

---

57 »Notiz betreffend Dr. Rohlfs« vom 25.5.1885 vom Auswärtigen Amt, A 4171

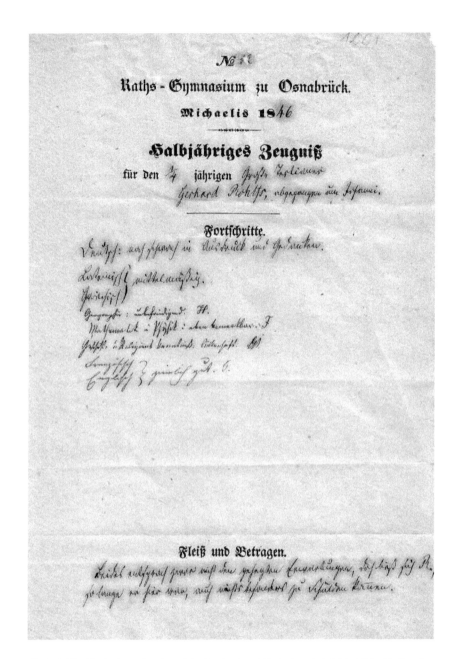

Fortschritte: Deutsch: noch schwach in Ausdruck und Gedanken, Lateinich / Griechisch: mittelmäßig, Geographie: unbefriedigend. H, Mathematik u. Physik: eben bemerkbar. F, Geschichte u. Religionskenntniß: lückenhaft, Französisch / Englisch: ziemlich gut. Fleiß und Betragen: Beides entsprach zwar nicht den gehegten Erwartungen, doch ließ sich R. so lange er hier war, auch nichts besonderes zu Schulden kommen.

4.
Militärzeit in Bremen und Schleswig-Holstein

War der Eintritt in das 1. Bremische Füsilierregiment nur eine Flucht aus der Schule oder glaubte Rohlfs, hier seinen Neigungen und Fähigkeiten entsprechend besser eingesetzt zu sein? Kohl bringt als einziger Biograf auch noch die allgemeine Wehrpflicht ins Spiel, die nach ihm 1848 in Bremen eingeführt worden sein[58]. Diese Aussage steht im Widerspruch zur »Verordnung über die Ausführung des Wehrpflichtigkeits-Gesetzes« von 5. April 1841[59], nach der es bereits nach 1832 ein Wehrpflichtgesetz gab, das aber nur herangezogen werden sollte, wenn neben dem stehenden Heer die Zahl der Freiwilligen nicht ausreiche, um zum Beispiel einer Anforderung des Norddeutschen Bundes gerecht zu werden. Wesentlicher ist aber, dass nach dieser Verordnung »die Bürger und Einwohner des bremischen Staates nur vom 1. Januar desjenigen Jahres, in welchem sie ihr zwanzigstes Jahr vollenden – wehrpflichtig sein sollen. Rohlfs war keine 20. Für Freiwillige galt diese Altersgrenze nicht. Jedenfalls muss Rohlfs klar gewesen sein, welche Enttäuschung er den Eltern bereitet hat und wie er zum schwarzen Schaf der Familie zu werden drohte.

Vielleicht quittierte er auch aus diesem Grund bereits am 8.9.1849 seinen Dienst in Bremen, um noch im gleichen Monat wieder freiwillig in die Dienste der schleswig-holsteinischen Armee zu treten[60], in der auch seine beiden Brüder vorübergehend als Militärärzte dienten.

Rohlfs selbst gibt an, er sei in die schleswig-holsteinische Armee gegangen, um den Schleswig-Holsteinischen Krieg (1848–1851) gegen Dänemark mitzumachen. Durch diese patriotische Haltung konnte er vielleicht die Eltern besänftigen und sein Ansehen heben.

Nach den Akten[61] kam er als Unteroffizier und rückte im Januar 1850 zum Offiziersaspiranten auf. Das von ihm selbst in den USA verbreitete Gerücht[62], er sei in der

---

58   Kohl, a. a. O.
59   Sammlung der Verordnungen und Proclame des Senats der freien Hansestadt Bremen im Jahresbericht 1841, Bremen, 1842
60   Wolkenhauer, S. 167
61   A + K Akte Ablg 22. III Eb. Nr. 38 im Landesarchiv Schleswig-Holstein
62   Leslies Zeitung, 4.12.1875, S. 359, St. Louis Globe-Democrat, 22.12.1875

Schlacht von Idstedt zum Offizier avanciert, relativierte er in Deutschland auf »nach der Schlacht«[63]. Militärische Vorgesetzte haben in einer Schlacht, die verloren ging[64], auch anderes zu tun, als noch so tapfer kämpfende Soldaten auszuzeichnen. Auch der durch seine spätere Formulierung suggerierte Zusammenhang seiner Beförderung am 31.10.1850 zum Leutnant ist aktenmäßig nicht feststellbar[65], im Gegenteil: In der Vorschlagsliste zur Beförderung zu Offiziersaspiranten ist sein Name durchgestrichen. Seine Teilnahme – und die seiner Brüder – an der entscheidenden Schlacht am 24. und 25. Juli 1850 ist nicht aus den Akten, sondern nur nach einem Schreiben seines Bruders Hermann vom 25.5.1863 an August Petermann[66] belegbar. So ist nicht absolut sicher, ob er sich »namentlich in der Schlacht bei Idstedt auszeichnete«, wie Heichen in seinem Afrika Hand-Lexikon«[67] angibt. Die schleswig-holsteinische Armee wurde reduziert und auch Rohlfs – gegen seinen Willen und gegen seine Bewerbung[68] – zum 30.3.1851 entlassen. Damit endete seine Karriere auch in der zweiten Armee, bevor sie richtig begonnen hatte.

---

63 Meyers Lexikon 1878, Band 13, S. 722
64 Einzelheiten nachzulesen in: Katinka Wantura (Hg.): Die Menschen in der Schlacht bei Idstedt, Schleswig 2000
65 A Akte Abt. 22 III Eb, Nr. 34 I, Mappe 12 im Landesarchiv Schleswig-Holstein
66 Brief vom 25.5.1863 von Hermann Rohlfs an August Petermann, unter Gerhard Rohlfs in der Perthes-Sammlung, Mappe 4, in der Universitäts- und Forschungsbibliothek Erfurt/Gotha, Forschungsbibliothek Gotha, zitiert als Gotha mit Angabe der Mappe
67 Heichen, S. 1094
68 A + K Akte Ablg. 22 III Eb, Nr. 34, Liste 37 im Landesarchiv Schleswig-Holstein - mit Randbemerkung: »Nicht zu empfehlen«

5.
Medizinstudium

Rohlfs begann mit dem Wintersemester 1851/52 in Heidelberg ein Medizinstudium. Es ist wohl davon auszugehen, dass er den Sommer über in Vegesack weilte und dass ihm die Eltern und wohl auch seine Geschwister zugesetzt haben, es dem Vater, den Brüdern und auch dem Schwager, denn seine älteste Schwester hatte in der Zwischenzeit einen Arzt geheiratet, gleich zu tun und Arzt zu werden.

Wenn die Biografen Guenther[69] und Müller[70], dazu auch Rohlfs Bruder in dem bereits genannten Schreiben an Petermann, davon sprechen, dass Rohlfs seinen ursprünglichen Plan, Mediziner zu werden, wieder aufnahm, so dürfte da eine Portion Wunschdenken oder eine Fehlinformation in der Kette Gerhard Rohlfs - Leontine Rohlfs - Guenther (und Müller, der wohl Guenther zitiert) im Spiel sein. Genschorek sieht das realistischer: »... dem Wunsch der Eltern entsprechen ...«[71].

Student in Würzburg

Ein Studium ohne Abitur war zu Rohlfs Zeiten an einzelnen Universitäten möglich, bedingte aber, dass der Student sich nach drei Semestern einer Prüfung unterzog und diese auch bestand.

---

69 Guenther, S. 16
70 Müller, S. 22
71 Genschorek, S. 12

Bei Rohlfs lassen sich 4 Semester Studium nachweisen, 1 in Heidelberg, 2 in Würzburg und 1 in Göttingen[72]. Nur von einer bestandenen Prüfung ist nirgends die Rede, nicht einmal von einer Anmeldung zu einer solchen.

Rohlfs war jetzt nicht nur dreifacher Schulabbrecher, er war auch Studienabbrecher.

Es ist nicht zu belegen, dass er 1854 nach der Flucht aus dem Studium noch bei seinen Eltern in Vegesack war, denen er soviel Kummer und Sorgen bereitet hatte. Wenn nicht, dann hat er sie bis zu ihrem Tode 1859 (Mutter) beziehungsweise 1860 (Vater) nicht mehr gesehen!

Wie sehr er sich von seinem Elternhaus entfernt hatte, ist auch einer ganz anderen Quelle zu entnehmen, dem Testament seines Vaters vom 2.5.1860[73]: Er wird nicht als Erbe genannt!

---

72   Die Matrikel der Universität Heidelberg, 6. Teil 1846 – 1870, reprint 1976, S. 154 - Mail vom 11.6.2014 von Nils Meyer/Archiv der Universität Würzburg, - Die Matrikel der Georg-August-Universität Göttingen 1837 – 1890

73   Staatsarchiv Bremen, Bremer Testamentsbücher, Signatur 2-Qq.4.c.3.b.nn. Nummer 2072, S. 71

6.
Soldat in Österreich

Rohlfs selbst und folglich auch die frühen Biografen bis hin zu einzelnen Nachrufen haben diese Periode verschwiegen, Guenther[74] erwähnt sie wie Müller[75] und Genschorek[76] nur kurz und unvollständig. Gnettner hat offensichtlich als Erster im Österreichischen Staatsarchiv/Kriegsarchiv recherchiert[77] und herausgefunden, dass Rohlfs am 16.3.1854 in das 21. Feldjägerbataillon für 8 Jahre eintrat, und zwar als einfacher Soldat, obwohl sein höherer Rang in der schleswig-holsteinischen Armee bekannt war. Er stieg zwar über den Rang eines Kadetten zum Patrouilleführer auf, kam aber mit seiner Situation offensichtlich nicht zurecht, denn am 26.5.1855 desertierte er aus der Station Verona, die zu der Zeit noch zu Österreich gehörte.

Über die näheren Umstände fand sich 2018 ein Brief eines Jul. Rosenbaum vom 26.10.1874[78] an die Redaktion der Zeitschrift DAHEIM, in dem es in Ergänzung eines dort erschienenen Artikels heißt, dass Gerhard Rohlfs »und sein intimer Freund, der Oberjäger Neubauer«, desertierten. Sie sollen zwar die Grenze zur Schweiz bereits überschritten gehabt haben, sollen aber nach dem Verlust ihres Kompasses wieder auf österreichischen Boden gekommen sein, wo sie - erst am 26.6.1855! - von einer Patrouille gestellt wurden. Im anschließenden Kampf sei zwar ein Polizist erheblich verletzt worden, die beiden Flüchtlinge konnten aber überwältigt werden.

Rohlfs wurde nach den genannten Akten vor ein Kriegsgericht gestellt, in die niedrigste Soldklasse degradiert und seine Dienstzeit um ein Jahr verlängert.

Auch Neubauer wurde degradiert, stieg aber bald wieder zum Oberjäger auf. Da er aber nicht mehr Offizier werden konnte, quittierte er seinen Dienst, folgte den Werbetrommeln Kaiser Maximilians und ging nach Mexiko. Dort wurde er zwar Offizier, fiel aber bald in einem kleineren Gefecht.

---

74 Guenther, S. 18
75 Müller, S. 23
76 Genschorek, S. 13
77 K Grundbuch S 140 im Österreichischen Staatsarchiv/Kriegsarchiv, Wien
78 unter H III vol 6 303 im Stadtarchiv Braunschweig

Rohlfs aber hatte seine Einstellung nicht geändert, denn am 25.8.1856 desertierte er erneut und dürfte Österreich unverzüglich verlassen haben.

Er hat dieses Land nie wieder betreten, er ist keiner Einladung späterer Freunde gefolgt, er hat in Österreich keine Kongresse und Ausstellungen besucht, er hat dort keine Vorträge gehalten und hat Österreich auch nicht als Durchreiseland nach Italien genutzt. Er fürchtete wohl eine Verhaftung und eine harte Verurteilung als Wiederholungstäter. Und doch scheint es eine Ausnahme zu geben, denn in seiner umfangreichen »Vortragskorrespondenz«[79] findet sich ein Brief, nach dem ein von dem »Deutsch-Österreichischen Alpenverein – Section Asch« für den 16.11.1886 organisierter Vortrag[80] vorgesehen war. Dieser Ort liegt im heutigen Tschechien, heißt As und liegt ca. 2 km von der Grenze zu Deutschland und ca. 9 km von Selb in Bayern entfernt.

Fast alle Biografen nach Guenther vermelden, dass Rohlfs »in einer sehr abenteuerlichen Reise durch Italien und die Schweiz«[81] nach Frankreich gelangte, keiner sagt aber, worin die Abenteuer bestanden haben sollen. Hermann Rohlfs verbreitet in einem Brief vom 25.5.1863 an August Petermann[82], auf den noch ausführlich zurückzukommen sein wird, die Version, Rohlfs habe in der fraglichen Zeit in der Schweiz sein Medizinstudium wieder aufgenommen, eine Aussage, die bisher nicht nachgewiesen werden konnte und die wohl die peinliche Periode im Leben von Gerhard Rohlfs überdecken soll. Genschorek und Langner nach ihm glauben zu wissen, dass Rohlfs Schwester Marie ihm Geld geschickt hat[83]. Wenn das zutrifft, wäre es nach Jahren ein Kontakt mit der Familie gewesen, aber ob die nicht belegte Aussage zutrifft, ist sehr zweifelhaft, da das Geld nach Nîmes geschickt worden sein soll, wo Rohlfs nicht nachweisbar war. Es bleibt also die Frage, wo und wovon Rohlfs bis zu seiner Aufnahme in die Fremdenlegion gelebt hat.

---

79 Innerhalb des Briefnachlasses RA betreffen über 400 Briefe die Untersparte »Vortragskorrespondenz«
80 Brief vom 8.11.1886 von Anton Wolfram an Gerhard Rohlfs, RA V 21.042
81 Guenther, S. 18
82 Brief vom 25.5.1863 von Hermann Rohlfs an August Petermann, Gotha, Mappe 4
83 Guenther, S. 18, Langner, S. 51

7.
Fremdenlegionär

Rohlfs selbst und alle Biografen berichten übereinstimmend, dass Rohlfs Fremdenlegionär wurde und als solcher erstmals afrikanischen Boden betrat.

Damit hören die Gemeinsamkeiten der Aussagen aber bereits häufig auf, weil Rohlfs selbst falsche Aussagen machte und auf diese Zeit nicht weiter angesprochen werden wollte und die Archive der Fremdenlegion jahrzehntelang verschlossen blieben.

Nicht zutreffend sind unter anderen folgende Aussagen:
- Er war nicht als Arzt in der Fremdenlegion[84].
- Er trat nicht 1855 in die Fremdenlegion ein[85].
- Er war 1861 nicht mehr in der Legion[86].
- Er trat nicht in Algier - weder in der Stadt noch in dem Land - in die Fremdenlegion ein[87].
- Er wurde nicht mit der arabischen Sprache vertraut[88] und sprach sie schon gar nicht perfekt[89], was er selbst auch nicht behauptet hat[90].
- Er wurde nicht in Nîmes in die Legion aufgenommen[91].
- Er diente nicht als Feldapotheker[92].
- Er nahm 1856 an keinem Feldzug teil[93], konnte es gar nicht, da er erst am 20.12.1856 afrikanischen Boden betrat[94].

---

84 Zuerst in den USA-Artikeln, siehe unter Anmerkung 3
85 Zuerst Meyers Lexikon, 1878, Deutsche Rundschau 1880
86 Meyers Lexikon, 1878, S. 722
87 Heichen, S. 1094
88 Heichen, S. 1094, Guenther, S. 20
89 Peter Honung: Die Legion - Europas letzte Söldner, Der Afrikaforscher (Gerhard Rohlfs), 1981, S. 86-110, hier S. 86, zitiert als Hornung
90 Gerhard Rohlfs: Mein erster Aufenthalt in Marokko und Reise südlich vom Atlas durch die Oasen Draa und Tafilet, Bremen 1873, S. 77, zitiert als Rohlfs Marokko I
91 Guenther, S. 18, Belger, S. 9
92 Guenther, S. 18, Müller, S. 23
93 Guenther, S. 18
94 Relevé des Services der Fremdenlegion für Gerhard Rohlfs

- Er hat an keinem medizinischen Kurs teilgenommen und hat auch keine Prüfung abgelegt, weder in Nîmes noch anderswo[95].
- Er diente nicht als Feldscher[96].
- Er wurde nicht zum Sergeanten befördert[97].
- Er hatte keinen »sechsjährigen Einsatz«[98].
- Er lehnte eine Verlängerung seiner Dienstzeit ab – wenn denn ein entsprechendes Ansinnen an ihn gerichtet worden ist[99].

Es ist das Verdienst von Gnettner, die Angaben über Rohlfs vom Ministère de la Défence bekommen zu haben, die er und Debetz[100] veröffentlicht haben. Zuvor dürfte sich auch Hornung dieser Quelle bedient zu haben, denn er bringt erstmals Details, die vor seiner Veröffentlichung nicht bekannt waren.

In den offiziellen Unterlagen[101] wird Gerhard Rohlfs, oder, wie er sich in der Legion nannte oder genannt wurde: Frédéric Gérard Rohlfs beschrieben:

Größe:	1,79[102]	Mund:	klein	Gesicht:	oval
Kinn:	rund	Stirn:	rund	Haare:	blond
Augen:	blau	Augenbrauen:	blond	Nase:	groß

Als Beruf hatte er Student angegeben. Seine Eltern wurden zu Henry [Gottfried Heinrich] Rohlfs und Marie (Maria Adelheit Rohlfs geb.) Dingreven.

Aus dieser Quelle ergibt sich der folgende Werdegang:
- Rohlfs ließ sich am 28.11.1856 in Colmar/Frankreich unter Nr. 4283 als Freiwilliger für 7 Jahre anwerben.
- Er kam am 20.12.1856 über Marseille und Mers el Kebir bei seiner Einheit, dem 2. Ausländerregiment 34 Yc 5302 in Sidi bel Abbes an, das aus 3 Bataillonen bestand, wobei nicht bekannt ist, in welchem Bataillon Rohlfs diente.
- Das Regiment kämpfte zwischen Mai und August 1857 gegen die Kabylen.
- Für 1858 ist nur von Trainings- und Drainagearbeiten in fiebrigen Sümpfen und Wäldern die Rede.

---

95 Müller, S. 23, ähnlich Genschorek, S. 14
96 Genschorek, S. 21
97 Guenther, S. 19, und nach ihm die Mehrzahl der Biografen
98 Müller, S. 23, Genschorek S. 21
99 Genschorek, S. 21
100 Gnettner, S. 27 und 28, Debetz, S. 10 und 12
101 Relève des Services der Fremdenlegion für Gerhard Rohlfs
102 Müller, S. 250, »über 1,80 Meter groß«

RELEVE DES SERVICES Liste der Dienste

Unité	: 2ème Régiment étranger	Einheit: 2. Ausländer-Regiment
Registre	: 34 Yc 5302	Register: 34 Yc 5302

N° Matricule	: 4283	Matrikel-Nr. 4283
NOM	: ROHLFS	Name: Rohlfs
PRENOMS	: Frédéric Gérard	Vorname: Friedrich Gerhard
Date de naissance	: 14 avril 1831	Geburtstag: 14.April 1831
Lieu de naissance	: VEGESACK (Hânovre)	Geburtsort: Vegesack (Hannover)
Fils de	: Henry et de Marie DINGREVEN	Sohn der: Henry u. Marie Dingreven ?
		hie ?: Wersing
Domicile	: VEGESACK	Wohnort: Vegesack
Profession	: Etudiant	Beruf: Student

Engagé volontaire pour 7 ans à Colmar (Haut-Rhin) le 28 novembre 1856
Am 28.Nov.1856 als Freiwilliger in Colmar (Oberrhein) für 7 Jahre angeworben
Arrivé au corps le 20 décembre 1856   Am 20.Dez. im Corps angelangt

Grenadier le 8 juillet 1859   Am 8.Juli 1857 Grenadier

Remis fusilier, sur sa demande, le 6 janvier 1860   Am 8.Jan.1860 auf seinen Wunsch als Füsilier
                                                    zurückgestellt
Caporal le 2 mai 1860   Am 2.5.1860 Corporal

Campagnes : Feldzüge:
En Afrique 1856, 1857, 1858, 1859 jusqu'au 22 avril   In Afrika: 1856, 1857, 1859 bis 22.April
En Italie du 25 avril au 8 août 1859   In Italien: von 25.April bis 8.Aug.1859
En Afrique du 9 août 1859, 1860   In Afrika: vom 9.August 1859, 1860

A reçu la Médaille d'Italie   Erhielt in Italien Medaille

Renvoyé dans ses foyers par suite d'annulation de son acte d'engagement le 26 septembre 1860
In die Heimat entlassen gemäß der Aufhebung seines Dienstvertrages am 26.9.1860
Certificat de bonne conduite accordé   Gute Führung wird bescheinigt

Se retire à Oran (Algérie)   Er zieht nach Oran

NOTA : La photocopie des registres de contrôle est interdite.

Personalbogen der Fremdenlegion mit nachgesetzter Übersetzung

- Am 26.3.1859 erfolgte der Abmarsch zum Feldzug in Italien. Gnettner hat bereits erwähnt, dass Napoleon III. den Italienern Fremdenlegionäre in ihrem Freiheitskampf gegen Österreich zur Verfügung stellte. »So ergab sich die kuriose Situation, daß Rohlfs sich drei Jahre nach seiner Desertation aus Verona wieder in Oberitalien befand und dort gegen seine ehemaligen Kameraden kämpfte. Sein Regiment war beteiligt an den Schlachten von Magenta und Solferino, welche letztere Schlacht den Anstoß zur Gründung des Roten Kreuzes gab«[103]. Es gab eine - im Nachlass noch vorhandene - Medaille und Rohlfs wurde am 8.7.1859 zum Grenadier ernannt. Ende August 1859 war sein Regiment wieder in Sidi bel Abbes.
- Es musste aber am 13.9.1859 bereits wieder ausrücken zum Kampf gegen die in Marokko benachbarten Beni-Snassen. Diese blutige, aber siegreich bestandene Auseinandersetzung endete am 17.11.1859 mit der Rückkehr nach Sidi bel Abbes.
- Was nun im Jahre 1860 erfolgt, wirft bis heute unbeantwortete Fragen auf. Am 6.1.1860 lässt sich Rohlfs auf eigenen Wunsch zum Füsilier zurückstufen. - Warum? Womit war er nicht zufrieden?
- Seine Vorgesetzten müssen aber viel von ihm gehalten haben, denn am 2.5.1860 wurde er zum »Caporal« ernannt und erreichte damit die höchste Stufe, die ein Ausländer in der Legion gewöhnlich erreichen konnte. Was genau aber war geschehen? Und was geschah weiter? Sergeant, was er bei Zustimmung seiner französischen Vorgesetzten werden konnte, wurde er aber nie[104].

Fest steht nur, dass Rohlfs vorzeitig am 26.9.1860 aus der Legion entlassen wurde. Er hatte von den vertraglich abgemachten 7 Jahren keine 4 gedient!

Das war für die Legion ein ungewöhnlicher Vorgang. Sicher, es gibt Parallelen, zum Beispiel die des Schriftstellers und Philosophen Ernst Jünger, der wie Rohlfs 50 Jahre später in Sidi bel Abbes kaserniert war, den sein Vater aber nach wenigen Wochen freigekauft hat[105]. Was war der Preis bei Rohlfs? Schließlich hatte Rohlfs seine Verdienste, seine Beförderungen, seine Auszeichnung.

---

103 Gnettner, S. 27 und 28
104 Relève des Services der Fremdenlegion für Gerhard Rohlfs
105 Ernst Jünger: Afrikanische Spiele, Hamburg 1936

Gerhard Rohlfs
1861 in Algier

Es gibt ein Bild aus Algerien von 1861 mit seiner Ergänzung »nach zwölfjähriger Wanderung«[106]. Danach war Rohlfs nach seiner Entlassung aus der Fremdenlegion auch in Algier.

Das nächste konkrete Lebenszeichen stammt vom 7.4.1861: An diesem Tag schiffte er sich nach Tanger ein. Er verschwand also seit seiner Entlassung für mehr als ein halbes Jahr. Und wieder stellt sich die Frage: Wo und wovon hat er gelebt?

---

106 Foto RA 129, Datierung auf der Rückseite

Wenn Rohlfs tatsächlich mit der Legion gebrochen hatte, warum hat er nie über die sich anschließende Zeit gesprochen? Könnte es ein erstes Indiz für die These sein, dass Rohlfs noch Verbindung zur Legion hatte und zum Spion für französische Rechnung wurde?

Dann wäre Rohlfs zwar aus der Fremdenlegion – zumindest der militärischen Abteilung – entlassen worden, aber nahtlos – gleich, ob als Unterabteilung der Fremdenlegion oder einer Paris direkt unterstellten Einheit – übergewechselt und wäre in der fraglichen Zeit in Oran oder anderswo für seine neue Aufgabe ausgebildet worden. Seine Zustimmung zu dieser Entwicklung würde die vorzeitige Vertragsauflösung und sein späteres Schweigen zu dieser Periode hinreichend begründen.

Diese These erklärt mehr oder weniger gewichtig im weiteren Leben von Gerhard Rohlfs eine Vielzahl von Aussagen und Verhaltensweisen, aber, und das sei ausdrücklich betont, es gibt für sie bisher keinen endgültigen Beweis.

An dieser Stelle sollten auch die Fragen zur Revue africaine gestellt werden, einer französischsprachigen Zeitschrift, die in Algier erschienen ist und von der sich die gesammelten Jahrgänge 1856–1865 im Nachlass von Gerhard Rohlfs befinden.

Rohlfs will – wie er 10 Jahre nach den Ereignissen in seinem Buch mitteilt! – »in Algerien gesucht« haben, sich »mit der Sitte und Anschauungen dieses Volkes ... bekannt zu machen«[107]. Das war das Signal für die Mehrzahl der Biografen auszusagen, er habe sich Grundkenntnisse der arabischen Sprache und der Volksgewohnheiten verschafft[108]. Keiner hat aber auch nur eine Andeutung darüber gemacht, wie ein kasernierter Legionär das anstellen soll oder kann. Französisch hat er sicher gelernt, denn das war die Umgangssprache auf dem Kasernenhof. Aber arabisch?

Denkbar ist, dass er zu seiner aktiven Legionärs-Zeit Leser der Revue africaine werden konnte oder, wenn der Spionage-These gefolgt wird, in Oran werden musste, denn hier waren interessante Artikel über Vergangenheit und Gegenwart in Nordafrika zu finden.

Offen bleibt, woher die älteren Jahrgänge stammen und wo sie blieben, denn Rohlfs hat sie nicht auf seine Reisen mitgenommen.

Offen bleibt auch, wer die späteren Jahrgänge für ihn gesammelt hat und wer wann wie welche Jahrgänge nach Europa gebracht hat. Vielleicht waren es die »alten Freunde, Officiere seines früheren Regiments« in Sidi bel Abbes, von denen sein Bruder Hermann spricht[109].

---

107 Rohlfs, Marokko I, S. 2
108 Zuerst Guenther, S. 20
109 Im Brief vom 1.2.1864 von Hermann Rohlfs an August Petermann, Gotha, Mappe 5

8.
»Mein erster Aufenthalt in Marokko und Reise südlich vom Atlas durch die Oasen Draa und Tafilet«

So lautet der Titel des Buches, das Gerhard Rohlfs im September 1872[110] vollendet hat und das 1873 im Verlag von J. Küthmann's Buchhandlung in Bremen erschienen ist. Er berichtet dem Titel gemäß von seinem Marokko-Aufenthalt zwischen dem 9. April 1861[111] mit der Ankunft in Tanger und dem Frühjahr 1863[112] mit dem Grenzübertritt nach Algerien. Er spricht bewusst »vom ersten Aufenthalt«, denn er war, was im 9. Kapitel darzustellen sein wird, vor Erscheinen des Buches ein zweites Mal in Marokko gewesen und hatte darüber bereits 1869 ein Buch veröffentlicht.

Genau genommen war es auch nicht sein erster Aufenthalt in Marokko, denn er hatte das Land bereits im Zuge der Kämpfe der Fremdenlegion gegen die Beni-Snassen, wie in Kapitel 7 kurz erwähnt, für kurze Zeit betreten.

Es gibt neben seinem Buch noch zwei weitere Arbeiten, in denen er über unterschiedliche Phasen dieser Reise berichtet: Der Artikel »Voyage au Maroc« in der Revue africaine[113] und »Tagebuch einer Reise durch die südlichen Provinzen von Marokko, 1862«[114]. Wer diese drei Quellen vergleicht, dem fallen Unterschiede und unterschiedliche Gewichtungen auf, die Fragen aufwerfen.

Was wollte er in Marokko? »Ich hatte mir fest vorgenommen, ins Innere von Marokko zu gehen, um dort im Dienste der Regierung meine medicinischen Kenntnisse zu verwerthen.«[115] Das klingt auf den ersten Blick plausibel, doch wusste gerade er, dass er kein ausgebildeter Arzt war. Und später schätzt er seine medizinischen Fähigkeiten und Möglichkeiten auch realistisch ein, wenn er sagt: »... quacksalberte ich, denn so muss ich, wenn ich aufrichtig sein will, meine ärztliche Praxis in Marokko nennen«[116]. Er

---

110　Nach dem Datum des Vorwortes zu Rohlfs, Marokko I
111　Rohlfs, Marokko I, S. 4
112　Rohlfs, Marokko I, S. 465
113　Revue africaine, Algier 1863, S. 205–226
114　Petermanns's Geographische Mittheilungen 1863, Heft X, S. 361–370, zum Teil wortgleich mit Abschnitten in seinem Buch, zitiert als Petermann (Jahreszahl)
115　Rohlfs, Marokko I, S. 1
116　Rohlfs, Marokko I, S. 201

spricht auch von einer Reorganisation der marokkanischen Armee und kurz danach[117], dass der Sultan »eine regelmäßige Armee gebildet« habe. »Dies beschäftigte mich.«

Warum? Spricht das nicht dafür, dass er mit einem Spionageauftrag unterwegs war? Bereits auf Seite 7 berichtet er davon, weitere Berührungen mit Europäern zu vermeiden, »um nicht als Spion verdächtigt zu werden«.

Diese Angst zieht sich wie ein roter Faden durch beide Bücher, die Rohlfs über seine Marokko-Aufenthalte geschrieben hat.

Sie war sicher nicht unbegründet, denn offensichtlich gab es Spione, denn sonst wäre er nicht an verschiedenen Orten dessen verdächtigt worden. Und machte er sich dessen selbst verdächtig?

Wenn er als Einheimischer gekleidet und nach seiner Phimose-Operation[118] auch als Beschnittener gelten konnte, so konnte er zumindest weitgereiste Karawanenhändler nicht täuschen, denn er sprach sicher nicht fließend und nicht akzentfrei arabisch, er fragte nach allem und jedem und, soweit es denn bemerkt wurde, er war der Schrift mächtig und machte sich Notizen. Das musste ihn nicht nur bei fanatischen Bewohnern verdächtig machen.

Er wagte es dennoch. »Ich hatte meine Sachen auf das Nothdürftigste reducirt«[119]. Er wollte ja möglichst nicht auffallen. Er hatte sein letztes Geld, eine englische Fünf-Pfundnote, eingenäht[120]. Wer kann die denn im Inneren Marokkos wechseln?

»Man hatte mir in Tanger gesagt, ich solle nie aussagen, ich wolle nach Fes oder zum Sultan, sondern ich ginge nach Uesan (heute: Quezzane – der Verf.) zum Großscherif Sidi el Hadj Abd es Ssalam«[121]. Leider sagt Rohlfs nicht, wer ihm diesen sicher guten Rat gegeben hat. Er spricht in diesem Zusammenhang nicht den englischen Konsul Sir Drummond Hay an, den er als Vertreter der Hansestädte offiziell konsultiert hatte[122], also war es wohl ein Dritter. Der Hinweis oder Auftrag dürfte aus der vermuteten Ausbildungszeit stammen. Es könnte in Tanger auch ein Franzose – der Pächter des Hotel de France[123]

---

117 Rohlfs, Marokko I, S. 6
118 Rohlfs, Marokko I, S. 59 auch: Müller, S. 53. Hochschild irrt in Adam Hochschild: Schatten über dem Kongo - Die Geschichte eines der großen, fast vergessenen Menschheitsverbrechen, 2000, S. 64: »... Gerhard Rohlfs, der sich hatte beschneiden lassen, um sich bei seinen Expeditionen in abgelegene Gebiete der Sahara als Muslim ausgeben zu können«.
119 Rohlfs, Marokko I, S. 7
120 Rohlfs, Marokko I, S. 7
121 Rohlfs, Marokko I, S. 10
122 Rohlfs, Marokko I, S. 3
123 Rohlfs, Marokko I, S. 4

Sidi el Hadj Abd es Ssalam

vielleicht? – gewesen sein, der um den geheimen Auftrag Rohlfs wusste, zumindest aber den Auftrag gehabt haben könnte, Rohlfs zu informieren. Der Sultan dürfte eher fremdenfeindlich gewesen sein, der Großscherif war aber seit seinem Frankreichaufenthalt[124] als frankreichfreundlich und Europäern gegenüber aufgeschlossen bekannt, kannte sich in Marokko bestens aus und war auf Grund seiner Stellung in der Lage und sicher auch willens, Rohlfs wertvolle Empfehlungsbriefe mit auf den weiteren Weg zu geben. Rohlfs bezeichnete ihn später in einem Zeitschriftenartikel als »Papst von Marokko«[125].

Und genau so geschah es. Rohlfs ging nach Uesan, traf den Großscherif und wurde von ihm freundlich und freizügig aufgenommen: »Während der ganzen Zeit meines Aufenthaltes erfreute ich mich der grössten Zuneigung und Gastfreundschaft des Großscherifs«[126]. Hier hatte er Gelegenheit, viel über Land und Leute zu lernen, hier konnte er sich in der Sprache verbessern. Er nutzte die mehrmonatigen Aufenthalte entsprechend.

Aber Rohlfs wollte weiter, der Scherif ihn dagegen nicht missen. Letztlich zog Rohlfs mit der Unterstützung des Scherifen nach Fes, suchte und erregte bei einer Parade die Aufmerksamkeit des Sultans und wurde auch dank des Empfehlungsbriefes des Scherifen in die Armee – nach der Fremdenlegion seine fünfte! – aufgenommen, und zwar als oberster Arzt[127]. Trotz seiner unzureichenden medizinischen Ausbildung behandelte er hohe und höchste Personen, auch die Damen des Harems des Sultans. Ob dem Sultan nicht bekannt geworden ist, mit Rohlfs einen Christen und ehemaligen Fremdenlegionär engagiert zu haben?

Rohlfs zog mit dem Sultan und dessen Tross nach Meknes – zu Rohlf's Zeiten: Meknines –, der zweiten Sultansstadt. Rabat und Marakesch waren und sind die weiteren zwei. Er dürfte reichlich Gelegenheit gehabt haben, sich umfänglich über Politik und über Stand und Struktur der Armee zu informieren. Er hatte genug gesehen und gehört. Er wollte wieder weg.

Da kam ihm ein glücklicher Umstand zu Hilfe: Sir Drummond Hay machte dem Sultan in Meknes seine Aufwartung. Rohlfs konnte erreichen, dass der Engländer sich erfolgreich dafür einsetzte, dass er sich frei bewegen durfte[128].

---

124 Rohlfs, Marokko I, S. 173
125 Rohlfs: Der Papst von Marokko« in Illustrirte Zeitung Nr. 1637 vom 14.11.1874
126 Rohlfs, Marokko I, S. 186
127 Rohlfs, Marokko I, S. 195
128 Rohlfs, Marokko I, S. 290

»Jetzt war aber auch der Wunsch das eigentliche Land Marokko zu durchreisen, erst recht wachgerufen, und namentlich fühlte ich einen starken Trieb von nun an weiter in das Innere Afrika's einzudringen«[129]. »Der Umstand, dass ich fortwährend einen Dolmetsch zur Seite gehabt, machte, dass ich kaum mehr von der Sprache verstand als bei Beginn meiner Reise. Auch war ich mit den Sitten und Gebräuchen des eigentlichen Volkes noch zu wenig vertraut«[130].

Rohlfs ging zum Großscherif nach Uesan zurück und nahm dessen Gastfreundschaft wohl für weitere zwei Monate[131] in Anspruch. Hier lernte er weiter und »fühlte ..., dass ich der arabischen Sprache täglich mächtiger wurde«[132].

Sicher ordnete er auch seine Aufzeichnungen und schrieb, wenn er denn Spion war, auch einen Bericht. Denn jetzt geschah etwas, was eigentlich überraschen müsste: Er ging nach Tanger zurück! Als Grund gibt er an, er habe bei Sir Drummond Hay »ein Kästchen mit Papieren« deponieren wollen[133]. Das wirft Fragen auf: Was und warum? Seinen Bremer Pass[134]? Jedenfalls aber Tagebuchaufzeichnungen, denn am 1.2.1864 schreibt sein Bruder Hermann Rohlfs an August Petermann: »In Tanger wird er selbst sein Tagebuch etc. auf dem englischem Consulate reclamieren und mir direct zusenden«, Am 27.2.1864 meldet er Vollzug: Das Tagebuch befindet sich in seinen Händen. Hermann Rohlfs hat es dann am 19.3.1864 an August Petermann weitergegeben[135]. Der endgültige Verbleib ist unbekannt. Könnte es aber auf der anderen Seite nicht sein, dass Gerhard Rohlfs einen ausführlichen Bericht geschrieben und in Tanger einem (französischen) Mittelsmann übergeben hat? Wir wissen es nicht.

Er scheint auch in Tanger ein französisch-arabisches Lehrbuch erworben zu haben, das sich im Nachlass mit der ex-libris-Eintragung von seiner Hand »Rohlfs, Gérard, Brême 1862« befindet. So ausgestattet bricht er nach Süden auf und wandert am Meer entlang. Keine mögliche Landungsstelle entgeht ihm. Um alle Königsstädte gesehen zu haben auf seiner Küstenwanderung, kam er auch durch Rabat, suchte und fand dort die Gelegenheit, auch kurz nach Marakesch zu kommen.

---

129 Rohlfs, Marokko I, S. 290
130 Rohlfs, Marokko I, S. 290
131 Rohlfs, Marokko I, S. 292 in Verbindung mit S. 358
132 Rohlfs, Marokko I, S. 359
133 Rohlfs, Marokko I, S. 364
134 Rohlfs, Marokko I, S. 4
135 Alle drei Briefe Gotha, Mappe 5,

Er ging an die Küste zurück und folgte ihr weiter nach Süden bis Agadir. Während Rohlfs schlief, machte sich sein spanischer Begleiter samt Esel, Kleidern und Geld von dannen, so dass Rohlfs mittellos und zudem krank in Agadir ankam.

Er »hatte eigentlich die Absicht nach dem Nun-District vorzudringen«[136], eine Region ganz im Süden des damaligen Marokko, von wo aus auch Karawanen nach Timbuktu aufbrachen. Dieses Ziel gab er wegen der damit verbundenen Gefahren auf.

Dafür schloss er sich erstmals einer Karawane an, bei der er sich als Kameltreiber verdingte. Mit ihr zog er nach Osten, weg von der Küste und Algerien zu. Was er dabei sah und erlebte, wie sehr er unter Malaria und Diarrhöe litt, das kann in den genannten Quellen nachgelesen werden.

Er besucht und nennt in mit Flussoasen Draa und Tafilet Orte, die Ausgangspunkt für den Karawanenhandel waren: Ktaua im Draa und Sussu im Tafilet[137].

Nahe der Tafilet-Oasen spielte sich auch das Drama ab, das Rohlfs fast das Leben gekostet hätte. Ein weiteres Mal reichte seine Menschenkenntnis nicht aus, um Schaden abzuwenden, denn zwei von ihm ausgesuchte Begleiter hatten ihn bestohlen und verlassen. Beim Geldwechsel sah der Scheich Thaleb Mohammed-ben-Abd-Allah, bei dem er 10 Tage Gast war, Rohlf's Geld und beschloss, es ihm auf der Weiterreise zu rauben[138].

Rohlfs wurde überfallen, schwer angeschossen und zudem mit dem Säbel verletzt[139]. Er blutete aus 9 Wunden und wurde erst nach 2 Tagen gefunden und nach Hadjui (heute: El Hajoui[140]) gebracht. »Meine sämmtlichen Sachen, mit Ausnahme der blutdurchtränkten Kleider, hatten sie weggenommen«[141], »sowie mein Geld«[142].

Der Scheich und seine Familie pflegten ihn aufopferungsvoll und verhinderten, dass Rohlfs zerschmetterter Arm amputiert wurde[143]. Dabei war die Familie arm und »ueberhaupt schien Hadjui einer der dürftigsten Oerter zu sein, die Leute der Oase waren

---

136 Rohlfs, Marokko I, S. 423
137 Petermann 1863, S. 367
138 Rohlfs, Marokko I, S. 455
139 Rohlfs, Marokko I, S. 457
140 Nach der jüngsten Grenzfestlegung zwischen Marokko und Algerien liegt diese Siedlung heute wenige Kilometer östlich der Grenze in Algerien
141 Rohlfs, Marokko I, S. 458
142 Petermann 1863, S. 369
143 Rohlfs, Marokko I, S. 461

Kaserne in Geryville mit Krankenstation

aber die gastfreundlichsten der Welt«[144]. Sie hatte auch erreicht, dass Rohlfs von seinen geraubten Sachen Empfehlungsbriefe und einen Teil seiner Tagebücher zurückerhielt[145].

Rohlfs wusste und anerkannte, was diese Leute trotz ihrer bedrängten Lage für ihn getan hatten. So findet sich in der »Vorrede zur zweiten Auflage« - erst in dieser! - aus dem Dezember 1868 seines Buches über die nächste Reise, die auch von Marokko ausging, die verkaufsfördernde Bemerkung: »Möge auch diese Auflage einen raschen Absatz in Deutschland finden, da die Hälfte des Betrages für die Bewohner der kleinen Oase in der Sahara bestimmt ist, welche den Verfasser auf seiner ersten Reise, als er meuchlings im Schlafe überfallen und fast zu Tode verwundet wurde, vom Tode des Verschmachtens retteten, und in der Folge so gut heilten und pflegten, dass derselbe schon nach Verlauf einiger Monate die hier beschriebene Reise ausführen konnte«[146].

---

144   Rohlfs, Marokko I, S. 462
145   Rohlfs, Marokko I, S. 463
146   Gerhard Rohlfs, Reise durch Marokko, Uebersteigung des grossen Atlas, Exploration der Oasen von Tafilet, Tuat und Tidikelt und Reise durch die grosse Wüste über Rhadames nach Tripoli, 2. Auflage, Bremen 1869, zitiert als Rohlfs, Marokko II

Die Kunde von einem Geldtransfer nach Marokko ist nicht überliefert.

Nach »langem Schmerzenslager« und körperlich noch sehr geschwächt kann Rohlfs seine Reise fortsetzen und erreicht mit der ihm eigenen Energie über Knetsa (heute: Kenadsa) und Figig (heute: Fiquig) nach vielen Strapazen Géryville (heute: El Bayadh)[147].

Wann das war, lässt sich nicht genau feststellen, da Rohlfs selbst keine Daten genannt hat. Sein Bruder Hermann Rohlfs hat nach einem Schreiben vom 25.5.1863 an August Petermann »kürzlich« einen Brief mit Tagebuchblättern erhalten[148]. Aus dem im Nachlass vorhandenen Jahresband 1863 der Revue africaine ist ersichtlich, dass Rohlfs in der Maiausgabe den ersten Teil seines Reiseberichtes veröffentlicht hat. Er muss vorher also schon in der Lage gewesen sein, seine verbliebenen Unterlagen zu ordnen und auszuwerten, obwohl sein linker Arm verkürzt blieb – siehe Foto[149] – und die Finger der linken Hand – außer Daumen und Zeigefinger – steif blieben[150].

Sein wochenlanger Aufenthalt im Hospital der Fremdenlegion in Géryville scheint bisher von seinen Biografen nicht ausreichend ausgeleuchtet worden zu sein. Zunächst stellt sich die Frage, wie kommt die Fremdenlegion dazu, einen entlassenen Legionär so lange und dann noch kostenlos zu behandeln? Oder wusste zumindest die Leitung von Rohlf's Mission beziehungsweise hatte sie sich auf Rohlf's Bitten dieses bestätigen lassen?

Der bereits erwähnte Brief von Rohlfs an seinen Bruder dürfte nach seiner Flucht aus dem Studium 1853 der erste Kontakt zur Familie gewesen sein, denn die Zweifel, dass es 1856 bei Eintritt in die Fremdenlegion noch einen Kontakt mit der Schwester gegeben hat, wurden bereits im Kapitel 7 geäußert.

Hermann Rohlfs hat seinem Bruder Geld geschickt und seinen Besuch angekündigt[151]. Nach Genschorek[152] schickte Rohlfs Vater Geld. Das ist leichtfertig recherchiert, denn Rohlfs Vater war bereits 1860 verstorben.

Was es mit den Tagebüchern auf sich hat, ist nicht abschließend zu beurteilen, denn es haben sich nach dem derzeitigen Kenntnisstand keine erhalten.

Für den ersten Teil seines Marokko-Aufenthaltes hat Rohlfs ein Tagebuch geführt und es in Tanger bei Sir Drummond Hay hinterlegt. Er selbst spricht zwar nur von

---

147 Rohlfs, Marokko I, S. 462
148 Brief vom 25.5.1863 von Hermann Rohlfs an August Petermann, Gotha, Mappe 4
149 Foto RA 52 b, wohl 1865
150 Guenter, S. 48
151 Brief vom 25.5.1863 Hermann Rohlfs an Gerhard Rohlfs, Gotha, Mappe 4
152 Genschorek, S. 58

»Papieren«[153], aber die Bestätigung findet sich in den Briefen von seinem Bruder Hermann Rohlfs an August Petermann vom 25.5. und 23.6.1863[154]. Nach dem letzten der beiden Briefe hatte Rohlfs deshalb an Sir Drummond Hay geschrieben, aber darauf scheint keine Reaktion erfolgt zu sein, denn nach Hermann Rohlfs wollte Rohlfs sein Tagebuch auf dem »englischen Consulate reclamieren«[155]. Hermann Rohlfs hielt es am 10.2.1864 in Händen und hat es August Petermann geschickt[156], der daraus aber nichts veröffentlicht hat.

Wenn Rohlfs ab Tanger ein neues Tagebuch begonnen hat, so ist das nachvollziehbar. Er berichtet, dass der ihn begleitende Spanier kurz vor Agadir das Weite gesucht und nichts zurückgelassen hatte, »als was ich auf dem Leibe trug, und ein kleines Ledertäschchen, welches ich als Kissen unter dem Kopf hatte, und worin glücklicherweise etwas Geld war«[157]. Auch das Tagebuch? Möglich.

Petermann spricht »von dem uns vorliegenden Tagebuch«[158], aus dem er den Teil ab Agadir veröffentlichte[159]. Entweder war das Tagebuch in besagtem Ledertäschchen – oder Rohlfs hat es in Géryville neu geschrieben, auch für die Revue africaine. Dann sind Rohlfs die Tagebücher bei dem angesprochenen Überfall abhanden gekommen und er hat nur Teile wiederbekommen. Welche fehlten? Es dürften welche der Route Agadir – Géryville gewesen sein, denn hier sind viele Teile dürftig und nicht nachvollziehbar, was bei den völlig fehlenden Kalenderdaten anfängt.

Weitere offene Fragen sind:
- In welcher Sprache wurde das Tagebuch geführt? Deutsch oder französisch? Der bereits angeführte Artikel in der Revue africaine erschien in französischer Sprache. Der angekündigte zweite Teil ist nie erschienen, da Rohlfs seine Unterlagen inzwischen seinem Bruder geschickt beziehungsweise ihm spätestens bei seinem Besuch im Juli 1863 übergeben hat
- Enthielten die Tagebuchblätter nur Stichworte oder waren sie ausformuliert? Das geht weder aus den Bemerkungen von Rohlfs selbst noch aus den Äußerungen seines Bruders in den angesprochenen Briefen an Petermann einwandfrei hervor.

---

153 Marokko I, S. 364, aber die Bestätigung findet sich in den Briefen von seinem Bruder Hermann Rohlfs an August Petermann
154 Briefe vom 25.5. und 23.6.1863 Hermann Rohlfs an Gerhard Rohlfs, Gotha, Mappe 4
155 Brief vom 1.2.1864 von Hermann Rohlfs an August Petermann, Gotha, Mappe 5
156 Briefe vom 27.2. und 19.3.1864 von Hermann Rohlfs an August Petermann, Gotha, Mappe 5
157 Marokko I, S. 397
158 Petermann 1863, Tagebuch, S. 276, 277
159 Petermann 1863, S. 361–370

Wenn die Blätter von August Petermann oder in seinem Auftrag in der Geographischen Anstalt bearbeitet worden sind, so hat Rohlfs sie später an diversen Stellen wörtlich in sein Buch übernommen, so dass in diesem Fall festzuhalten wäre, dass das Buch nicht in allen Teilen aus seiner Feder stammt.

Über den Bericht in der Revue africaine hinaus gibt es erstaunlicherweise einen weiteren, denn sein Bruder Hermann berichtete August Petermann in einem Schreiben vom 23.6.1863, dass Rohlfs »für den dortigen Gouverneur Pelessier einen Bericht über seine letzte Reise ausarbeitet«[160]. Was stand denn wohl noch zusätzlich zu dem Bericht für die Revue africaine drin? War das etwa der zweite Teil eines Spionage-Berichtes?

Bereits im mehrfach angesprochenen Schreiben vom 25.5.1863 von Hermann Rohlfs an August Petermann berichtet er, dass Rohlf's »Wunden geheilt, er beabsichtige nach Timbuctu zu reisen«[161]. »Möglich, daß er dann Unterstützung von dem französischen Gouvernement in Algier erfährt«[162]. »Immer machte das französische Gouvernement ihm viel Aussicht auf eine Staatsunterstützung nach Timbuctu und dem Sudan. Jetzt hat sich das nicht realisiert, wahrscheinlich weil er Ausländer«[163]. Dabei hatte sich Rohlfs mit dem Gedanken getragen, sich naturalisieren zu lassen![164]

Rohlfs hatte seinen Plan gefasst und sein Bruder, der sich am 3.7.1863 einen auf ein Jahr gültigen Pass auf Frankreich und Algerien hat ausstellen lassen[165], dürfte im gleichen Monat ohne die Illusion nach Algier gereist sein, ihn in die Heimat zu holen[166]. Es ist nicht einmal wahrscheinlich, dass er es versucht hat.

Ein einheitliches Fazit zu seinem ersten Marokko-Aufenthalt ist nicht zu ziehen. Wenn er denn Spion war und sein Auftrag lautete, die Armee, die Atlantikküste und die Transsahara-Ausgangsoasen auszuspähen, so hat er diesen Auftrag umfänglich erfüllt, wenn er sich in Marokko eine wie auch immer geartete Existenz aufbauen wollte, so ist ihm das nachhaltig nicht gelungen. Wenn er wem auch immer Reisebeobachtungen vermitteln wollte, so blieb die Ausbeute dürftig.

---

160 Brief vom 23.6.1863 von Hermann Rohlfs an August Petermann, Gotha, Mappe 4
161 Brief vom 25.5.1863 von Hermann Rohlfs an August Petermann, Gotha, Mappe 4
162 Brief vom 23.6.1863 von Hermann Rohlfs an August Petermann, Gotha, Mappe 4
163 Brief vom 26.10.1863 von Hermann Rohlfs an August Petermann, Gotha, Mappe 4
164 Guenther, S. 51
165 Passregister 4.14/3 des Staatsarchivs Bremen, veröffentlicht im Internet durch »Die Maus«
166 Anders: Belger, S. 14, Müller, S. 65

9.
»Reise durch Marokko, Uebersteigung des grossen Atlas, Exploration der Oasen von Tafilet, Tuat und Tidikelt und Reise durch die grosse Wüste über Rhadames nach Tripoli«

So lautete der nicht gerade kurze Titel seines ersten Buches, das 1868 in Bremen im Verlag von J. Küthmann's Buchhandlung seine Erstauflage erlebte, der 1869 eine zweite folgte.

Hier überrascht, dass das Buch nicht im Perthes-Verlag erschienen ist, der doch auch die Bücher von Heinrich Barth verlegt hatte[167]. Wenn es jetzt in Bremen verlegt wurde, so dürfte auch dort eine Initiative seines Bruders Hermann Rohlfs im Spiel gewesen sein, der zu den Kunden der Buchhandlung zählte[168]. Es gab aber doch eine verlagsübergreifende Zusammenarbeit, denn die dem Buch beigegebene Übersichtskarte stammt aus dem Hause Perthes.

Das Reiseziel Timbuktu war von Hermann Rohlfs bereits im Schreiben vom 25.5.1863 August Petermann genannt worden[169], der es im Juli-Heft und dann wieder im September-Heft 1863 seiner »Mittheilungen« öffentlich machte[170], wobei er die Abreise am 24.8.1863 ab Blidah vermeldete, offensichtlich ohne Begleiter, denn von einem solchen ist nirgends die Rede.

Nun wird man diesen Ort, der südlich von Algier liegt, in Rohlfs angeführtem Buch vergeblich suchen. Er hat nämlich den missglückten Auftakt zu seiner Reise dort vollständig verschwiegen, den auch Guenther[171], Müller[172] und Genschorek[173] nur kurz erwähnen. Die einzigen Quellen bilden da seine Briefe, die bei Petermann veröffentlicht

---

167 Heinrich Barth, Reisen und Entdeckungen in Nord- und Centralafrica in den Jahren 1849-1855, 5 Bände ab 1857 im Perthes-Verlag
168 Brief vom 21.12.1863 von Hermann Rohlfs an August Petermann, Gotha, Mappe 5
169 Brief vom 25.5.1863 von Hermann Rohlfs an August Petermann, Gotha, Mappe 4
170 Petermann 1863, S. 277
171 Guenther, S. 52
172 Müller, S. 63 und 64
173 Genschorek, S. 63 und 64

wurden[174] und die auf der erwähnten Karte eingezeichnete Route. Petermann meint, Rohlfs habe sich durch den Zuschuss des Bremer Senats von 300 Talern gut ausrüsten können[175], muss sich später aber berichtigen: »Seine Ausrüstung war eine dürftige und mangelhafte gewesen«[176]. Rohlfs ist übereilt aufgebrochen[177], er hatte nur ungenügende Geldmittel, da die Unterstützung durch Frankreich nicht zustande kam. Es wurde vermutet, dass jemand ihn beim interimistischen General-Gouverneur Eduard Martimprey (1808–1883) angeschwärzt habe[178]. Auf der anderen Seite konnte er auf einen weiteren Zuschuss des Bremer Senats zunächst nur hoffen. Er hat erst im November von der Zusage erfahren[179]. Auch war er noch nicht gesund und musste auf dem Weg bereits kurz nach dem Aufbruch im August 1863 für 4 Tage das Militär-Hospital in Laghouat aufsuchen, denn seine Armwunden waren wieder aufgebrochen und eiterten. Er eilte weiter, um möglichen Konkurrenten auf die von der Geographischen Gesellschaft Paris ausgesetzte Prämie von 8000 Francs, die aber eigentlich mehrheitlich vom französischen Staat stammte[180], für eine Routenbeschreibung nach Timbuktu zu verdienen[181]. So erreichte er Anfang Oktober die Oase Abiod Sidi Scheich, in der er zwei Monate verweilte, um auf der einen Seite auf das zusätzliche Geld aus Bremen und auf der anderen auf eine günstige Mitreisegelegenheit mit einer der Karawanen zu warten. Das Geld kam nicht rechtzeitig, eine Karawane ging ohne ihn ab[182]. Zwar hatte der Kommandant von Geryville, das zirka 2 Tagesreisen nördlich lag, fehlende Ausrüstungsgegenstände nachgeliefert, aber es kamen Gerüchte von Stammesfeden auf der vorgesehenen Reiseroute auf und er wurde zunehmend als französischer Spion verdächtigt[183].

Er brach den Versuch ab und ging über Geryville Mitte Dezember nach Oran, wo er über den Konsul Honsz aus Algier 1200 Francs erhielt, die der inzwischen vom Bremer Senat zur Disposition gestellt bekommen hatte[184]. Hermann Rohlfs hatte seinem Bruder

---

174 Petermann 1864, S. 1–6 und 336–342
175 Petermann 1864, S. 1
176 Petermann 1864, S. 336
177 Untypisch für Afrikareisende: Von Algier bis Blida per Eisenbahn, Marokko II, S. 105
178 Petermann 1864, S. 2
179 Petermann 1864, S. 338, und Senatsbeschluss laut Wittheitprotokoll vom 23.10.1863, Staatsarchiv Bremen, 2-P.6.a.9.c.3.b. 116
180 Bulletin de la Société de Géographie (Paris), 1860, S. 434
181 Petermann 1864, S. 3
182 Petermann 1864, S. 6
183 Brief vom 1.2.1864 von Hermann Rohlfs an August Petermann, Gotha, Mappe 5
184 Brief vom 4.11.1863 von Hermann Rohlfs an August Petermann, Gotha, Mappe 5

aus eigener Tasche weitere 250 Francs zugedacht, die aber wohl mit einem Postdampfer untergegangen sind. Er hat sie noch einmal nachgelegt[185]. Rohlfs hat damit seine Ausrüstung vervollständigt, war aber noch im Zweifel, ob er wieder über Abiod Sidi Scheich gehen oder eine andere Strecke wählen sollte[186]. Er entschied sich für den Weg über Tanger.

Am 5.2 1864 schiffte er sich in Oran ein, um am 7.2.1864 Tanger zu erreichen[187]. Hier suchte er wieder Sir Drummond Hay auf und holte sein dort deponiertes Kistchen ab, aus dem er sein Tagebuch des ersten Marokko-Aufenthaltes seinem Bruder Hermann Rohlfs schickte, der es mit Schreiben vom 19.3.1864 an August Petermann weiterleitete[188]. Petermann hat es auch erhalten und wollte es veröffentlichen, doch hat er die Publizierung zunächst zu Gunsten der Veröffentlichung des Tagebuches der zweiten Reise zurückgestellt[189]. Er ist auf die erklärte Absicht nie zurückgekommen. Das Tagebuch wurde von ihm seltsamerweise nie veröffentlicht, obwohl es eine Fülle bisher unbekannter Details enthielt.

Über Rohlfs zweite Reise – ohne den nicht ausreichend vorbereiteten ersten Startversuch – gibt es drei Veröffentlichungen:
- Gerhard Rohlfs' Tagebuch seiner Reise durch Marokko nach Tuat, 1864, 1. Abschnitt: Reise von Tanger bis Ued-Sidi-Hassen, 14. März bis 9. Mai 1864
- 2. Abschnitt: Reise von Uled-Sidi-Hasse bis Karsas im Ued Sasura, 10. Mai bis 25. Juli 1864, 3. Abschnitt: Reise von Karsas im Ued Ssaura nach Ain Salah, 29. Juli bis 17. September
- Gerhard Rohlfs' Tagebuch seiner Reise von Tuat nach Rhadames, 1864[190]
- V. A. Malte-Brun, Résumé historique et géographice de l'exploration de Gérhard Rohlfs au Touat et a In-Câlah d'après le journal de ce voyageur publié par les soins d'Aug. Petermann, Paris 1866
- Gerhard Rohlfs : Reise durch Marokko, Uebersteigung des grossen Atlas, Exploration der Oasen von Tafilet, Tuat und Tidikelt und Reise durch die grosse Wüste über Rhadames nach Tripoli, Bremen 1868

---

185   Brief vom 10.2.1864 von Hermann Rohlfs an August Petermann, Gotha, Mappe 5
186   Brief vom 21.12.1863 von Hermann Rohlfs an August Petermann, Gotha, Mappe 5
187   Petermann 1864, S. 340
188   Brief vom 19.3.1864 von Hermann Rohlfs an August Petermann, Gotha, Mappe 5
189   Petermann 1865, Anmerkung 1 zu Gerhard Rohlfs' Tagebuch seiner Reise durch Marokko nach Tuat, 1864, S. 81
190   Petermann 1865, S. 81-90, 165-187, 401-417 und Petermann 1866, S. 8-26

Die Veröffentlichung bei Petermann ist das, was der Titel besagt: ein Tagebuch. Hier finden sich Rohlfs' Aufzeichnungen unter Ort und Datum verzeichnet. Die Reise ist auf einer beigegebenen Karte verfolgbar.

Die zeitnahe französische Ausgabe ist eine Nacherzählung, die deutlich macht, welches Interesse die Franzosen an den Gebieten am Rande ihres Einflussbereiches nahmen. Dabei muss offen bleiben, ob Malte-Brun als Sekretär der Geographischen Gesellschaft von Paris, die bekanntlich die weitgehend vom Staat gekommene Prämie von 8000 Francs ausgelobt hatte, etwas von einem möglichen Auftrag an Rohlfs gewusst hat.

Rohlfs' Buch selbst ist nicht mehr als ein fast wortgetreuer Abdruck seines bei Petermann veröffentlichten Tagebuches. Nachteilig ist, dass er Orte und Daten als Zwischenüberschriften getilgt hat, um dem Werk etwas den Tagebuchcharakter zu nehmen. Von Vorteil ist, dass das Buch auch die letzte Etappe von Rhadames nach Tripolis beschreibt, die Petermann weggelassen hat, da er den Weg als mehrfach beschrieben nicht mehr als beschreibungswürdig ansah.

Während seines Aufenthaltes in Tanger vom 7.2. bis 14.3.1864 hatte er erneut Schwierigkeiten mit seinen Armwunden, denn Alphons Stübel erinnert sich in einem Schreiben an Gerhard Rohlfs: »Sie trugen damals den Arm in der Binde«[191]. Er nahm auf Empfehlung von Sir Drummond Hay Hammed einen Führer in seinen Dienst. Zu Pferde zog die Gruppe - zeitweise bei heftigem Regenwetter - über Arseila (heute Arsila) und Laraisch (heute Larache) nach Uesan (heute Quezzane), wo Rohlfs, der sich wieder als Moslem ausgab, erneut freundliche Aufnahme beim Scheich Sidi el Hadj ab Ssalam, »diese bis zum Sudan hin einflußreiche Persönlichkeit«[192] fand. Rohlfs erhielt die von ihm erstrebten Empfehlungsschreiben, die ihm eine große Hilfe auf seinem weiteren Weg sein sollten.

Nach einigen Ausflügen in die Umgebung ging es für ihn am 7.5.1864 endlich weiter in Richtung Süden. Mekines (heute Meknes) und Fes blieben westlich beziehungsweise östlich liegen.

Die Überquerung des Mittleren und des Hohen Atlas war weniger ein Problem der Höhe, eher ein Problem der als räuberisch bekannten und weitgehend unabhängig lebenden Bewohner dieser Gegend, die aber zu den Verehrern des Scherif von Uesan zählten. Da Rohlfs seine Sachen als Eigentum des Scherif bezeichnete und auch im Schutz einer

---

191 Brief vom 30.5.1878 von Alphons Stübel an Gerhard Rohlfs, RA 10.78
192 Rohlfs, Marokko II, S. 10

Pilgerkarawane reiste[193], konnte er das Gebirge ohne große Probleme überwinden, was die Bewohner des südlichen Teils sehr erstaunte, da »sie selbst nur in Karawanen von 1000 oder 2000 Personen über den Atlas ziehen«[194].

Ältere Biografen betonten gern, dass Rohlfs der zweite Europäer nach Caillié gewesen sei, der den Atlas überwunden habe. Dabei hat diese Bergwelt bei den Pässen kaum alpinen Charakter. Und Rohlfs dürfte eher der zweite Europäer neuerer Geschichte sein, von dem man weiß, dass er die Bergketten gekreuzt hat.

Vom 8.6. bis 7.7.1864 hielt er sich im Tafilet auf und sah sich erneut gründlich um. Er hatte auf der einen Seite Glück und fand Leute, die nach Karsas gingen und denen er sich gegen Geld anschließen konnte, aber auf der anderen waren entgegen der Absprache am Ende alle Kamele so beladen, dass Rohlfs bei großer Hitze 10 Tage lang den beschwerlichen Weg durch die Steinwüste zu Fuß zurücklegen musste[195].

Damit hatte er Marokko verlassen, ein Land, das er nie wieder betreten sollte, für das er sich aber zeitlebens weiter interessierte, über das er später vergleichsweise häufig geschrieben hat und für das er in Deutschland als Experte angesehen wurde.

Vor dem verabredeten Ziel Karsas blieb der gemietete Führer entgegen der Abmachung zurück, so dass Rohlfs den letzten Teil der Etappe durch das Gebiet eines ob seiner Räubereien gefürchteten Stammes mit einem für weiteres Geld gemieteten Führer zurücklegen musste. Es gelang bei großen Anstrengungen letztlich ohne Probleme.

Er begegnete den verschiedensten Stämmen, die sich ihm gegenüber durchaus unterschiedlich verhielten, sammelte eifrig Informationen, machte auch barometrische und andere Aufzeichnungen – und bekam immer wieder mit, dass er hinter seinem Rücken als französischer Spion verdächtigt wurde[196], was seine Lage nicht ungefährlicher machte.

Von der Oase Ssali (heute Sali) bog er nach Osten ab, besuchte aber nicht die Oase Akébli (heute Akabli), obwohl er selbst sagte, dass von ihr die Karawanen nach Timbuktu abgehen[197].

Er ging weiter nach Osten und erreichte am 17.9.1864 Ain Salah (heute In Salah) und wurde von dem seinerzeit sehr bekannten und gefürchteten Abd-el-Kader freundlich aufgenommen. Das hatte auf der einen Seite den Vorteil, dass er vor den von Si Otmann verbreiteten Gerüchten, Rohlfs sei ein Christ und ein von den Franzosen gesandter

---

193 Rohlfs, Marokko II, S. 28 und 29
194 Rohlfs, Marokko II, S. 53
195 Rohlfs, Marokko II, S. 66 ff
196 Rohlfs, Marokko II, S. 84 und 107
197 Rohlfs, Marokko II, S. 132

Spion, einigermaßen geschützt war, aber auch den Nachteil, dass Abd-el-Kader, der für seine Sicherheit sorgen sollte und wollte, ihn wegen aufkommender Unsicherheiten in der Hoggar-Gegend nicht mit einer fremden Karawane nach Timbuktu aufbrechen lassen wollte. Zudem plagte Rohlfs ein bekanntes Übel: Sein Geld nahm bedrohlich ab[198].

Erst am 29.10.1864 konnte er mit einer Karawane des Si Otmann, der ihm inzwischen mit Respekt begegnete, und in bestem Einvernehmen mit Abd-el-Kader nach Rhadames (heute Ghadames) aufbrechen, ein Weg, der selten begangen wurde und bis dahin noch nicht ausführlich beschrieben worden war. Insofern konnte Rohlfs ein weiteres weißes Gebiet auf den Karten von Petermann tilgen.

Während die Oasen von Tuat und Tidikelt politisch dem Namen nach seinerzeit zu Marokko gehörten, wurde das Gebiet östlich von Ain Salah dem türkischen Einflussbereich zugerechnet[199], so dass Rohlfs in Rhadames auch eine kleine türkische Garnison vorfand[200].

Zu seiner Sicherheit reiste er den letzten Teil seines Weges mit einem türkischen Schantat und nicht mit einer arabischen Karawane[201]. Am 30.12.1864 zog Rohlfs in Tripolis ein und logierte nach dem Brief vom 30.12.1864 in einem türkischen Funduk[202], nach seinem Buch in einem Haus des österreichischen Konsuls Luigi Rossi[203].

Sein Telegramm dürfte bei seinen Geschwistern große Überraschung und Freude ausgelöst haben, Überraschung, weil sie ihn auf dem Wege nach Timbuktu wähnten, Freude, weil sie nach langer Zeit wieder ein Lebenszeichen von ihm bekamen. Er schrieb gleich einen ergänzenden Brief an seinen Bruder Hermann Rohlfs, legte den ersten Teil seines Tagebuches bei und bat um das, was er dringend brauchte, um Geld. Er schrieb an ihn und am gleichen Tage an August Petermann[204], er wolle trotz aller Strapazen und Enttäuschungen – oder gerade wegen dieser – die Reise fortsetzen, wenn er denn auf genügend Geldmittel hoffen könnte. Rohlfs rechnete mit weiteren Geldern vom Bremer Senat, den er auch am ersten Tag nach seiner Rückkehr – also bereits am 30.12.1864! – um ein weiteres Reisestipendium anschrieb[205], und auch von der Geographischen Gesellschaft in London – mit Erfolg, wie sich zeigen sollte. Bereits am 1.1.1865 berichtete er

---

198 Rohlfs, Marokko II, S. 127 ff
199 Rohlfs, Marokko II, S. 143, 144
200 Rohlfs, Marokko II, S. 177
201 Rohlfs, Marokko II, S. 178
202 Petermann 1865, S. 71
203 Rohlfs, Marokko II, S. 196
204 Petermann 1865, S. 71
205 Nach Wittheitsprotokoll vom 13.1.1865 im Staatsarchiv Bremen, 2-P.6.a.9.c.3.b. 118

seinem Bruder: »Ich bin auch den ganzen Tag, falls ich nicht Besuch habe, beschäftigt, einestheils mein Tagebuch zu schreiben, anderentheils meine Targische Grammatik, die ich in Tuat für die Londoner Gesellschaft angefangen habe, zu vollenden«[206]. Er musste erst durch dringende Bitten seiner Geschwister, aus Paris und auch von August Petermann von einer Reise nach Deutschland überzeugt werden. Schließlich hatte er seine Heimat im März 1864 in Richtung Österreich verlassen, war also 11 Jahre in der Fremde gewesen. Er reist am 11.1.65 von Tripolis ab, musste aber in Malta etliche Tage auf ein Anschlussschiff nach Marseille warten, wo er am 5.2. eintraf[207]. Er reist weiter nach Paris und hatte dort wohl Zeit genug, wenn man der Annahme folgt, er habe als Spion in französischen Diensten gestanden, nicht nur mit den Herren der Pariser Geographischen Gesellschaft zu sprechen. Sicher ist, dass er am 14.2.1865 in Bremen war[208]. Er hat dort wohl bei seinem Bruder Hermann Rohlfs gewohnt und dort auch seine Geschwister Heinrich, Elisabeth und Henriette Rohlfs in die Arme geschlossen[209].

Rohlfs wusste, dass er das gesteckte Ziel Timbuktu nicht erreicht hatte, aber mit seiner Reise durch die Oasenketten von Tuat und Tidikelt hat er doch der europäischen Geografie Gebiete erschlossen, über die bisher kaum Einzelheiten bekannt waren. So hebt denn Victor Malte-Brun in seinem Buch aus 1866[210] gleich 9 Ergebnisgruppen hervor, die Rohlfs in der Vorrede seines Buches aus 1868[211] nicht ohne Stolz aufführt. Auch August Petermann wertet die Reise trotz Abbruch als großen Erfolg[212]. Blumig, aber wohl richtig sagt Guenther: »So ist denn gerade diese Reise das glänzende Blatt im reichen Ruhmeskranz des Vielgewanderten geworden«[213].

---

206 Petermann 1865, S. 71
207 Petermann 1865, S. 73
208 Brief vom 14.2.1865 von Gerhard Rohlfs an Heinrich Barth, 14.2.1865, zitiert in Rolf Italiander, Heinrich Barth: Er schloß uns einen Erdteil auf – Unveröffentlichte Briefe und Zeichnungen des großen Afrika-Forschers, 1970, S. 184
209 Nicht aber die Eltern, wie Genschorek meint (S. 83), denn die waren bereits 1859 bzw. 1860 verstorben. Auch Langner hat hier nicht recherchiert, wenn er meint, dem Vater seien zwei Reisen genug (S. 81)
210 Malte-Brun, S. 149 und 150
211 Rohlfs, Marokko II, Vorwort S. IV und V
212 Brief vom 16.1.1865 von August Petermann an Gerhard Rohlfs, Gotha, Mappe1
213 Guenther, S. 61

10.
»Quer durch Afrika – Reise vom Mittelmeer nach dem Tschad-See und zum Golf von Guinea«

Das Buch erschien in zwei Teilen 1874 beziehungsweise 1875 bei F. A. Brockhaus in Leipzig[214]. Es sollte sein bekanntestes werden. Interessierte konnten sich aber weit früher über diese Reise informieren, denn die »Mittheilungen aus Justus Perthes Geographischer Anstalt«, die »Zeitschrift für Allgemeine Erdkunde«, Berlin, und auch die »Proceedings« brachten während der Dauer der Reise wiederholt Briefe und Beiträge. Rohlfs hatte sozusagen die Förderer der Reise exklusiv unterrichtet. Nach der Rückkehr im Sommer 1867 veröffentlichte Rohlfs Artikel über einzelne Aspekte in verschiedenen Organen. Erste Zusammenfassungen gab es durch die Ergänzungshefte 25 und 34 zu Petermanns »Geographischen Mittheilungen«, die 1868[215] beziehungsweise 1873[216] erschienen. Auf deren Entstehungsgeschichte wird später noch eingegangen werden.

Rohlfs schildert den weiteren Versuch, Timbuktu zu erreichen und damit die ihm – wenn dieser These gefolgt wird – vom französischen Geheimdienst gestellte Aufgabe zu erfüllen. Das würde auch die von Ihm an den Tag gelegte Eile begründen, die er nach außen mit den wieder einmal aufgebrochenen Wunden am Arm zu erklären versuchte. Dabei bestätigen erfahrene Chirurgen, dass in aller Regel Knochensplitter und ähnliche Fremdkörper in wärmeren Gegenden eher auseitern.

In Deutschland jedenfalls gönnte er sich keine Ruhe. In Bremen[217] könnte er in von seinem Bruder Hermann vermittelten Gesprächen mit Senatoren sich für die neuerliche Unterstützung von 300 Talern bedankt haben.

---

214 Zitiert als Rohlfs, Quer I, beziehungsweise Rohlfs, Quer II
215 Gerhard Rohlfs' Reise durch Nord-Afrika vom Mittelländichen Meere zum Busen von Guinea 1865 bis 1867 – 1. Hälfte: Von Tripoli nach Kuka (Fesan, Sahara, Bornu), zitiert als Rohlfs, Ergänzungsheft 25
216 Gerhard Rohlfs' Reise durch Nord-Afrika vom Mittelländichen Meere zum Busen von Guinea 1865 bis 1867 – 2. Hälfte: Von Kuka nach Lagos (Bornu, Bautschi, Saria, Nupe, Yoruba). Als Erscheinungsjahr wird im Heft 1872 angegeben, 1873 ist aber nach dem Schreiben vom 13.6.1873 von August Petermann an Rohlfs – RA 5.88 – richtig, zitiert als Rohlfs, Ergänzungsheft 34
217 Nicht wie Müller (S. 108) schreibt, in Vegesack, denn dort wohnte kein Familienmitglied mehr!

Dann stellte er sich bereits am 17. Februar 1865 in Gotha August Petermann vor und war – wieder zusammen mit seinem Bruder Hermann – bereits einen Tag später in Berlin bei dem von ihm hoch verehrten Heinrich Barth. Diese Besuche und die freundliche Aufnahme dürfte Rohlfs wie ein Ritterschlag vorgekommen sein: Er war jetzt wer unter den Etablierten.

Und doch kam es zu kontroversen Diskussionen über den einzuschlagenden Weg. Rohlfs wollte über das Hoggar-Gebirge möglichst weit westlich gehen, denn dort wäre die für die Franzosen interessanteste Verbindung zwischen französisch Algerien und französisch Senegambien. Diesen möglichen Hintergrund kannten Petermann und Barth aber nicht. Barth sprach sich wegen der damit verbundenen Gefahren gegen diese Route aus, Rohlfs glaubte dagegen, in seinem Sinne nützliche Absprachen mit Si Otmann getroffen zu haben. Petermann riet ganz von Timbuktu ab, denn der in Frankreich ausgesetzte Preis sei ohnehin nur für Franzosen gedacht und Timbuktu durch Barth hinreichend bekannt[218]. Die Diskussion endete mit dem Kompromiss, über das Hoggar-Gebirge in die Zentralsahara zum Tschad-See zu gehen. Ob er das getan hätte? Eine teilweise davon abweichende Route – u. a. mit Dafur und dem Senegal bis St. Louis – wurde in der Presse genannt[219], die zuerst in der Weser-Zeitung veröffentlicht worden sein soll. Dann könnte sie die Informationen von Rohlfs selbst bekommen haben, der sich vor seinem Aufbruch in Bremen aufhielt.

Er bemerkt selbst: »So verließ ich denn schon am 23. Februar 1865 Bremen, um über Paris, Marseille und Malta nach Tripolis zurückzukehren«[220]. Einen Zwischenaufenthalt bis zum 26.2.1865 legte er in Collinghorst ein, wo er seine älteste Schwester begrüßte und seinen Schwager und deren vier noch lebende Kinder kennenlernte[221]. In Paris hielt er sich etliche Tage auf, sprach zumindest mit Malte-Brun, Duveyrier, Maunoir und Vivien de St. Martin[222] und vervollständigte seine Ausrüstung, da die dazu notwendigen Artikel eher in Paris und London, vielleicht noch auf Malta, kaum aber in Berlin gekauft werden konnten.

---

218   Heinrich Barth: Reisen und Entdeckungen in Nord- und Central-Africa in den Jahren 1849 bis 1855, 1858, 5. Band, Kapitel I-V, S. 1–139
219   u. a. Grazer Zeitung Nr. 49 vom 1.3.1865, Linzer Abendbote Nr 50 vom 2.3.1865
220   Rohlfs, Quer I, S. 3
221   Helene Marie Adelheid Rohlfs (1822–1888) hatte 1847 den späteren Sanitätsrat August Rudolph Friedrich Melchior Voss (1820–1898) geheiratet. Sie bekamen die Kinder Albert (vor 1850), Hermann (1850), Marie Luise (1853), Elisabeth (1854) und Wilhelm H. J. U. Voss (1855). Rohlfs und die übrigen Geschwister hatten alle keine Kinder.
222   Brief vom 22.2.1865 von August Petermann an Gerhard Rohlfs, RA 1.12

Es erscheint müßig, seine finanzielle Situation größenordnungsmäßig feststellen zu wollen, zu unterschiedlich sind dafür die Zahlenangaben in den verschiedenen Quellen, zu unbestimmt die Wechselkurse und zudem fehlen realistische Kaufkraftvergleiche. Aber aus den verschiedenen Quellen ergibt sich, wie sehr sich August Petermann, Rohlfs Bruder Hermann und auch Heinrich Barth bemüht haben, Geld für seinen erneuten Versuch aufzubringen[223].

Interessant bleibt aber, wer Geld zur Verfügung gestellt hat:
- Bremer Senat
  Ein entsprechendes Gesuch von Gerhard Rohlfs wurde durch eine positive Stellungnahme von August Petermann erfolgreich unterstützt.
- Sammlung in Bremen
  Parallel dazu wurde in Bremen durch Hermann Rohlfs eine private Sammlung organisiert, zu der Petermann öffentlich auffordern wollte und an der er sich auch persönlich beteiligte.
- Reisefonds in Gotha
  Es ist zwar nicht ganz klar, um was für Gelder es sich dabei handelte, Petermann konnte aber erreichen, dass die 800 Taler Rohlfs zur Verfügung gestellt wurden.
- Royal Geographical Society, London
  Hier hat sicher Petermann ein weiteres Mal seine guten Beziehungen erfolgreich eingesetzt. Die Gesellschaft war aber an Sprachforschungen interessiert, die Rohlfs im Gegenzug auch geliefert hat.
- Carl-Ritter-Stiftung über die Berliner Gesellschaft für Erdkunde
  Die Stiftung wurde 1850 auf Veranlassung von Heinrich Barth gegründet. Er hatte auf sie maßgebenden Einfluss.
- Vorschuss des Perthes-Verlages
  Sicher hat Petermann auch hier sein gewichtiges Wort eingelegt.
- König Wilhelm I von Preußen
  soll aus seiner Privatschatulle zwei kleinere Beträge ausgeschüttet haben, was Guenther erstmals erwähnt[224]. Hier ist nicht ersichtlich, ob Petermann auch in dieser Richtung tätig geworden ist. Denkbar ist es.

---

223 Briefe zwischen Gerhard Rohlfs, Hermann Rohlfs und August Petermann aus den Monaten Januar und Februar 1865, Gotha, Mappen 16-1 und 16-5 und unter RA 1.7. und 1.9.
224 Guenther, S. 63

- Hermann Rohlfs
  Nicht zuletzt hat Rohlf's Bruder ein weiteres Mal aus seinen eigenen Mitteln einen für einen Privatmann bedeutenden Betrag zur Verfügung gestellt[225].

Petermann hat sich zudem bemüht, weiteres Geld von der Societé de Géografie in Paris zu bekommen[226], war aber nicht erfolgreich. Vielleicht lag der Grund in ihrem angespannten Verhältnis zu Rohlfs, das sie ohnehin schon gehabt haben dürfte.

So ausgestattet erreichte er am 19.3.1865 Tripolis, wo sein Diener Hammed Tandjaui bereits auf ihn wartete, und von wo aus er den Tuaregführer Si Otmann unverzüglich von seiner Ankunft unterrichtete, verbunden mit der Bitte, seiner Zusage entsprechend ihn in Rhadames (heute Ghadames) zu erwarten. Rohlfs mietete etwas außerhalb von Tripolis von einem Einheimischen ein Haus[227] und vervollständigte seine Dienerschaft mit dem mürrischen Mohammed Schtaui und drei Afrikanern, ein Kanuri, ein Haussa und ein Teda[228], und Proviant. Er zählt dabei sehr detailliert auf, was und in welchen Mengen er eingekauft hatte, nennt aber nicht ein von Wilhelm Horn erfundenes Fleischextrakt, über das Rohlfs am 31.7.1867 ein sehr positives »Certifikat« ausgestellt hat[229]. Dieser Arzt Wilhelm Horn aus Bremen war der Bruder seiner Schwägerin Fanny Rohlfs, geborene Horn, und in der Familie nicht wohl gelitten. Ihm ist mit diesem Extrakt nicht das große Geschäft gelungen.

Nach Möglichkeit mied Rohlfs den Verkehr mit der ausländischen Kolonie, wobei der französische Generalkonsul Botta - wusste er etwas von dem eventuellen Auftrag? - und dessen Kanzler Lequeux eine Ausnahme bildeten[230], obwohl der österreichische Konsul Rossi in Tripolis »alle meine Briefe und Geschäfte besorgt«[231].

Nach einem Probemarsch nach Leptis Magna im Osten von Tripolis bricht die kleine Karawane am 20.5.1865 zur großen Reise auf - in den Sommer, in die heißeste Jahreszeit hinein. 7 Menschen mit 7 Kamelen machten sich auf den beschwerlichen Weg nach Süden, um nach einem Zwischenaufenthalt in Misda (heute Mizda) in südöstlicher Richtung nach Rhadames (heute Ghadames) zu gehen. Rohlfs wurde krank, und auch nach der Einschätzung eines ehemaligen Legionärs, ernstlich krank.

---

225 Brief vom 25.4.1865 von Hermann Rohlfs an August Petermann, Gotha, Mappe 5
226 Brief vom 16.1.1865 von August Petermann an Gerhard Rohlfs, Gotha, Mappe 1
227 Rohlfs, Quer I, S. 9
228 Rohlfs, Quer I, S. 12
229 Brief vom 3.8.1867 von Wilhelm Horn an August PetermannGotha, Mappe 5
230 Rohlfs, Quer I, S. 10
231 Brief vom 14.2.1865 von Gerhard Rohlfs an Heinrich Barth, zitiert nach Rolf Italiander (Hg.): Heinrich Barth: Er schloß uns einen Weltteil auf, Hamburg 1970, S. 185

Er – und zwei seiner Diener – litten an Diarrhöe, die bei ihm selbst »trotz starker Opiumgaben nicht weichen wollte«[232].

Rhadames wurde am 17.6.1865 erreicht und etwas außerhalb der auch heute noch sehr interessanten Altstadt[233] ein Haus bezogen. Rohlfs richtete sich auf einen längeren Aufenthalt ein, denn er hörte, dass sein Schreiben an Si Otmann lange in Rhadames gelegen habe[234]. So schickte er auch seinen Begleiter Hammed zurück nach Tripolis, um eventuell angekommene Briefe und Geldsendungen abzuholen.

Gesundheitlich ereilte ihn ein Rückfall und er »schwebte einige Tage in wirklicher Lebensgefahr«[235]. Wiederholte Darmblutungen waren auch durch große Opiumgaben nicht zu stoppen. Insofern diente der längere Aufenthalt seiner Gesundheit, aber er war zunehmend der Gefahr ausgesetzt, als Christ erkannt zu werden. Hier schützte ihn kein Empfehlungsbrief des Scherif von Uesan mehr, auch türkische Firmane nur bedingt. Wichtiger war da schon das Dankesschreiben des Hadj Abd-el-Kadar aus Ain Ssalah (heute In Salah), dem er mit der 1864 versprochenen Reparatur seiner Waffe einen großen Gefallen getan hatte. Rohlfs zeigte es entsprechend herum[236].

Zudem wartete er mit steigender Ungeduld auf den Tuareg-Scheich Si Otmann, der ihm 1864 versprochen hatte, ihn sicher durch das Tuareggebiet über das Hoggar-Gebirge zu führen. Er kam nicht, von ihm aber die Kunde, dass er sich im fernen Algier aufhielt. War das dessen späte Rache einem Ungläubigen gegenüber?

»Mein Entschluß war schnell gefaßt. Die Reise nach dem Hogar-Lande wurde aufgegeben und dafür die Tour über Fesan fest in Aussicht genommen. Ich hoffe, dieses Land werde auch ohne Anschluß an eine Karawane zu erreichen sein«[237]. Er trat am 31.8.1865 die Rückreise nach Misda (heute Mizda) an und erreichte am 27.10.1865 Mursuk. Da kein Anschluss an eine Karawane möglich war, zog Rohlfs allein mit seinen Begleitern auf weitgehend unbekannten Wegen gen Süden, wurde auch von einer Horde von Räubern beobachtet[238] und hatte zudem einen heftigen Sandsturm zu überstehen[239], kam aber unbeschadet in dem damaligen Zentrum des Fesan an.

---

232 Rohlfs, Quer I, S. 57
233 Sie zählt heute zum Weltkulturerbe der UNESCO
234 Brief vom 20.6.1865 von Gerhard Rohlfs an August Petermann, Gotha, Mappe 1
235 Rohlfs, Quer I, S. 88
236 Rohlfs, Quer I, S. 89
237 Rohlfs, Quer I, S. 96
238 Rohlfs, Quer I, S. 111 ff
239 Rohlfs, Quer I, S. 116

Warum Rohlfs sich für den bekannten Umweg über Misda (heute Mizda) entschieden und offensichtlich nicht geprüft hat, ob und wann eine Karawane den kürzeren und von Europäern noch nicht abschließend erforschten Weg gen Süden nach Ghat einschlug, bleibt ungeklärt.

In Mursuk wartete er auf weitere Gelder und Ausrüstungsgegenstände[240] und hatte deswegen bereits im September 1865 von Derdj aus seinen Diener Hamad nach Tripolis geschickt[241]. Zudem hatte er August Petermann um weitere Gelder gebeten[242]. Erst im März 1866 - also nach 6 Monaten! - kam Hamad an und die Reise konnte fortgesetzt werden.

In der Zwischenzeit war Rohlfs nicht untätig gewesen. Er hatte vielfältige Informationen gesammelt, so zur Geschichte des Fessan[243] und über den von ihm verhassten Sklavenhandel, den er auch unmittelbar erlebte, als ihm ein Sklavenhändler für eine Krankenbehandlung den 7–8 jährigen Noël schenkte, den er nach einigem Zögern mit auf seine weitere Reise[244] und dann mit nach Europa nahm.

Außergewöhnlich war auch sein Selbstversuch Ende Januar 1866 mit Haschisch, den er minutiös in »Beobachtungen über die Wirkung des Haschisch« beschreibt[245].

Er hatte sich ohne Erfolg um einen Führer für einen Abstecher in das von Europäern noch nicht betretene Tibesti-Gebirge bemüht[246], das Jahre später von Gustav Nachtigal besucht wurde.

Überhaupt scheint Rohlfs sein ursprüngliches Ziel Timbuktu aus den Augen verloren zu haben, denn es ist nicht mehr die Rede davon. Dafür taucht ein neues Ziel auf, das in den zukünftigen Überlegungen von Rohlfs eine maßgebende Rolle spielen sollte: die Oasen von Kufra - oder wie Rohlfs schreibt: Kuffara. Sie als erster Europäer zu betreten und zu erforschen würde Ruhm und Anerkennung nicht nur in Fachkreisen bringen. In Mursuk hatte er den Plan wegen des drohenden Zeitverlustes von geschätzten 3 Monaten aber noch aufgegeben.

---

240 Rohlfs, Quer I, S. 164
241 Rohlfs, Quer I, S. 103
242 Briefe vom 20.11.1865 von Gerhard Rohlfs aus Mursuk an Heinrich Wilhelm Dove und vom 24.12.1865 an Heinrich Barth , beide in: Zeitschrift der Gesellschaft für Erdkunde zu Berlin, 1866, Band I, S. 74–76
243 Rohlfs, Ergänzungsheft 25, S. 1–10
244 Rohlfs, Quer I, S. 173 und 174
245 In: Gerhard Rohlfs: Land und Volk in Afrika - Berichte aus den Jahren 1865–1870, Norden, 1884, 3. Ausgabe, S. 9–15 - zitiert als Rohlfs. Land und Volk
246 Brief vom 5.11.1865 von Gerhard Rohlfs an August Petermann in Petermann 1866, S. 7

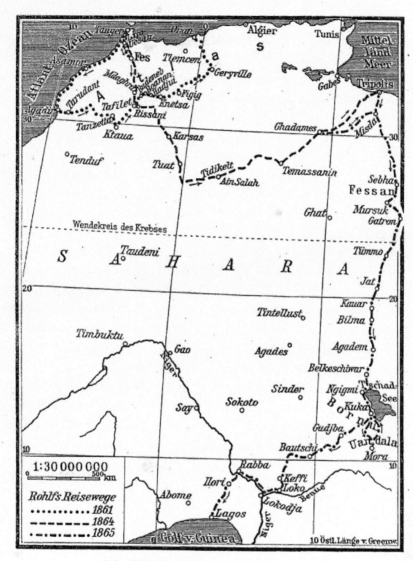

Die Wüste Sahara, westlicher Teil.

Am 25.3.1866 endlich konnte er Mursuk verlassen, und zwar mit einer aus 3 Gruppen bestehenden Karawane von zusammen etwa 30 Leuten[247]. Er selbst reiste mit 7 oder 8 Dienern[248]. Unter ihnen war jetzt auch Mohammed el-Gatroni, der bereits Barth auf seiner Sahara-Reise treue Dienste geleistet hatte, und den er als »besonders werthvollen Zuwachs«[249] engagieren konnte. Der Tebu-Fürst Mai Adem war von 7 Begleitern umgeben. Der Gruppe hatten sich über 10 weitere Tebus angeschlossen, die in ihre Heimat wollten[250]. Rohlfs hatte mit Maina Adem abgesprochen, das dieser mit seinem vom Gatroner begleiteten Gepäck direkt nach Kauar gehen sollte, während er mit den übrigen Dienern den Umweg über Tao im Tibesti nehmen wollte. Vermutlich wusste Maina Adem aber zu verhindern, dass Rohlfs einen Führer fand, denn er wollte den nicht ungefährlichen Weg nicht ohne den gut bewaffneten Rohlfs gehen. Am 25.4.1866 erreichte die Gruppe nach einer anstrengenden Reise mit Anay die nördlichste Oase des Kauar-Gebietes, wo sich Mai Adem von Rohlfs trennte.

Der zweimonatige Aufenthalt in dieser Oasengruppe, zu der die wegen ihrer Salzvorkommen wichtige Provinz Bilma zählt, ließ Rohlfs wieder zu Kräften kommen und ermöglichte es ihm, seine in Mursuk begonnenen Sprachstudien in Teda und Kanuri fortzusetzen[251] und umfangreiche Informationen über die Tebu zu sammeln[252], wobei er später etliche Aussagen modifizierte[253]. Aber auch hier wiederholten sich bekannte Schwierigkeiten: Es ging keine Karawane nach Bornu und er konnte nur mit Mühe und gegen ein hohes Entgelt einen Führer für sich und seine Begleiter finden.

Südlich von Agadem verirrte sich die Gruppe[254] und es stellte sich heraus, dass der Führer stark sehbehindert war[255]. Auf den eigenen Spuren kehrten sie nach Agadem zurück, wo ein neuer Führer verpflichtet wurde, der dann aber, wie Rohlfs meinte, die Gruppe absichtlich den angestrebten Brunnen nicht finden ließ, um die Reisenden verdursten und später von Gesinnungsgenossen ausrauben zu lassen[256]. Rohlfs

---

247 Rohlfs, Ergänzungsheft 25, S. 20
248 Rohlfs, Quer I, S. 182: 7 Diener, Rohlfs: Ergänzungsheft 25, S. 20: 8 Diener
249 Rohlfs, Quer I, S. 175
250 Rohlfs, Ergänzungsheft 25, S. 20
251 Rohlfs, Ergänzungsheft 25, S. 28
252 Rohlfs, Ergänzungsheft 25, S. 28–35
253 Rohlfs, Quer I, S. 253
254 Wenn Noël mitgezählt wird, waren es 15 Personen, nicht 14 - Ergänzungsheft 25, S. 40 - und nicht 13 - Rohlfs: Quer durch Afrika I, S. 267
255 Rohlfs, Ergänzungsheft 25, S. 43
256 Rohlfs, Ergänzungsheft 25, S. 44

Mursuk von Osten

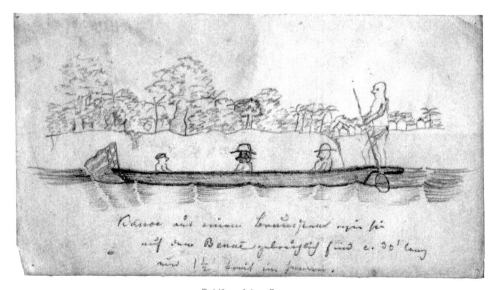

Rohlfs auf dem Benue

bedrohte ihn mit einer Waffe, ließ ihn aber, auch auf Bitten seiner Begleiter, gehen, als er einen Brunnen suchen wollte. Die Gruppe sah diesen Führer nie wieder, wurde aber vor dem Verdursten durch einen plötzlichen Regen bewahrt[257].

Endlich kamen die Reisenden aus der Wüste heraus und durchschritten bis zum Tschadsee ein Land mit auffällig geringer Bevölkerung: Die Tuareg hatten die Tebu vertrieben, ohne selbst dort zu siedeln[258].

Rohlfs erreichte am 21.7.1866 Kuka und fand beim Sultan die erhoffte freundliche Aufnahme, hörte aber, da er hinlänglich Kanuri verstand, selbst am Hofe durchaus feindliche Meinungen[259].

Die einsetzende Regenzeit forderte ihren Tribut: Anzeichen von Typhus wurden mit großen Dosen an Chinin und Opium bekämpft[260].

Spätestens zu diesem Zeitpunkt muss gefragt werden, was Rohlfs eigentlich im Bornu-Reich wollte. Bisher war er nur ausgetretenen Pfaden gefolgt, denn allein von den deutschen Reisenden waren Hornemann, Vogel, Beurmann und Barth bereits in Bornu gewesen, das Land in Deutschland und Europa also hinreichend bekannt. Zudem schien Rohlfs sein ursprüngliches Ziel Timbuktu abgeschrieben zu haben. Seine wiederholten Versuche nach Tibesti zu reisen hatten sich auch zerschlagen.

Es blieb Wadai, ein Land, von dem Rohlfs vorher wusste und auf seiner Reise immer wieder hörte, dass der regierende Sultan Besuch von Christen auch mit Gewalt zu verhindern suchte. Rohlfs ließ zwar mit Unterstützung des Sultans Omar von Bornu in Wadai anfragen, ob ein Besuch genehm sei, konnte aber nach den bisherigen Erfahrungen davon ausgehen, dass sein Wunsch abschlägig beschieden werden würde. Und so kam es auch – er bekam keine Antwort.

Rohlfs sammelte während der Wartezeit umfangreiche Informationen über Bornu und seine Geschichte und resümierte, dass ein Handel von und nach Europa, dann über Jola und die Bucht von Guinea, für beide Seiten von Vorteil sei[261]. Er trieb auch wieder seine Sprachstudien, jetzt in Musgu[262], sah sich aber bereits wieder schwindenden Geldmitteln gegenüber und schrieb deshalb an August Petermann, die Geographi-

---

257 Rohlfs, Ergänzungsheft 25, S. 44 und 45
258 Rohlfs, Ergänzungsheft 25, S. 46
259 Rohlfs, Ergänzungsheft 25, S. 53
260 Rohlfs, Ergänzungsheft 25, S. 56
261 Rohlfs, Ergänzungsheft 25, S. 61 ff
262 Rohlfs, Ergänzungsheft 25, S. 67

sche Gesellschaft in London und auch an den Senat in Bremen[263]. In seiner Bedrängnis lieh er sich 200 Taler[264].

Das Forschungsobjekt Tschadsee, das doch ganz in der Nähe lag, wurde nur mit einem kurzen und wenig erfolgreichen Besuch bedacht[265].

Dafür reiste er zur Überbrückung der Zeit bis zu einer Antwort aus Wadai ab 8.9.1866 in das »Sumpfländchen« Mandara, und zwar ohne großes Gepäck und nur in Begleitung von Hammed, dem Gatroner, Ali und Noël[266]. Er ging davon aus, dass die Regenzeit im Wesentlichen vorüber sei, sah sich darin aber getäuscht, denn die Reisenden hatten fortwährend mit reichlich Regen zu kämpfen, was bei Hammed und Noël[267] und letztlich auch bei Rohlfs[268] zu schweren Erkrankungen führte. Vor Rohlfs war zwar Overbeck bereits in dieser Wasserwüste gewesen, doch war davon kaum Kunde nach Europa gedrungen. Auf Grund der angedeuteten Umstände waren die Informationen von Rohlfs auch eher unbedeutend.

Zurück in Kuka brauchten die Genannten erhebliche Zeit, um wieder zu Kräften zu kommen[269]. Rohlfs fand wieder Zeit, seine Sprachstudien fortzusetzen. Er beschäftigte sich mit Musgu, Budduma, Kándala, Teda und weiterhin mit Kanuri[270]. Da er nicht länger auf eine Nachricht aus Uadai warten wollte, überlegte Rohlfs seinen weiteren Weg und fand letztlich, dass er nur über Adamaua führen könne, was sich dann aber wegen ausgebrochener Unruhen zerschlug. Es blieb nur der Weg nach Westen über Kano[271]. Von Timbuktu war nicht mehr die Rede. Der Weg zurück nach Norden stand offensichtlich nicht zu Disposition.

Vor seiner Abreise konnte er noch mit einer Karawane angekommene Briefe und Zeitungen entgegennehmen. Sultan Omar überreichte ihm zum Abschied »Bornuer und Lagene-Körbe, Tellerchen, Matten & c«, die er mit nach Europa nehmen sollte[272]. Von Magomméri aus schickte Rohlfs den Gatroner mit einen Teil seines Gepäcks

---

263   Nach Wittheitprotokoll vom 24.12.1866 wurden weitere 300 Taler bewilligt, Staatsarchiv Bremen, 2 -P.6.a.9.c.3.c. 119
264   Rohlfs, Ergänzungsheft 25, S. 68
265   Rohlfs, Ergänzungsheft 25, S. 69 und 70
266   Rohlfs, Ergänzungsheft 34, S. 1
267   Rohlfs, Ergänzungsheft 34, S. 3
268   Rohlfs, Ergänzungsheft 34, S. 26
269   Rohlfs, Ergänzungsheft 34, S. 2
270   Rohlfs, Ergänzungsheft 34, S. 28
271   Rohlfs, Ergänzungsheft 34, S. 29-31
272   Rohlfs, Ergänzungsheft 34, S. 29

zurück, damit er sich der Karawane auf dem Rückweg in den Fesan anschließen konnte. Von dort aus sollte seine Sendung nach Tripolis gebracht werden, um sie nach Europa gelangen zu lassen. Sie ist tatsächlich angekommen und man darf unterstellen, dass etliche Stücke, die Rohlfs später verschiedenen Museen vermacht hat und die teilweise noch zu seinem Nachlass gehören, diesen Weg genommen haben.

Rohlfs machte sich seinem bewährten Diener Hammed und weiterer Begleitung[273] auf den beschwerlichen Weg nach Westen, den Vogel, Beurmann und Barth vor ihm bereits erkundet hatten – freilich auf anderen Routen. Er traf auf die verschiedensten Völker, erkundete ihre Geschichte und beschrieb ihre Lebensweise, obwohl er immer wieder mit Fieber zu kämpfen und auch unter der Rauchentwicklung durch Grasbrände zu leiden hatte[274]. Es gelang ihm fast immer, orts- und sprachkundige Führer zu finden. Er tauschte sein letztes Kamel, mit dem er schwerlich durch dichte Wälder und über das Gora-Gebirge ziehen konnte, gegen ein Pferd, kam aber nicht direkt westwärts nach Rabba am Niger, da er für diesen Weg keinen Führer finden konnte. Der zusehends schwindende Geldvorrat mahnte ihn aber, sich zu beeilen. Er hörte von der Existenz von Lokoja, wo Weiße leben sollten. Diese Kunde beflügelte ihn[275]. Gesundheitlich angeschlagen und zudem gequält von den wieder schmerzenden alten Wunden[276] kämpfte er sich südwärts bis zum Benué vor, den er am 18.3.1867 endlich erreichte[277].

Sehr geschwächt und ohne bares Geld galt es jetzt, den Benué abwärts zu befahren und Lokoja zu erreichen. Durch den Verkauf überflüssigen Gepäcks konnte er einen Einbaum mieten, mit dem er, Hammed und Noël nach Imála gebracht wurden. Rohlfs vergaß nicht, die mitgeführte und heute sich im Nachlass befindende Bremer Flagge zu hissen. Zu ihm gehört auch eine unbeholfene Bleistiftzeichnung von Rohlfs, die diese Situation festhält.

In Imála stieg die Gruppe auf ein Plankenboot um. Rohlfs litt nach wie vor unter heftigen Fieberanfällen.

Erst der Anblick von Lokoja und der kräftige Händedruck der beiden völlig überraschten englischen Missionare erweckten wieder seine Lebensgeister. Er kam sich vor

---

273 Rohlfs, Ergänzungsheft 34, S. 32, wobei er Noël zu nennen vergisst
274 Rohlfs, Ergänzungsheft 34, S. 64.
275 Rohlfs, Ergänzungsheft 34, S. 69.
276 Rohlfs, Ergänzungsheft 34, S. 70
277 Rohlfs, Ergänzungsheft 34, S. 73

Tagebuchseite

wie in einem Traum[278], wollte aber unbedingt schnell weiter. Die Diskussion mit den landeskundigen Gastgebern über die einzuschlagende Route ergab, dass der Weg nigeraufwärts nach Rabba zwar nicht der schnellste, aber wohl der sicherste wäre. Vor der Abfahrt am 2.4.1867 [279] wurde Noël getauft[280].

Begleitet von einem weiteren Diener und einen Dolmetscher und versehen mit Geschenken der Engländer an den König Massaban[281] wurde die Reisegruppe nigeraufwärts bis Rabba gepaddelt. Der Aufenthalt dort und auch der beim König von Ilori waren nicht ohne Probleme[282], der eilige Rohlfs reiste zum Beispiel auch ohne Führer weiter und richtete sich ausschließlich nach seinem Kompass[283].

In Ibadan erholte er sich etwas bei einem Missionar aus Schwaben und dessen Frau[284], um dann den letzten Teil des Weges bis Lagos zurückzulegen, wo er am 27.5.1867 eintraf.

Den Aufenthalt in Lagos und die Rückreise schilderte Rohlfs in einem Artikel »Von Lagos nach Liverpool«[285]. In dem gastfreien Haus der Firma O'Swald konnte Rohlfs sich erholen, seine Eindrücke über die durchreisten schwarzafrikanischen Länder ordnen und ergänzen durch die Aussagen der deutschen Kaufleute in Lagos: »An der Seite des Islam kann und wird das Christenthum nirgends Eingang finden«[286].

Am 4.6.1867 gingen er und Hamad – nicht aber Noël![287] – an Bord des Dampfers »Calabar« der West-Africa Steam Navigation[288], um am 2.7.1867 Liverpool zu erreichen. Rohlfs unterrichtete telegrafisch seine Brüder Heinrich und Hermann in Bremen[289], die diese erfreuliche Nachricht gleich an die Presse weitergaben, zumal bereits vorher

---

278   Rohlfs, Ergänzungsheft 34, S. 82
279   Rohlfs, Quer II, S. 236
280   Rohlfs, Quer II, S. 233
281   Rohlfs, Ergänzungsheft 34, S. 90 und 91
282   Rohlfs, Ergänzungsheft 34, S. 94
283   Rohlfs, Ergänzungsheft 34, S. 96
284   Rohlfs, Ergänzungsheft 34, S. 99
285   Weser-Zeitung, 9 Teilartikel zwischen 16.8. und 15.9.1867 und in Rohlfs, Land und Volk, S. 16 – 67
286   Rohlfs, Quer II, S. 63
287   Wie zwar Genschorek auf S. 126 und auch Gnettner auf S. 47 ausdrücklich berichten, was aber durch Rohlfs Schreiben vom 9.9.67 an August Petermann - Gotha, Mappe 1 - eindeutig widerlegt wird
288   Benannt nach der nigerianischen Hafenstadt am gleichnamigen Fluss, gebaut 1864 als Fracht- und Personenschiff bei Elder & Co in Govan (bei Glasgow)
289   Brief vom 3.7.1867 von Hermann Rohlfs an August Petermann, Gotha, Mappe 5,

das Gerücht über seinen Tod die Runde gemacht hatte[290]. Da Rohlfs in Liverpool für Hammed keine sofortige Passage nach Gibraltar – er hatte ihm vor der Reise nach Lagos offensichtlich versprochen, für seine Rückkehr nach Nordafrika zu sorgen – finden konnte, nahm er ihn auf die weitere Rückreise mit[291].

Obwohl er in Deutschland sehnlichst erwartet wurde, unterbrach Rohlfs die Rückreise in London, um sich bei Sir Roderick Murchison für die mehrfache geldliche Unterstützung durch die Royal Geographical Society, die Rohlfs zu Ehren am 8.7.1867 ein Dinner gab[292] zu bedanken. Der in Bremen erscheinende »Courier« meinte am 9.7.1867: »... er wird jedoch die letzte Strecke auf der Reise in die Hansestadt über Hamburg zurücklegen, um dort dem bekannten O'Swald'schen Hause ... seinen Dank abzustatten«[293]. Ähnlich äußerte sich die Wochenschrift für Vegesack und Umgebung[294]. Aber es kam anders, wie die Weser-Zeitung in ihrer Abend-Ausgabe am 11.7.1867 vermeldete: »Bremen, 11. Juli. Gerhard Rohlfs ist heute morgen über Köln in Begleitung seines afrikanischen Dieners, Hamed-ben-Marisch, wohlbehalten hier eingetroffen«[295]. Es war nicht zu klären, ob diese Meldung ganz richtig war, denn Köln liegt wohl nicht auf der günstigsten Reiseroute von London nach Bremen. Jedenfalls konnten ihn seine in Bremen lebenden Geschwister Elisabeth, Adelheid, Heinrich und Hermann endlich in Empfang nehmen.

Kaum war die bevorstehende Rückkehr von Rohlfs bekannt geworden, da bat Petermann dringend und nachhaltig darum, dass Rohlfs ihn vor einer eventuellen Reise nach Berlin in Gotha besuchen solle[296]. Was waren seine Gründe? Sie sind nirgends ausgesprochen worden, sind aber wohl naheliegend:

Zum einen wollte Petermann sich gern für den Perthes-Verlag und die von ihm herausgegebenen Mitteilungen die Exklusivrechte für jedwede Veröffentlichung sichern. Ihm schwebte eine Buchveröffentlichung, ähnlich wie das fünfbändige Werk von Heinrich Barth, vor, die Verlagsleitung war aber dagegen. Was blieb, war der

---

290 So z. B. in der viel gelesenen Illustrirten Zeitung Nr. 1250 vom 15.6.1867: » --- derselbe soll in Wadai ermordet worden sein«, mit der Entwarnung in Nr. 1252 vom 29.6.1867: »Wie es scheint, entbehren die düsteren Gerüchte über das Schicksal des Afrikareisenden Rohlfs der Wahrheit.«
291 Brief vom 6.7.1867 von Hermann Rohlfs an August Petermann, Gotha, Mappe 5
292 Weser-Zeitung Nr. 7348 vom 8.7.1867
293 Weser-Zeitung Nr. 17348 vom 8.7.1867, Beilage, S. 1
294 Wochenschrift für Vegesack und Umgebung, Nr. 54 vom 6.7.1867
295 Weser-Zeitung Nr. 7351 vom 11.7.1867, Abend-Ausgabe
296 Brief vom 5.7.1867 von August Petermann an Hermann Rohlfs, Gotha, Mappe 5

Gedanke an ein Ergänzungsheft oder mehrerer zu den Mitteilungen, wozu es in der Folgezeit auch kam.

Der andere Beweggrund war der einer neuen Expedition nach Bornu. Rohlfs hatte dort die für ihn peinliche Situation erlebt, dem Sultan keine großen Geschenke überreichen zu können. Er hatte sich damit entschuldigt, dass er als Privatmann reise, im Übrigen aber versprochen, seinem König um entsprechende Geschenke zu bitten, zumal der Sultan vor ihm schon Beurmann und Vogel freundlich aufgenommen und unterstützt hatte. Darüber hat Rohlfs die »Königlich Preussische Gesandtschaft in Konstantinopel« unterrichtet[297], und diese hat die Bitte an das Königshaus weitergegeben. König Wilhelm I hatte dem zugestimmt. Jetzt stand eine neue Expedition zur Diskussion, die der preußische Offizier von Stumm finanzieren wollte. Auch an diesem Vorhaben war Petermann beteiligt, der nun Rohlfs zu einer Teilnahme drängen wollte[298].

Rohlfs entsprach dem Wunsch von Petermann und besuchte ihn am 19. 7.1867 in Gotha[299], um von dort über Leipzig und Halle nach Berlin zu reisen, wo er sich etliche Tage aufhielt und mit dem Oberstaatssekretär von Thile vom Auswärtigen Amt konferierte und sich auch mit von Stumm traf. Rohlfs war bereits in Bremen – so wie Petermann es vorausgesehen hatte – über den preußischen Generalkonsul Delius in Bremen und durch ein Schreiben von von Thile über die zur Diskussion stehende Expedition unterrichtet worden[300]. Nach kontroverser Diskussion über Leitung, Ziel, Größe und Finanzierung der Expedition zog sich Rohlfs zum Leidwesen von Petermann[301] aus dem Vorhaben zurück, das letztlich nicht zustande kam. Ein weiterer Punkt, in dem es keine Übereinstimmung gab, war die einzuschlagende Route. Von Stumm war für den bekannten Weg von Tripolis über den Fessan und Bilma. Rohlfs hätte den Weg von Djalo nach Süden vorgezogen[302]. Hier tauchte also sein Traumziel Kufra wieder auf. In einem Brief vom 13.8.67 offenbarte er Petermann vertraulich[303], im November nach Ägypten oder Tripolis gehen zu wollen, um zu versuchen, nach einem Cyrenaika-Besuch nach Kufra vorzudringen. Daraus wurde nichts – wenigstens 1867 nicht.

---

297 Rohlfs, Ergänzungsband 25, S. 53 und 64
298 Brief vom 6.7.1867 von Hermann Rohlfs an August Petermann, Gotha, Mappe 5
299 Brief vom 23.7.1867 von Gerhard Rohlfs an August Petermann, Gotha, Mappe 1
300 Brief vom 14.7.1867 von Hermann Rohlfs an August Petermann, Gotha, Mappe 5
301 RA 1.25
302 Brief vom 3.8.1867 von Gerhard Rohlfs an August Petermann, Gotha, Mappe 1
303 Brief vom 13.8.1867 von Gerhard Rohlfs an August PetermannGotha, Mappe 1

Gouverneurshaus in Lokoja und Berg Potté

Von Berlin aus reiste Rohlfs über Bremen nach Bad Ems, wo er am 2.8.1867 von König Wilhelm I zu einem Essen empfangen wurde, nach dem er auch anhand einer Karte von seiner Reise zu berichten hatte. Der König war unterrichtet, hatte er doch aus seiner Privatschatulle Finanzierungsbeiträge geleistet, von ihm war auch dem von Rohlfs übermittelte Wunsch des Sultans von Bornu nach Geschenken stattgegeben worden. Der König muss von Rohlfs und seinem Vortrag angetan gewesen sein, denn er verlieh ihm auf Vorschlag von Bismarck wenige Tage später – am 8.8.1867 [304] – den Königlichen Kronenorden III. Klasse.

Rohlfs reiste von Bad Ems über Koblenz und wieder Köln am 5.8.1867 nach Paris[305] und traf sich dort zumindest mit verschiedenen französischen Geografen. Die Notwendigkeit ist bei seiner Zeitnot nicht nachzuvollziehen, es sei denn, er hatte doch einen französischen Geheimauftrag und dazu einen Bericht zu übergeben. Wenn es denn

---

304   Belger, S. 34 und Brief vom 9.8.1867 von Otto von Bismarck an Gerhard Rohlfs, RA 13.29
305   Briefe vom 31.7.und 10.8.1867 von August Petermann an Gerhard Rohlfs – RA 1.27 und 1.30

derartige Kontakte gegeben hat, so endete Rohlfs Mitarbeit zu diesem Zeitpunkt, denn es ist ihm wohl nicht zuzutrauen, dass er nach der persönlichen Bekanntschaft mit dem preußischen König weiter für eine fremde Macht arbeitete. Seine weiteren Unternehmungen sprechen auch nicht dafür.

Es ist davon auszugehen, dass Rohlfs zusammen mit seinem Diener Hammed gereist ist, damit der sicher nach Afrika reisen konnte. Rohlfs berichtet Petermann in einem Schreiben vom 16.8.1867, dass er vom Konsul in Marseille eine Depesche erhalten habe, nach der Hammed am 9.8.1867 per Schiff abgereist sei. Er wähnte ihn bereits in Tanger[306].

Rohlfs folgte zwar seinem Bruder Hermann nach Norderney[307], gönnte sich aber dort keine Ruhe, um Petermann auch schnell die Tagebücher vom Ende seiner Reise zustellen zu können. Das entsprechende Ergänzungsheft 34 erschien aber erst 1872!

Ihm war sehr daran gelegen, dass Petermann möglichst schnell etwas über seine Reise veröffentlichte, denn da jetzt in der Presse häufig über ihn etwas berichtet worden war, wollte er seinen Bekanntheitsgrad dadurch weiter steigern. Er schloss in Eile seine Tagebücher ab und schickte sie nach Gotha, sah sich zeitlich aber nicht in der Lage, sie hinreichend zu überarbeiten. So kam das erste Ergänzungsheft auch erst 1868 heraus. Auf der anderen Seite arbeitete er an ergänzenden Artikeln, die zeitnah erschienen[308].

Zugleich bemühte er sich darum, dass im Verlag J. Küthmann'sche Buchhandlung in Bremen sein Buch über die zweite Reise, das mit einer Karte aus dem Perthes-Verlag ausgestattet werden sollte – und wurde – noch vor Weihnachten 1867 erschien[309], was sich aber bis in 1868 verzögerte.

Wenn Rohlfs bei den Veröffentlichungen zur Eile neigte, dann hatte das sicher auch seinen Grund, dass er sich um Einnahmen bemühen musste, denn er war mittellos zurückgekommen, hatte in Deutschland auch keinerlei Reserven und keinen eigenen Hausstand und wollte sicher nicht seinem Bruder Hermann mit Frau auf die Dauer zur Last fallen.

---

306 Brief vom 14.8.1867 Gerhard Rohlfs an August PetermannGotha, Mappe 1
307 Brief vom 13.8.1857 von Gerhard Rohlfs an August Petermann, Gotha, Mappe 1
308 Gerhard Rohlfs, Art der Begrüßung bei verschiedenen Negerstämmen – in Petermann 1867, Heft VIII vom 15.8.1867, S. 333-336, und Gerhard Rohlfs, Von Lagos nach Liverpool, Weser-Zeitung, 9 Teilartikel zwischen 16.8. und 15.9.1867 und in Rohlfs, Land und Volk S. 16-67
309 Brief vom 9.9.1867 von Gerhard Rohlfs an August Petermann, Gotha, Mappe 1

Am 9.9.1867 traf auch Noël in Bremen ein[310], den Rohlfs in Lagos zurückgelassen hatte, weil er kein Geld mehr für dessen Passage hatte. Noël kannte Rohlfs kaum noch und war so furchtsam von dem ungewohnten Leben und Treiben, dass er mehr schlecht als recht sprechen konnte. Jetzt lebte eine weitere Person in dem brüderlichen Haushalt.

Am 11.9.1867 weilte er in seinem Geburtsort Vegesack[311], besuchte sicher das vermietete Elternhaus[312] und tat erstmals das, was später zu einem wesentlichen Teil seines Lebens und zu einer wichtigen Einnahmequelle werden sollte: Er hielt einen öffentlichen Vortrag[313].

Im August äußerte er: »Ich habe für eine größere Expedition augenblicklich keine Aussicht, ich wüßte nicht, wer die Mittel dazu geben sollte; indeß werde ich aller Wahrscheinlichkeit nach diesen Winter nach Cyrenaika gehen, Djalo und die Jupiter Ammons-Oase oder Siwa besuchen. Denn hier kann ich wegen der Kälte nicht bleiben, und so will ich das Nützliche, meinen wunden Körper in ein wärmeres Klima zu versenden, mit dem Angenehmen, jene Gegenden kennenzulernen, verbinden«[314].

Im Schreiben vom 16.10.1867 von Rohlfs an Petermann[315] klingen dann aber zwei Aspekte an, die Rohlfs mehr oder minder lange begleiten sollten:
1. Die eventuelle Möglichkeit, eine englische »Expedition« nach Abessinien begleiten zu können und
2. dafür auch bezahlt zu werden. In der Überlegung war, ihn einstweilen zum preußischen Konsul in Massaua zu ernennen[316]. Eine derartige Stellung reizte ihn außerordentlich, denn sie versprach ein geregeltes Einkommen und freie Zeit für Reisen und Forschungen.

Er wandte sich mit seinem Wunsch auf Begleitung der englischen »Expedition« an die preußische Regierung und an seinen neuen Freund Roderick Murchison in London. In Berlin befürwortete man seine Teilnahme[317], in London wurde er an seine späteren

---

310 Brief vom 9.9.1867 von Gerhard Rohlfs an August Petermann, Gotha, Mappe 1
311 Seit dem 1.11.1939 ein Stadtteil von Bremen
312 Sein Bruder Gottfried Heinrich Rohlfs hat es am 16.8.1876 verkauft: Staatsarchiv Bremen, Akte Bez. I, 127
313 Courier Nr. 248 vom 8.9.1867
314 Zitiert nach Belger, S. 40
315 Brief vom 16.10.1867 von Gerhard Rohlfs an August Petermann, Gotha, Mappe 1
316 Brief vom 13.10.1867 des Auswärtigen Amtes an Gerhard Rohlfs, RA 1.67
317 Brief von Heinrich Abeken aus dem preußischen Ministerium für auswärtige Angelegenheiten vom 11.9.1867 an Gerhard Rohlfs, RA 1.42

Konkurrenten Clements Markham von der Royal Geographical Society verwiesen[318]. Berlin erhielt vom Ministerium für auswärtige Angelegenheiten aus London aber die Nachricht, dass Rohlfs als »Amateur« und auf eigene Kosten teilnehmen könne.

Das leitete über zu der Frage, woher die Mittel kommen sollten, denn Rohlfs selbst war bekanntlich vermögenslos. Aus diesem Grund kam man auf die Idee, ihn vorübergehend zum preußischen Konsul zu ernennen.

Zwar wurde er kein Konsul, aber 1000 Taler wurden ihm bewilligt[319] und ausbezahlt[320]. Gegen Ende November 1867 brach er auf und reiste über Paris und Marseille nach Ägypten[321]. Der kleine Noël begleitete ihn.

---

318 Brief von Roderick Murchison vom 19.9.1867 an Gerhard Rohlfs, RA 1.46
319 Brief des Ministers für Auswärtige Angelegenheiten vom 8.11.1867 an Gerhard Rohlfs, RA 1.57
320 Brief des Königlich Preuss. Generalkonsulats in Alexandria vom 26.2.1868 an Gerhard Rohlfs, RA 1.71
321 Die Aussage von Genschorek (S. 128), Bismarck habe ihn als offiziellen Beobachter der preußischenschen Regierung eingesetzt, um für die angehende deutschen Kolonialmacht »Erkenntnisse« zu vermitteln, ist wohl nicht zu belegen.

11.
»Im Auftrage Sr. Majestät des Königs von Preussen mit dem Englischen Expeditionscorps in Abessinien«

So lautet der nicht gerade kurze Titel des Buches, das Rohlfs bereits 1869, also im Jahr nach der Rückkehr von dieser Reise, veröffentlichte[322], und zwar wieder im Verlag von J. Küthmann's Buchhandlung in Bremen.

Der unbefangene Leser kann ob des Titels zwei Irrtümern unterliegen:
1. Wie bereits dargestellt wurde, reiste Rohlfs auf eigenen Wunsch und als Privatmann, allerdings mit königlicher Zustimmung.
2. Das englische Unternehmen war nicht das, was gemeinhin unter einer Expedition verstanden wird, es war ein Kriegszug, allerdings mit Ankündigung[323].

Die britische Regierung hatte sich entschlossen, zur Befreiung gefangener Briten und anderer Europäer und zur Ehre der britischen Nation, einen Feldzug gegen Äthiopien oder – wie es zeitgemäß noch genannt wurde – Abessinien[324] zu unternehmen, obwohl »in Europa ... man nicht begreifen [wollte], dass die Engländer weniger Gefangener halber einen kostspieligen Feldzug führen«[325]. Aber England wollte nach dem Debakel im Krim-Krieg verlorenes Prestige im Gebiet des Roten Meeres zurückgewinnen, da auch im Zuge des im Bau befindlichen Suezkanals die Sicherung des Seeweges nach Indien eminent wichtig war. Humanitäre und vielleicht auch innenpolitische Gründe mögen zudem eine Rolle gespielt haben.

Rohlfs hatte zu der Motivation der Engländer eine andere Sicht, die aus seinem in der Klagenfurter Zeitung wiedergegebenen Brief aus Kairo, wo er sich vor Antritt der eigentlichen Reise aufgehalten hatte, hervorgeht: »Die Frage der Gefangenen scheint jetzt

---

322 Zitiert als Rohlfs, Abessinien I
323 Volker Matthies: Unternehmen Magdala Strafexpedition in Äthiopien, S. 89. 90 – Zitiert als Matthies
324 J. Holland, Hery Hozier: Record of the Expedition to Abessynia, Vol I-III, London 1870, hier Vol I, S. – zitiert als »Record«, siehe auch F. Stumm: Meine Erlebnisse bei der Englischen Expedition in Abyssinien – Januar bis Juni 1868, Frankfurt am Main 1868, S. 160 – zitiert als Stumm. Diese Arbeit bleibt beim zeitgemäßen Ausdruck Abessinien.
325 Stumm, S. 159

nur untergeordneter Natur zu sein, Alles läßt vermuthen, daß es den Engländern nicht bloß um deren Freilassung — zu thun ist, oder um Züchtigung eines Königs, der das Völkerrecht mit Füßen getreten hat, als vielmehr um eine permanente Besetzung und Gewinnung des Landes.« »Wir wünschen nur noch, daß es den Engländern bald gelingen möge, Abyssinien zu nehmen, dann ist ein weiter Schritt gethan, um Africa in den großen Völkerverkehr zu bringen.«[326] Solche Aussagen zeigen, wie Rohlfs schon zu dieser Zeit zur Kolonialfrage stand, aber auch, wie sehr er sich geirrt hatte, denn der Verlauf des Krieges führte zu einem anderen Ende - und Rohlfs hat seine anfängliche Sicht in dem angesprochenen Buch nicht mehr erwähnt.

Es folgte ein beeindruckender Truppenaufmarsch in der sonst und auch heute noch weitgehend menschenleeren Ansley Bai bei Zulla im heutigen Eritrea: Über 40.000 Menschen - darunter allerdings über 26.000 »followers«, meist Familienangehörige - und über 40.000 Tiere machten sich durch die Gebirgswelt des Landes auf den Weg nach Magdala, der Residenz des Negus Tewodros II.[327]. Dem kommandierenden englischen General Lord Napier standen selbst indische Elefanten zu Gebote, die ihm große Kanonen auf die Höhe vom Magdala bringen sollten[328] Begleitet wurde der Aufmarsch durch offizielle militärische Beobachter aus Frankreich, Italien, Holland, Österreich, Spanien und Preußen, und zwar die Herren Graf von Seckendorff und von Stumm, der später Oberhofmeister beim Kaiser Friedrich wurde. Ungewöhnlich war auch, dass Korrespondenten führender Zeitungen - unter ihnen der später berühmt gewordene Afrikaforscher Morton Stanley - die Streitkräfte begleiteten.

Über diesen Feldzug gibt es eine erstaunliche Fülle an durchaus unterschiedlicher Literatur mit sich stark widersprechenden Aussagen, auf die hier aber nicht näher eingegangen werden kann[329].

---

326 Klagenfurter Zeitung, Klagenfurt, Nr. 2 vom 3.1.1868, S. 7
327 G. Graf von Seckendorff: Meine Erlebnisse mit dem englischen Expeditionscorps in Abessinien 1867-1868, Potsdam 1869, S. 65 - zitiert als Seckendorff
328 Rohlfs, Abessinien 1, S. 109 und 110
329 Siehe Anmerkungen 1 und 3 und folgende Veröffentlichungen: a) William Simpson: Diary of a Journey to Abyssinia, 1868, Whith the Expedition under Sir Robert Napier. K.C.S.I. - The Diary and Abservations of William Simpson of the Illustrated London News, Hollywood 2002 - zitiert als Simpson, b) Clements R. Markham: A History of the Abyssinian Expedition, London 1869 - zitiert als Markham I c) Clements R. Markham: The Abessynian Expedition - in: Macmillans's Magazine, 1867/68, 17, S. 435-446, 1868/69, 18, S. 87-96, 193-208 und 289-296, zitiert als Markham II d) Henry Morton Stanley: Coomassie and Magdala, London 1874 - zitiert als Stanley e) Gerhard Rohlfs: Im Auftrage Sr. Majestät des Königs von Preussen mit dem englischen Expeditionscorps in Abessinien, Bremen 1869 - zitiert als Rohlfs,

Die deutschen Herren reisten getrennt über Marseille, Alexandrien, Kairo und Suez an. Man traf sich erstmals in Kairo[330] – beim Pferdehandel! Die englische Regierung hatte diesen Teilnehmern empfohlen, geeignete Tiere in Kairo zu kaufen. Graf von Seckendorff und von Stumm hatten zudem die Zusage, dass sie mit ihren Tieren auf einem englischen Transportschiff von Suez nach Zulla gebracht werden sollten. Da Rohlfs auf diese Zusage bis über den Einschiffungstermin 29.12.1867 auf der »Grat Victoria« hinaus warten musste, gab er sein gekauftes Pferd, seinen Diener und auch den kleinen Noël in die Obhut der preußischen Offiziere[331], der für alle während der Expedition ein treuer, brauchbarer Diener war[332]. Er selbst reiste auf der ägyptischen »Yambos« ab 30.12.1867 hinterher[333], was ein besonderes Erlebnis war, da auf diesem sonst nur von Muslimen benutzten Schiff der eben begonnene Ramadan eingehalten wurde.

In Zulla traf man sich wieder und erstmals auf den aus Indien angereisten offiziellen Leiter des Unternehmens, den Lieutenant-General Sir N. Napier, K.C.B., G.C.S.I., Commander-in-Chiefe[334], der sich später auch noch »Lord von Magdala«[335] nennen durfte.

Rohlfs, der oft eher praktisch denn diplomatisch dachte, meinte aber: »Die Seele der Expedition bildete das Triumvirat Phayre, Merewether und Munzinger«[336]. An anderer Stelle sprach er von »Munziger und Krapf, ohne welche die Engländer, nach ihren eigenen Aussagen, gar nicht fertig werden könnten«[337]. Munzinger war ein Schweizer Afrikareisender, der 1854 erstmals nach Abessinien kam und seitdem mehrere Jahre dort Reisen unternahm. Krapf war ein deutscher Missionar im Dienste der englischen Church Missionary Society und Afrikareisender, ebenfalls durch längeren Aufenthalt landes- und sprachkundig.

Abessinien I, f) J. M. Flad: Zwölf Jahre in Abessinien oder Geschichte des Königs Theodor II und der Mission unter seiner Regierung, Basel 1869 g) Volker Matthies: Unternehmen Magdala Strafexpedition in Äthiopien, Berlin, 2010

330   Stumm, S. 2
331   Rohlfs, Abessinien I S. 23
332   Seckendorff, S. 21
333   Rohlfs, Abessinien I, S. 23
334   Record, Vol I, S. 428
335   Rohlfs, Abessinien I, Vorblatt, siehe auch: Markham II, S.193, 194
336   Rohlfs: Abessinien I, Vorwort VI
337   Rohlfs, Brief vom 25.01.1868, zitiert nach Weser-Zeitung Nr. 7558, Morgen-Ausgabe vom 29.02.1868

Mit welcher Einheit sollte Rohlfs nun gehen? »Man hatte mich gefragt, welchem Stabe ich zugetheilt zu werden wünsche, und ich, nach genommener Rücksprache mit den preussischen Offizieren, sagte, dass es mir einerlei wäre, vorausgesetzt, wenn ich mit diesen Herren zusammen bleiben könne«[338]. Aber dann erfahren wir: »Der Oberst Phayre, Chef des abessinischen Generalstabes, war ausersehen, zuerst vorwärts zu rücken«[339], An anderer Stelle ist er »Colonel in der Pionier-Force, First Division«[340]. »Durch Krapf's Vermittelung war ich empfohlen worden, mich dem Oberst Phayre anzuschließen als Dolmetsch, indem ich vermittelst eines Arabers, der der abessinischen Sprache (Tigre-Idiom) mächtig und eines Abessiniers, der hinlänglich französisch sprach mit den Eingeborenen communiciren konnte«[341]. Und so geschah es dann auch, da er »von Senafe an als Dolmetsch ... den Oberst Phayre bis zum Falle Magdalas begleitete«[342]. Unbewiesen ist dabei, dass er einer war, »who spoke Arabic and some of the Ethiopian languages«[343].

Rohlfs hat dem Oberst Phayre sicher gute Dienste geleistet, denn trotz der Größe des Aufmarsches hatten die Briten einen ausgesprochenen Mangel an sprach- und landeskundigen Leuten, was die Stellung solcher Herren wir Krapf, Munzinger und auch Rohlfs unterstrich.

Zudem scheint sich Rohlfs mit Phayre gut verstanden zu haben, denn mit großer Wahrscheinlichkeit haben sie Fotos ausgetauscht, denn zumindest im Album von Rohlfs findet sich eines von Phayre[344].

Die Einheit um Phayre erkundete und präparierte den Weg, den die Truppe nehmen sollte. Hier konnte Rohlfs all seine Erfahrungen aus der Zeit als Fremdenlegionär einbringen. So ging ihm der Vormarsch nicht schnell genug. Er sprach »von Sir Robert Napier, der gar nicht langsam genug vorgehen konnte«[345], und setzte hinzu: »In der That kann man dreist behaupten, dass, wenn Sir Robert nicht einen so tüchtigen und energischen Mann im quarter master general Oberst Phayre gehabt hätte, die Campagne jedenfalls zwei Jahre gedauert haben würde«[346]. Am Ende der Kampagne hatte er seine

---

338   Rohlfs, Abessinien I, S. 30
339   Rohlfs, Abessinien I, S. 53
340   Record, Vol I, S. 428
341   Rohlfs, Abessinien I, S. 53, 54
342   Rohlfs, Abessinien I, Vorwort V
343   Bairu Tafla, Ethiopia and Germany – Cultural, political and economic relations 1871-1936, Wiesbaden 1981, S. 54
344   Foto FA 4.112, Heimatmuseum Schloss Schönebeck, Bremen
345   Rohlfs, Abessinien I, S. 87
346   Rohlfs, Abessinien I, S. 34

Meinung geändert und meinte jetzt, dass man »nach so ruhmvoller Beendigung sich nicht dem Gedanken verschließen [konnte], dass Alles mit bewundernswürdiger Schnelligkeit durchgeführt war«[347].

Napier, der auf ein gutes Verhältnis zu den regionalen Fürsten Wert legte, wollte vor der drohenden Regenzeit den Gegner stellen. Wir erinnern uns, die Briten kamen mit über 40.000 Leuten. Von ihrem Gegner meinte Graf von Seckendorff: »Vor der Heeresmacht Theodorus' brauchte man nicht zurückzuschrecken. Man schätzte sie auf 10-15.000 Mann nur mangelhaft bewaffneter Soldaten mit einem großen, das Heer auf all seinen Zügen behindernden Troß«[348]. Stumm schätzte Theodors Heer noch kleiner: »Beim Beginn der Englischen Expedition gebot er kaum noch über ein Heer von 10.000 waffenfähigen Männern«[349]. Markham schätze den Gegner auf 5000 mit Flinten und 1000 mit Speeren bewaffnete Männer[350].

Die Briten - oder, da sie in der Mehrzahl waren, müsste man sagen: die Inder - erreichten die Bergfeste Magdala und es kam am 10.04.1868 bei Aroge ungewollt zu einer Schlacht, bei der nach Graf von Seckendorff von den 6.000 angreifenden Abessiniern 800 getötet und 1.500 verwundet wurden. Auf britischer Seite gab es nach seinen Angaben 1 Toten und 19 Verwundete[351]. Nach von Stumm waren von den Abessiniern »über 700 tot« und die »gleiche Zahl verwundet«[352]. Markham berichtet von 800 Toten und 1500 Verwundeten[353]. Theodor begann aus seiner Sicht mit Verhandlungen, wobei er von Napier folgenden Brief erhielt:

»Your Majesty has fought like a brave man, and has been overcome by the superior power of the British army. It is my desire that no more blood may be shed. If, therefore, your Majesty will submit to the Queen of England, and bring all the Europeans now in your Majesty's hands, and deliver them safely this day in the British camp, I guarantee honourable treatment for yourself and all the members of your Majesty's family«[354].

---

347 Rohlfs, Abessinien I, S. 178
348 Seckendorff, S. 81
349 Stumm, S. 11
350 Markham II, S. 200
351 Seckendorff, S. 157
352 Stumm, S. 112
353 Markham II, S. 200
354 Markham I, S 327

Er glaubte der Erklärung und ließ alle Gefangenen frei[355]. Das waren 60 Personen, 27 Männer, 10 Frauen und 23 Kinder[356], darunter dürften nicht mehr als 10 Leute Engländer gewesen sein. Markham kommt einmal auf 67 Personen, da er einige Diener mit zählt[357], dann auf 64, die er einzeln aufführt[358].

Theodor stellte seinen Soldaten frei, ihn zu verlassen, was zu einer Massenflucht führte, waren sie doch mehr oder minder zum Waffendienst gedungen worden[359].

Damit war das Hauptziel der britischen Expedition erreicht. Was nun noch geschah, geschah zur Ehre der britischen Nation.

Am Ostersonntag, dem 13.04.1868, wurde die Bergfeste Magdala, auf die sich Theodor II. zurückgezogen hatte, ohne entscheidende Gegenwehr von der Artillerie beschossen und dann von dem 33. Regiment genommen[360]. »Rohlfs war mitten unter den Vordringenden«[361], obwohl die Einheit, zu der er gehörte, nicht am Sturm beteiligt war. »Herr Stumm und ich, die wir als Zuschauer dabei waren, warteten die Oeffnung des Thores nicht ab, sondern kletterten auch hier über«[362], nämlich über die Befestigungsmauer in der Nähe des Tores.

Man fand den toten Negus: »Er hatte sich mit einer Waffe getödtet, welche die Königin von England dem Beherrscher Abessiniens aus Dankbarkeit für seine ihrem Konsul Plowdon erwiesene Güte zum Geschenk gemacht hatte«[363]. Markham stellte fest: »Gave three cheers over it, as if it had been that of a dead fox«[364]. Neubacher fasst wohl zutreffend zusammen, wenn er von Theodorus als dem Fürsten spricht, »der groß begonnen, gewaltig geherrscht, gewalttätig und größenwahnsinnig sein Ende gefunden hatte«[365].

Vergleichsweise verständlich ist noch, wenn man dem deutschen Auszug aus dem offiziellen Report entnimmt: »Von Theodor's Krone und Königssiegel nahm man im

---

355 U.a. Stumm, S. 118
356 Henry M. Hozier: Der britische Feldzug nach Abessinien - Aus officiellen Aktenstücken, Berlin 1870, S. 186, 187, zitiert als Hozier
357 Markham I, S. 340, 341
358 Markham II, S. 204
359 Seckendorff, S. 164
360 Hozier, S. 200, siehe auch Seckendorff, S. 163, und Markham II, S. 205 ff. mit Einzelheiten, aber ohne Erwähnung von Rohlfs und von v. Stumm
361 Guenther, S. 98
362 Rohlfs, Abessinien I, S. 170
363 Seckendorff, S. 165
364 Markham I, S. 351
365 Hermann Neubacher: Die Festung der Löwen - Äthiopien von Salomon bis zu Gegenwart, 1959, S. 36

Namen der Königin Victoria Besitz«[366]. Verständnis findet eine derartige Vorgehensweise bei Rohlfs: »Ich nehme natürlich die Kroninsignien, die wirkliche goldene Königskrone, Säbel, Schwert etc. aus, welche Sir Robert fürs englische Government und mit vollstem Recht in Beschlag nahm«[367]. Dabei fällt auf, dass er nicht nur von einer Krone spricht. Der Experte Markham von der Royal Geographical Society, der ja sicher auch als Experte mitgenommen worden war für die Dinge, die als Beutegut für England von Interesse waren, sagt dazu in seinem Buch nichts! Kronen kommen dort nicht vor. In seinem umfangreichen Artikel in Macmillan's Magazine erwähnt er »ecclesiastical crowns, chalices, crosses, censers, silks, velvets and carpets«[368], ohne hier zu erläutern, was davon letztlich den Weg nach England gefunden hat. Er dürfte zwar bei der Erstürmung nicht unmittelbar dabei gewesen sein, da er sich verschiedene Male ausdrücklich auf Aussagen von Bediensteten von Theodor II. bezieht, wobei ihm nicht entgangen war, dass sie gelegentlich widersprüchlich waren[369].

Verständnis kann man auch haben, wenn Rohlfs sagt: »Wir (er spricht von von Stumm und sich – der Verf.) wußten ... nicht, dass bei einer eroberten Stadt im englischen Heere alles den Truppen in die Hände fallende Gut Eigenthum der Soldaten wäre und auf gemeinsame Kosten verkauft wird«[370]. Das bedeutet mit anderen Worten doch wohl: Ein britischer Soldat darf nicht auf eigene Rechnung plündern. Dazu passt die Aussage im »Record«: »The plunder taken in Magdala was sold by auction, and the proceeds of the sale distributed among the troops as prizemoney«[371].

Was aber geschah wirklich? »Dann (nach der Befreiung von 90 abessinischen Häuptlingen – der Verf.) gab man den ganzen Ort der Plünderung preis«[372]. »After the capture, the troops dispersed over the amba in search of plunder«[373]. »Hier hatten die Soldaten schon alles auseinandergerissen und Haufen Gegenstände aller Art lagen durcheinander. Hier sah man Monstranzen, silberne und kupferne Kreuze und Räuchergefäße aus Kirchen, dort Kronen von Gold und Kupfer ...«[374]. »Eine Menge Soldaten waren bereits damit beschäftigt, aus diesen Schatzhäusern des Kaisers Kostbarkeiten und Gegen-

---

366 Hozier, S. 207
367 Rohlfs, Abessinien I, S. 177
368 Markham II, S. 290
369 Markham I, S. 359
370 Rohlfs, Abessinien I, S. 172
371 Record, II, S. 78
372 Seckendorff, S. 169
373 Markham I, S. 359
374 Rohlfs, Abessinien I, S. 171

stände aller Art herauszuschaffen, die der bisherige Besitzer theils in seinem eigenen Lande zusammengeraubt, theils von Fremden zum Geschenk erhalten hatte. ... Dort schleppte ein Soldat ... unförmig große Bischofskronen. ... das lag alles auf einem wüsten Haufen übereinander, und wurde von den Soldaten theils mitgeschleppt, theils an später Kommende für eine Kleinigkeit verkauft«[375].

Ganz deutlich wird dann Oberst von Stumm: »Unter den Todten befand sich Theodors erster Heerführer, dessen schöner, reich mit Silberzierrathen beschlagenen Schild von einem Offizier, nachdem er den Besitzer mit seinem Revolver vom Pferde geschossen hatte, erbeutet worden war«[376]. Auch das geschah also zur Ehre Großbritanniens. Und dann wird gar ein Vorgang bezeugt, der wohl in die Abteilung Leichenfledderei gehört: »Bei der allgemeinen Plünderung am Abend nach der Einnahme von Magdala hatte man die Leiche des früheren Kirchenoberhauptes gefunden und einige Werthgegenstände waren aus dem Sarg gestohlen worden. Man nannte unter diesen Schätzen ein Kreuz in Brillanten von großem Werth, das nie zum Vorschein gekommen ist«[377]. Davon berichtet selbst Markham: »To our shame be it said that the box was broken open, and the body desecrated, in the night of the capture of Magdala«[378].

Was machten in diesem Chaos die Herren Rohlfs und von Stumm? Wir lesen bei von Stumm: »Ein noch halb voll mit Araki gefülltes Trinkhorn lag auf dem Boden, und es wurde sowohl wegen seines kostbaren Inhalts, als seiner Merkwürdigkeit als letztes Gebrauchsstück des Kaisers von mir triumphirend mitgenommen«. Rohlfs ergänzte: »So lange ohne Schnaps und Wein gewesen, that uns dieser Fund sehr gut«[379] und schrieb weiter: »Und Herr von Stumm nahm dieses Horn als gute Beute mit«[380], aber nachdem sie erfahren hatten, dass alles anfallende Gut Eigentum der Soldaten wäre, »stellten wir die Gegenstände wieder zurück«[381] In der Versteigerung hat es dann Herr von Stumm wieder erworben.[382]

---

375 Stumm, S. 127
376 Stumm, S. 112
377 Seckendorff, S. 171, noch deutlicher, aber anonym, heißt es im Globus, Band XIV, 1868, S. 30: » Ein schottisches Regiment plünderte ... zuerst, erbrach auch die Gräber, warf die Leiche des Salama aus ihrer Gruft und beraubte diese ihrer Kostbarkeiten, namentlich der zwei goldenen Kreuze.«
378 Markham II, S. 290
379 Rohlfs, Abessinien I, S. 171
380 Rohlfs, Abessinien I, S. 171
381 Rohlfs, Abessinien I, S. 171
382 Wiener Zeitung Nr 238 vom 8.10.1868

»Das Trinkhorn befindet sich jetzt in Besitz Sr. Majestät des Königs.«[383] »Magdala war eine förmliche Trödlerbude en gros. Jeder beschäftigte sich damit Etwas zu nehmen, und so nahmen auch wir mehrere Gegenstände, Kreuze und Räucherfässer, um sie als Andenken für die Heimath mitzubringen«[384], wobei »wir die meisten [Gegenstände – der Verf.] von englischen Soldaten ... gekauft hatten«[385]. Nach der bereits zitierten Stelle erfuhren sie dann, dass alles anfallende Gut Eigentum der Soldaten wäre[386]:

»Die zweite Brigade besetzte Magdala ..., um die Gallavölker vom Plündern abzuhalten«[387]. Schutz nur vor Abessiniern? »Sentries were stationed at the gates to prevent plunder from being taken down to the camp«[388]. Also Schutz vor den eigenen Leuten, denn es war eine Menge von Wertsachen da, zum Beispiel: »Ein reicher Schatz von äthiopischen Manuscripten wurde im königlichen Schatzhause gefunden. Von diesen wurden ein oder mehrere Exemplare von jedem Werk für das britische Museum mitgenommen«[389]. Es galt, die Reste abzutransportieren, und so »brachen am 17. April ... sämtliche Elephanten[390], jetzt zum Theil mit den in Magdala genommenen Schätzen belastet, auf«.

»Die Auction der aus Magdala erbeuteten Gegenstände mußte stattfinden, denn sie fortzuschleppen wäre ein unnöthiger Ballast für die Armee gewesen«[391]. An dieser Stelle sollte eine Frage erlaubt sein: Mussten die Käufer die ersteigerten Gegenstände nicht auch mitnehmen? »Zugleich wurde die öffentliche Auction aller in Magdala gemachten Beute angeordnet, nachdem Jedermann aufgefordert worden war, selbst gefundene, oder von Soldaten gekaufte Gegenstände wieder abzugeben«[392]. Die Auktion fand am Nachmittag des 20. April und den ganzen 21. April statt[393]. »Die Auction, welche zum Besten der englischen Soldaten veranstaltet wurde, brachte nicht unbedeutende Summen ein, dadurch besonders, daß ein großer Theil der wirklichen Werthsachen vom

---

383 Stumm, S. 126
384 Rohlfs, Abessinien I, S. 172
385 Rohlfs, Abessinien I, S. 172
386 Rohlfs, Abessinien I, S. 172
387 Seckendorff, S. 174
388 Markham I, S. 359
389 Flad, S. 152
390 Die Engländer hatten indische Elefanten nach Abessinien verbracht, die die schweren Kanonen zum Kriegsschauplatz zu schleppen hatten.
391 Seckendorff, S. 174
392 Stumm, S. 134
393 Stanley, S. 470, 471

britischen Museum acquirirt wurde«[394]. Dann widersprach sich Graf von Seckendorff, denn einige Seiten weiter schrieb er, dass »die eingegangenen Summen sich als sehr gering herausstellten«[395]. Stanley glaubt hier genauer informiert zu sein: Es sollen £ 5.000 gewesen sein[396]. Die Interessierten unter den Dabeigewesenen hatten sich eben direkt bedient. »Eine große Anzahl Bücher fand wenig Liebhaber, denn niemand kannte ihren rechten Werth, doch sollen sich interessante Manuscripte unter ihnen befinden, von denen manche für die Geschichte des Landes besonders werthvolle Aufschlüsse geben. Der größte Theil blieb in Abessinien, da General Napier sie der Kirche von Chelikot schenkte«[397]. Aber immerhin: »Fifteen elephants and almost 200 mules were required to transport it (nämlich die Beute, die letztlich mit nach London genommen wurde, der Verf.) to the coast«[398].

Rohlfs verabschiedete sich am 18. April 1868 vorerst von der Truppe, um allein über Lalibala in Richtung Norden zu gehen[399]. Wenn er also Gegenstände mit nach Europa gebracht hat, so hat er sie nicht, wie von ihm behauptet[400], in Magdala zurückgelegt, vielleicht aber gegen ihm bekannte Bestimmungen von Soldaten gekauft, nicht aber bei der Auktion erstanden, denn da war er bereits unterwegs. In Sokota stieß er Ende April 1868 wieder zu den Briten[401], um dann zusammen mit von Stumm noch Adua und Axum zu besuchen[402]. Mit der britischen »Queen« fuhren Rohlfs und von Stumm gemeinsam am 30. Mai 1868 von Zulla ab nach Suez[403], wo sich ihre Wege trennten.

Rohlfs blieb mit Blick auf die hier nicht dargestellte Vorgeschichte dabei: »Es ist ohne Zweifel, dass die Engländer selbst auch grosse Schuld an dem Kriege haben«[404]. Zudem meinte er kritisch: »Nichts war eine lächerlichere und unnützere Kostspieligkeit als die Herbeischaffung von Elephanten aus Indien«[405].

---

394 Seckendorff, S. 174, für die Auswahl war wohl der Experte Holmes vom Britischen Museum zuständig
395 Seckendorff, S. 178
396 Stanley, S. 470, 471
397 Seckendorff, S. 174
398 Simpson, S. 20
399 Rohlfs, Abessinien I, S. 177
400 Rohlfs, Abessinien I, S. 172
401 Rohlfs, Abessinien I, Anhang I
402 Stumm, S. 140
403 Rohlfs, Abessinien I, S. 180
404 Rohlfs, Abessinien I, S. 92
405 Rohlfs, Abessinien I, S. 101

Das konnte Napier erst später lesen. Aktuell hatte er mit einer wohl nicht geahnten Reaktion zu kämpfen, denn »die ehemaligen Gefangenen waren ... mit der Aufforderung des Obercommandirenden, das Land zu verlassen, wenig zufrieden«[406]. Dabei galt: »Alle wurden auf Kosten der englischen Regierung verpflegt und erhielten in Zula zur Bestreitung der Reisekosten von Suez bis in die Heimat das erforderliche Reisegeld«[407]. Nach Markham blieben neben Schimper, dann wohl mit Sohn und Tochter, auch der Anhaltiner Zander, dann wohl mit Frau und vier Kindern, in Abessinien, während von Suez aus Meyer, dann wohl mit Frau und drei Kindern, und Bender, dann wohl mit Frau und drei Kindern, gleich und der Missionar Waldmeier, dann wohl mit Frau und einem Kind, kurz darauf zurückkehrten[408]. Da kam ein großes britisches Heer zu ihrer Befreiung – und dann das: 22 von 67 Personen wollten Abessinien nicht verlassen! Aber »die Unzufriedenheit der Leute war ... sehr groß, und ließ sie die große Verpflichtung, die sie den Engländern gegenüber hatten, nicht erkennen«[409].

Von Stumm zieht Bilanz: »Man mag die Leitung der Expedition günstig oder ungünstig kritisieren, stets wird man rühmend anerkennen müssen, dass Napier mit einer Humanität seinen Feinden gegenüber verfuhr, die ihres Gleichen nicht leicht findet. Er hat zu verhindern gewusst, dass ein Krieg gegen Barbaren auch zu einem barbarischen werde, und keine seiner Maßregeln und Befehle widersprechen den Gesetzen einer ritterlichen und humanen Kriegsführung, wie sie unser Jahrhundert verlangt«[410]. Er setzt noch hinzu: »Der Eintritt der furchtbarsten Anarchie nach dem Abzug der Englischen Armee war unvermeidlich«[411]. Aber »im Grunde genommen scheint es den Engländern ziemlich gleichgültig zu sein, welche Zustände den eben verflossenen folgen«[412].

Bei von Stumm liest man noch stärker den Soldaten heraus. »Die Englische Armee konnte als ihr Recht beanspruchen, den Feind, den sie nach so großen Anstrengungen endlich gefunden, vollständig zu besiegen und zu vernichten; die Waffenehre verlangte den Sturm auf die Festung, und die Verpflichtung, welche die Engländer beim Vormarsch den sich ihr angeschlossenen Eingeborenen gegenüber übernommen hatten, die Gefangennahme des Kaisers. Es ist deshalb eine schreiende Ungerechtigkeit, wenn man später in England Napier des unnützen Blutvergießens beschuldigte, und den Selbstmord

---

406   Stumm, S. 154
407   Flad, S. 153
408   Markham I, S. 387
409   Stumm, S. 155
410   Stumm, S. 129
411   Stumm, S. 130
412   Seckendorff, S. 193

Theodors ihm zur Last legen wollte«⁴¹³. Ob man da heute beispielsweise angesichts der Plünderung und Schleifung Magdalas mit der Zerstörung unwiederbringlichen Kulturgutes anderer Meinung sein darf? Napier hat zwar, wie er zugesagt hatte, das Land unverzüglich wieder verlassen, aber womit hatten die zahlreichen Abessinier, die gegen Theodor waren, diese Zerstörung verdient?

Markham bilanzierte 1868: »The results of the march to Magdala would habe been a blessing to a large fraction if Africa, and would have been productive of permanent good«⁴¹⁴. Ob er heute noch so urteilen würde?

In der Nachbetrachtung zu dieser Reise bleiben Fragenkreise, auf die einzugehen sich lohnt.

Da wäre zunächst und vor allem die Kronenfrage. In Magdala fand sich mehr als eine Krone: »Kronen von Gold und Kupfer« nach Rohlfs⁴¹⁵, »mehrere goldene und vergoldete Kronen« nach Graf von Seckendorff⁴¹⁶, »goldene und silberne Kronen« nach Flad⁴¹⁷, »vier königliche Kronen; von denen zwei Beispiele für beste Kunstfertigkeit darstellten und eine runde Summe Geldes wert waren« nach Stanley⁴¹⁸, und, wie bereits festgestellt wurde, »ecclesiastical crowns« nach Markam.

Unzweifelhaft hat Rohlfs eine Krone nach Europa mitgebracht. Suchen wir die entsprechende Aussage in seinem Buch, so finden wir - nichts. Das allein ist schon verdächtig und steht im Widerspruch zu seiner Behauptung, sie - von Stumm und er - hätten alle Gegenstände zurückgelegt.

Jahre später fühlte er sich ob der Umstände, wie er zu der Krone gekommen sei, wohl angegriffen, denn er schreibt am 20.4.1875 Georg Schweinfurth: »Ich hatte die Krone gekauft«⁴¹⁹. In seinem Buch berichtet er zwar, dass auch er etwas von englischen Soldaten gekauft hätte, verschweigt aber, dass eine Krone dabei war⁴²⁰, was er aber gesagt haben würde, wenn er Dritten gegenüber dadurch die »Legalität« seiner Einkäufe hätte beweisen können: Wusste er da bereits um den Wert des Gegenstandes?

Wenn er schon keine weiteren Einzelheiten preisgab, so forschen wir weiter bei seinem Biografen Guenther, der als Neffe aber nicht unbedingt Garant für Objektivität

---

413 Stumm, S. 128, 129
414 Markham II, S. 296
415 Rohlfs, Abessinien I, S. 171
416 Seckendorff, S. 177
417 Flad, S. 152
418 Stanley, S. 458
419 Brief vom 20.4.1875 von Gerhard Rohlfs an Georg Schweinfurth, RA 7.100
420 Rohlfs, Abessinien I, S. 172

sein muss: »Manches Merkwürdige fand Rohlfs. Das interessanteste war wohl ein ethnographisches Kuriosum, das er bei dieser Gelegenheit von einem Beute machenden Soldaten für zwei Flaschen Rum erstand, denn dieses entpuppte sich als eine abessinische Kaiserkrone des Negus Negest«[421]. Nun glitt die Berichterstattung wohl ins Anekdotische ab, denn woher sollte Rohlfs Rum in Flaschen gehabt haben? Wir haben vorher mit Rohlfs festgestellt, dass die Truppe keinen Alkohol mehr erhielt und zur Kenntnis genommen, wie er genüßlich mit von Stumm den letzten Araki des Kaisers Theodor aus dem gefundenen Horn zu sich nahm. Will man uns glauben machen, dass ausgerechnet Oberst Phayre, der ja noch Rum in Flaschen in Petto haben sollte, Rohlfs versorgte, wo doch beide wussten, das der Kauf von Kriegsbeute in der britischen Armee verboten war?

Auch Pankhurst, der sich als Kenner der äthiopischen Geschichte der Kronen-Frage angenommen hat, schreibt resignierend: »Rohlfs in one way or another came into possession of one of Tewodros's crowns«[422].

Pankhurst schreibt weiter: Rohlfs »had it forwarded, by the Prussian Vice-Consul in Suez, to the Prussian Foreign Minister, Count Otto von Bismarck«[423]. Georg Schweinfurth berichtete: »Ich selbst habe diese wie aus schlechtvergoldetem Blech geformte Krone in einem alten schmutzigen Korbe gesehen, als sie beim Konsul in Suez anlangte. Dieser hatte die Krone an den König zu senden«[424]. Also hat Rohlfs den Wert der Krone zumindest erahnt und wollte wohl Komplikationen mit dem Zoll aus dem Wege gehen. Als Diplomatensendung waren keine Hindernisse zu erwarten.

»In Berlin aber haben Kenner sehr bald ihren wahren Wert erkannt, und König Wilhelm, der stets gerechte, zögerte nicht einen Augenblick, das historische Prunkstück der Königin Victoria, als der rechtmäßigen Besitzerin der erbeuteten Krone, zuzustellen«[425]. Hier zeigt sich Guenther gleich in mehreren Punkten schlecht informiert. Zunächst wurde bei ihm aus der aus Blech geformten Krone von »roher Arbeit«, »mit

---

421 Guenther, S. 99, er hat diese Aussage ohne Quellenangabe übernommen aus: Georg Schweinfurth - Gerhard Rohlfs 1832 (muss 1831 heißen - der Verf.) -1896, I, in Sonntagsbeilage 24 zur Vossischen Zeitung No 273 vom 16.6.1896

422 Richard Pankhurst: The Story of Ethiopian lootet Crowns I; zitiert nach der Addis Tribune vom 25.12.1998, dem Internet entnommen unter afromet.org./Archives/AddisTribune/25-12-1998/Hist-325.htm, S. 1, zitiert als Pankhurst I

423 Pankhurst I, S. 1

424 Georg Schweinfurth: Gerhard Rohlfs 1832-1896, I, in Sonntagsbeilage Nr. 24 zur Vossischen Zeitung Nr. 275 vom 14.6.1896

425 Guenther, S. 98

plumpen Glasstücken verziert«[426], ein historisches Prunkstück. König Wilhelm hat die Krone auch nicht unverzüglich nach London weitergegeben. Er ist von Heinrich Abeken, seinem vortragenden Legationsrat, über den wahren - zumindest emotionalen - Wert der Krone informiert worden, und hat zum Leidwesen von Rohlfs, der den König nach seiner Saharadurchquerung bereits kennengelernt hatte, eine persönliche Übergabe durch ihn abgelehnt, da eine Überreichung sicher Aufsehen erregt hätte[427]. Er hat sie sich durch das Ministerium - und das dürfte dann das von Pankhurst angesprochene Außenministerium gewesen sein - schicken lassen, aber nicht, um sie im Palast zu behalten, sondern um sie an das Königliche Museum für Völkerkunde in Berlin weiterzureichen. Dazu wurde eine Stellungnahme angefordert, die Rohlfs am 5.11.1868 dem König von Preußen zukommen ließ: »Eine silberne, vergoldete Krone, diese war höchstwahrscheinlich eine Kirchenkrone, d.h. sie wurde bei feierlichen Gelegenheiten dem Könige von Abessinien während des Gottesdienstes über dem Haupte gehalten. Diese Krone wurde »ebenfalls käuflich erstanden während der Plünderung der Bergfeste Magdala am 13. April 1868 und zwar von einem englischen Infanterie Soldaten (wahrscheinlich vom 33. Regimente)«[428].

Pankhurst hat recherchiert: »The latter dignitary's possession of the crown came to the notice of the British Foreign Office, which approached the Prussian Ministry of Foreign Affairs on the matter«[429].

Das könnte der Grund sein, warum man im Völkerkundemuseum ob des Stückes nicht nur glücklich war. Bastian, der kurz zuvor Gründungsdirektor des Museums geworden war, schrieb Rohlfs in einem leider undatierten Brief, der vom übrigen Inhalt her zu schließen aber um die Jahreswende 1868/1869 geschrieben sein muss: »Die abessinische Krone, mit der Sie unser Museum geschmückt hatten, ist wieder verschwunden. Und ich muß aufrichtig sagen, ich bin froh, dass sie fort ist. Markham spricht sich in seinem neuesten Buch über Abessinien [in welchem? Im hier zitierten nicht, denn das ist erst 1869 erschienen; der Verf.] in so eigentümlicher Weise über den Verbleib der Krone aus, dass ich in der Tat in Verlegenheit war, was zu tun, als ich meine Stellung am Museum antrat und mit den übrigen ethnologischen Gegenständen also auch die Krone zu hüten hatte. Glücklicherweise fand ich aber schon ein paar Tage nachher eine Kabinettsordre vor, welcher gemäß die Krone an das Auswärtige Ministerium zurückzuliefern

---

426 Guenther, S. 98
427 Heinrich Abeken, Brief an Gerhard Rohlfs vom 19.10.1868, RA 1.103a
428 Helfensteller (Hg.), zitiert nach Angelika Tunis: »Vom Fremdenlegionär zum Hofrat Hochwohl-geboren in Weimar«, S. 48
429 Pankhurst I, S. 1

sei. – So sind wir aller weiteren Lästigkeiten überhoben. Umständliche Erörterungen über diesen Gegenstand würden immer unangenehm gewesen sein, da so verschiedene Gesichtspunkte in Frage kommen. Als das Publikum später, in Folge einer Zeitungsnotiz über die Rückgabe der Krone hörte, wurde einige Tage darüber geredet. Jetzt ist die Sache natürlich vergessen«[430].

Das dem nicht so war, offenbart der bereits angesprochene Brief vom 20.4.1875[431], der hier ausführlicher zitiert sei: »Ich hatte die Krone gekauft. Der Kaiser, als er sie von mir empfing, hat das gewusst. Und wer darüber räsoniert, beschuldigt ihn so gut wie mich. Daß man am wenigsten in England darüber ein Vorurteil hat, beweist, daß mir im vergangenen Monat die Königin Victoria noch eine goldene Medaille geschenkt hat.«

Guenther spricht in der Rohlfs-Biografie an der zuletzt zitierten Stelle bezüglich der Krone als erster von der »salomonischen Krone« und will damit wohl ausdrücken, dass die Krone von den abessinischen Kaisern, die ihren Stammbaum auf Salomo gründen, nacheinander bei Krönungen benutzt worden ist. Dafür hat sich keine Quelle finden können.

Die Krone wurde 1925 an Äthiopien zurückgegeben und später von den Italienern nach Rom verschleppt. Mussolini soll sie auf seiner missglückten Flucht bei sich gehabt haben. Seitdem ist sie verschollen.

Von Rohlfs hieß es in Bremen weiter, er »bringt eine Sammlung der interessantesten Merkwürdigkeiten aus Abessinien mit«[432]. Zu sehen waren sie dort in der »Ethnographischen Ausstellung« vom 6.–13. Oktober 1872[433]. Es handelte sich nicht um die Krone und nach dem erhaltenen Katalog der Ausstellung in Bremen auch nicht um die 50 Stücke, die sich heute noch im Besitz des Ethnologischen Museums in Berlin befinden.

Aus dieser Zeit gab es weitere Ethnografika, die mit dem Namen Zander verbunden sind.

Eduard Zander war gebürtiger Anhaltiner und hatte nach seinem Kunststudium auch Kontakte zum herzoglichen Hof in Dessau. Er ging 1847 nach Abessinien, unternahm dort ausgedehnte Forschungsreisen, heiratete eine Einheimische und gründete eine zuletzt vierköpfige Familie. Seine Zeichnungen waren in Europa als Illustrationen sehr begehrt. In seiner Wahlheimat brachte er es unter Theodor II. bis zum Kriegsminister und er erhielt von ihm wiederholt kostbare Geschenke. Nun gehörte Zander zwar zu den Menschen, die Theodor vorübergehend in ihrer Bewegungsfreiheit einschränkte, er

---

430 Brief ohne Datum, ca 30.11.1868, von Adolf Bastian an Gerhard Rohlfs, RA 1.111d
431 Brief vom 20.4.1875 von Gerhard Rohlfs an Georg Schweinfurth, RA 7.100
432 Weser-Zeitung Nr. 7686, Abend-Ausgabe vom 08.07.1868
433 Bremer Nachrichten, Nr. 276, Erstes Blatt vom 08.10.1872

war aber wohl kein Gefangener wie der englische Konsul Charles Duncan Cameron und der zur Befreiung der Gefangenen nach Abessinien entsandte und dann selbst gefangen genommene Hormuzd Rassam, die der Anlass des Kriegszuges waren.

Diese »Decorationen«, »die schönsten Stücke der ganzen gewöhnlichen Beute«, sollte Rohlfs nun nach dem Willen von Zander mit nach Europa nehmen und dem Herzog von Dessau überbringen[434]. Aber die Engländer hatten sie Zander als Kriegsbeute abgenommen und ihm nur den Wert der Kreuze ersetzt. So erzählte es Rohlfs in seinem Buch[435].

Was er dort nicht mitteilt, ist, dass er in seinem Zorn über die von ihm empfundene Ungerechtigkeit bereits von Abessinien aus Bismarck als Kanzler des Norddeutschen Bundes um Ersatz für die Zander von den Engländern abgenommenen Ordensinsignien angeschrieben hatte, ein Begehren, das nach einem Schreiben vom 8.9.1868[436] deswegen abgelehnt wurde, da von Stumm und Graf Seckendorf dem Kanzler auf Anfrage mitgeteilt hatten, dass Zander von den englischem Behörden bereits entschädigt worden sei.

Unklar bleibt, was Zander insgesamt abgenommen und gegebenenfalls später wieder ausgehändigt wurde. Jedenfalls kündigt Rohlfs im Schreiben vom 9.5.1868 August Petermann »kostbare Geschenke für den Herzog von Dessau« an, die ihm Zander mitgegeben hat[437]. Hermann Rohlfs zitiert in einem Schreiben an August Petermann aus einem Brief seines Bruders: »Die Sachen, welche ich dem Herzog von Dessau überbringe, füllen jetzt allein zwei Kisten – es sind die schönsten, welche die Haushaltung Theodor's aufzuweisen hatte, alles reich in Gold und Silberfiligran gearbeitet, und einem Museum wohl 50000 Frid.[438] werth. Die Engländer sind außer sich, daß diese Sachen nach Deutschland kommen, und sie haben alles versucht, sie mir abzunehmen, ich wäre aber nur offener Gewalt gewichen«[439].

Noch im Monat der Rückkehr nach Deutschland übergibt Rohlfs in Dessau persönlich die Geschenke an den Herzog Leopold Friedrich von Anhalt – und bekommt den Orden Albrecht des Bären, Ritter 1. Klasse. Die Dinge wurden zumindest 1936 in Dessau in einer Ausstellung gezeigt, sind aber im 2. Weltkrieg untergegangen[440].

---

434 Rohlfs, Abessinien I, S. 176 und 177
435 Rohlfs, Abessinien I, S. 176 einschließlich Anmerkung
436 Brief vom 10.9.1868 vom Kanzlers des Norddeutschen Bundes (in Vertretung: von Dellbrück) an Gerhard Rohlfs, RA 1.93
437 Brief vom 9.5.1868 von Gerhard Rohlfs an August Petermann, Gotha, Mappe 1
438 Gemeint ist wohl die preußische Goldmünze Friedrichsd'Or
439 Brief vom 24.6.1868 von Hermann Rohlfs an August PetermannGotha, Mappe 5
440 E-Mail vom 18.12.2008 von Dr. Frank Kreißler, Leiter des Stadtarchivs von Dessau, an den Verf.

Im Nachlass von Gerhard Rohlfs findet sich noch ein Erinnerungsstück an den Kriegszug nach Abessinien: ein kleines Foto aus dem Atelier E. Kahle aus Bremen. Es zeigt nach der handschriftlichen Notiz von Rohlfs »Alamayo. Prinz von Abessinien«, der aber nie in Bremen gewesen sein dürfte.

Von Suez aus kehrte Rohlfs mit Noël über Port Said, Damiette, Kairo, Alexandrien und Brindisi nach Bremen zurück, von wo aus er gleich am 8.7.1868 Petermann besorgt fragt, ob von ihm geschriebene Artikel eingetroffen sind und warum das Ergänzungsheft für den ersten Teil der Sahara-Durchquerung noch nicht erschienen ist. Auf der anderen Seite dankt er ihm, dass er für ihn die goldene Medaille der Royal Geographical Society in London in Empfang genommen hat[441].

Wenige Tage später finden wir ihn – nach Dieter Wellenkamp mit Noël[442] – in Bad Ems bei König Wilhelm I zur Berichterstattung über seine Reise[443]. Weitere Gesprächsthemen dürften sein dringender Wunsch nach einer Konsularstelle und die vor der Abessinien-Reise bereits diskutierte Bornu-Reise zur Überbringung der königlichen Geschenke an den Sultan Omar gewesen sein.

Der König scheint ihm die Konsularstelle in Jerusalem angeboten zu haben. Der bisherige Konsul Petermann zeigte sich darüber informiert[444], Robert von Keudell, ein enger Freund Otto von Bismarcks, wusste das für die Berufsdiplomaten zu verhindern, da er in seinem Aktenvermerk vom 6.11.1868 an König Wilhelm I Rohlfs als ungeeignet für die Position eines Konsuls in Jerusalem bezeichnete[445].

Was die Überbringung der Geschenke anging, so sollte sein alter und zuverlässiger Diener Hamad sie nach Bornu bringen[446]. Bei der Suche nach ihm musste Rohlfs aber erfahren, dass Hamad in der Zwischenzeit an Cholera verstorben war. Nun fiel die Überbringung der Geschenke wohl auf ihn zurück. Er wollte die Mission notgedrungen übernehmen, aber nur bis Tripolis, denn nun hoffte er auf den erfahrenen und ebenfalls

---

441 Brief vom 8.7.1868 von Gerhard Rohlfs an August Petermann, Gotha, Mappe 1
442 Dieter Wellenkamp: Der Mohr von Berlin – Forscher Gerhard Rohlfs und Noël der Sklave, 1970, S. 57
443 Brief vom 15.9.1868 von Gerhard Rohlfs an August Petermann, Gotha, Mappe 1
444 Briefe von August Petermann vom 14.8.1868 und 22.10.1868 an Gerhard Rohlfs, RA 1.88 und RA 1.99
445 RA 1.106a: Fotokopie einer Abschrift, Original unter K. A. IX, Gr 7, Bd 6 im Reichsarchiv, heute unter »Geheimsachen 1868« im Bundesarchiv Berlin-Lichterfelde unter B Arch R 1401/407
446 Brief vom 26.7.1868 von Gerhard Rohlfs an August Petermann, Gotha, Mappe 5, Brief vom 24.6.1868 von Hermann Rohlfs an August Petermann, Gotha, Mappe 1

zuverlässigen Gatroner Mohammed[447]. Da er nach wie vor keine laufenden Einnahmen und keine Rücklagen hatte, machte er seine Zusage wohl von einer Geldzuwendung abhängig, zu der sich König Wilhelm I. nach Abeken geneigt zeigte[448].

Am 9.11.1868 schrieb Rohlfs, der sich ab Anfang September für längere Zeit in Berlin aufgehalten hatte und offensichtlich von der gesamten Königsfamilie empfangen worden war, aus Bremen an Petermann nach Gotha und berichtete auch, dass König Wilhelm I. ihm die Mittel zu einer Cyrenaica-Reise gegeben habe[449].

So stand seiner Abreise nichts mehr im Wege. Er schiffte sich, diesmal ohne Noël, am 28.11.1868 in Marseille ein.

---

447 Brief vom 16.10.1868 von Gerhard Rohlfs an August Petermann, Gotha, Mappe 1
448 Brief vom 19.10.1868 von Heinrich Abeken an Gerhard Rohlfs, RA 1.103a
449 Brief vom 9.11.1868 von Gerhard Rohlfs an August Petermann, Gotha, Mappe 1

12.
»Von Tripolis nach Alexandrien Beschreibung der im Auftrage Sr. Majestät des Königs von Preussen in den Jahren 1868 und 1869 ausgeführten Reise«

So titelte Rohlfs sein 1871 erschienenes Buch[450] über eine Reise, deren Ziel zunächst noch unbestimmt war. Der Auftrag des Königs bestand darin, die königlichen Geschenke für den Sultan von Bornu nach Tripolis zu bringen und dafür zu sorgen, dass sie von vertrauenswürdigen Personen nach Bornu gebracht wurden, ersatzweise diese Mission selbst zu übernehmen. Rohlfs ergänzt den irreführenden Buchtitel auch gleich auf Seite 2 seines Buches, wo er davon spricht, dass er von Tripolis aus »den Abgang der Geschenke einzuleiten« und zudem »die Erlaubnis und Mittel zu einer Reise durch die Cyrenaica und die Jupiter-Ammons-Oase erhalten« hatte[451] – also kein Auftrag!

Es sind allerdings Zweifel angebracht, ob die Cyrenaica sein eigentliches Ziel war. Bereits bei seinem Aufenthalt 1865/66 in Mursuk offenbarte er mit den Kufra-Oasen sein Hauptziel, das Ruhm und Anerkennung versprach, war doch bis dahin kein Europäer in diese abgelegene Oasen-Gruppe vorgedrungen. Und welchen Triumph würde es bedeuten, von dort Fotos mitzubringen. Das und die vermeintlich ausreichenden Mittel des Königs dürften der Grund gewesen sein, weswegen er sich gemeinsam mit dem Fotografen Emil Salingré auf die Reise begeben hat. Fotos von Cyrene dürften es nicht gewesen sein, denn die gab es bereits[452].

Erst in Marseille erfuhren sie[453], dass der nächste Dampfer nach Malta nicht vor einem dort sein würde, der vorher noch Philippeville (heute: Skikda), Bone (heute: Annaba) und Goletta/Tunis (heute: La Goulette) anlief. Kurz entschlossen nahmen sie diese

---

450 Zitiert als Rohlfs, Von Tripolis, Band I beziehungsweise II
451 Rohlfs, Von Tripolis, Band I, S. 2
452 Smith and Porter, History of the recent discoveries at Cyrene made during an expedition to the Cyrenaica in 1860/61, London 1864
453 Neben Rohlfs und Salingré war auch noch Rohlfs Diener Bernhard Wetzel aus Bamberg dabei, der mit Namen erst in Band II, S. 32, genannt wird

Verbindung, während das umfangreiche Gepäck mit den Geschenken an den Sultan von Bornu und der Ausrüstung des Fotografen die direkte Reise nach Malta antrat[454].

Rohlfs schildert nun in seinem Buch und in den zeitnäher erschienenen Artikeln in der Zeitschrift »Das Ausland« die einzelnen Stationen und erwähnt bei Tunis, wo er vom 26. bis 27.11.1868 war, wortgleich: »Ich machte indeß hier die interessante Bekanntschaft des Herrn von Maltzan, welcher sich Studien halber für längere Zeit in Tunis aufhielt«[455]. Dieses zufällige Zusammentreffen sollte einen entscheidenden Einfluss auf diese Reise, ja auf die gesamte Afrikaforschung haben.

Rohlfs reiste einen Tag später nach Malta und von dort aus am 11.12.1868 nach Tripolis weiter[456].

Der deutsche Orientalist und Journalist Heinrich Karl Eckhardt Helmuth von Maltzan (1826–1874) aber sprach nach dem Treffen mit Rohlfs den am Hofe des Bei von Tunis lebenden deutschen Arzt Gustav Nachtigal an, dem er dort zuvor zufällig begegnet war, und schilderte ihm die Situation, in der Rohlfs sich befand. Da Nachtigal mit seiner Stellung aus hier nicht näher zu erläuternden Gründen sehr unzufrieden war, zeigte er sich sehr interessiert und bat Maltzan, Rohlfs zu fragen, ob er die zu überbringenden Geschenke begleiten dürfte. Maltzan tat das mit einem Brief vom 7.12.1868[457]. Rohlfs war sicher sehr erfreut und telegrafierte um Zustimmung nach Berlin, zumal er von dem mit der Suche nach einem geeigneten Führer beauftragten österreichischen Konsul Luigi Rossi, der auch die preußischen Interessen vertrat, ihm bestätigte, dass der von Rohlfs eigentlich vorgesehene Diener Hamad in der Zwischenzeit verstorben und der von Rossi anschließend gesuchte weitere Diener Mohammed aus Gatron nicht in Tripolis erschienen war.

Endlich war für den ungeduldigen Rohlfs der Tag gekommen, an dem sich die ihm gestellte Aufgabe erledigte: »Dr. Nachtigal ging mit einem bestimmten Auftrage in's Innere, einem Auftrage, der ihm vom König von Preussen ... war übermittelt worden. Sein Abgang musste daher mit einer gewissen Feierlichkeit stattfinden.« »Ich lud daher sämmtliche Consuln und die angesehensten Familien der Stadt ein, beim Abschiede gegenwärtig zu sein«[458], mit Picknick und Tanz, sicher für Tripolis kein alltägliches Ereignis.

---

454   Brief vom 20.11.1868 von Gerhard Rohlfs an August Petermann, Gotha, Mappe 1
455   Rohlfs, Von Tripolis, S. 24 und 25, und Das Ausland, 42. Jahrgang, 1869, Gerhard Rohlfs, Bona und Tunis, S. 34
456   Rohlfs, Von Tripolis, Band I, S. 29
457   Brief vom 7.12.1868 von Heinrich von Maltzan an Gerhard Rohlfs, RA 1.112
458   Rohlfs, Von Tripolis, Band I, S. 115

Nachtigal brach am 18.2.1868 auf zu einer Reise, die über 5 Jahre dauern und zu einem Meilenstein in der Entdeckungsgeschichte Afrikas werden sollte.

Rohlfs war nun frei und hatte es eilig, nach Bengasi aufzubrechen. Er wollte auch nicht den langen und zeitraubenden Landweg um die Syrte nehmen[459], er wollte schnell in die Cyrenaika. Da bot sich ihm die Gelegenheit, mit einem Schiff nach Bengasi zu segeln. Er griff zu, ging mit seinen 5 Leuten[460] am 20.2.1868[461] an Bord und gelangte nach einer kleinen Havarie glücklich an sein Ziel.

Seine Expedition stand nicht gerade unter einem günstigen Stern. Er erhöhte zwar die Zahl seiner Diener[462], aber er bekam mit dem ihm empfohlenen Führer Mohammed Aduli Probleme, da bei ihm die persönlichen Geschäfte im Vordergrund standen, die zu manchen Verzögerungen im Reiseablauf führten. Zudem war das Wetter oft regnerisch, was Fotos erschwerte oder unmöglich machte. Jedenfalls gab es zwischen Rohlfs und dem Fotografen Salingré derartige Spannungen, die, nachdem man sich in Tripolis noch einmal auf eine Fortsetzung der Zusammenarbeit verständigt hatte, nach der Cyrenaika-Reise zu einer Trennung führten[463]. Hermann Rohlfs berichtet dazu an August Petermann: »Der Photograph ist nun von Benghasi aus wieder zurückgegangen, da Gerhard nicht glaubte, ihn durch die Jupiter Ammons Oase mit durchbringen zu können«[464].

An dieser Stelle soll die Antiken-Sammlung im Nachlass von Gerhard Rohlfs nur kurz erwähnt werden, da Birgit Scholz in ihrer Arbeit »Gerhard Rohlfs und die Antike« dem Biografen Konrad Guenther folgen zu müssen glaubt, Rohlfs habe die Antiken zumindest zum Teil in der Cyrenaika selbst ausgegraben. Auf diese Sammlung wird zurückzukommen sein.

Mit teilweise neuer Dienerschaft[465] bricht er am 3.4.1869 nach Audjila auf und geht weiter nach Djalo, erlebt aber eine große Enttäuschung: »Meine Unterhandlungen, um

---

459   Rohlfs, Von Tripolis, Band I, S. 117
460   Rohlfs, Von Tripolis, Band I, S. 118. Das waren Salingré, Wetzel, Bu-Bekr - mit Namen erstmals auf S. 165 erwähnt -, Hammed Bimbaschi - mit Namen erstmals in Band II auf S. 31 erwähnt - und ein weiterer Einheimischer
461   Der bei Rohlfs: Von Tripolis ..., Band I, S. 119, genannte und von Guenther übernommene - S. 107 - Termin »20. März« ist falsch
462   Rohlfs, Von Tripolis, Band I, S. 121
463   Rohlfs, Von Tripolis, Band II, S. 32
464   Brief vom 24.4.1869 von Hermann Rohlfs an August Petermann, Gotha, Mappe 5
465   Neu sind der von der Saharadurchquerung bereits bekannte, als mürrisch und geizig verschriehene Mohammed Staui, den er überraschend in Bengasi traf, dazu ein entlaufener Farbiger namens Ali, der halbblinde Führer Hammad Uadjili und ein Diener des Mudirs von Audjila - Rohlfs: Von Tripolis, Band II, S. 35

Apollo-Quelle in Cyrene – Foto von E. Salingré

nach Kufra zu kommen, hatten vollkommen fehlgeschlagen, ... ein Führer war nirgends zu beschaffen. Mir blieb blos noch die schwache Hoffnung, einen solchen in Djalo zu finden, aber auch das erwies sich später als trüglich«[466]. Ausschlaggebend dürfte gewesen sein, dass kein Führer es gegen den Willen der Senussi wagte, einen Christen nach Kufra zu geleiten. Damit entfiel das eigentliche Ziel seiner Reise, das er erst in seinen Buch, nicht aber bei den Vorbereitungen, nannte.

Mit einem neuen Führer wandte er sich mit seinen Gefährten ostwärts und erreichte nach einer durch einen Sandsturm erschwerten Wanderung durch eine der trockensten Wüsten Siwa, die Oase des Jupiter Ammon. Hier wurde er entgegen seinen Befürchtungen freundlich empfangen: Ein entsprechender Befehl des ägyptischen Vicekönigs aus Kairo, der über die Reise unterrichtet war, tat seine Wirkung[467]. Da sein Führer – selbst

---

466 Rohlfs, Von Tripolis, Band II, S. 63
467 Brief vom 28.5.1869 von Gerhard Rohlfs an Heinrich von Maltzan, RA 2.4a

Grabkammen bei Cyrene – Foto von E. Salingré

ein Anhänger der Senussi-Bruderschaft – ihn entgegen dem Wunsch von Rohlfs nicht nach Sarabub (heute: Al Jagbub/Libyen) führen wollte, gab es keine Begegnung mit dem Senussi-Führer Sidi el Mahdi, der, wie Rohlfs später hörte, ihn freundlich empfangen haben würde[468]. Vielleicht hätte ein derartiges Treffen eine Reise nach Kufra erleichtert.

Rohlfs konnte sich in Siwa ungestört umsehen. Zu bedauern ist, dass Salingré nicht mehr dabei war, denn es hätten Epoche machende Fotos mitgebracht werden können.

Am 25.5.1869 endete die Expedition in Alexandria. Rohlfs reiste über Malta nach Berlin[469] zurück.

Wenn Rohlfs sein eigentliches Ziel Kufra auch nicht erreicht hatte, seine Erkenntnisse in den durchreisten Gegenden und über die Bruderschaft der Senussi bereicherten den Wissensstand und lösten wegen der Depressionen eine lang anhaltende Diskussion

---

468   Rohlfs, Von Tripolis, Band II, S. n 82 und 83
469   Wochenschrift Vegesack, Nr. 22 vom 30.6.1869

aus, die Rohlfs auf einer späteren Reise noch einmal beschäftigen sollte. Aber enttäuscht setzte er einem Schreiben an August Petermann hinzu: »... obgleich ich keine neue Routen, keine neuen Länder habe finden können«[470].

Auffallend ist, dass Rohlfs bei dieser Reise nie von Geldsorgen sprach. Die Dotierung des Königs musste mithin großzügig bemessen gewesen sein. Zudem ist nicht bekannt, ob und gegebenenfalls mit welcher Summe er Gustav Nachtigal unterstützt hat, der dann bereits von Mursuk aus Geldprobleme trotz seiner »Sparsamkeit eines preußischen Beamten« meldete[471].

In Berlin warteten verschiedene Aufgaben auf Rohlfs. Er wollte zunächst die Einzelheiten klären, die mit der in Aussicht stehenden Berufung zum Konsul in Jerusalem zu tun hatten. Es wartete eine herbe Enttäuschung auf ihn, denn die Beamten des Auswärtigen Amtes hatten es geschafft, die Position entgegen der Rohlfs gemachten vorläufigen Zusage mit einem Berufsdiplomaten zu besetzen. Man hielt ihn[472] für nicht geeignet, was er in einer Position, in der es stärker als an anderen Orten auch um Religionsfragen ging, sicher auch nicht war, wenn seine Überlegungen in so undiplomatischen Aussagen gipfelten wie: »So sehen wir denn auch unaufhaltsam den Islam seinem Ende entgegengehen« sowie »Und selbst in den christlichen Religionen sehen wir bei Völkern, welche durch die Religion gefesselt sind, ein geistiges Verkommen, einen Rückschritt«[473]. Auch meinte er: »Zu meiner Beschämung musste ich dann auch gestehen, dass ... gerade das Christenthum sich am meisten durch Hass gegen anders Denkende ausgezeichnet hat«[474].

Die Entscheidung gegen ihn focht ihn offensichtlich nicht an, denn er muss einen Antrag auf Einrichtung eines Konsulats in Tripolis gestellt haben, der aber bereits mit einem Schreiben des Ministers für auswärtige Angelegenheiten vom 19.7.1869 abgelehnt wurde[475].

Heinrich von Abeken teilte Rohlfs mit, dass der König mit ihm – wie er vermutete: über seine Wünsche und Zukunft – zu sprechen wünsche[476]. Da dieser Brief von Bad

---

470 Brief vom 27.5.1869 von Gerhard Rohlfs an August Petermann, Gotha, Mappe 1
471 Brief vom 13.5.1869 von Gustav Nachtigal an Gerhard Rohlfs, RA 2.3a
472 Notiz vom 6.1.1868 von Robert von Keudell an Wilhelm I, Kopie einer Abschrift RA 1.107a, Original im Reichsarchiv KA IX Gr 7 Bd 6
473 Rohlfs, Von Tripolis, Band I, S. 3
474 Rohlfs, Von Tripolis, Band II, S. 83
475 Brief vom 19.7.1869 von von Thile in Vertretung des Ministers für auswärtige Angelegenheiten an Gerhard Rohlfs, RA 2.15
476 Brief vom 26.7.1869 von Heinrich von Abeken an Gerhard Rohlfs, RA 2.17

Ems aus geschrieben wurde und nach einer Notiz in der Weser-Zeitung[477] Rohlfs in Bad Ems eine Audienz beim König hatte, dürfte dieses Gespräch Anfang August 1869 stattgefunden haben, also in der Zeit, in der Rohlfs sich zur Kur im nahen Bad Kreuznach aufhielt.

Rohlfs suchte und fand die Verbindung zur Gesellschaft für Erdkunde zu Berlin, vor der er am 7.7.1869 einen Vortrag hielt, und zu Richard Kiepert, den er beauftragte, eine Karte zu seinem geplanten Buch über die gerade beendete Reise anzufertigen.

Dies verwundert bei dem sonst so engen Verhältnis von Rohlfs zu August Petermann und dem Perthes-Verlag. Rohlfs war aber aus verschiedenen Gründen mehr als enttäuscht über das Verhalten von August Petermann, wie er in vorwurfsvollen Briefen vom 12.7.1869 an ihn deutlich zum Ausdruck brachte[478]. Er habe auf die verschieden während der Fahrt geschriebenen Briefe keine Antwort erhalten[479], er sei enttäuscht über die schlechte Rezension seines Abessinien-Buches in Petermanns Mitteilungen[480] und über den Begriff des »Zurechtstutzens«, den er bei der Arbeit über seine Tagebücher gebraucht hätte[481]. Zudem war Rohlfs verstimmt darüber, dass das Ergänzungsheft 25 über seine Sahara-Durchquerung so spät und dann auch noch verkürzt erschienen war, was für ihn ja auch eine Honorarkürzung zur Folge hatte. Er fragte deshalb, ob und wann der zweite Teil erscheinen solle.

Weiterhin hatte er von August Petermann keine Antwort auf sein Angebot zur beendeten Reise bekommen: »Von meiner ganzen Reise habe ich Routen aufnehmen können u. ich denke Sie werden dieselben verwerten können. Wenn Sie wollen, werde ich Ihnen die Mittheilungen einsenden«[482].

Das führte dazu, dass Rohlfs die zeitnahen Aufsätze überwiegend im »Ausland« erscheinen und später sein Buch mit keiner Karte aus dem Perthes-Verlag, sondern mit der von Richard Kiepert erscheinen ließ.

Rohlfs war zu der Zeit nicht ganz gesund. Sein Bruder Hermann hatte ihm als Arzt zu einer Trinkkur in Bad Kreuznach geraten[483]. Zudem hat sich von ihm ein Rezept für seinen Bruder erhalten, in dem Arzneien für Magenkranke genannt sind[484].

---

477 Weser-Zeitung Nr. 8074 vom 3.8.1869
478 Brief vom 12.7.1869 von Gerhard Rohlfs an August PetermannGotha, Mappe 1
479 Da sie nicht im Perthes-Archiv enthalten sind, ist es fraglich, ob sie August Petermann je erreicht haben.
480 In Petermann 1869, S. 158, vom 17.4.1869
481 Brief vom 12.7.1869 von Gerhard Rohlfs an August Petermann, Gotha, Mappe 1
482 Brief vom 27.5.1869 von Gerhard Rohlfs an August Petermann, Gotha, Mappe 1
483 Brief ohne Datum, wohl Juli 1869 von Elise Polko an Gerhard Rohlfs, RA 2.19
484 Rezept vom 6.11.1869 von Hermann Rohlfs für Gerhard Rohlfs, RA 2.38b

Auf der anderen Seite war Rohlfs nach wie vor voller Tatendrang und hat der Royal Geographical Society in London angeboten, sich im Inneren Afrikas auf die Suche nach dem verschollenen Missionar und Afrikaforscher David Livingstone zu machen[485]. Dazu kam es aber nicht.

Rohlfs hatte vom Konsul Luigi Rossi eine »stumpfsinnige Depesche«[486] über die Lage von Nachtigal in Mursuk erhalten, die ihn veranlasste, der Regierung in Berlin anzubieten, eine Hilfsexpedition zu führen. Dazu kam es aber auch nicht[487].

Bemerkenswert ist aber, dass es Rohlfs offensichtlich nicht in Deutschland hielt. Er wollte bereits wieder hinaus nach Afrika. Eine Hilfsexpedition wäre ihm dabei sehr gelegen gekommen, denn sie wäre vom Staat bezahlt worden und hätte zu einer Expedition südlich von Bornu ausgeweitet werden können, gegebenenfalls zusammen mit Gustav Nachtigal. Rohlfs wollte für dieses Vorhaben ein unterstützendes Memorandum der Gesellschaft für Erdkunde in Berlin haben, in der seine Pläne zwar wohlwollend aufgenommen wurden, doch wollte die Mehrheit eigentlich nicht von sich aus tätig werden[488]. Diese Expedition hätte günstigstenfalls - so die Überlegung - in Zentralafrika zu einer Verbindung mit den von Osten und Süden kommenden Entdeckungen von Baker und Livingstone geführt. Abeken erlangte dafür beim König eine wohlwollende Unterstützung, allein das Bundeskanzleramt war dagegen. Abeken empfahl Rohlfs eine direkte Petition an den Bundesrat des Norddeutschen Bundes oder an den Reichstag[489]. Aber, so schrieb Adolf Bastian an Gerhard Rohlfs: »Jetzt ist vorläufig wohl Abonnement suspendu für geographische Unterfangen«[490].

In der Heimat organisierte Rohlfs erstmals auch eine Vortragsreise, die ihn ab November 1869 bis in den März 1870 nach West- und Süddeutschland führte. Aus der im Rohlfs-Archiv erhaltenen umfangreichen - aber sicher nicht vollständigen - »Vortrags-Korrespondenz« sind zu diesem Thema viele Einzelheiten bekannt, auf die später noch eingegangen werden wird.

»Nach Amerika begleite ich Dich gern«, so steht es in einem Brief von Gustav Nachtigal an Gerhard Rohlfs[491]. Die derzeitige Quellenlage gibt keine weiteren Einzel-

---

485 Brief vom 8.10.1869 von Henry Walter Bates an Gerhard Rohlfs, RA 2.31
486 Brief vom 6.3.1870 von Gustav Nachtigal an Gerhard Rohlfs, RA 2.58
487 Brief vom 21.1.1870 vom Kanzler des Norddeutschen Bundes / von Thile an Gerhard Rohlfs, RA 2.50
488 Briefe aus dem Februar 1870 - ohne genaues Datum - von Adolf Bastian an Gerhard Rohlfs, RA 2.53 und 2.55
489 Briefe vom 9. und 13.3.1870 von Heinrich Abeken an Gerhard Rohlfs, RA 2.61 und 2.62
490 Brief vom 29.12.1870 von Adolf Bastian an Gerhard Rohlfs, RA 2.87
491 Brief vom 27.4.1870 von Gustav Nachtigal an Gerhard Rohlfs, RA 2.67

heiten her, aber offensichtlich haben Rohlfs und Nachtigal in Tripolis bei ihren abendlichen Gesprächen Zukunftsvisionen ausgetauscht und Rohlfs bereits zu diesem Zeitpunkt eine mögliche Vortragsreise in die USA erwähnt, zu der es 1875/76 auch kam. Im Frühjahr 1870 erreichte Rohlfs zunächst eine Einladung zu einer Vortragsreise nach Russland, die ihn nach Pernau (Pärnu / Estland), Mitau (heute: Jelgava / Lettland), Dorpat (heute Tartu / Estland), Petersburg (heute Sankt Petersburg / Russland), Moskau und Odessa (heute in der Ukraine, von Russland annektiert) führen sollte[492]. Er wollte diese Vortragsreise über Konstantinopel (heute: Istanbul), Malta, Marseille und Paris verlängern[493].

In Riga traf Rohlfs im Hause des Weinhändlers Alexander Schweinfurth auf die 19-jährige Auguste Leontine Behrens, verliebte sich in sie und schickte bereits am 9.5.1870 an August Petermann[494] eine Verlobungsanzeige. Bei der Zustimmung der Eltern kam ihm ein Zufall zur Hilfe: Sein ehemaliger Hauslehrer Diedrich August Iken, Sohn des Pastors Heinrich Friedrich Iken in Vegesack, war Pastor in Riga und konnte den Brauteltern über den Bräutigam und seine Familie bestens Auskunft geben.

Rohlfs reiste zunächst zu Vorträgen weiter nach St. Petersburg, hielt sich dort auch 14 Tage auf, brach dann aber seine Tournee ab und eilte nach Riga zurück.

Seine Frau war zwar die Nichte von Georg Schweinfurth, ob er sie aber deswegen geheiratet hat, wie Helke Kammerer-Grothaus mutmaßt[495], ist doch sehr fraglich, zumal Georg Schweinfurth bis dahin kaum bekannt war und erst am Anfang seines späteren Ruhmes stand.

Das junge Paar reiste 8 Tage nach der Hochzeit über Warschau und Berlin nach Weimar[496], wo Rohlfs nach der Empfehlung der Prinzessin Marie, einer Schwester der Großherzogs Carl Alexander von Sachsen-Weimar-Eisenach, sein Domizil aufschlagen sollte. Die Reise ging weiter nach Bremen, wo Rohlfs seine junge Frau seinen Geschwistern vorstellte und wo das Paar zunächst wohl bei seinem Bruder Hermann unterkam.

---

492 Guenther, S. 117
493 Brief vom 9.5.1870 von Gerhard Rohlfs an August Petermann, Gotha, Mappe 1
494 Brief vom 9.5.1870 von Gerhard Rohlfs an August Petermann, Gotha, Mappe 1
495 Hans Kloft, Lars U. Scholl und Gerold Wefer (Hg.) Innovationen aus Bremen, Persönlichkeiten aus Kultur, Technik und Wirtschaft, Jahrbuch der Wittheit zu Bremen 2006/2007, Helke Kammerer-Grothaus, Tropentauglich – Die Reisen von Gerhard Rohlfs (1831–1896) aus Bremen-Vegesack nach Afrika, S. 132
496 Guenther, S. 124

13.
Die Tunesische Mission

Am 19.7.1870 war der deutsch-französische Krieg ausgebrochen. Rohlfs wurde per Telegramm nach Berlin beordert, da er sich nach Guenther »gleich bei der Kriegserklärung der Regierung zur Verfügung gestellt«[497] hatte.

Das ist in der zeitlichen Abfolge nicht richtig, denn dem erwähnten Telegramm war ein ein Brief von Rohlfs vom 18.07.1870 an Otto von Bismarck vorausgegangen, in dem es in Bezug auf den anstehenden Krieg mit Frankreich heißt: »Sollten ... Eure Excellenz der Ansicht sein, daß es nützlich sein könnte dort - gemeint ist Algerien, der Verf. - einen größeren Aufstand zu organisiren, so ... stelle ich mich mit der größten Bereitwilligkeit zur Verfügung[498]«. Bismarck schrieb über den Text: »Soll herkommen«.

Es scheint ein Gerücht über eine nordafrikanische Mission in Umlauf gewesen zu sein, die in Rohlfs den Patrioten weckte und so zu seinem Anerbieten führte.

Rohlfs soll acht Tage gebraucht haben, um nach Berlin zu kommen[499], und soll in Berlin gefragt worden sein, ob er sich zutraue »in Algerien die Eingeborenen in Bewegung zu bringen, so dass die afrikanischen Truppen, die Frankreich sämtlich auf den Kriegsschauplatz geworfen hatte, wenigstens zum Teil wieder zurück müssten«[500]. Rohlfs bejahte die Frage und wurde entsprechend an dem Vorhaben beteiligt.

Diese schnelle Reaktion ist einmal den Zeitumständen geschuldet, schließt aber die Vermutung nicht aus, dass ohnehin ein Unternehmen geplant war, bei dem Rohlfs mit seinem Draufgängertum und seiner Afrikaerfahrung eine wertvolle Stütze sein konnte.

Wenn allerdings ein Zusammenhang zwischen Rohlfs Bereitschaft zum Einsatz in Tunesien und der Verleihung des Titels eines preußischen Hofrats - die Urkunde trägt das Datum 25.7.1870 - gesehen werden sollte, so ist darauf hinzuweisen, dass Karl von Wilmowski, Chef des Geheimen Civilcabinetts[501] von König Wilhelm I, dem Kanzler

---

497 Guenther, S. 125
498 Politisches Archiv des Auswärtigen Amtes, Reihe Frankreich Nr. 70, Band R 6346 0133 00023
499 Guenther, S. 125
500 Guenther, S. 126
501 persöniches Büro

Otto von Bismarck bereits mit Schreiben vom 8.7.1870[502] mitteilte, dass der König dem Vorschlag des Kanzlers folgen und Rohlfs den Titel eines Hofraths verleihen wolle, also zu einem Zeitpunkt, zu dem Rohlfs für eine Tunesien-Mission noch nicht zur Diskussion stand. Ob der Vorschlag zu diesen Titel allerdings von Bismarck stammt oder gar auf eine Anregung von Rohlfs selbst zurückgeht, ist hier nicht abschließend zu prüfen.

Über diesen geheimen Einsatz hat Rohlfs selbstverständlich keinen Artikel veröffentlicht, es haben sich aber der Entwurf zu seinem offiziellen Bericht[503] und andere Dokumente erhalten[504], so dass ein guter Überblick über die Ereignisse gegeben ist. Er bezeichnete seine Reise den Tunesiern gegenüber als wissenschaftliche, hat sich aber in der Presse entgegen seiner sonstigen Gepflogenheit überhaupt nicht geäußert. Sie spekulierte: »Wie es heißt, wird auch der bekannte Reisende in die deutsche Armee eintreten.«[505] Dann heißt es auch, seiner angeblichen Aufgabe, nach alten arabischen Handschriften zu forschen, begegne man »in Algerien mit vielem Mißtrauen«[506]. Der erste öffentliche Hinweis auf das Geschehene findet sich 1912 in der Biografie von Konrad Guenther und 1915 in der Vossischen Zeitung[507], und dann im ersten Artikel zu Rohlfs 100-jährigem Geburtstag 1931 in Westermanns Monatsheften von Hans Offe[508], aus dem der Titel übernommen wurde.

Bei Offe liest sich das Ziel der Operation irrigerweise etwas anders, denn nach ihm sollte Rohlfs dafür sorgen, dass »eingeborene Truppen in Algerien vom Europäischen Kriegsschauplatz« fernblieben[509].

---

502 Brief von Karl von Wilmowski an Otto von Bismarck, vom 8.7.1870, Rohlfs-Akte im Auswärtigen Amt
503 Gerhard Rohlfs, ohne Ort, ohne Datum, wohl September 1870, Entwurf eines Berichtes/Briefes an Baron ? - , RA 2.88
504 Helfensteller (Hg.), zitiert bei Mounir Fendri, Am Rande des deutsch-französischen Krieges (Sommer 1870) »Gerhard Rohlfs tunesische Sendung« im Lichte tunesischer Quellen, S. 73 - 86, zitiert als Fendri
505 Salzburger Zeitung Nr. 176 vom 6.8.1870
506 Illustrirte Zeitung, Leipzig, Nr. 1421 vom 24.9.1870
507 Siehe Peter Heine: Das Rohlfs/Wetzstein-Unternehmen in Tunis während des Deutsch-französischen Krieges 1870/71, in: Die Welt des Islam, Band 22, 1982, S. 61 - 66, dort in Anmerkung 4 auf S. 61 der Hinweis auf den Artikel: Zum Gedächtnis eines Orientforschers in Nr. 84 vom 15.2.1915 der Vossischen Zeitung
508 Heinz Offe: Gerhard Rohlfs' tunesische Sendung - in: Westermanns Monatshefte, 75. Jahrgang, 1931 (Mai), S. 229 - 232
509 Heinz Offe: Gerhard Rohlfs' tunesische Sendung - in: Westermanns Monatshefte, 75. Jahrgang, 1931 (Mai), S. 229

Rohlfs machte sich sofort auf den Weg und hatte auf seiner Eisenbahnfahrt über Nordhausen, Göttingen, Mannheim, Heidelberg und Ulm nach Chur etliche Probleme. Im Frankreich freundlich gesinnten Italien reiste er über Rom nach Neapel und fuhr von dort vereinbarungsgemäß gemeinsam mit dem Orientalisten und Diplomaten Johann Gottfried Wetzstein, der perfekt Arabisch sprechen und vor allem schreiben konnte, per Schiff nach Catania[510].

Auf Sizilien fand Rohlfs wohl wegen fehlender Schiffsverbindungen noch Zeit, am 9.8.1870 den Ätna zu besteigen[511]. Tage später ging es weiter nach Malta, von wo aus Rohlfs am 16.8.1870[512] dem schwedischen Konsul Karl Tulin, der auch den Norddeutschen Bund vertrat, seine baldige Ankunft meldete. Wenn auch die Nachricht nicht korrekt unterzeichnet war, so offenbart sie doch die ganze Unbedarftheit Rohlfs'. Er hätte berücksichtigen müssen, dass die Franzosen wohl Zugriff auf den Depeschenverkehr mit Tunis nehmen würden. Somit war seine Ankunft am 19.8.1870 den Franzosen und damit auch dem Bey von Tunis bekannt. Rohlfs Absichten ergaben sich schon vorher aus den von Fendri genannten Quellen. Franzosen, Tunesier und auch Engländer[513] warteten nur auf diesbezügliche Aktivitäten.

Am 25.8.1870 brach Rohlfs ohne Wetzstein ins Landesinnere auf. »Ich hatte mir Saghuan (heute: Zaghouan, südlich von Tunis) und Testur (südwestlich von Tunis, westlich von Zaghouan) als ... Ziel gesetzt. Bereits am Abend hielt er dort eine »mit Theilnahme und Vergnügen« aufgenommene Rede, aber am nächsten Tag wurde er bereits daran gehindert, eine weitere zu halten, dafür aber gleich zurück nach Tunis zurück eskortiert[514]. Darauf suchte und fand er bereits am 27.8.1870 eine Unterredung bei Mustapha Khaznadar und dem amtierenden Minister Khayreddin. Rohlfs stritt wahrheitswidrig alle Verdächtigungen ab. Die Herren kamen ihm unter Hinweis auf die tunesische Neutralitätserklärung vom 20.8.1870 nur darin entgegen, dass einer der beiden ins Gefängnis geworfenen Diener wieder frei kam[515].

---

510 Guenther, S. 127
511 »Die höchsten Lavabrocken des Aetna herabgeholt«, handschriftlich mit Datum von Rohlfs auf einem Stein unter R 138 im Rohlfs-Archiv
512 Fendri, S. 74
513 The Times, 14.9.1870
514 Gerhard Rohlfs, ohne Ort, ohne Datum, wohl September 1870, Entwurf eines Berichtes/Briefes an Baron ? , RA 2.88
515 Gerhard Rohlfs, ohne Ort, ohne Datum, wohl September 1870, Entwurf eines Berichtes/Briefes an Baron ?-, RA 2.88 und bei Fendri

Rohlfs und Wetzstein verließen Tunis in Richtung Sizilien, was der französische Konsul als Flucht ansah[516]. Rohlfs meinte dagegen: »Da unsere Mission so glücklich beendet war, verließen wir am 2. Sep. Tunis und schifften an Bord eines engl. Dampfers nach Messina ein«[517]. Rohlfs und Wetzstein gingen nach Malta und Rohlfs soll am 9.9.1870 eine Depesche nach Tunis abgesetzt haben: »Ich fahre heute nach Sfax«[518]. Das dürfte eine Finte gewesen sein, da ihm ja schmerzlich bekannt geworden war, dass der Telegrammverkehr überwacht wurde. Franzosen und Tunesier suchten ihn vergebens.

Auffallend und bisher unkommentiert ist, dass die von Rohlfs genannten Städte in Tunesien und nicht in Algerien – nicht einmal nahe der Grenze – liegen. Ob ein unter den Einheimischen gelegter Brand sich so schnell und nachhaltig nach Algerien ausgebreitet hätte? Rohlfs sah es auch wohl mit Recht als Erfolg an, dass die Franzosen keine weiteren Truppen von Algerien abzogen und ihre Seestreitkräfte vor Tunis verstärkten[519].

Es ist nicht bekannt, wann und auf welchem Wege Rohlfs zurückgereist ist. Er ging aber zunächst nach Bremen, da dort seine Frau auf ihn wartete[520].

---

516 Fendri, S. 79
517 Gerhard Rohlfs, ohne Ort, ohne Datum, wohl September 1870, Entwurf eines Berichtes/Briefes an Baron ?, RA 2.88
518 Fendri, S. 80
519 Gerhard Rohlfs, ohne Ort, ohne Datum, wohl September 1870, Entwurf eines Berichtes/Briefes an Baron ?, RA 2.88
520 Guenther, S. 128

14.
Aufarbeitungszeit

Das junge Paar muss sich bald darauf nach Weimar begeben haben, denn es ist belegt, dass es am 9.10.1870 eine vom Spediteur und Baumaterialienhändler Stapf in der Bahnhofstraße C 165 gemietete Wohnung bezogen hat[521].

Hier erhielt er das Anschreiben vom 2.12.1870 mit der Mitteilung, dass er bereits am 25.7.1870 den Titel eines preußischen Hofrats verliehen bekommen hatte[522].

Hier fand Rohlfs auch erstmals die Ruhe, seine Erlebnisse aufzuarbeiten und ergänzende Fachliteratur zu lesen. Er schrieb im Laufe der Jahre zahlreiche Briefe und Artikel für ein breites Spektrum von Zeitschriften wie »Unsere Zeit«, »Daheim«, »Ausland«, »Globus«, »Gartenlaube« bis hin zu »Die Frauenwelt Illustrirte Muster- und Modezeitung«[523], dann wieder »Zeitschrift der Gesellschaft für Erdkunde zu Berlin« und auch für »Petermann's Mittheilungen«; für Zeitungen – zum Beispiel für die Weser-Zeitung in Bremen – fasste er erstmals Artikel in dem 1870 erschienenen Sammelband »Land und Volk in Afrika« zusammen und arbeitete an seinen Reisebüchern, von denen 1871 »Von Tripolis nach Alexandrien«, 1872 das Ergänzungsheft 34 »Von Kuka nach Lagos« und 1873 endlich »Mein erster Aufenthalt in Marokko« erschienen.

Dabei offenbarten manche Briefe an Redakteure nicht gerade neue Erkenntnisse, was denn auch schon mal zu einem Kommentar führte, wobei die Kritik an der Veröffentlichung sich in erster Linie an die Presse richtete: »Unter den Feuilletons fand ich Reisebriefe des Gerhard Rohlfs unter der sonderbaren Überschrift »Expedition der afrikanischen Gesellschaft in Deutschland«. Ich will die Verdienste des Reisenden nicht bezweifeln, aber albernere Briefe sind mir noch nicht vorgekommen. Wenn man aus Afrika nichts erfährt, als daß ein Kamel mit Gerste unterwegs ist, daß eine Wüste wie ein leerer Tanzsaal aussieht, auf dem die ganze Menschheit eine Polonäse tanzen könnte, daß es heiß, windig ist und viel Fliegen gibt, daß ein Hund, aus Weimar gebürtig, wegen Tollheit

---

521 »Fremdenbuch«, Rohlfs-Archiv im Heimatmuseum Schloss Schönebeck, S. 1
522 Schreiben vom 2.12.1870 vom Kanzler des Norddeutschen Bundes, in Vertretung von Thile, an Gerhard Rohlfs, RA 2.86
523 Die Frauenwelt Illustrirte Muster- und Modezeitung, Nr. 16 vom 31.8.1872

erschossen wurde, daß an einem Stuhl die Lehne abgebrochen ist, was das Schreiben sehr unbequem macht, so fragt man sich: Warum in die Ferne schweifen?

Parallel dazu bereitete Rohlfs seine Vortragsreisen vor, die bereits im Dezember 1870 wieder aufgenommen wurden und ihn im Laufe der Jahre in alle Gegenden Deutschlands führten.

Diese Aktivitäten waren aber auch nötig, denn der jetzt bekannte Reisende musste als Selbständiger für die notwendigen Einnahmen sorgen. Das ist ihm mit der Zeit auch gelungen, denn in einem Schreiben vom 8.2.1873 an Georg Schweinfurth bekennt er, dass sein »Geschäft in diesem Jahr sehr blüht«[524].

Auch in dieser Zeit hatte er verschiedene Versuche unternommen, Konsul zu werden und ein geregeltes Einkommen zu haben. Darauf wird noch in einem gesonderten Kapitel zurückzukommen sein.

Immer mehr Besucher stiegen »zwei Treppen hoch«, in die nach Guenther »kleine Wohnung«[525], und zwar ausweislich des »Fremdenbuches«, in das sich aber sicher nicht alle Besucher eingetragen haben, zunächst weit überwiegend Verwandte und alte Bekannte beider Eheleute.

Aber das Ehepaar pflegte auch neue Freundschaften. So besuchte auf Empfehlung des Großherzogs Carl Alexander die Rohlfs auch Franz Liszt, der immer wieder in Weimar weilte. Daraus entwickelte sich eine Freundschaft, die bis zum Todes Liszt's im Jahre 1887 dauerte. Das Ehepaar wurde zum ständigen Besucher der beliebten Matineen von Liszt, bei der sich die Gesellschaft von Weimar gern einfand. Rohlfs liebte zwar auch die Musik, konnte aber nach seiner schweren Verletzung in Marokko selbst nicht mehr zu einem Instrument greifen. Leontine Rohlfs dagegen spielte sehr gut Klavier und hatte auch die Ehre, mit dem großen Meister vierhändig zu spielen. Auch in einem achthändig gespielten Liszt-Konzert wirkte sie mit[526]. Derartige Treffen fanden später auch in der »Villa Meinheim« von Rohlfs statt, über die sogar die Presse berichtete.[527]

Auf der anderen Seite kam er auch zunehmend in Kontakt mit Fachgelehrten, die er um Stellungnahmen bat oder die ihm ihre Wünsche und Anregungen für weitergehende Forschungen vortrugen.

---

524 Brief vom 8.2.1873 von Gerhard Rohlfs an Georg Schweinfurth, RA 5.19
525 Guenther, S. 131
526 Brief vom 2.4.1875 von Gerhard Rohlfs an Georg Schweinfurth, RA 7.83, Brief vom 30.5.1878 von Gerhard Rohlfs an Heinrich Rohlfs, RA 10.77a
527 Soireé nach Neue Zeitschrift für Musik, Leipzig, Nr 32 vom 1.8.1873, S. 312

Beispielhaft zu nennen wäre der Kontakt zu dem Orientalisten und Numismatiker Johann Gustav Stickel von der Universität Jena, dem Rohlfs mitgebrachte Münzen übergab, die Stickel zwar nicht alle bestimmen konnte[528], die aber dessen Begehrlichkeit weckte[529]. Dieser Kontakt war sicher ausschlaggebend, dass Stickel der Universität Jena vorschlug, Gerhard Rohlfs zum Ehrendoktor zu ernennen. In der Urkunde vom 29.3.1871 heißt es – übersetzt aus dem Lateinischen – unter anderem:

»Weil
... die Philosophische Fakultät
dem berühmtesten gelehrtesten tapfersten Manne
Gerhard Rohlfs
aus Bremen
dem Hofrate dem Ritter der Orden vom Roten Adler und der Krone des mächtigsten Königs von Preußen des Großherzoglich Oldenburgischen Ordens des Herzoglich Anhaltinischen Ordens dem korrespondierenden Mitgliede der Bayerischen Akademie der Schönen Wissenschaften dem Ehrenmitgliede der Naturwissenschaftlichen Bremer Gesellschaft der Geographischen Gesellschaften zu Berlin Wien Florenz Dresden und Leipzig
dem gekrönten Genossen der Londoner und Pariser Geographischen Gesellschaften
der unter den Eichen Norddeutschlands geborenen als Knabe lernte die Stürme
der Unwetter und des Schicksals zu ertragen
der ein Mann geworden im ehrenvollsten Eifer gewissermaßen von seinem Genius
zu den südlichen Palmen geführt vom Atlantischen Ozean bis zum Roten Meere
Nord- und Innerafrika durchmessend als erster die unerstiegenen Berge Marokkos
die wüsten Einöden der Sahara Libyens erforschte der Abessinien in kriegerischen Schwierigkeiten u. a. mit festem Schritte und unverzagtem Mute kühn durchwanderte der die Natur der Tiere des Himmels der Erde und die Sitten der bis dahin unbekannten Völker
aufs schärfste beobachtete
alle diese sehr reichen geographischen ethnologischen u.a. Früchte mit bewundernswertem Glück wohlbehalten in das Vaterland brachte auch durch gelehrte Bücher bekannt
machte
die Ehre des Doktors der Philosophie

---

528   Brief vom 30.10.1870 von Johann Gustav Stickel an Gerhard Rohlfs, RA 2.79
529   Brief vom 6.1.1871 von Johann Gustav Stickel an Gerhard Rohlfs, RA 3.2

die Würde Rechte und Vergünstigungen
die Abzeichen und den Schmuck des Geistes der Gelehrsamkeit und bewährten Tugend
ehrenhalber

übertrug ...«[530].

Welche Laudatio auf dieses Leben!

Den Titel hat er später weniger als den des Hofrates eingesetzt, wiewohl sich genügend titellose Korrespondenz an ihn in seinem Nachlass findet.

Rohlfs hatte auch immer wieder gesundheitliche Probleme. Zwar ist aus der Korrespondenz nicht eindeutig zu entnehmen, welcher Art und wie schwerwiegend sie waren, aber es wurde bereits auf seine schwere Verwundung in Marokko und die erheblichen Magenbeschwerden hingewiesen. Jedenfalls war er im Frühsommer 1871 erneut zur Kur in Bad Kreuznach, doch ohne durchschlagenden Erfolg[531].

Dabei beschäftigte er sich bereits wieder mit Reiseplänen. Die bereits mit Nachtigal diskutierte USA-Reise[532] wurde mehrfach wieder erwähnt[533], aber nach einem ersten indirekten Hinweis am 1.2.1871[534] nannte ein Schreiben vom 26.8.1872[535] erstmals das neue Ziel: die libysche Wüste.

---

530 Original im Heimatmuseum Schloss Schönebeck, Übersetzung von Alwin Lonke
531 Brief vom 24.6.1871 von Gerhard Rohlfs an Großherzog Carl Alexander, Kopie unter RA 3.32a
532 Brief vom 24.7.1870 von Gustav Nachtigal an Gerhard Rohlfs, RA 2.67
533 Brief vom 12.3.1871 von Henry Duveyrier an Gerhard Rohlfs, RA 3.8, Brief vom 9.1.1872 von Gerhard Rohlfs an Heinrich von Maltzan , RA 4.4a, Briefe vom 6.12.1871, 16.3.1872 und 31.3.1873 von Gerhard Rohlfs an Georg Schweinfurth, RA 4.134, RA 5.44 und RA 5.50b
534 Brief vom 1.2.1871 von Adolf Bastian an Gerhard Rohlfs, RA 3.2 - Rohlfs solle Kontakt zu Julius von Jasmund, dem deutschen Konsul in Alexandria, aufnehmen
535 Brief vom 26.8.1872 von Justus von Liebig an Gerhard Rohlfs, RA 4.76

15.
»Drei Monate in der libyschen Wüste«

So titelte er sein 1875 erschienenes Reisewerk[536]. Sein persönliches Ziel Kufra war daraus nicht zu erkennen.

Zunächst und vor allem war aber die Frage der Finanzierung zu klären. Rohlfs nahm auf Anregung von Adolf Bastian Kontakt zum deutschen Konsul in Alexandria Julius von Jasmund auf und stellte ihm bei einem Besuch in Berlin sein Vorhaben mit der Bitte vor, sich für ihn beim Chediven Ismail zu verwenden[537]. Nach sicher aufreibenden Monaten erreichte Rohlfs die Finanzierungszusage vom 23.5.1873[538] in Riga, wo er zu Besuch weilte.

Parallel dazu liefen die Überlegungen, wer Rohlfs auf dieser Expedition begleiten sollte. Er berichtete, dass sich bei ihm mehrere hundert Personen schriftlich gemeldet hätten, die alle an der Expedition teilnehmen wollten[539]. In seinem Briefnachlass findet sich dazu nichts. Dabei stellte er sich in erster Linie vor, dass ihn Wissenschaftler verschiedener Disziplinen begleiteten. Nach diversen Überlegungen, Anfragen und auch Absagen[540] standen die deutschen Teilnehmer fest mit
- Gerhard Rohlfs (1831–1896) mit Diener Ernst Walther aus Jena
- Karl Alfred Zittel (1839–1904), Geologe, mit Diener E. Seckler aus der Gegend von Ellwangen
- Wilhelm Jordan (1842–1899), Geodät, mit Diener J. Morlock aus Mühlburg bei Karlsruhe (heute ein Stadtteil)
- Paul Ascherson (1834–1913), Botaniker, mit Diener M. Korb aus München und

---

536 Gerhard Rohlfs: Drei Monate in der libyschen Wüste, Theodor Fischer, Cassel, 1875, zitiert als Rohlfs, 3 Monate
537 Briefe vom 1.8.1871 von Adolf Bastian an Gerhard Rohlfs, RA 3.2, und vom 23.9.1872 von Gerhard Rohlfs an Georg Schweinfurth, RA 4.89
538 Brief vom 23.5.1873 von Julius von Jasmund an Gerhard Rohlfs, RA 5.84
539 Rohlfs, 3 Monate, S. 4
540 So von Lehrer W. Zenker, Brief vom 18.6.1873 an Gerhard Rohlfs, RA 5.92, Astronom Karl Börgen, Brief vom 7.7.1873 an Gerhard Rohlfs, RA 5.115 und Reisender Eduard Pechuel-Loesche an Gerhard Rohlfs, Brief vom 30.6.1873, RA 5.105

Gerhard Rohlfs – Foto P. Remelé

- Philipp Remelé (1834–1883), Fotograf, mit Diener Albert Taubert aus Apolda.

Auffallend ist, dass Georg Schweinfurth nicht zu den Teilnehmern zählte und wohl auch nicht in Überlegung stand.

Was reizte Rohlfs, diesen weltabgeschiedenen und fast menschenleeren Teil der Sahara zu erforschen? In seinem Buch nannte er sein Ziel: die Kufra-Oasen[541]. Sie hatten ihn schon 1865 in Mursuk und 1867 in Djalo als erstrebenswertes Ziel gereizt, sie allein konnten aber die Ägypter und den das Unternehmen finanzierenden Chediven Ismail nicht zu einer uneingeschränkten Unterstützung veranlassen. Da Rohlfs aber spätestens seit seiner Reise von Tripolis nach Alexandrien um die Depression um Siwa wusste, wurde die Frage nach deren Ausdehnung nach Osten in Zusammenhang mit der Behar-Bela-ma-Frage (Fluß ohne Wasser) in den Vordergrund gestellt, was auch die Zustimmung des »institut égyptien« fand. Dieses nach Rohlfs »höchste Gelehrtentribunal in Aegypten« äußerte noch weitere Forschungsziele[542], die Rohlfs und seine Mitarbeiter getreulich abarbeiteten.

Die deutschen Teilnehmer reisten in getrennten Gruppen nach Ägypten, wobei auf Bitten des Kaisers Rohlfs seinen Ziehsohn Noël mitzunehmen hatte, da er angeblich aus gesundheitlichen Gründen auf Dauer nach Ägypten übersiedeln sollte[543]. Rohlfs hat diesen Auftrag erfüllt, denn Noël blieb bei der amerikanischen Mission in Siut[544].

Nach umfangreichen Vorarbeiten und trotz großzügiger Unterstützung von allen Seiten setzte sich die sehr stattliche Expeditions-Karawane erst nach knapp einem Monat nach Ankunft in Ägypten am 17. Dezember 1874 in Bewegung, und zwar entgegen dem Widerspruch einheimischer Führer direkt nach Westen auf die Oase Farafrah zu. Rohlfs wollte auf diesem Weg nach dem Tal eines Behar-bela-ma suchen. Die Forscher fanden es hier nicht, wie auch später nicht an anderen Stellen[545]: Es gab diesen Fluss nicht.

Rohlfs hatte für eine klare Hierarchie und Aufgabenteilung gesorgt und beschränkte sich selbst auf meteorologische Notizen, auf barometrische, hygrometrische und thermometrische Beobachtungen, die er täglich 4 mal notierte, wie er auch Topografie,

---

541   Rohlfs, 3 Monate, S. 12
542   Rohlfs, 3 Monate, S. 12 und 13
543   Rohlfs, 3 Monate, S. 9
544   Rohlfs, 3 Monate, S. 25
545   Rohlfs, 3 Monate, S. 188, 200 und 214

Eingang zum Gasr Dachel – Foto P. Remelé

Himmelsbeschaffenheit und Windrichtungen festhielt. Daneben hatte er mit der Führung der großen Karawane und der täglichen Streitschlichtung unter den Einheimischen reichlich zu tun[546]. Die deutschen Teilnehmer haben sich gegenseitig gut unterstützt und auch später bei der Auswertung der Ergebnisse in aller Regel kollegial miteinander gearbeitet.

Rohlfs als erfahrener Reisender hoffte, alle zu erwartenden Schwierigkeiten gebührend berücksichtigt zu haben. So stattete er die Expedition mit 500 in Apolda gefertigten Wasserkisten à 50 Liter aus, die sich auch bewährten. Aber auf ein Problem wurde er erst in der Libyschen Wüste aufmerksam: der Mangel an Kamelfutter[547]. Er konnte es zwar lösen, aber der Futtermangel war der eigentliche Grund, warum in den besuchten Oasen das Kamel ein seltenes Tier war.

---

546   Rohlfs, 3 Monate, S. 25 und 67.
547   Rohlfs, 3 Monate, S. 22

Die Bewohner von Farafrah wurden allein durch die Größe der Karawane verängstigt, was nach einer von Rohlfs geduldeten lauten Silvesterfeier zu Spannungen führte, so dass er das Hauptquartier nach Gasr in der Oase Dachel verlegte.

Von hier aus sollte es nun nach Kufra gehen. Mit Schwierigkeiten und nur auf Grund des Firmans des Chediven gelang es Rohlfs in letzter Minute, beim Gouverneur von Dachla einen Empfehlungsbrief vom Chef der dortigen Senussi-Filiale an den in Kufra zu bekommen[548]. Ihm war klar, dass der lange Weg nur bewältigt werden konnte, wenn auf dem Weg Wasser- und Verpflegungsdepots für Mensch und Tier angelegt werden würden[549]. Wo aber war der Weg? Vielleicht sogar zu seiner Überraschung konnte Rohlfs weder in Farafrah noch in Dachel von den Einheimischen Näheres darüber erfahren. Es zeigte sich in aller Deutlichkeit, dass die Oasen der libyschen Wüste abseits der zu der Zeit regelmäßig begangenen Karawanenwege lagen. Das hatte neben den großen Entfernungen auch und gerade etwas damit zu tun, dass keine ausreichenden Kamelweiden zur Verfügung standen. Ohne das Kamel als Fortbewegungsmittel kamen die Oasenbewohner selten oder nie in die weitere Umgebung.

Jordan spielte in der Depotanlage die Vorhut. »Hurrah nach Kufara! Ich bin seit gestern zweifellos auf der älteren Kufara'er Karawanenstrasse, was durch alte Wegezeichen bewiesen wird, welchen ich folge«, freute er sich in einem Brief an Rohlfs. »Uebrigens habe ich dadurch 250° (Westsüdwest) statt 270° (westlich) erhalten«[550]. Da Rohlfs mehr westlich gehen wollte, kommt Jordan in einen Konflikt. »Ich muß offenbar die nach West-Südwest führende Kufarastrasse weiter verfolgen, möchte aber doch auch sobald wie möglich Lager schlagen und bleiben, um ihrer Entscheidung wegen der Richtung nicht vorzugreifen«[551]. Zwar kamen Jordan später selbst Bedenken[552], doch erst Rohlfs, der sich jetzt selbst auf den Weg machte, meinte: »Die Richtung welche Jordan genommen, die südwestliche, brachte mich ... aber zu der Überzeugung, dass dies unmöglich der Weg sein könne, der uns nach Kufara führe«[553]. Er unterlag einem folgenschweren Irrtum: »In der Furcht, Jordan und Zittel würden zu weit nach Südwesten den Weg verfolgen, beschloss ich, ... beide Herren ... zurückzurufen, um dann gemeinsam mit ihnen westwärts das Vordringen wieder aufzunehmen«[554]. Heute ist bekannt, dass, wie Ascherson es später Rohlfs gegen-

---

548   Rohlfs, 3 Monate, S. 147 u. 148
549   Rohlfs, 3 Monate, S. 114
550   Rohlfs, 3 Monate, S. 138
551   Rohlfs, 3 Monate, S. 139
552   Rohlfs, 3 Monate, S. 144
553   Rohlfs, 3 Monate, S. 153
554   Rohlfs, 3 Monate, S. 156

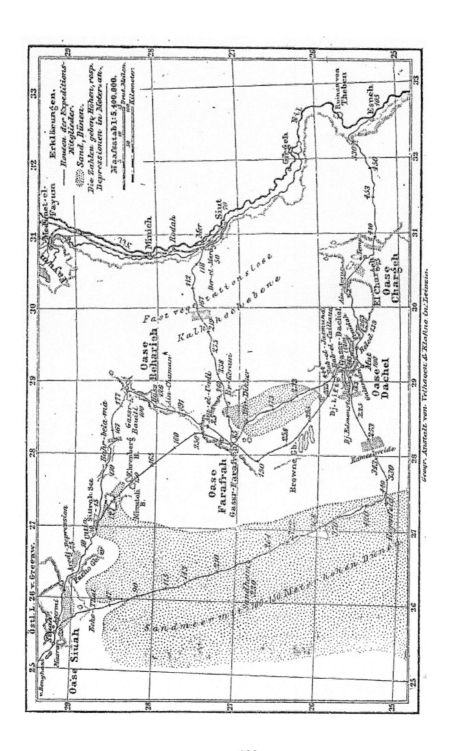

Tempelruine Dar-el Heger – Foto P. Remelé

über mehrere Male betont hat[555], der bezeichnete Weg tatsächlich nach Kufra führt. So aber kamen die wieder vereinten Expeditionsgruppen gemeinsam vor gewaltige Dünen, die sich als unübersteigbar erwiesen. »Unverrichteter Sache umkehren wollten wir nicht, und da unsere Recognoscirung, soweit wir gekommen, eine stets gleich bleibende Richtung der Dünen constatirt hatte, wollten wir versuchen, in der Richtung nach Norden, resp. N. N. W. vorzudringen«[556]. Damit war die letzte Chance, Kufra zu erreichen, vertan, die nur ein Weg nach Süden eventuell geboten hätte.

Diese für das eigentliche Ziel der Expedition so bedeutende Entscheidung fiel in einer Region, die noch bis weit in das 20. Jahrhundert in Atlanten als »Regenfeld« bezeichnet wurde, da Rohlfs und seine Begleiter hier einen äußerst selten vorkommenden anhaltenden Regen erlebte[557]. Er dokumentierte dieses Phänomen auf einem Zettel, den er in einer Flasche, die er auf dem Lagerplatz unter einer 2 m hohen Pyramide aus eisernen

---

555 So im Brief vom 10.2.1875 von Paul Ascherson an Gerhard Rohlfs, RA 7.36
556 Rohlfs, 3 Monate, S. 163
557 Rohlfs, 3 Monate, S. 165

Wasserkisten und Steinen deponierte[558]. Diese Flasche wurde 50 Jahre später von dem Ägypter Kemal el-Din Hussein bei einer seiner Touren per Raupenschlepper durch die Libysche Wüste unversehrt gefunden und nach Kairo gebracht[559].

Was jetzt folgte, war eine bewundernswerte physische Leistung, die einem ehemaligen Fremdenlegionär wie Rohlfs zur Ehre gereicht. Insgesamt war die Gruppe von Dachel bis Siwa 36 Tage unterwegs gewesen, ohne auf eine Besiedlung oder nur einen Brunnen zu treffen. Rohlfs bilanzierte: »So war denn der abenteuerlichste Marsch, der je in der Wüste Sahara gemacht ist, auf's Glänzendste gelungen«[560].

Und doch hatte auch dieser Teil der Expedition eine Schattenseite: Rohlfs, Jordan und Zittel hatten Siwa erreicht, nicht aber Ascherson und Remelé, für die Rohlfs andere Aufgaben vorgesehen hatte. Bei Ascherson ist das nachvollziehbar, denn als Botaniker hätte er auf dem Weg – außer in Siwa – vielleicht kein hinreichendes Betätigungsfeld gefunden, aber wenn Remelé dabei gewesen wäre, so hätte er als erster Fotos aus der geschichtsträchtigen Oase Siwa mitbringen können, die seine ohnehin bahnbrechende Fotomappe von der Expedition[561] noch wertvoller gemacht hätte.

Stattdessen wurde Remelé von Rohlfs unter anderem damit beauftragt, die Tempelruine Dar-el Heger bei Gasr in Dachel auszuräumen, was er mit Hilfe Einheimischer auch gemacht hat, was aber – auch wegen fehlender Arbeitsgeräte – mit einem wissenschaftlichen Vorgehen kaum etwas gemein hat.

Die einzelnen Expeditionsgruppen kamen am 15.3.1875 in Dachel wieder zusammen. Kurz darauf trat die Expedition über Chargeh, wo sie Schweinfurth traf, den Rückweg an und erreichte am Ende des Monats das Niltal.

Nach den Berichterstattungen in Kairo beim Chediven und dem Institut égyptien trennte sich die Gesellschaft. Rohlfs reiste über Italien zurück und wurde noch vor der Heimkehr in sein 1873 bezogenes Haus in Weimar in Wiesbaden »vom Kaiser zur Tafel befohlen«[562].

---

558 Rohlfs, 3 Monate, S. 167
559 Carlo Bergmann: Der Pfadfinder – in: Geo Special, Nr 6 Dezember 1992, S. 38
560 Rohlfs, 3 Monate, S. 174
561 Philipp Remelé, G. Rohlfs'sche Expedition nach der Libyschen Wüste 1873-1874 in: Photographische Mittheilungen, ohne Jahr (1874) – die Mappe befindet sich auch im Nachlass
562 Brief vom 15.5.1874 von Gerhard Rohlfs an Georg Schweinfurth, RA 6.27

16.
Reiseauswertung

Wurden von Rohlfs, Ascherson und Zittel schon während der Expedition Briefe veröffentlicht[563], so griffen Rohlfs, Ascherson, Jordan, Remelé und Zittel nach deren Beendigung zur Feder[564]. Remelé erhielt für die Zusammenstellung seines Fotoalbums vom Chediven 2000 Taler[565], was Rohlfs wohl nicht ohne Neid registrierte, denn er betonte in zwei Briefen an Schweinfurth[566] seine finanziellen Einbußen, da er während der Expeditionszeit keine Vorträge halten konnte und anschließend durch die Ausarbeitung seines Buches gebunden war.

---

563 Gerhard Rohlfs: Die Deutsche Expedition in die libysche Wüste, Brief vom 11.1.1874, Globus, 1874, S. 169-170, Brief vom 23.3.1874, Verhandlungen der Gesellschaft für Erdkunde zu Berlin, 1874, S. 106 und 107, Nachrichten von Gerhard Rohlfs, nach einem Brief vom 22.4.1874, Das Ausland 1874, S. 319-320, Paul Ascherson: Brief vom 17.3.1874, Verhandlungen der Gesellschaft für Erdkunde zu Berlin, 1874, S. 107-109, Karl A. Zittel, Die Deutsche Expedition in die libysche Wüste, Brief vom 24.2.1874, Globus, 1874, S. 318-320, von ihm wurden auch Briefe in der Augsburger Zeitung veröffentlicht, die 1875 als Buch zusammengefasst als »Briefe aus der libyschen Wüste« erschienen

564 Gerhard Rohlfs, Meine Heimkehr aus der libyschen Wüste, 1874, Nr. 179-181 und 183, derselbe: Gerhard Rohlfs' Expedition in die libysche Wüste, Petermann 1874, S. 178 -185, derselbe: Chargeh - Dachel die Oasis Herodot's, Petermann 1874, S. 360, Paul Ascherson: Expedition von Rohlfs in die libysche Wüste, Verhandlungen der Gesellschaft für Erdkunde zu Berlin, 1874, S. 51- 54 und 82-87, Wilhelm Jordan: Bericht über seine Tätigkeit bei der libyschen Expedition, Verhandlungen der Gesellschaft für Erdkunde zu Berlin, 1874, S. 155-163, Wilhelm Jordan, Geographische Aufnahmen in der libyschen Wüste auf der Rohlfs'schen Expedition im Winter 1873 - 74, Zeitschrift für Vermessungswesen, 1874, S. 349-385, Philipp Remelé: Die Ausräumung eines verschütteten egyptischen Tempels in der Oase Dachel, Zeitschrift der Gesellschaft für Erdkunde zu Berlin, 1874, S. 301-307, derselbe: G. Rohlfs'sche Expedition nach der Libyschen Wüste 1873-74, Photographische Mittheilungen, 1874, S. 197-201 und 222-226, Karl A. Zittel: Die libysche Wüste nach ihrer Bodenbeschaffenheit und ihrem landwirtschaftlichen Charakter, Jahresbericht der Geographischen Gesellschaft München, 1874, S. 252-269

565 Brief vom 17.5.1874 von Julius von Jasmund an Gerhard Rohlfs, RA 6.31

566 Briefe vom 13.6.1874 und 24.6.1874 von Gerhard Rohlfs an Georg Schweinfurth, RA 6.49 und RA 6.54

Zudem waren die Herren auch damit beschäftigt zu klären, wer was schrieb und bei wem veröffentlichte. Vor allem über die Karte zur Expedition gab es Meinungsverschiedenheiten, die sich auch aus dem Titel erahnen lassen:

> *Originalkarte der von G. Rohlfs geführten Expedition in die*
> *Libysche Wüste 1873-1874. Nach astronomischen*
> *Ortsbestimmungen & terrestrischen Aufnahmen von W. Jordan,*
> *mit Benutzung topographischer Skizzen von G. Rohlfs*
> *bearbeitet von W. Jordan, Mitglied der Expedition.*
> *Die Oase Chargeh nach der Aufnahme von Dr. G. Schweinfurth.*
> *Die geologischen Bemerkungen von Dr. Zittel,*
> *die botanischen von Dr. Ascherson.*

Sie wurde letztlich 1875 vom Justus Perthes Verlag erstellt und als Anlage zum Bericht von G. Rohlfs »Drei Monate in der libyschen Wüste« beigegeben, der mit Beiträgen von Ascherson und Jordan 1875 im Verlag von Theodor Fischer, Kassel, als Band 1 herauskam. Interessant ist dabei, dass Rohlfs wieder Ascherson beauftragte, sein Manuskript und anschließend auch die Korrekturfahnen gegenzulesen, und das für »die nicht gerade erfreuliche Arbeit« mit immerhin ¼ des Honorars von 20 Talern pro Bogen[567]. Die Herren tauschten sich auch über den Titel des Buches aus. Ascherson war gegen »Der Zug durch den Sandocean«[568].

Daneben veröffentlichten - auch bei Fischer - Jordan und Zittel später ihre ausgesprochenen Fachbücher:

1876 - Wilhelm Jordan: Expedition zur Erforschung der Libyschen Wüste unter den Auspicien Sr. Hoheit des Chedive von Aegypten Ismael im Winter 1873-74 ausgeführt von Gerhard Rohlfs, Zweiter Band: Physische Geographie und Meteorologie nach Beobachtungen, ausgeführt im Winter 1873-74 auf der Rohlfs'schen Expedition,

1883 - Karl A. Zittel: Expedition zur Erforschung der Libyschen Wüste unter den Auspicien Sr. Hoheit des Chedive von Aegypten Ismael im Winter 1873-74 ausgeführt von Gerhard Rohlfs, Dritter Band: Geologie und Palaeontologie der libyschen Wüste und der angrenzenden Gebiete von Aegypten.

---

567 Brief vom 15.2.1875 von Paul Ascherson an Gerhard Rohlfs, RA 7.40
568 Brief vom 14.6.1875 von Paul Ascherson an Gerhard Rohlfs, RA 7.131

Die Herren wurden zudem von verschiedenen geografischen Gesellschaften zu Vorträgen eingeladen, so Rohlfs zum 6.6.1874 von der in Berlin. Krankheitsbedingt[569] musste er absagen. Er wurde von Ascherson vertreten, doch dessen Ausführungen konnten das Gremium nicht begeistern[570].

Rohlfs gab Mitgebrachtes auch wieder an Fachleute weiter, so zum Beispiel alte Münzen, die ihm in Dachel geschenkt worden waren[571], an seinen »Doktorvater« Stickel[572], Nilschlamm an Ebers[573] oder Schädel aus von ihm bei Dachel geöffneten Gräbern an Virchow[574].

Ab Ende September nahm er auch wieder seine Vorträge auf und wollte bis Weihnachten an 70 Orten sprechen[575]. Er setzte die Reihe bis Ende April 1875 fort und beendete sie mit einer Reise nach St. Petersburg. Sie waren gut besucht, so dass Rohlfs Schweinfurth berichten konnte, er sei erstmals in der Lage, aus den Einnahmen Rücklagen zu bilden[576]. Es darf wohl davon ausgegangen werden, dass er mit der »Libyschen Wüste« ein neues und für seine Reisen zeitnahes Thema angesprochen hat.

Auf der anderen Seite wollte Rohlfs die Gunst der Stunde nutzen und erbat vom Kaiser eine jährliche Unterstützung von 1200 Talern[577]. Er bekam aber nur den Roten Adler Orden 3. Klasse mit Schleife. Da traf es ihn hart, dass Nachtigal nach seiner Rückkehr nach Deutschland – Rohlfs hatte eine feierliche Begrüßung in Berlin organisiert[578] – vom Kaiser 4 Jahre lang jährlich 2000 Taler zugesagt bekam[579].

Nach anfänglichem Zögern, die Gastgeber hatten seine »Tunesische Mission« sicher noch nicht vergessen, besuchte er Im August 1875 doch noch den 2. Internationalen Geografen-Kongress in Paris, war aber enttäuscht, zumal Nachtigal keine Goldene Medaille zuerkannt wurde.

---

569 Brief vom 8.6.1874 von Ferdinand von Richthofen an Gerhard Rohlfs, RA 6.45
570 Brief vom 7.6.1874 von Paul Ascherson an Gerhard Rohlfs, RA 6.44
571 Rohlfs, 3 Monate, S. 233
572 Brief vom 28.5.1874 von Johann Gustav Stickel an Gerhard Rohlfs, RA 6.37
573 Brief vom 11.6.1874 von Georg Ebers an Gerhard Rohlfs, RA 6.47a
574 Brief vom 11.11.1874 von Paul Ascherson an Gerhard Rohlfs und Artikel R. Virchow: Köpfe aus den Oasen Dachel und Siuah, Verhandlungen der Berliner Gesellschaft für Anthropologie, 1874, S. 121-127
575 Brief vom 4.9.1874 von Gerhard Rohlfs an Georg Schweinfurth, RA 6.116
576 Brief vom 25.1.1874 von Gerhard Rohlfs an Georg Schweinfurth, RA 7.24
577 Brief vom 19.2.1875 von Gerhard Rohlfs an Georg Schweinfurth, RA 7.42
578 Brief vom 5.6.1875 von Gerhard Rohlfs an August Petermann, im Perthes-Archiv unter Gerhard Rohlfs, Mappe 16-2
579 Brief vom 28.6.1875 von Gerhard Rohlfs an Georg Schweinfurth, RA 7.148

Über neue Reisepläne verlautete wenig. Nur in einem Schreiben von Ernst von Bary, der Rohlfs für Reisen ins Innere von Afrika um Rat gefragt hatte[580] und den er von da an förderte, wurde eine geplante Reise nach Kufra angesprochen[581], die im Gegensatz zu einer Vortragsreise in die USA nicht konkret wurde.

Über diese USA-Reise, über deren Zustandekommen keine Einzelheiten bekannt geworden sind, muss Rohlfs bereits im Laufe des Jahres gesprochen haben, denn Julius Rodenberg von der Deutschen Rundschau schrieb ihm bereits am 11.7.1875, dass er mit ihm auch in der Zeit seiner USA-Reise in Verbindung zu bleiben wünsche[582].

---

580   Brief vom 30.3.1875 von Ernst von Bary an Gerhard Rohlfs, RA 7.80
581   Brief vom 11.5.1875 von Ernst von Bary an Gerhard Rohlfs, RA 7.113
582   Brief vom 11.7.1875 von Julius Rodenberg an Gerhard Rohlfs, RA 7.182

17.
Vortragsreise in die USA

Rohlfs hat über seine Vortragsreise kein Buch veröffentlicht, obwohl er am 19.6.1876 gegenüber Schweinfurth äußerte: »Mein Amerika-Buch soll Ende Juli fertig sein«[583]. Er fragte mit Schreiben vom 31.8.1876 Herrn Richard Oberländern, den Mitarbeiter des Verlegers Otto Spamer: »Ich habe über die Vereinigten Staaten ein kleines Buch ausgearbeitet.« »Haben Sie Lust, dasselbe zu verlegen?«[584] Offensichtlich nicht, denn es gibt nicht einmal Zeitschriften- oder Zeitungsartikel von ihm über dieses Unternehmen. Auch der im Schreiben an Julius Rodenberg erwähnte Artikel ist in der Deutschen Rundschau[585] nicht veröffentlicht worden. Zudem ist die Zahl der erhaltenen Briefe aus dieser Zeit gering.

Bekannt ist, dass er sich am 2.10.1875 in Bremerhaven an Bord der »Main« vom Norddeutschen Lloyd begeben hat[586] und nach New York gefahren ist.

Dort hat er sich 5 Wochen aufgehalten und 12 Vorträge gehalten[587] und auch Leute aus seiner Vaterstadt getroffen, die sich im »Club Vegesack« zusammengefunden und ihn am 23.11.1875 zum Ehrenmitglied[588] ernannt hatten. Aber er bekannte Anfang Dezember Petermann gegenüber, dass er sich nicht eingelebt habe und sich nach Europa zurücksehne[589].

An seiner gedrückten Stimmung änderte auch der »lebhafteste Briefwechsel«[590] nichts, in dem er mit seiner Frau stand. Er erfreute sie mehrere Male mit Fotos, die er von sich in verschiedenen Städten machen ließ[591].

---

583   Brief vom 19.6.1876 von Gerhard Rohlfs an Georg Schweinfurth, RA 8.40
584   Staatsbibliothek zu Berlin, Nachlass 480/4 Blatt 42
585   Briefe vom 27.2.1876 und 29.5.1876 von Gerhard Rohlfs an Julius Rodenberg, Herausgeber der Deutschen Rundschau, Goethe- und Schillerarchiv, Weimar
586   Guenther, S. 150, Courier, Bremen, vom 2.10.1875
587   Brief vom 3.12.1875 von Gerhard Rohlfs an August Petermann, Gotha, Mappe 3
588   Zeitungsnotiz, ohne Quelle, undatiert, aber nach Rohlfs Tod 1896, in »Zum Tode von Gerhard Rohlfs«, Nachrufsammlung, im Heimatmuseum Schloss Schönebeck unter 10 Tod 1
589   Brief vom 3.12.1875 von Gerhard Rohlfs an August Petermann, Gotha, Mappe 3
590   Brief vom 3.12.1875 von Gerhard Rohlfs an August Petermann, Gotha, Mappe 3
591   Erhalten sind 6 Porträts aus New York, Milwaukee, Louisville und San Francisco

Aber er erfüllte seine Verpflichtungen und reiste mit der Eisenbahn quer durch den Kontinent. In den Bergen von Nevada wurde er auf dem Wege nach San Franciso durch Schneemassen mehrere Tage aufgehalten[592]. Nach fast 14 Tagen kehrte er zurück an die Ostküste, wo er über Boston wieder nach New York kam und sich dort Ende März nach Europa einschiffte.

Offensichtlich wurde er vor seinen Vorträgen in den örtlichen Zeitungen vorgestellt[593] und es ist davon auszugehen, dass die dabei genannten biografischen Daten von ihm selbst stammen.

Es ist nicht überliefert, ob er seine Vorträge in deutsch oder englisch gehalten hat. Er dürfte je nach Zuhörerkreis gewechselt haben, denn er beherrschte beide Sprachen. Über das finanzielle Ergebnis fand sich kein Hinweis.

---

592 Guenther; S. 165
593 Zwei Beispiele haben sich im Rohlfs-Archiv erhalten: aus New York vom 4.12.1875 und aus Milwaukee (ohne Datum, er war dort am 27.12.1875)

18.
Neue Pläne und Aktivitäten

Rohlfs kam wohl rechtzeitig zur Feier der Silbernen Hochzeit seines ältesten Bruders und Förderers Hermann Rohlfs zurück nach Bremen und fuhr anschließend mit seiner Frau nach Paris[594].

In Herbst 1876 nahm er seine Vortragsreihe wieder auf, besuchte vor allem aber die vom König von Belgien einberufene internationale Konferenz zur Erschließung von Zentral-Afrika, über die er in der Zeitschrift »Das Ausland« berichtete[595]. Nebenbei durfte er den Orden »Commandeur de l'Ordre de Leopold«[596] seiner stattlichen Sammlung hinzufügen.

Diese Konferenz leitete ein dunkles Kapitel der Erschließung Afrikas ein. Für Rohlfs mag reizvoll gewesen sein, dass es sich um »Länder und ihre Völker« handelte, die »uns bisher vollkommen unbekannt« sind und sich da befinden, »wo auch jetzt noch immer die besten und neuesten Karten eine große, leere und weiße Stellen haben«[597]. König Leopold erkannte aber: »Die Zeitströmung ist mit uns« und glaubte betonen zu müssen, er handle nicht aus selbstsüchtigen Zwecken[598]. Die Teilnehmer diskutierten über Operationsbasen, Stationen und Zufluchtsorte, waren sich also wohl sicher darüber, dass sie nicht mit Wohlwollen aufgenommen werden würden. Selbst Rohlfs bemerkt in seinem Bericht, dass es nach Meinung verschiedener Konferenzteilnehmer nicht nur um wissenschaftliche, sondern auch um wirtschaftliche Interessen ging, resümierte dennoch, dass das Unternehmen »speciell philanthropisch«[599] sei. Hier irrte Rohlfs. Was daraus gewor-

---

594 Brief vom 8.5.1876 von Gerhard Rohlfs an Georg Schweinfurth, RA 8.12
595 Gerhard Rohlfs: Die Brüsseler Conferenz zur Erschließung und Civilisirung Central-Africa's unter dem Vorsitze S. M. des Königs Leopold II. der Belgier, in: Das Ausland, 45. Jahrgang, Nr. 43 vom 23.10.1876, S.n 841–845, zitiert als Rohlfs: Conferenz
596 Urkunde vom 18.9.1876 des Königs von Belgien, R 11 im Schloss Schönebeck
597 Rohlfs: Conferenz, S. 841
598 Rohlfs: Conferenz, S. 842
599 Rohlfs: Conferenz, S.n 843 und 845

den ist, ist heute aufgeklärt[600], interessiert hier aber nur am Rande, da Rohlfs nicht direkt involviert war.

Rohlfs zog es wieder hinaus. Immer wieder flammte die Diskussion um einen Konsularposten auf, worauf noch gesondert eingegangen werden wird, und bereits im November 1876 findet sich ein Hinweis, dass Rohlfs auch wieder reisen wollte[601], aber Bastian riet ihm, zunächst die Entwicklungen nach der Brüsseler Konferenz abzuwarten. Fraglich bleibt, ob es da einen Zusammenhang gab, denn in Brüssel befassten sich die Konferenzteilnehmer mit Zentralafrika, Rohlfs zog es aber nach Kufra.

Rohlfs hatte auf der anderen Seite auch in Weimar keine heimatlichen Wurzeln geschlagen, denn nach einer Steuererhöhung trug er sich in seiner ungeduldigen Art mit dem Gedanken, seine Villa zu verkaufen. Schweinfurth riet ihm, diesen Schritt zu überdenken[602]. Da die Erhöhung teilweise zurückgenommen wurde, gab Rohlfs seine Umzugspläne wieder auf[603].

Im Jahr 1877 erlebte Rohlfs die unterschiedlichsten Situationen: Zunächst musste er seinem Alter Tribut zollen und sich eine Brille zulegen, die fortan auch auf verschiedenen Fotos zu sehen ist[604], dann erkrankt seine Frau ernstlich an einer Unterleibsentzündung, so dass er auf der einen Seite Vorträge ausfallen lässt und auf der anderen Seite seinen Bruder Heinrich aus dem nahen Göttingen herbeiruft, um als ehemals praktizierender Arzt seiner Frau beizustehen[605]. In diese Zeit fällt auch seine Ablehnung, eine Regierungsdelegation nach Fes in Marokko zu begleiten. Er begründet sie mit der Befürchtung, die Marokkaner könnten sich daran erinnern, dass er sich in Marokko als Moslem ausgegeben hatte[606].

Erfreut berichtete er seinem Bruder Heinrich, dass er als Teilnehmer im Krieg zwischen Schleswig-Holstein und Dänemark im Jahre 1850 rückwirkend eine Pension von 720 Mark jährlich bekommt. Mit dem Geld konnte er Verluste »in Amerikanern«[607]

---

600 Adam Hochschild: Schatten über dem Kongo – Die Geschichte eines der großen, fast vergessenen Menschheitsverbrechen, 5. Auflage 2000
601 Brief vom 18.11.1876 von Adolf Bastian an Gerhard Rohlfs, RA 8.131a
602 Brief vom 19.11.1876 von Georg Schweinfurth an Gerhard Rohlfs, RA 8.132
603 Brief vom 29.11.1876 von Gerhard Rohlfs an Heinrich Rohlfs, RA 8.140
604 Brief vom 12.1.1877 von Elise Polko an Leontine Rohlfs, RA 9.10a: Er habe sich durch die Brille verändert
605 Brief vom 11.3.1877 von Gerhard Rohlfs an Heinrich Rohlfs, RA 9.10a
606 Brief vom 15.3.1877 von Gerhard Rohlfs an Georg Schweinfurth, RA 9.36
607 Brief vom 6.6.1877 von Gerhard Rohlfs an Georg Schweinfurth, RA 9.64

verschmerzen und im Sommer mit seiner genesenen Frau einen Urlaub an den norditalienischen Seen verbringen[608].

Er gesteht Petermann auch, er sei europamüde[609], und hatte schon vorher angedeutet, welcher Plan ihm vorschwebte: eine 100-Mann-Expedition[610].

Aus dieser Vorbereitungszeit zu der neuen Expedition, und zwar aus 1878, ist eine kuriose Begebenheit zu erwähnen, die so recht in das abenteuerliche Leben des Gerhard Rohlfs passt: Er schreibt am 29.5.1878 an Schweinfurth: »Daß wir beide vom Kaiser von Österreich dekoriert sind, und zwar, wie ich vermute, vorgeschlagen vom Erzbischof Haynald, wirst Du wohl wissen aus den Zeitungen. Wenn es aber bloß das Ritterkreuz des Franz-Josef-Ordens ist, werde ich diese Dekoration wohl zurückweisen müssen da ich eine höhere deutsche Auszeichnung habe«[611]. Es wurde nach der Im Nachlass erhaltenen Urkunde vom 5.11.1878 der »Orden der eisernen Krone III. Klasse«. Der Orden wurde häufig vergeben, aber dass er einem in Österreich gesuchten zweifachen Deserteur aus der österreichischen Armee verliehen wurde, das dürfte einmalig sein und wirft ein bezeichnendes Licht auf die Recherche, die vor einer Verleihung - nicht - betrieben wurde! Und dann ist es für ihn nicht damit getan, dass er überhaupt einen Orden bekommt, es muss auch gleich einer in einer ihm genehmen Kategorie sein! So überlegte er nach der Verleihung noch, ob er den Orden überhaupt annehmen sollte, denn Haynald hatte doch ausdrücklich den Orden II. Klasse in Aussicht gestellt[612].

Aber die Frage nach einer ausreichenden Recherche hatte sich bereits 1867 gestellt, als die Kaiserlich-Königliche Geographische Gesellschaft in Wien Rohlfs ihrem zum Ehrenmitglied ernannte.[613]

---

608 Brief vom 20.8.1877 von Gerhard Rohlfs an August Petermann, Gotha, Mappe 3, Brief vom 17.4.1877 von Gerhard Rohlfs an Heinrich Rohlfs, RA 9.44a
609 Brief vom 14.9.1877 von Gerhard Rohlfs an August Petermann, Gotha, Mappe 3
610 Brief vom 9.7.1877 von Gerhard Rohlfs an einen Bismarck-Sohn, RA 9.73a
611 Brief vom 29.5.1878 von Gerhard Rohlfs an Georg Schweinfurth, RA 10.76
612 Brief vom 1.12.1878 von Gerhard Rohlfs an Georg Schweinfurth, RA 11.88
613 Urkunde vom 10.12.1867 in Mappe 17 im Rohlfs-Nachlass im Heimatmuseum Schloss Schönebeck

19.
»Kufra – Reise von Tripolis nach der Oase Kufra – Ausgeführt im Auftrage der Afrikanischen Gesellschaft in Deutschland«

Diese Reise hatte eine längere und für alle Beteiligten nicht eben erfreuliche Vorgeschichte. Rohlfs erwähnt sie in seinem 1881 bei Brockhaus erschienenen »Kufra-Buch«[614] kaum, so dass sie hier kurz skizziert sei.

Petermann gegenüber konkretisierte er im Herbst 1877 sein Reiseziel mit Kufra[615], ein Vorhaben, das bei dem Ehrgeiz von Rohlfs angesichts der bisher gescheiterten Versuche nicht überraschen konnte.

Mit seiner Expedition in die Libysche Wüste hatte er das von der finanziellen Seite her sorgenfreie Reisen kennengelernt, so dass er sich zunächst um eine Finanzierung bemühte. Er ging dabei davon aus, dass ihn die Afrikanische Gesellschaft in Deutschland, hervorgegangen aus der 1873 gegründeten »Deutschen Gesellschaft zur Erforschung Äquatorialafrikas«, wesentlich unterstützen würde, zumal sein »Freund« Gustav Nachtigal deren Präsident war. Was er nur schwer einsehen konnte oder wollte war, dass der Verein in seinen Möglichkeiten von den Geldzuwendungen der Regierung abhängig war und die Ämter in Berlin detaillierte Pläne vorliegen haben wollten. Zudem war der Verein von seiner Satzung her auf Zentralafrika ausgerichtet.

Nachtigal musste Rohlfs mitteilen, dass die Regierung beantragte Mittel in Höhe von 100.000 Mark abgelehnt hatte[616]. Rohlfs schraubte seine Anforderungen deutlich zurück und gab sich nach Monaten mit 35.000 Mark zufrieden[617], war sogar letztlich bereit, notfalls seine Villa zu verkaufen[618].

---

614 Gerhard Rohlfs, Kufra – Reise von Tripolis nach der Oase Kufra, 1881, zitiert als Rohlfs, Kufra
615 Brief vom 14.9.1877 von Gerhard Rohlfs an August Petermann, RA 9.91
616 Brief vom 25.2.1878 von Gustav Nachtigal an Gerhard Rohlfs, RA 10.27
617 Brief vom 12.7.1878 von Gerhard Rohlfs an Gustav Nachtigal, RA 10.114a
618 Briefe vom 24.7.1878 von Gerhard Rohlfs an Georg Schweinfurth, RA 10.133, und 24.8.1878 von Gerhard Rohlfs an Ferdinand von Richthofen, RA 11.25

Offiziell nannte er als Ziel, die Wasserscheide zwischen Benuë, Schari und Kongo zu erforschen[619], beharrte aber auf der unzweckmäßigen Anreise über Tripolis und Kufra, was abermals sein eigentliches Ziel unterstreicht. Dass die Afrikanische Gesellschaft diese Anreise genehmigte, mag auf Nachtigal zurückzuführen sein. Und doch führte das quälende Hin und Her, das sich nach dem Auftrag zur Reise bei der Auswahl und Versendung der Geschenke für den Sultan Ali von Wadai fortsetzte, zwischen Nachtigal und dem unruhigen Rohlfs zu einem Zerwürfnis, das nicht wieder ganz aus der Welt zu schaffen war. Rohlfs konnte es einfach nicht verwinden, dass Nachtigal, den er einst in den Sattel eines Afrikaforschers geholfen hatte, als Präsident der Gesellschaft für Erdkunde zu Berlin und der Afrikanischen Gesellschaft die bedeutenderen Stellungen eingenommen hatte. Zudem fühlte er sich auch durch von Richthofen von der Afrikanischen Gesellschaft zu stark gegängelt, da er meinte, als erfahrener Afrikareisender selbst am besten zu wissen, was zu tun sei.

Auch in den USA bemühte er sich um ein Stipendium[620], aber ohne Erfolg.

Nachdem seine Pläne in der Öffentlichkeit bekannt geworden waren, meldeten sich wieder zahlreiche Interessenten, die mitreisen wollten[621]. Rohlfs entschied sich als wissenschaftlichen Begleiter, nachdem der von ihm bevorzugte Güßfeld abgesagt hatte[622], für Dr. Antonin Stecker, einen jungen Zoologen aus Jungbunzlau in Böhmen, und als Diener für Franz Eckart aus Apolda und Karl Hubmer aus Graz[623]. Auf eigene Kosten schloss sich noch der österreichische Fotograf Leopold von Czillagh der Expedition an, der sich später aber von der Gruppe trennte und auf dem Rückweg nach Tripolis umkam. Letztlich nahm er auch seine Frau mit, die in Tripolis so lange die Stellung halten sollte, wie er brieflich noch mit ihr verkehren konnte.

Wo sie anschließend verweilen sollte, da die Villa in Weimar leer und zum Verkauf stand[624], blieb offen.

---

619 Gerhard Rohlfs, Kufra, S. 4 und 5
620 Brief vom 8.3.1878 von Friedrich Hecker an Gerhard Rohlfs. RA 10.21
621 Rohlfs, Kufra, S. 17, eine diesbezügliche Korrespondenz hat sich im Nachlass nicht erhalten
622 Brief vom 25.7.1878 von Paul Güßfeldt an Gerhard Rohlfs, RA 10.135
623 Rohlfs, Kufra, S. 25 – Hubmer soll erst 19 Jahre als gewesen sein: Kleine Volkszeitung Nr. 176, Wien, vom 26.6.1932
624 Brief vom 20.10.1878 von Gerhard Rohlfs an Georg Schweinfurth, RA 11.72

Hauptstraße von Audjila

Die Regierung machte Rohlfs darauf aufmerksam, dass die Franzosen seine Reise offensichtlich observieren wollten[625], was Rohlfs aber nicht glauben mochte[626].

Am 8.10.1878 verließ Rohlfs mit seiner Frau Weimar und reiste über Paris, wo nach einem Vortrag von Rohlfs alle an einem von der geografischen Gesellschaft gegebenem Diner teilnahmen[627], und Marseille nach Malta, wohin Noël von Ägypten aus hingeschickt worden war, um auf Wunsch des Kaisers an der Expedition teilzunehmen. Nach Rohlfs Überzeugung hatte er es jetzt aber »mit einem vollkommen Irrsinnigen zu thun«, den er nicht mitnehmen konnte und der auch nicht mitgenommen werden wollte[628].

---

625 Brief vom 8.10.1878 von Ernst Bernd von Bülow, Auswärtiges Amt, an Gerhard Rohlfs, RA 11.66a, siehe auch Gerhard Rohlfs: Kufra, S. 38
626 Brief vom 16.10.1878 von Gerhard Rohlfs an das Auswärtige Amt (von Bülow), RA 11.66b
627 Brief vom 10.10.1878 von Henry Duveyrier an Gerhard Rohlfs, RA 11.68
628 Rohlfs, Kufra, S. 43

Rohlfs traf am 24.10.1878 in Tripolis ein. Dort stellte er sich unter italienischen Schutz[629] und bezog das Landhaus des verstorbenen italienischen Konsuls Rossi. Hier ließ er später verabredungsgemäß seine Frau mit ihrer Jungfer[630] zurück. Er vervollständigte Mannschaft und Ausrüstung, wartete aber auf die Geschenke des deutschen Kaisers an den Sultan Ali von Wadai vergeblich.

Er wollte wieder mit bei der Expedition in die libysche Wüste bewährten Wasserkisten arbeiten, doch sollten die wegen der hohen Transportkosten nicht in Deutschland, sondern auf Malta gefertigt werden. Zu seinem Verdruss stellte sich heraus, das deren Anfertigung in Malta zu teuer gekommen wäre Der Verzicht brachte ihm später größte Unannehmlichkeiten[631]. Er begnügte sich mit Zinktrommeln[632]. Auch versuchte er es mit von Kamelen gezogenen Karren, doch das erwies sich als Fehler. Maultiere wären geeigneter gewesen[633].

Am 22.12.1878 verließ die Gruppe Tripolis und strebte mit einer vom türkischen Generalgouverneur gestellten Schutzbegleitung[634] Sokna zu. Sie sahen etliche römische Ruinen und Trilithen[635], kamen also durch ein durchaus bekanntes Gebiet. In Sokna, wo Rohlfs fast zwei Monate auf die Geschenke des Kaisers wartete, stieß Ali Ben Mohammed el Gatroni, der Sohn des bewährten Begleiters einiger deutscher Reisender, der auch Rohlfs 1865 bis 1867 getreulich durch die Sahara begleitet und Teile der Sammlungen allein nach Tripolis zurückgebracht hatte, zu ihm, den er gern als zusätzlichen Diener verpflichtete.

Da die Geschenke des Kaisers weiter auf sich warten ließen, Sokna und Umgebung hinreichend erforscht waren und von ihm entschieden worden war, dass der Weg nach Kufra über Audjila genommen werden sollte, rüstete er zum Aufbruch nach Sella. Unter Führung von Mohammed Tarrhoni »betraten wir von jetzt an vollkommen jungfräuliches Gebiet. Der Weg war vor uns noch von niemand begangen worden«[636]. Sie erreichten über die Oase Abu Naim die Rohlfs von seiner Reise 1869 durch die Cyrenaika her bekannten Oasen Audjila und Djalo, fanden aber in beiden eine sehr schlechte Aufnahme, da die Bewohner auf der einen Seite durch die Senussi-Bruderschaft zuneh-

---

629 Rohlfs, Kufra, S. 60
630 Rohlfs, Kufra, S. 63
631 Rohlfs, Kufra, S. 28
632 Rohlfs, Kufra, S. 96
633 Rohlfs, Kufra, S. 98
634 Rohlfs, Kufra, S. 100, 101
635 Rohlfs, Kufra, S. 101
636 Rohlfs, Kufra, S. 185 bzw. 179

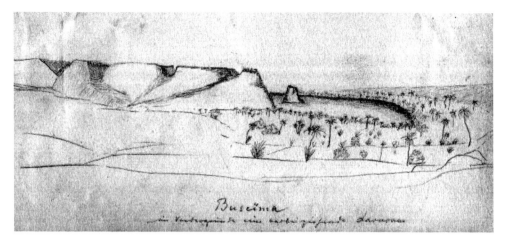

Buseima-Oase in der Kufra-Gruppe

mend fanatisiert waren, auf der anderen Seite aber auch »aus Furcht, dass unsere Reise nach Uadai ihre commerciellen Beziehungen zu diesem Lande würde schädigen können«[637].

Es wiederholte sich das, was Rohlfs bereits vor zehn Jahren erlebt hatte: Er fand keinen Führer, der die Gruppe nach Kufra führen wollte, auch nicht gegen viel Geld. Allein konnte er nicht gehen, da die Mehrzahl der Diener ihm für diesen Fall die Gefolgschaft verweigerte. Das stellte sich als vorteilhaft heraus, denn später musste Rohlfs feststellen, dass Kufra auf seinen Karten falsch eingezeichnet war, die Gruppe sich im Alleingang mithin mit großer Wahrscheinlichkeit verlaufen hätte[638].

Rohlfs schickte nun Stecker nach Bengasi, um den türkischen Bei zu veranlassen, für eine Begleitung nach Kufra zu sorgen. Trotz des Firman, den die deutsche Regierung bei der türkischen für Rohlfs erwirkt hatte, erklärte der Bei, er habe »keinerlei Einfluß weder auf die Suya, noch auf die Bewohner von Kufra«[639]. Da Rohlfs nun die Nachricht erhielt, dass die von der Afrikanischen Gesellschaft nur an »Rohlfs, Tripolis« expedierten Geschenke dort aufgefunden worden waren und jetzt in Sokna seien, gab er dem Führer Mohammed Tarrhoni den Auftrag, sie abzuholen[640].

---

637 Rohlfs, Kufra, S. 208
638 Rohlfs, Kufra, S. 212 ff.
639 Rohlfs, Kufra, S. 227
640 Rohlfs, Kufra, S. 223

Er unterbrach seine Sprachstudien[641] und eilte nun selbst per Kamel nach Bengasi. Rohlfs und Begleiter machten »factisch täglich 60 km, also immerhin mindestens doppelte Militärmärsche«, wie er als gedienter Fremdenlegionär mit Genugtuung festhielt[642].

Doch Omar Bu Haua, der Scheich der Sauya in Kufra, der am ehesten für einen Schutzbrief hätte sorgen können, verließ Bengasi am Tag von Rohlf's Ankunft, ging ihm also hier und später noch einmal in Audjila geflissentlich aus dem Wege[643]. Rohlfs war verzweifelt. »Ein ganzes Jahr war verloren gegangen«. Er entschloss sich in einer Art Kurzschlussreaktion, die Führung der Expedition abzugeben[644] und meldete das in Schreiben vom 10.6.1879 offensichtlich an die Deutsche Rundschau, »Das Ausland« und Petermanns Mitteilungen[645]. Dabei lag der Afrikanischen Gesellschaft an einer Verheimlichung dieses Schrittes[646], da sie glaubte, Rohlfs umstimmen zu können. Er sah auch später ein, dass es eigentlich keine Alternative gab und machte weiter[647].

Rohlfs verhandelte lange und ob deren hohen Forderungen letztlich vergeblich mit drei Suya-Scheichs, die den Warenverkehr nach und über Kufra hinaus organisierten, über eine Begleitung seiner Expedition, musste dann aber erleben, dass der neue Gouverneur Ali Kemali, der von Konstantinopel aus angewiesen war, Rohlfs zu unterstützen, die drei Scheichs wegen angeblicher Steuerrückstände in Ketten legen ließ[648].

Rohlfs verhandelte nun mit neuen in die Stadt gekommenen Suya-Schichs – Krim Bu Rha und Bu Guetin – und konnte sie dazu bringen, mit ihm einen Vertrag zu schließen, ihn nach Kufra und bis an die Grenze von Wadei zu führen[649].

Am 4.7.1879 wurde nach schwierigen Verhandlungen und mit Unterstützung des italienischen Konsuls Rossoni mit diesen Suya »jener Contract durchgenommen und angenommen, während die Regierung sich officiell als Garantin für die Ausführung aller Bedingungen des Contracts erklärte«[650]. Rohlfs glaubte nun, den Weg frei zu haben, obwohl er Bedenken trug, ob der türkische Einfluss bis Kufra reiche. Die Gefangenen

---

641 Rohlfs, Kufra, S. 219
642 Rohlfs, Kufra, S. 235
643 Rohlfs: Kufra, S. 237 und 257
644 Rohlfs, Kufra, S. 237
645 Abschriften entsprechender Briefe von Gerhard Rohlfs, RA 12.65, 12.66 und 12.67
646 Brief vom 23.6.1879 von Gustav Nachtigal an Gerhard Rohlfs, RA 12.69
647 Rohlfs, Kufra, S. 256
648 Rohlfs, Kufra, S. 247 und 249
649 Rohlfs, Kufra, S. 249 und 250
650 Rohlfs, Kufra, S. 250

Lony-Lager – Zeichnung von Antonin Stecker

sollten freigelassen werden, sobald Rohlfs in einem französisch oder italienisch geschriebenen Brief seine Ankunft in Kufra meldete. Arabisch geschriebene Briefe sollten unbeachtet bleiben, da sie unter Zwang geschrieben sein könnten[651].

Vor seiner Abreise aus Bengasi versäumte Rohlfs noch, dort die bisherigen Expeditionsaufzeichnungen zu deponieren oder besser nach Deutschland zu senden.

Die durch weitere Teilnehmer angewachsene Karawane verließ am 28.7.1879 mit Battifal die südlichste Oase der Audjila-Djalo-Gruppe und legte die 350 km lange Strecke bis Taiserbo, der nördlichsten Oase der Kufra-Gruppe, in Tag- und Nachtmärschen mit einer erstaunlichen Tagesleistung von 95 km zurück. Das war nur möglich, da »nur« eine feste Kiesebene zu bewältigen war, auf der die Reisenden glaubten, »auf versteinerten Erbsen oder Linsen zu marschiren«[652].

---

651 Rohlfs, Kufra, S. 254. Es war bis dahin nicht bekannt, dass Rohlfs italienisch verstand oder gar schrieb. Diese Kenntnisse könnten auf seine Militärzeit in Verona zurückgehen
652 Rohlfs, Kufra, S. 260

Rohlfs hatte sein Ziel erreicht: Kufra. Er lieferte einschließlich der Karten eine wesentlich bessere Beschreibung als Hornemann vor ihm[653]. Seine Aufzeichnungen blieben über Jahrzehnte maßgebend, da erst Italiener 1930[654] wieder nach Kufra kamen.

Die Karawane löste sich in verschiedene Richtungen auf, da die begleitenden Suya ihren Heimatoasen zustrebten. Rohlfs selbst blieb einige Tage in Taiserbo, um sich mit seinen Leuten zu erholen und sich umzusehen. Er war sehr beeindruckt. Das gilt auch für die 100 km entfernte Oase Buseïma, von der Rohlfs später in seiner zweiten Villa in Weimar neben anderen ein Wandgemälde anfertigen ließ - vermutlich nach einer Zeichnung von Stecker[655].

Weiter ging die Reise nach Kebabo, der Hauptoase der Kufra-Gruppe, die am 13.8.1879 erreicht wurde[656]. Hier wendete sich das Blatt und die wahre Gesinnung ihres Führers Bu Guetin gewann an Einfluss: Die Senussi wollten Rohlfs und seine Begleiter töten und ihr Hab und Gut teilen. Zunächst aber richtete sich die Gruppe im nahen Boëma für einen längeren Aufenthalt häuslich ein und umfriedete das Zeltlager mit Palmwedeln. Doch von nun an sah sich die Expedition ständigen Bedrohungen ausgesetzt, da die Senussi-Bruderschaft die christlichen Mitglieder als vogelfrei ansah[657]. Erpressungen, Misshandlungen der afrikanischen Diener, ein Verbot, sich aus dem Lager zu entfernen, und am 11.9.1879 ein bewaffneter Überfall zeigten deutlich, dass sich Rohlfs und seine Begleiter in absoluter Lebensgefahr befanden. Da half es auch nicht, dass Rohlfs eine beträchtliche Summe zahlte - im Gegenteil, sie schürte nur die Gier auf mehr.

Ein weiterer Überfall wurde von den fanatischen Suya geplant, von dem gemäßigten Schich Krim el Rba aber verraten, der Rohlfs und seine christlichen Begleiter in seinem Lager unter Schutz nahm. Der Mob aber kam in das Lager, raubte Geld und ihm wertvoll erscheinende Gegenstände und zerstörte den Rest, sicher auch aus Wut darüber, dass die verhassten Christen nicht mehr angetroffen wurden. Es ist eigentlich verwunderlich, dass bei dieser lebensbedrohenden Auseinandersetzung - wie auch bei ähnlichen Situationen auf allen anderen Reisen von Rohlfs - zur Selbstverteidigung keine Waffen eingesetzt wurden.

Rohlfs gibt sich verwundert darüber, dass er mit dem von der türkischen Regierung garantierten Vertrag nicht »sicher und unfehlbar von Bengasi aus Abeschr, die Hauptstadt von Uadai ... erreichen«[658] konnte. Diese Aussage in seinem Buch sollte wohl nur die

---

653 Rohlfs, Kufra, S. 266
654 Genschorek, S. 176
655 Foto ohne Nr. im Ordner 3 im RA im Heimatmuseum Schloss Schönebeck. Es gibt im Stadtmuseum in Weimar ein weiteres Foto, das auch dieses Gemälde zeigt
656 Rohlfs, Kufra, S. 277
657 Rohlfs, Kufra, S. 280
658 Rohlfs, Kufra, S. 302

Regressansprüche an Konstantinopel unterstreichen, denn ihm muss das Risiko bewusst gewesen sein, zumal bekannt war, dass der türkische Einfluss nie bis Kufra gereicht hat.

Rohlfs siedelte mit seinen Leuten aus Sicherheitsgründen nach Djof über und begann, Lebensmittel zu kaufen[659]. Spätestens als der Kurier Sidi el Hussein aus Djarabub, dem Hauptsitz der Senussi, die Kufra-Oasen erreichte, trat ein Stimmungswandel zugunsten von Rohlfs und seinen Begleitern ein. Sie erhielten nach und nach Teile der geraubten Waren und auch Geld zurück[660], doch die Geschenke, Ausrüstungsgegenstände und Privatsachen verblieben bei dem ungetreuen ehemaligen Führer Bu Guetin und den ihn noch unterstützenden Gefährten.

Für Rohlfs war klar, dass eine Weiterreise nach Wadai nach dem Erlebten und angesichts der Verluste trotz des zumindest gezeigten Wohlwollens des Sidi el Hussein nicht möglich war. Es galt allein, sicher zurück nach Bengasi zu kommen.

Am 29.9.1879 setzte sich eine Gruppe, die auf 80 Kamele und 60 Mann angewachsen war, trotz der Gefahr, die noch von Bu Guetin ausging, von Hauari aus in Bewegung und verließ am 9.10.1879 die Kufra-Oasen[661].

Am 14.10.1879 erreichte die Karawane Djalo und einen Tag später Audjila und fand jetzt in beiden Oasen freundliche Aufnahme. Als Rohlfs am 25.10.1879 Bengasi erreichte, waren die drei gefangenen Scheich gerade freigelassen worden, so dass sie nicht mehr als Geiseln für eine Ausgleichszahlung für die entstandenen Verluste herhalten konnten. Ein Ausgleich wurde direkt von der deutschen Regierung in Konstantinopel angefordert. Die Afrikanische Gesellschaft erhielt 16.000 Mark[662], so dass das Konto von Rohlfs, der die 30.000 Mark bereits früh überzogen[663] und auf 52.000 Mark hatte anwachsen lassen[664], deutlich reduziert werden konnte. Zu diesen Kosten kamen die der Regierung für die Geschenke.

Rohlfs selbst verlor in seinem Buch keine weiteren Einzelheiten. Bei Guenther[665] ist zu lesen, dass er über Alexandria nach Kairo ging, wo er Schweinfurth traf. Anschließend reiste er über Malta nach Rom, wohin ihm seine Frau von Bremen aus entgegen gekommen war.

---

659 Rohlfs, Kufra, S. 305 und 308
660 Rohlfs, Kufra, S. 312, 313, 325 und 327
661 Rohlfs, Kufra, S. 326 und 328
662 Rohlfs, Kufra. S. 338, von diesem Betrag reklamierten Rohlfs und Eckart erfolgreich Teilbeträge für sich für Verluste aus persönlichem Besitz: Brief vom 18.6.1881 von Gerhard Rohlfs an Gustav Nachtigal, RA 15.46a
663 Brief vom 2.2.1879 von Gustav Nachtigal an Leontine Rohlfs, RA 12.79
664 Brief vom 1.11.1879 von Gustav Nachtigal an Leontine Rohlfs, RA 12.99
665 Guenther, S. 194

Vor seiner Abreise aus Bengasi dürfte er dort die Antiken gekauft haben, von denen bereits im Abschnitt 12 die Rede war. Folgende Gründe sprechen für diese Annahme:

1869 kann die Zeit in Cyrene nicht ausgereicht haben, derartig viele Stücke auszugraben, zumal das Wetter regnerisch und die kleine Reisegruppe nicht dazu ausgerüstet war.

Wie hätten die zerbrechlichen Artefakte sicher den weiten Weg nach Bengasi transportiert werden können?

»In unmittelbarer Umgebung von Benghazi werden viele Altertühmer — ausgegraben« und dann auch wohl verschenkt[666] oder verkauft.

Stecker, der nach der Trennung von Rohlfs in Bengasi auf einen neuen Einsatzauftrag der Afrikanischen Gesellschaft wartete, meldet in einem Brief vom 10.2.1880[667] an Gerhard Rohlfs, er habe von Malta aus zwei Kisten mit Antiken an Rohlfs nach Weimar abgeschickt. Das wäre zwar über 3 Monate nach dem Zeitpunkt des angenommenen Kaufes, aber es ist abgesehen davon, dass es nicht jederzeit kurzfristige Verbindungen gab, nachvollziehbar, da Rohlfs in Weimar keine gültige Adresse mehr hatte, denn seine Villa war verkauft worden[668].

Das Ziel der Reise - welches es auch im engeren Sinne gewesen sein mochte - war nicht oder nicht so, wie Rohlfs es sich vorgestellt hatte, erreicht worden. »Ohne ein graues Haar trat ich die Reise an, jetzt bin ich halb weiß«[669]. Und doch brachten er und Stecker vor allem so viel Daten und Erkenntnisse mit, dass erstmals verlässliche Karten vom Weg nach Kufra und der Oasen-Gruppe selbst angefertigt und veröffentlicht werden konnten[670].

Zudem lieferten Julius Hann, Wilhelm Peters und Paul Ascherson weitere wissenschaftliche Ausarbeitungen, die insgesamt über 200 Seiten des Kufra-Buches füllen.

---

666 NN (Erzherzog Rudolf Salvator): Yacht-Reise in den Syrten, Prag, 1874, S. 48
667 Brief vom 10.2.1880 von Antonin Stecker an Gerhard Rohlfs, RA 13.25
668 Bericht vom 5.6.1879 von Leontine Rohlfs an Barbara Julie Guenther (Schwester), Abschrift unter RA 12.61
669 Brief vom 3.12.1879 von Gerhard Rohlfs an Heinrich Rohlfs (Bruder), RA 12.111
670 Rohlfs, Kufra, Karten

20.
Auf der Suche

Nach dem Zwischenaufenthalt in Italien kehrten Rohlfs und seine Frau im Januar 1880 nach Weimar zurück und machten sich auf die Suche nach einer Wohnung, die sie in der Bahnhofstraße in der Pension Töpfer auch fanden[671]. Im Mai sind sie in das »Haus Reichmann« umgezogen[672]. Dabei wollte Frau Rohlfs »durchaus fort«[673]. Doch aus Überlegungen dieser Art wurde nichts, da der Großherzog Carl Alexander eine Abwanderung mit dem Geschenk eines Grundstückes an der Belvederer Allee im Werte von 10000 Mark abwenden konnte[674], auf dem Rohlfs seine zweite Villa baute, in die er am 20.8.1881 einzog[675].

Er eilte gleich nach der Ankunft in Weimar nach Berlin weiter, wo er der Afrikanischen Gesellschaft Bericht bereits am 17.1.1889 Bericht erstattete[676], und hielt kurz nacheinander Vorträge in Berlin[677], in Leipzig vor dem Verein für Erdkunde[678] und in Dresden die Festrede auf dem Stiftungsfest des geografischen Vereins[679]. Er nahm auch ab März wieder seine öffentlichen Vorträge auf.

Auf der Suche nach neuen und stetig fließenden Einnahmen brachte er mit dem ihm eigenen Selbstbewusstsein gegenüber Nachtigal als Vorsitzendem der Afrikanischen Gesellschaft die Bewilligung einer staatlichen Pension zur Sprache, für die dieser sich in seiner vorsichtigen Art einzusetzen versprach[680]. Als Nachtigal dann[681] vermelden musste, dass er nach der Auskunft von Freiherrn von Wilmowski aus dem Ministerium weder

---

671 Brief vom 15.1.1880 von Gerhard Rohlfs an Georg Schweinfurth, RA 13.2, Fremdenbuch, S. 31
672 Fremdenbuch, S. 31
673 Brief vom 9.2.1880 von Gerhard Rohlfs an Georg Schweinfurt, RA 13.22
674 Briefe vom 29.3. und 1.5.1880 von Gerhard Rohlfs an Georg Schweinfurth, RA 13.54 und RA 73a
675 Fremdenbuch, S. 39
676 Brief vom 16.6.1881 von Gerhard Rohlfs an Gustav Nachtigal, RA 15.45
677 Brief vom 27.1.1880 von Gerhard Rohlfs an Georg Schweinfurth, RA 13.8
678 Mittheilungen des Vereins für Erdkunde zu Leipzig für 1880, 1881, S. 146
679 Brief vom 24.2.1880 von Gerhard Rohlfs an Georg Schweinfurth, RA 13.29
680 Brief vom 24.2.1880 von Gerhard Rohlfs an Georg Schweinfurth, RA 13.29
681 Brief vom 13.3.1880 von Gustav Nachtigal an Gerhard Rohlfs, RA 13.39

aus dem preußischen Dispositionsfond etwas erwarten könne – er sei ja »Ausländer« – noch aus dem des Reiches – der wäre stark beansprucht und ursprünglich nur für Invalidenzwecke gedacht –, machte Rohlfs Nachtigal Vorwürfe, sich nicht energisch genug für ihn eingesetzt zu haben[682]. Es bleibt offen, ob Rohlfs zu diesem Zeitpunkt bereits die von Nachtigal zur Diskussion gestellte Immediat-Eingabe an den Kaiser formuliert hatte.

Gleichzeitig machte Rohlfs sich an die Arbeit für sein Buch über die Kufra-Reise. Hierfür wollte er vom preußischen Innenministerium einen Zuschuss erwirken, wurde aber zunächst an die Reichsregierung verwiesen[683]. Der Ausgang dieser Suche ist nicht bekannt. Bekannt ist aber, dass Rohlfs für dieses Buch die Zusammenarbeit mit Rudolf Kulemann suchte und fand. Kulemann, ein Theologe und Schriftsteller, der nach seinem Studium zunächst als Lehrer im Hause Rohlfs in Vegesack arbeitete[684], sollte und wollte Rohlfs Arbeit stilistisch überarbeiten[685]. Daraus ergab sich über längere Zeit ein umfangreicher Schriftwechsel.

Außerdem arbeitete Rohlfs in dieser Zeit intensiv für Meyers Conversationslexikon an Biografien Reisender, was zu einer weltweiten Korrespondenz führte. Sie ist zum Teil im Rohlfs-Archiv erhalten.

Stecker schrieb verschiedene ungeduldige Briefe über seine weitere Verwendung. Die in Aussicht genommene Reise nach Mursuk wurde von der Afrikanischen Gesellschaft in letzter Minute gestoppt, da die Reichsregierung die zugesagten Gelder nicht für Reisen eingesetzt wissen wollte, die nicht auch der Anbahnung von Handelsbeziehungen dienen konnten. Die Regierung stellte eine Mission nach Abessinien zur Diskussion, auf der Stecker Rohlfs begleiten könnte, um anschließend allein weitere Forschungen zu betreiben. Rohlfs antwortete, dass er »diese Mission mit Freuden annehme«[686].

---

682   Brief vom 29.3.1880 von Gerhard Rohlfs an Georg Schweinfurth, RA 13.54
683   Brief vom 11.2.1880 von Victor von Puttkamer/Ministerium der geistlichen, Unterrichts- und Medicinal-Angelegenheiten an Gerhard Rohlfs, RA 13.25a
684   Brief vom 29.2.1886 von Rudolf Kulemann an Gerhard Rohlfs, RA 21.7
685   Brief vom 30.8.1880 von Rudolf Kulemann an Gerhard Rohlfs, RA 14.44
686   Brief vom 29.4.1880 von Gustav Nachtigal an Gerhard Rohlfs, RA 13.70 , und dessen Antwort vom 1.5.1880, RA 13.73a

21.
»Meine Mission nach Abessinien Auf Befehl Sr. Maj. des Deutschen Kaisers im Winter 1880/81«

Rohlfs 1883 bei Brockhaus erschienenes Buch[687] gibt die Vorgeschichte nur bedingt wieder. Er schreibt: »Als eines Tages der Fürst-Reichskanzler mich kommen liess und mir die Mittheilung machte, mich bereit zu halten zu einer Reise nach Abessinien, fragte ich weniger nach dem Wann und Warum, sondern stellte mich sofort zur Verfügung«[688]. Die Audienz war nach Guenther am 15.6.1880[689]. Da war Rohlfs durch Nachtigal bereits vertraulich informiert worden und hatte auch schon im Schreiben vom 8.6.1880 an ihn[690] seine Bedingungen aufgegeben: 10000 Mark für sich und in der Zeit seiner Abwesenheit monatlich 300 Mark für seine Frau. Bismarck stimmte zu und bewilligte weitere 10000 Mark als Reisekosten. Später forderte Rohlfs weitere 10000 Mark an[691], die Bismarck ihm auch noch bewilligte[692], so dass er nach eigenen Worten »nun mit Glanz und Deutschland würdig auftreten« konnte[693].

Müller verlegte die Reise ausschließlich nach 1881 und untertrieb, wenn er meinte, Rohlfs »nahm an einer Reise nach Abessinien teil«[694], denn Rohlfs führte sie. Genschorek übertrieb auf der anderen Seite wohl, wenn er Rohlfs »offiziell in den Dienst der Machtpolitik« gestellt sah[695], der »getreu den Bismarckschen Richtlinien in der Orientfrage die Interessen des preußisch-deutschen Reiches mit Nachdruck vertreten« sollte[696].

---

687 Gerhard Rohlfs: Meine Mission nach Abessinien. Auf Befehl Sr. Maj. des Deutschen Kaisers im Winter 1880/81, Leipzig, 1883 – zitiert als Rohlfs: Abessinien II
688 Rohlfs: Abessinien II, S. 41
689 Guenther, S. 315
690 Brief vom 8.6.1880 von Gerhard Rohlfs an Gustav Nachtigal, RA 13.132
691 Brief vom 29.10.1880 von Gerhard Rohlfs an Otto von Bismarck, RA, 14.69
692 Brief vom 23./26.11.1880 von Gerhard Rohlfs an Georg Schweinfurth, RA 14.79
693 Giesebrecht, S. 1042. Dies sind die einzigen privaten Briefe, deren Inhalte – wohl gekürzt – bekannt sind. Es ist davon auszugehen, dass die Originale mit den anderen Privatbriefen nach dem Tode von Leontine Rohlfs weisungsgemäß verbrannt worden sind
694 Müller, S. 248
695 Genschorek, S. 168
696 Genschorek, S. 173

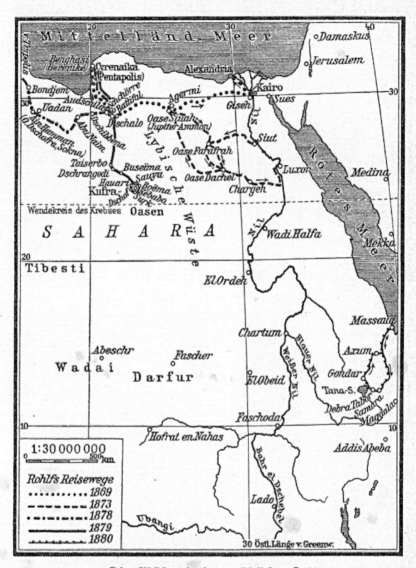

Die Wüste Sahara, östlicher Teil.

Der Negus Johannes IV hatte sich an verschiedene europäische Mächte mit der Bitte um Vermittlung im Dauerstreit mit Ägypten gewandt. Bismarck wollte sich einerseits nicht einmischen, andererseits aber den Negus nicht verprellen. So ließ er ein Antwortschreiben für Kaiser Wilhelm I. aufsetzen und wollte es durch einen Gesandten überbracht wissen.

Dass Rohlfs für diese Aufgabe als prädestiniert galt, lag nahe: Bismarck kannte und vertraute Rohlfs, schließlich war Rohlfs im Geheimauftrag in Tunesien gewesen, aber die Regierung war bisher nicht seinem Wunsch auf einen Konsularposten nachgekommen.

Um den Stellenwert des Kaiser-Schreibens beurteilen zu können, sei hier der Wortlaut wiedergegeben:

Wir Wilhelm
Von Gottes Gnaden
Deutscher Kaiser, König von Preußen
etc: etc: etc:
entbieten Unseren Gruß an Johannes König der Könige von Aethiopien.

Wir haben Eurer Hoheit Schreiben empfangen und danken für die Frage nach Unserem Ergehen. Gelobt sei der Allmächtige, Uns geht es gut und Unserer ganzen Familie, Unser Volk ist glücklich und zufrieden.

Wir wünschen von ganzem Herzen, daß es auch Eurer Hoheit wohl ergehe, und unter Eurem Zepter Aethiopien blühen und gedeihen und die Segnungen des Friedens und der Gerechtigkeit genießen möge.

Mit aufrichtiger Freude vernehmen Wir, daß Eure Hoheit die Werke des Friedens, Ackerbau und Handel, mit starker Hand beschirmen. Wenn Eure Hoheit in dem an Uns gerichteten Schreiben die Schwierigkeiten hervorheben, die Euren Unterthanen entgegentreten, um die Erzeugnisse ihrer Heimath nach anderen Ländern abzusetzen und an die Ufer der See zu schaffen, so werden Wir gern in Erwägung nehmen, wie Euerer Hoheit Beschwerden auf friedlichem Wege abgeholfen werden können. Auf dem Meere ist vor Allem England mächtig, ein großes Reich, mit dem Wir in Freundschaft leben; seine Schiffe befahren zumeist die Seestraße, die zu Euerer Hoheit Gebieten führt. Bei dem freundschaftlichen Vernehmen, welches zwischen Unserer und der Englischen Regierung obwaltet und dem nahen verwandtschaftlichen Verhältnisse, welches, wie Euerer Hoheit bekannt, zwischen dem deutschen und dem Englischen Herrscherhause besteht, werden Wir gern bereit sein, Unsere guten Dienste und

Vermittlung bei dieser Macht einzulegen und bei derselben billige Wünsche Euerer Hoheit zu befürworten.

Wir empfehlen Euere Hoheit und alle Euere Unterthanen dem Schutze des Höchsten. Er schenke Euch zum Wohle Eueres Volkes noch langes Leben, Er segne Euere Herrschaft und lasse Euer Land blühen und gedeihen! -

Mit Überbringung dieses mit Unserem Kaiserlichen Insiegel und Allerhöchst-Eigenhändiger Unterschrift versehenen Briefes haben wir Unseren Hofrath, den im Lande Abessinien bekannten, hochgelehrten Doctor Rohlfs betraut. Demselben haben Wir gleichzeitig anbefohlen, bei Unserer regen Theilnahme für Euerer Hoheit Person und das Aethiopische Volk, Uns ausführlichen Bericht zu erstatten über Euer Ergehen und empfehlen ihn und seine Begleiter Euerem mächtigen Schutze.

Gegeben in Bad Ems den 9 Juli 1880.

gez. Wilhelm

Wer den Text des Briefes der diplomatischen Wortwahl entkleidet, erkennt schnell, dass nichts Konkretes gesagt oder gar zugesagt wird. Und aus dem Gang der Geschichte ist auch nicht zu entnehmen, dass etwas von dem, was »in Erwägung« genommen werden sollte, von Deutschland verfolgt wurde.

Rohlfs reiste am 28.8.1880 von Weimar ab und nahm bis Kairo seine Frau mit, was er später als Fehler ansah, denn es konnte dem Negus nicht gefallen, wenn die Frau eines Gesandten im verfeindeten Ägypten verweilte. Sie reiste am 1.12.1880 von Kairo aus zurück nach Deutschland[697]. Im Land am Nil traf Rohlfs Antonin Stecker und dessen Diener Karl Hubmer, der seit der missglückten Kufra-Reise bei ihm geblieben war.

Die Reise ist im bereits erwähnten Buch von Rohlfs zu verfolgen, besser aber teilweise in den Briefen, die er seiner Frau geschrieben hat[698].

Das Trio reiste mit der italienischen »Messina« mit Zwischenstationen in Djedda und Suakin nach Massaua, wo die um Diener verstärkte Reisegruppe ausgerüstet wurde und sich mit einer ägyptischen Begleitung auf den weiten Weg nach Debre Tabor, dem Aufenthaltsort des Negus Johannes IV., machte. Fast gleichzeitig mit ihnen machte sich »M. le capitaine, chef de la mission scientifique de France en Abyssinie« mit seiner Frau auf den Weg, die bereits mit an Bord der »Messina« waren und von denen Stecker

---

697 Brief vom 2.12.1880 von Georg Schweinfurth an Gerhard Rohlfs, RA 14.84
698 Giesebrecht, S. 883-898, 1039-1055 und 1156-1181

meinte, er wäre geschickt, um Rohlfs zu überwachen[699]. Später schloss sich Rohlfs dieser Meinung an[700].

Nach dem Übertritt auf abessinisches Gebiet ersetzte eine abessinische Begleitung die ägyptische, wie überhaupt der einflussreiche Ras Alula sich im Auftrag des Negus um die Reisegruppe verdient machte. Für Rohlfs war es außerordentlich bedeutsam, dass er gegen anfänglichen Widerstand der Abessinier Wilhelm Schimper jr., den Sohn des deutschen Naturforschers Wilhelm Schimper (1804-1878), als Dolmetscher gewinnen konnte. Der Vater war mit einer Abessinierin verheiratet gewesen, der Sohn hatte von 1872-1877 in Deutschland eine Ausbildung erhalten.

Negus Johannes IV

Rohlfs war bewusst, dass Abessinien in weiten Teilen gut erforscht war, er also bei seiner Mission kaum Gelegenheit haben sollte, neue Gebiete zu sehen. Er beschränkte sich auf einzelne Beobachtungen, schwärmte immer wieder von der Schönheit der Landschaft und stellte Vergleiche mit den Aussagen früherer Reisender an. Er hatte sich – zumindest bis zum Abschluss seines Buches im Dezember 1882 – in die umfangreiche Literatur eingearbeitet, die er mehrfach erwähnt und die sich in seiner nachgelassenen Bibliothek befindet.

Ohne größere Schwierigkeiten gelangte die Gruppe nach Debre Tabor und Rohlfs wurde auch gleich zum Negus vorgelassen, der kurz vor dem Aufbruch in den Süden seines Landes stand. In den verbleibenden 5 Tagen hatte Rohlfs im Lager des Negus wiederholt Gelegenheit, sich ausführlich mit Johannes IV zu unterhalten. Er vermied Aussagen zu religiösen Themen, gewann aber wohl über die Diskussion des Verhältnisses zu Ägypten das Vertrauen des Herrschers. »Dabei legte er denn auch mir die Frage vor, ob ich nicht als sein Bevollmächtigter für ihn Frieden schließen wolle. Ich erwiderte, falls meine Regierung dies gestatte, würde ich es mir als eine große Ehre und für eine meiner

---

699 Giesebrecht, S. 890
700 Giesebrecht, S. 1051

መልእክት፡ዘአኀዜ መ ዴ መ፡እግዚአብሔር፡ዮሐንስ፡ንጉሠ፡ጽዮን፡ንጉ ሥ፡ነገሥ
ት፡ዘኢትዮጵያ፡ይሁረ፡ከመናገረ፡ሊቀ፡ደክተር፡ጊርሀርድ፡ሮልፍ፡እዴተ፡
ሰበቱ፡እለ መ፡ሠራዊ ቴ መ፡ሁሉ፡እግዚአብሔር፡ይመ ስግን፡ዲዳና፡ንኽ ከ
ጋለ፡ዘ መታ፡ቀ ቶሰሁ፡ዩ፡ን ጋ አ ታ ት፡መልእክቶቸ፡ዘ ብዙ፡ነ ቡ፡መ ፕ ቶ ዋሉ፡
ሥ መ ቴ፡ዩ ን ዝ ዩ ን፡ቀል፡ሰ ለ ማ፡አሐ ዛን ን፡እ ጠ ፈ ለ ሁ፡አ ል ሃ ደ መ፡ ብ ዩ፡ ቶ ጽ ሐ ፈ፡
በ ገ ላ ሁ ደ ዋ ሰ ፈ ር፡ስ መ፡ ወ ለ የ ከ ቲ ት ፡ በ ወ ጼ ጊ ው   ማ መ ት ፡ ም ሕ ረ ት፡

Vollmacht des Negus Johannes IV für Gerhard Rohlfs vom 17.02.1881, amharisch

schönsten Aufgaben betrachten, Frieden zwischen zwei Völkern zu stiften«[701]. Der Negus stellte ihm dafür die nachstehende Vollmacht aus:

Ausgegangen vom Auserwählten Gottes Johannes König von Zion König der Könige von Aethiopien. Ich bevollmächtige hiermit den Hofrath Gelehrten Gerhard Rohlfs meine Angelegenheiten vor den europäischen Mächten zu vertreten.
Geschrieben in Samara den 11. Februar 1873 (= 17.02.1881)

Rohlfs erreichte zudem für Stecker die Erlaubnis, sich frei am Tana-See zu bewegen[702]. Stecker selbst war bei Rohlfs Abreise krank, konnte später aber unter Überwindung mancher Hindernisse noch weiter im Land reisen und neue Erkenntnisse sammeln.

Die üblichen Geschenke an den Negus hatte Rohlfs als von ihm kommend bezeichnet. Darunter waren auch welche, die noch von der misslungenen Kufra-Reise stamm-

---

701 Rohlfs, Abessinien II, S. 223
702 Rohlfs, Abessinien II, S. 228

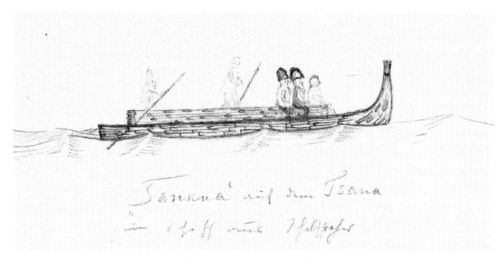

Schilfboote auf dem Tana-See

Kaiserlicher Lustgarten nahe Gondar

ten. Bei den Gegengeschenken des Negus[703] erwähnte er nicht die Schlachtenbilder von Gudda-Guddi. Nur bei dem großen[704] spricht er an anderer Stelle von einem Geschenk. An verschiedenen Stellen seines Buches vermerkt er, dass und was er auf Märkten und in Klöstern gekauft hat – die einzigen Hinweise auf die Herkunft von Artefakten im Nachlass.

Der vom Negus vorgeschlagene Rückweg[705] führte ihn über den Tana-See, Gondar und Aksum nach Massaua, und zwar in Begleitung einer ihn sehr störenden militärischen Bedeckung, da sie viele Mitwandernde anzog. Zudem raubten die Soldaten den Einheimischen fortwährend vor allem Nahrungsmittel, was stets ihm als dem Leiter des Trosses angelastet wurde und was er nicht in allen Fällen den Betroffenen ausgleichen konnte.

In Massaua fiel es seinen Dienern schwer, sich von ihm zu trennen. Er zog Bilanz: »Wenn es gelingt, dort (gemeint ist Äthiopien – der Verf.) Gesetze einzuführen und diese ohne Ausnahme für alle geltend zu machen, dann erst kann es auch in Abessinien besser werden«[706].

---

703   Rohlfs, Abessinien II, S. 226 und 227
704   Brief vom 28.11.1881 von Gerhard Rohlfs an Georg Schweinfurth
705   Giesebrecht, S. 1171
706   Rohlfs, Abessinien II, S. 323

22.
Erste Schritte auf diplomatischer Bühne

Bereits auf dem Rückweg von Abessinien nach Deutschland, er traf am 15.5.1881 in Berlin ein[707], hatte Rohlfs in Suez bei einem Treffen mit dem Khediven Tewlik Gelegenheit, die Abessinienfrage anzusprechen. Er traf auf einen seiner Meinung nach interessierten Zuhörer[708], hielt sich im Übrigen aber zurück, da er die auch gegenüber dem Negus Johannes IV. als Voraussetzung genannte Zustimmung der deutschen Regierung noch nicht hatte.

Die dürfte ihm bei dem Empfang bei Bismarck am 21.5.1881 und bei der Audienz beim Kaiser am 22.5.1881[709] indirekt erteilt worden sein, da zumindest seinen Bemühungen kein Riegel vorgeschoben wurde. Eine förmliche Anfrage an das Auswärtige Amt scheint nicht schriftlich beantwortet worden zu sein[710], doch er ging davon aus, »daß die deutsche Regierung hinter mir stehen würde«. Er teilte die Bedenken von Schweinfurth nicht, betonte aber, dass die Zustimmung Englands unerlässlich wäre[711].

Um diese Zustimmung bemühte er sich mit Schreiben, deren Entwürfe sich im Rohlfs-Nachlass erhalten haben[712]. Er fügte abschriftlich die Vollmacht des Negus bei und erklärte sich gern bereit, zu entsprechenden Verhandlungen nach London zu kommen. Eine Antwort ließ nicht lange auf sich warten: Zu Gesprächen bestehe keine Notwendigkeit, da nach den neuesten Berichten der britischen Botschaft aus Kairo Ägypten und Abessinien in gutem Einvernehmen lebten[713]. Rohlfs war sehr enttäuscht und gab umgehend die Vollmacht des Negus an diesen zurück mit dem Rat, die tatsächlichen Gegebenheiten durch ein Schreiben an die englische Königin oder an den britischen Außenminister aufzuzeigen[714].

---

707 Rohlfs: Abessinien II, S. 341
708 Brief vom 16.5.1881 von Gerhard Rohlfs an Georg Schweinfurth, RA 15.26
709 Guenther, S. 318 und 215
710 Briefentwurf vom 14.6.1881 von Gerhard Rohlfs an das Auswärtige Amt, RA 15.44
711 Brief vom 24.11.1881 von Georg Schweinfurth an Gerhard Rohlfs, RA 15.123
712 Entwürfe an Edward Malet, wohl Ende November 1881, und an Premierminister William Gladstone vom 30.11.1881
713 Brief vom 17.12.1881 des Foreign Office an Gerhard Rohlfs, RA 15.139
714 Brief vom 18.12.1881 von Gerhard Rohlfs an Negus Johannis IV., RA 15.139a

Die Erwartung des Negus in Rohlfs' Mission scheint groß gewesen zu sein, denn er wurde sehnlichst wieder in Abessinien erwartet[715].

Rohlfs unternahm noch einen weiteren Versuch, nachdem er vom Negus eine Liste seiner Vorstellungen erhalten hatte[716]: Er wandte sich direkt an das Außenminis-terium in Kairo[717] und erklärte sich bereit, zu Unterhandlungen an den Nil zu reisen. In einem Antwortschreiben des Ministeriums ließ der Khedive ihn wissen, dass er die Angelegenheit direkt zu verhandeln gedächte[718]. Danach teilte er dem Negus mit, dass er ihm nicht helfen könne. Sein großes Ziel, als Friedensstifter in die Geschichtsbücher einzugehen, zerrann.

Diese Antwort aus Kairo dürfte den Vorstellungen der Engländer entsprochen haben, denn London wollte sicher nicht, dass Abessinien mit Massaua einen Zugang zum Meer erhielt, denn das hätte die Sicherheit des Seeweges von England nach Indien, auf die die Kolonialmacht den größten Wert legte, beeinträchtigen können.

Wenn Rohlfs nun geglaubt haben sollte, die Mission sei für ihn damit beendet, so irrte er, denn, so berichtete er Schweinfurth[719], der Negus betrachte ihn immer noch als Beauftragten. Wohl auch aus Überzeugung von der Sache schrieb er an Lord Frederick Dufferin, den englischen Konsul in Kairo[720]. Dieser zeigte sich interessiert und wollte weitere Informationen[721]. Rohlfs hat daraufhin wohl den in Kairo weilenden Schweinfurth gebeten, die Angelegenheit persönlich mit Dufferin zu besprechen, denn der vermeldete, ihn noch nicht getroffen zu haben[722]. Drei Monate später berichtete Schweinfurth, Dufferin werde abberufen. Im Übrigen warteten die Engländer auf ein Antwortschreiben vom Negus[723]. Damit musste auch Rohlfs einsehen, dass die ägyptisch-abessinischen Verhandlungen gescheitert waren[724]. Aber er sah sich noch immer als beauftragter Friedenstifter[725],

---

715 Briefe vom 21.11.1881 und 10.2.1882 von Antonin Stecker an Gerhard Rohlfs, RA 15.120 und RA 16.15
716 Brief ohne Datum, erhalten am 13.3.1882, von Negus Johannes IV. an Gerhard Rohlfs, RA 16.69a
717 Briefentwurf vom 2.4.1882 von Gerhard Rohlfs an das Ministerium des Auswärtigen Amtes in Kairo, RA 16.55
718 Brief vom 23.4.1882 des Ministère des Affaires Étrangères an Gerhard Rohlfs, RA 16.69
719 Brief vom 8.1.1883 von Gerhard Rohlfs an Georg Schweinfurth, RA 18.3
720 Brief vom 9.1.1883 von Gerhard Rohlfs an Frederick Dufferin, RA 18.5
721 Brief vom 20.1.1883 von Frederick Dufferin an Gerhard Rohlfs, RA 18.11
722 Brief vom 8.2.1883 von Georg Schweinfurth an Gerhard Rohlfs, RA 18.16
723 Brief vom 25.5.1883 von Georg Schweinfurth an Gerhard Rohlfs, RA 18.80
724 Brief vom 15.6.1883 von Gerhard Rohlfs an Georg Schweinfurth, RA 18.98
725 Brief vom 2.1.1884 von Gerhard Rohlfs an Georg Schweinfurth, RA 19.2

doch Evelyn Baring, der britische General-Konsul in Ägypten, bedeutete ihm, dass die Engländer für ihn keine Verwendung in ihrer Abessinien-Mission hätten[726].

Damit endete ein Auftritt auf der diplomatischen Bühne, der eigentlich von Anfang an zum Scheitern verurteilt war, denn hier begegneten sich die Gesprächspartner nicht auf Augenhöhe.

Ab 1880, und damit gleichzeitig zu den geschilderten Bemühungen, war Rohlfs an Bestrebungen beteiligt, den 1879 in Ägypten gestürzten Khediven Ismail wieder einzusetzen. Es finden sich im Nachlass verschiedene Hinweise, es ist auch wiederholt von einer Broschüre[727] und Artikeln die Rede, die diesem Ziel dienen sollten. Klarheit ist nicht zu gewinnen. Wie stellte Rohlfs sich die Wirkung derartiger Aktivitäten vor, wo er doch die neue ägyptische Regierung zu Zugeständnissen gegenüber Abessinien bewegen wollte?

Da war sein Einsatz für die madegassische Delegation, die Europa bereiste, unverfänglich. Chas. H. Allen, die treibende Kraft der britischen Anti-Sklaverei-Vereinigung, bat ihn erfolgreich um Unterstützung[728]. Es galt, die Delegation beim Großherzog Carl Alexander in Weimar einzuführen. Das gelang zur Zufriedenheit der Madegassen, die sich später in einer Reihe von im Nachlass erhaltenen Briefen bei Rohlfs bedankten.

Als Eingriff in das politische Tagesgeschehen ist auch sein Aufsatz »Welche Länder können Deutsche noch erwerben?« zu bewerten, den er im September 1882 in der Zeitschrift »Unsere Zeit – Deutsche Revue der Gegenwart« veröffentlicht hat. Hier sprach er sich deutlich für den Erwerb von Kolonien aus und meinte: »Zehn Jahre hat Deutschland verstreichen lassen; ist dieser Zeitraum noch einmal verflossen, so wird es für immer zu spät sein« und »Handeln wir schnell, ehe es zu spät ist«[729].

---

726 Brief vom 19.1.1884 von Evelyn Baring an Gerhard Rohlfs, RA 19.10
727 Brief aus Juli 1882 von Gerhard Rohlfs an unbekannt, RA 17.13
728 Brief vom 20.4.1883 von Chas. H. Allen an Gerhard Rohlfs, RA 18.43
729 Unsere Zeit, Deutsche Revue der Gegenwart, 1882, 2. Band, Gerhard Rohlfs: Welche Länder können Deutsche noch erwerben? S. 354–367, hier: S. 367

23.
Parallel laufende Aktivitäten

Einmal hatte Rohlfs sich um den Bau seiner Villa Meinheim II zu kümmern. Zwischen dem Grundstücksgeschenk des Großherzogs und dem Einzug am 20.8.1881 lagen gerade mal 15 Monate, von denen Rohlfs über 9 Monate nicht in Weimar weilte: Eine erstaunliche Leistung angesichts des durchaus repräsentativen Baues. Der zog dann auch zahlreiche Besucher an, die zu empfangen weitere Zeit kostete.

Dann hatte Rohlfs mit der endgültigen Fertigstellung des Kufra-Buches zu tun, das im Oktober 1881 erschien[730]. Im Mai 1882 übernahm Kulemann auch die Bearbeitung des nächsten Buches von Rohlfs »Meine Mission nach Abessinien«, wobei er die Bestimmung des Honorars Rohlfs überließ[731]. Rohlfs hatte in seiner forschen Art für dieses Buch einen Zuschuss vom Staat erbeten und mit 6000 Mark auch bekommen[732]. In dieser Zeit erschienen unter dem Namen Rohlfs auch verschiedene Artikel, die er aber zum Teil hatte schreiben lassen[733].

Im September 1881 gönnte er sich nur noch die Teilnahme am Geografenkongress in Venedig, unterließ aber eine ausgedehnte Vortragsreihe. Sie ist erst ab den ersten Monaten von 1882 nachweisbar.

»Ich habe«, wie er an Schweinfurth schrieb, »in diesem Jahr einige Ausgaben mehr gehabt als ich dachte u muß daher schon eher mit den Vorträgen beginnen«[734]. Es war sein altes Problem: Keine regelmäßigen Einnahmen bei einem nicht gerade sparsamen Haushalt in seiner neuen Villa an der Belvederer Allee. So kamen ihm die verschiedensten Ideen, die sein unstetes Wesen unterstrichen und seiner Frau das Leben sicher nicht leicht machten.

So wollte er schon früh die abessinischen Schlachtenbilder von Gudda-Guddi einem britischen oder einem anderen Museum zum Kauf anbieten[735]. Es ist nicht bekannt, ob es

---

730 Brief vom 11.10.1881 von Gerhard Rohlfs an Georg Schweinfurth, RA 15.98
731 Brief vom 10.5.1882 und Postkarte vom 5.6.1882 von Rudolf Kulemann an Gerhard Rohlfs, RA 16.80 und RA 16.96
732 Brief vom 4.8.1882 von Gerhard Rohlfs an Otto von Bismarck, RA 17.73, und Brief vom 5.9.1882 des Reichsschatzamtes an Gerhard Rohlfs, RA 17.62
733 Briefe vom 11.7.und 12.8.1882 von Rudolf Kulemann an Gerhard Rohlfs, RA 17.7 und RA 17.43
734 Brief vom 5.9.1883 von Gerhard Rohlfs an Georg Schweinfurth, RA 18.119
735 Brief vom 2.1.1882 von Gerhard Rohlfs an Georg Schweinfurth, RA 16.15

dazu gekommen ist, die Bilder jedenfalls waren in seinem Nachlass und befinden sich seit Jahrzehnten im Heimatmuseum Schloss Schönebeck.

Nahezu groteske Züge trug sein Angebot an das britische Außenministerium, bei einem anstehenden Kriegszug gegen Abessinien als Übersetzer tätig zu werden. Er beherrsche perfekt die arabische, italienische und die französische Sprache. Die englische und die deutsche erwähnte er nicht. Er war sicher sprachbegabt, beherrschte die für Abessinien wichtigste Sprache, die amharische, aber nicht[736]. Sein bereits erwähnter Vermittlungsversuch in London war bekanntlich gescheitert, sicher aber nicht vergessen. Beim War Office wurde er zwar vorgemerkt[737], doch einen Monat später wurde ihm von den Horse Guards mitgeteilt, seine Dienste würden nicht benötigt[738].

Gleichzeitig hatte er sich an Chas. H. Allen von der britischen Anti-Sklaverei-Vereinigung gewandt, ob der ihm nicht zu einer Korrespondentenstellung in Ägypten bei einer britischen Zeitung verhelfen könne. Allen, für dessen Zeitschrift Rohlfs manchen Artikel geliefert hatte, sah keine Chance und riet ihm, es bei einer deutschen Zeitung zu versuchen[739].

Ein weiteres Mal beschäftigte Rohlfs sich mit USA-Plänen, die er Schweinfurth[740], Stecker[741] und Nachtigal[742] gegenüber erwähnte und die nach den Äußerungen gegenüber Schweinfurth 3 Jahre dauern sollten! Der ihm wohlwollende amerikanische Freund Theodor Kirchhoff riet ihm dringend davon ab[743], da sich die Zeiten und Umstände in den USA seit seinem ersten Besuch für eine Vortragstour nachteilig verändert hätten.

Anmerkenswert ist noch aus einem Schreiben von Rohlfs an Schweinfurth[744], dass der Botaniker G. Ruhner ihm aus Bengasi Antiken mitgebracht hat: »Schalen, Vasen etc.« Rohlfs muss also einen entsprechenden Auftrag erteilt haben. Es ist nicht zu ermitteln, ob sich Objekte aus dieser Lieferung im Nachlass erhalten haben.

---

736 Die gegenteilige Aussage von Bairu Tafla, Ethiopia and Germany – Cultural, political and economic relations 1871–1936, Wiesbaden 1981, S. 54, ist nicht bewiesen, wird von Rohlfs hier auch nicht behauptet
737 Brief vom 22.7.1882 vom War Office an Gerhard Rohlfs, RA 17.15
738 Brief vom 31.8.1882 der Horse Guards an Gerhard Rohlfs, RA 17.29a
739 Brief vom 24.7.1882 von Chas. H. Allen an Gerhard Rohlfs, RA 17.24
740 Brief vom 9.6.1883 von Gerhard Rohlfs an Georg Schweinfurth, RA 18.93
741 Brief vom 5.7.1883 von Antonin Stecker an Gerhard Rohlfs, RA 18.101
742 Brief vom 8.9.1883 von Gustav Nachtigal an Gerhard Rohlfs, RA 18.121
743 Brief vom 25.12.1883 von Theodor Kirchoff an Gerhard Rohlfs, RA 18.186
744 Brief vom 6.8.1883 von Gerhard Rohlfs an Georg Schweinfurth, RA 18.110

24.
Generalkonsul in Sansibar

Vermutlich war der 11.5.1884 in doppelter Hinsicht ein ganz entscheidender Tag im Leben des Gerhard Rohlfs. Er wurde - wieder einmal - zur Audienz zum Reichskanzler Otto von Bismarck gerufen[745]. Ausschlaggebend waren wohl die angesprochenen Themen:
1. Seiner Bitte nach einer Pension wird entsprochen[746].
2. Ihm wird der Posten eines Konsuls in Aussicht gestellt.

Bei der Pensionszusage, die bis an sein Lebensende jährlich verlängert wurde, muss die Frage erlaubt sein, wofür Rohlfs, der für seine Dienstleistungen dem Staat gegenüber gut bezahlt worden war und zudem für seine persönlichen Anliegen[747] nicht unbeträchtliche Summen erhalten hatte, diese eigentlich bekommen hat.

Ein Schreiben von Rohlfs in seiner Personalakte bestätigt ein vorangegangenes Gespräch, in dem er seine Wünsche in geldlicher Beziehung frei äußern sollte und in dem Bismarck ihm gesagt haben soll, er wolle über kurz oder lang von seinen Erfahrungen in Afrika Gebrauch machen[748]. Vor der endgültigen Entscheidung über seinen Einsatz als Konsul hatte Rohlfs noch eine Denkschrift »Über die Zustände an der Ostküste Afrikas« auszuarbeiten, deren Eingang beim Auswärtigen Amt mit einem Schreiben vom 5.9.1884[749] bestätigt wurde. In ihr machte er einige Vorschläge[750]:
1. Der deutsche Vertreter sollte versuchen, Sansibar nach und nach in ein Abhängigkeitsverhältnis zu Deutschland zu bringen, ähnlich wie es Frankreich mit Tunesien gelungen war.

---

745 Brief vom 10.5.1884 der Reichskanzlei an Gerhard Rohlfs, RA 19.67
746 Aktenvermerk vom 7.7.1884 von Wilhelm I. und Otto von Bismarck, RA 19.96a
747 Siehe zum Beispiel Brief vom 31.3.1873 von Gerhard Rohlfs an Georg Schweinfurth: »... da ich beim Kaiser mich bedanken muß für eine neue Geldunterstützung, die mir derselbe behuf Herausgabe eines Buches über meine Reise nach dem Tschadsee zur Disposition gestellt hat.«, RA 5.50
748 Mail vom 14.1.2009 von Dr. Martin Kröger, Auswärtiges Amt, Politisches Archiv, im RA
749 Brief vom 5.9.1884 des Auswärtigen Amtes an Gerhard Rohlfs, RA 19.121
750 Reichskolonialamt Nr. 950, Blatt 2 ff, zitiert nach Fritz Ferdinand Müller: Deutschland - Zansibar - Ostafrika, Geschichte einer deutschen Kolonialeroberung 1884-1890, 1959, S. 522

2. Deutsche Firmen sollten nicht nur auf Sansibar Handel treiben, sondern an der Küste auch Faktoreien gründen und Land erwerben.
3. Deutschland sollte die unabhängigen Inseln zwischen dem Kap Guardafui am Horn von Afrika und Sokotra erwerben.
4. Die gesamte Somaliküste sollte durch Expeditionen untersucht werden, und zwar von einer festen Station aus.

Die Denkschrift muss zur Zufriedenheit ausgefallen sein, obwohl gerade der nur strategisch zu verstehende Vorschlag 3 politische Brisanz barg, denn England musste seinen Seeweg nach Indien bedroht sehen. Rohlfs wurde jedenfalls zusammen mit Franz Adolf Eduard Lüderitz von Otto von Bismarck vom 26.–29.9.1884 nach Friedrichsruh eingeladen[751]. Dort dürfte ihm erläutert worden sein, was von ihm in Sansibar erwartet wurde.

Nach der Besprechung lehnte er es in einem Schreiben an Graf Bismarck (Sohn des Reichskanzlers Otto von Bismarck) ab, nur als Konsul nach Sansibar zu gehen, da es einen Konsul bereits gäbe[752]. Nur einen Tag später reagierte Otto von Bismarck in seinem Sinne, denn er telegrafierte von Friedrichsruh aus an das Auswärtige Amt, Rohlfs sei »seiner Majestät als Generalkonsul für Ostküste von Afrika ... vorzuschlagen«[753]. Rohlfs wurde vom Auswärtigen Amt eine mündliche Bestätigung gegeben[754] und bald hielt er die kaiserliche Ernennungsurkunde in Händen[755]:

Wir Wilhelm
Von Gottes Gnaden
Deutscher Kaiser, König von Preußen
etc: etc: etc:

thun kund und fügen hiermit zu wissen, daß Wir Allergnädigst geruht haben, dem Dr. Gerhard Rohlfs den Charakter als Generalkonsul zu verleihen.
Es ist dies in dem Vertrauen geschehen, daß der nunmehrige Generalkonsul Dr. Gerhard Rohlfs Uns und Unserem Königlichen Hause in unverbrüchlicher Treue ergeben bleiben und seine Amtspflichten mit stets regem Eifer erhalten werde, wogegen derselbe

---

751 Guenther, S. 329 und 330
752 Brief vom 1.10.1884 von Gerhard Rohlfs an Graf Bismarck, RA 19.136
753 IV Reg. I 1 Afr. Bd. 2 vom 2.10.1884 im Reichsarchiv / heute: Bundesarchiv Koblenz, Kopie unter S 001 im RA
754 IV Reg. I 1 Afr. Bd. 2 vom 3.10.1884 im Reichsarchiv / heute: Bundesarchiv Koblenz, Kopie unter S 002 im RA
755 RA 19.139a

sich Unseres Schutzes bei den mit seinem Charakter verbundenen Rechten zu erfreuen haben soll.
Urkundlich haben Wir dieses Patent Allerhöchstselbst vollzogen und mit Unserem Kaiserlichen Insiegel versehen lassen.
Gegeben Baden-Baden den 9ten Oktober 1884
Siegel -

gez.: Wilhelm

Patent
als General-Konsul
für den Dr. Gerhard Rohlfs
gez. Bismarck

In einer schriftlichen Anweisung von Bismarck vom 3.10.1884, die Rohlfs in Berlin von einem Kanzleidiener zugestellt wurde, heißt es unter anderem: »Euer pp. sind bereits mündlich davon in Kenntnis gesetzt, sich mit einem Allerhöchsten Handschreiben S. M. des Kaisers und Königs an den Sultan von Sansibar zu begeben, um dort bis zur Errichtung eines Berufskonsulats kommissarisch die Interessen des Reiches wahrzunehmen und eine vertragsmäßige Regelung unserer Beziehungen zum Sultan von Sansibar vorzubereiten.

Als Ihre ... Aufgabe wollen Sie es ansehen, die kommerziellen Interessen Deutschlands in Sansibar zu schützen und, soweit tunlich, zu heben und zu fördern. Sie werden zu dem Zweck demnächst bevollmächtigt werden, in Verhandlungen über den Abschluß eines Freundschafts-, Handels- und Schiffahrts-Vertrags zwischen dem deutschen Reich und Sansibar einzutreten. Wie schon eingangs erwähnt, werden Sie es sich zuvörderst angelegen sein lassen, das Feld für solche Verhandlungen vorzubereiten. Zur Zeit besteht ein Hanseatischer, am 13. Juni 1859 abgeschlossener Freundschafts-, Handels- und Schiffahrtsvertrag noch in Kraft, dessen Geltung durch schriftliche Erklärungen des Sultans 1869 für den Norddeutschen Bund und 1871 für das deutsche Reich anerkannt worden ist. Die Rechtsverbindlichkeit dieses Vertrages von Seiten Sansibars dem Reich gegenüber ist hierdurch zwar festgestellt; dagegen würde dieselbe für das Reich und dessen Angehörige in Zweifel gezogen werden können, da die reichsverfassungsmäßige Genehmigung des Vertragsverhältnisses bisher nicht erfolgt ist. Zur Verhütung möglicher Unzuträglichkeiten ist daher der Abschluß eines neuen Vertrages wünschenswert. In denselben werden im Allgemeinen die Bestimmungen des Hanseatischen Vertrages aufzunehmen sein, insoweit nicht etwa die von Sansibar mit anderen Staaten abgeschlossenen Handelsverträge unseren Interessen günstigere Festsetzungen enthalten oder solche Festsetzungen für uns sonst erlangt werden können«[756].

Seine Ernennung sickerte in die Öffentlichkeit und entsprechende Notizen erschienen in der Presse.

Rohlfs machte sich am 27.10.1884 als Passagier der Panzerfregatte »Bismarck« von Wilhelmshaven aus auf den Weg, wechselte aber mit Zustimmung aus Berlin auf Madeira auf einen englischen Postdampfer, mit dem er am 4.12.1884 in Kapstadt ankam[757]. Dieser Schiffswechsel war mehr als eine Ungeschicklichkeit, er war eine Brüskierung der Admiralität. Wenn er, wie er in einem Schreiben an das Auswärtige Amt andeutete[758], das Gefühl hatte, der kommandierende Admiral Knorr sei gegen ihn, so machte er ihn damit zu seinem Gegner. In Kapstadt musste er bis zum 27.1.1885 warten, bis es mit der Kreuzerfregatte »Gneisenau« weiterging, mit der er am 5.2.1885 auf Sansibar eintraf[759].

Weitgehend unbedarft und völlig ungeschult, aber voller Eifer und gutem Willen trat er seinen Dienst an.

Er hatte mit der Herausgabe der Schrift »Angra Pequena, die erste deutsche Kolonie in Afrika«[760] im Juli 1884 einen weiteren Beweis seiner Sympathie zur neuen deutschen Kolonialpolitik geliefert. Dieser Gedanke beseelte ihn auch bei den bevorstehenden Aufgaben.

In seinem Eifer glaubte er, bereits vor seinem Amtsantritt der Regierung Vorschläge zu kolonialpolitischen Fragen unterbreiten zu sollen[761], obwohl ihm seine alleinige Aufgabe noch einmal verdeutlicht worden war: »Bei Vertrag mit Zansibar ist freier Handel durch dessen Littoral [Küstengebiet – der Verf.] ins Innere zu erstreben und freie Schiffahrt auf

---

756 Anweisung vom 3.10.1884 von Otto von Bismarck an Gerhard Rohlfs, zitiert nach Belger, S. 448–449
757 Guenther, S. 220
758 Briefentwurf vom 4.11.1884 aus Plymouth von Gerhard Rohlfs an das Auswärtige Amt, RA 19.146a
759 Guenther, S. 223
760 Gerhard Rohlfs: Angra Pequena, die erste deutsche Kolonie in Afrika, Bielefeld und Leipzig, o.J. [1884]
761 Beginnt mit Brief vom 24.10.1884 von Gerhard Rohlfs an Auswärtiges Amt / Heinrich von Kusserow, RA 19.144a, geht weiter mit Bericht von Gerhard Rohlfs an den deutschen Konsul Bieber in Kapstadt vom 6.12.1884, RA 19.152a, setzt sich in diversen späteren Briefen fort

den Flüssen ...«⁷⁶². In seinem Übereifer eckte er bei den maßgebenden Herren im Auswärtigen Amt und auch beim Reichskanzler selbst gleich zu Beginn an.

Dazu kamen seine Wünsche. Waren ihm noch Geschenke für 3000 Mark zugebilligt worden[763], die er später dem Sultan gegenüber nur als Beispiele deutscher industrieller Fertigungen bezeichnete[764], so wurde der Wunsch, das Konsulat gleich zum Generalkonsulat aufzuwerten, damit es gegenüber England nicht von vornherein benachteiligt sei [765], zurückgestellt[766]. Nicht eingegangen wurde auf seinen Wunsch, ihm einen juristisch gebildeten Mann beizugeben, der arabisch in Wort und Schrift beherrschte. Er machte mit dem Sohn des ihm seit der Tunesien-Mission gut bekannten Orientalisten Gottfried Wetzstein mehrfach auch einen konkreten Vorschlag[767], stieß aber auf kein Gehör. Hier offenbarten sich fundamentale Mängel bei Rohlfs, die ihn eigentlich für die vorgesehene Position als ungeeignet erscheinen lassen mussten. Aus seiner vom Amt recherchierten Vita, die im Übrigen dürftig und fehlerhaft ist[768], sind juristische Kenntnisse zu Recht nicht erwähnt. Und mit den von ihm behaupteten Arabischkenntnissen mangelte es, wenn es um das Lesen und Schreiben ging. Den schwerwiegendsten Beweis erbrachte er damit, dass ihm in der arabischen Übersetzung seines Einführungsschreibens beim Sultan von Sansibar entgangen war, dass dort nichts davon stand, dass er zu Verhandlungen beauftragt war. Er erbat nunmehr eine Spezialvollmacht[769].

Rohlfs wurde von Sultan Bargasch ibn Said freundlich aufgenommen und bemühte sich wohl erfolgreich, zumindest äußerlich ein freundschaftliches Verhältnis zu schaffen. Ein wirklich freundschaftliches Verhältnis sei, so meinte er, zu einem strenggläubigen

---

762 Telegramm vom 25.11.1884 vom Auswärtigen Amt an Gerhard Rohlfs über Admiral Knorr, KA, IX Gr 7 Nr. 1 Bd 2 Bl im Reichsarchiv / heute: Bundesarchiv Koblenz, Kopie unter S 008 im RA
763 Brief vom 2.10.1884 von Gerhard Rohlfs an Graf Bismarck, RA 19.135a
764 Brief vom 10.2.1885 von Gerhard Rohlfs an Otto von Bismarck, IV Kons. Afr. 1 Bd. 3 im Reichsarchiv / heute: Bundesarchiv Koblenz, Kopie unter S 033 im RA
765 Brief vom 15.12.1884 von Gerhard Rohlfs an Otto von Bismarck, KA IX Gr 7 Nr. 1 Bd 2 Bl im Reichsarchiv / heute Bundesarchiv Koblenz, Kopie unter S 014 im RA
766 Brief vom 19.1.1885 vom Auswärtigen Amt an Gerhard Rohlfs, KA IX Gr 7 Nr. 1 Bd 2 Bl im Reichsarchiv / heute Bundesarchiv Koblenz, Kopie unter S 019 im RA
767 Brief vom 9.12.1884 von Gerhard Rohlfs an Otto von Bismarck, IV Rep I, Nr. 1 Afr. Bd 2 im Reichsarchiv / heute Bundesarchiv Koblenz, Kopie unter S 013 im RA
768 Vita von Gerhard Rohlfs vom 25.5.1885 im Auswärtigen Amt, KA IX Gr 7 Bd 6 im Reichsarchiv / heute Bundesarchiv Koblenz, Kopie unter S 098 im RA
769 Brief vom 2.4.1885 von Gerhard Rohlfs an Otto von Bismarck, KA IX Gr 7 Nr. 1 Bd 3 Bl Reichsarchiv / heute Bundesarchiv Koblenz, Kopien unter S 064 im RA

SEYYIA BURGASH,
Sultan of Zanzibar.
(COPYRIGHT).
Hughes & Edmonds.] [120, Cheapside, E.C.

Muslim religionsbedingt letztlich nicht möglich[770]. Auf der anderen Seite sei der Sultan englandhörig, allein aus der Situation heraus, dass ständig englische Kriegsschiffe auf Reede lägen. Hier müsse Deutschland für ein Gleichgewicht sorgen[771]. Leontine Rohlfs brachte es auf einen kurzen Nenner: »Sir John Kirk ist Sultan, und der Sultan Vice-Sultan«[772]. Ähnlich deutlich äußerte sich Emily Ruete, die (Halb-)Schwester des Sultans: »Bargasch war völlig in englischen Händen und hat alles getan, was England von ihm verlangte«[773].

In seinem eigentlichen Auftrag kam er nicht recht weiter. Er mahnte in Berlin mehrere Male erfolgreich Unterstützung der anderen in Sansibar vertretenen Nationen an, denn es ginge um die Umsetzung einer auf der Berliner Kongo-Konferenz getroffenen Absprache[774]. Berlin sprach auch mit den anderen Nationen, die ihren jeweiligen Vertreter auch entsprechend instruiert haben wollten[775], aber vor Ort verblieb es bei Rohlfs, sich mit derartigen Gesprächen beim Sultan unbeliebt zu machen[776]. Hinzu kam, dass erst später offenkundig wurde, dass Rohlfs nach der arabischen Übersetzung wohl mit Gesprächen, nicht aber mit Verhandlungen beauftragt war.

Aber auch abseits der Vertragsanbahnung arbeitete Rohlfs nicht zur Zufriedenheit des Reichskanzlers und des Auswärtigen Amtes. Er überschritt seine Kompetenzen mit der Anregung zur Gründung von Missionsanstalten[777] und dem Einsatz von Kriegsschiffen gegen den Sklavenhandel[778], der Frage nach Gewaltanwendung bei der angeblichen

---

770 Briefentwurf vom 11.2.1885 von Gerhard Rohlfs an das Auswärtige Amt, RA 20.5
771 Briefe vom 9.2.und 6.3.1885 von Gerhard Rohlfs, an Otto von Bismarck, KA IX Gr 7 Nr. 1 Bd 3 Bl bzw. KA IX Gr 7 Bd 3 50 R Reichsarchiv / heute Bundesarchiv Koblenz, Kopie unter S 032 und S 050 im RA
772 Briefe vom 23.5., 26. und 8.6.1885 von Leontine Rohlfs an Warinka Guenther, Abschrift RA 20.18
773 Heinz Schneppen (Hg.): Emily Ruete, geb. Prinzessin Salme von Oran und Sansibar: Briefe nach der Heimat, 1999, S. 87
774 Z. B. Brief vom 7.2.1885 von Gerhard Rohlfs an Otto von Bismarck, KA IX Gr 7 Nr. 1 Bd 3 Bl Reichsarchiv / heute Bundesarchiv Koblenz, Kopie unter S 031 im RA
775 England und USA nach Brief vom 18.4.1885 vom Auswärtigen Amt an Chlodwig von Hohenlohe, den deutschen Botschafter in Paris, B IX KA IX Gr 7 1 Bd 3 Blt 55 R Reichsarchiv / heute Bundesarchiv Koblenz, Kopie unter S 071 im RA
776 Telegramm vom 22.2.1885 von Gerhard Rohlfs an Auswärtiges Amt, KA IX Gr 7 Nr. 1 Bd 2 Bl Reichsarchiv / heute Bundesarchiv Koblenz, Kopie unter S 044 im RA
777 Brief vom 8.4.1885 von Otto von Bismarck an Gerhard Rohlfs, KA IX Gr 7 Nr. 1 Bd 3 Bl Reichsarchiv / heute Bundesarchiv Koblenz, Kopie unter S 068 im RA
778 Brief vom 9.2.1885 von Gerhard Rohlfs, an Otto von Bismarck, KA IX Gr 7 Nr. 1 Bd 3 Bl R Reichsarchiv / heute Bundesarchiv Koblenz, Kopie unter S 032 im RA

Annektierung der Komoren durch den Sultan[779], der Ernennung des Juristen Jühlke zum Richter für das ganze Konsulatsgebiet[780] und in der Präzision in der Berichterstattung[781].

Jühlke war zusammen mit Graf Pfeil Begleiter von Carl Peters, als im Hinterland zur Küste von Ostafrika fragwürdige Verträge abgeschlossen wurden, die am 27.2.1885 zur Unterzeichnung eines Schutzbriefes durch Kaiser Wilhelm I. für Gebiete »westlich von dem Reich des Sultans von Zansibar, außerhalb der Oberhoheit anderer Mächte« zu Gunsten der Gesellschaft in Ost-Afrika führten. Die Nachricht von diesem Schutzbrief löste beim Sultan Unruhe aus, die sich nach der Überreichung der entsprechenden Note mit einer Kopie des Schutzbriefes durch Rohlfs am 27.4.1885 [782] in einem telegrafischen Protest vom 28..4.1885 an Kaiser Willhem I. prompt Bahn brach[783].

Der Sultan hatte auf dem Festland nur einzelne Stützpunkte, nicht aber die von ihm behauptete Macht bis hin zu den großen Seen. Seine Einkünfte resultierten zu einem bedeutenden Teil aus zollähnlichen Abgaben, die die Händler ihm an der Küste entrichten mussten. Auf diese Einnahmen wollte und konnte er nicht verzichten. England unterstützte ihn offensichtlich in seiner Haltung, denn lange Jahre ging es dieser Kolonialmacht nur darum, über ein gutes Verhältnis zu Sansibar den Seeweg nach Indien zu sichern. Rohlfs vermutete, dass das Telegramm mit dem englischen Konsul Kirk abgestimmt wurde[784].

Bismarck blieb in der Frage hart und machte gegenüber England auch deutlich, dass Deutschland notfalls Gewalt anwenden würde[785]. Dabei ging er sicher davon aus, dass England mit dem Sultan sprechen würde und dieser erkannte, dass England nicht

---

779 Telegramm vom 20.3.1885 von Otto von Bismarck an Gerhard Rohlfs, KA IX Gr 7 Nr. 1 Bd 3 Bl Reichsarchiv / heute Bundesarchiv Koblenz, Kopie unter S 060 im RA

780 Brief vom 18.4.1885 von Otto von Bismarck an Gerhard Rohlfs, IV Afrika 1 Bd 3 Reichsarchiv / heute Bundesarchiv Koblenz, Kopie unter S 060 im RA

781 Brief vom 24.4.1885 von Otto von Bismarck an Gerhard Rohlfs, KA IX Gr 7 Nr. 1 Bd 3 Bl Reichsarchiv / heute Bundesarchiv Koblenz, Kopie unter S 075 im RA

782 Brief vom 28.4.1885 von Gerhard Rohlfs an Otto von Bismarck, KA IX Gr 7 Bd 6 Reichsarchiv / heute Bundesarchiv Koblenz, Kopie unter S 081a im RA

783 Telegramm vom 28.4.1885 von Sultan Bargasch ibn Said an Kaiser Wilhelm I., KA IX Gr 7 Bd 3 Bl Reichsarchiv / heute Bundesarchiv Koblenz, Kopie unter S 079a im RA

784 Brief vom 28.4.1885 von Gerhard Rohlfs an Otto von Bismarck, KA IX Gr 7 Bd 6 Reichsarchiv / heute Bundesarchiv Koblenz, Kopie unter S 081 im RA

785 Brief vom 29.5.1885 von Otto von Bismarck an Herbert zu Münster, den deutschen Botschafter in London, KA IX Gr 7 Bd 6 Reichsarchiv / heute Bundesarchiv Koblenz, Kopie unter S 111 im RA

allmächtig ist. Zudem machten Presseberichte die Runde, nach denen Deutschland ein Geschwader nach Sansibar verlegen wollte[786].

In diesen spannungsgeladenen Tagen erbat Rohlfs einen Schutzbrief für ein 1.600 km² großes Gebiet im Sultanat Witu, das die Brüder Clemens und Gustav Denhardt erworben hatten. Bismarck sprach ihn am 27.5.1885 »vorbehaltlich Rechte Dritter«[787] aus. Der Sultan von Sansibar sollte darüber aber zunächst nicht informiert werden[788].

Die Brüder Denhardt, die mit Rohlfs schon vor dessen Aufenthalt in Sansibar in Verbindung standen, waren als Forschungsreisende umstritten. Nachtigal hatte Denhardt gar als Schwindler bezeichnet[789]. Nach dem Grunderwerb traten sie als offiziell beauftragte Vertreter von Sultan Achmed auf, was zu Irritationen führte. Auf sie wird zurückzukommen sein.

Die verstärkte Präsenz des Sultans von Sansibar auf dem Festland konnte auch in Bezug auf Wituland zu Konfrontationen führen, die die Situation nicht entspannten.

Bismarck bekam zunehmend Bedenken, ob Rohlfs ob seiner fehlenden Kenntnisse und angesichts seiner Eigenwilligkeiten und vor dem Hintergrund einer sich zuspitzenden Situation noch der richtige Konsul sei. Erste Gerüchte über die Abberufung von Rohlfs tauchten bereits im Mai in der Presse auf[790], wurden aber gleich widerrufen[791]. Mit der Abberufung von Botschafter G. Travers aus Kanton[792] wurde inoffiziell seine Versetzung eingeleitet. Pikanterweise kam als Nachfolger auch Admiral Knorr ins Gespräch, denn mit Datum vom 26.5.1885 findet sich im Archiv der Entwurf einer Vollmacht für

---

786 Briefe vom 4. und 8.6.1885 von Gerhard Rohlfs an das Auswärtige Amt, RA 20.19
787 Telegramm vom 27.5.1885 von Otto von Bismarck an Gerhard Rohlfs, KA IX Gr 7 Bd 6, Reichsarchiv / heute Bundesarchiv Koblenz, Kopie unter S 104 im RA
788 Telegramm vom 28.5.1885 von Otto von Bismarck an Gerhard Rohlfs, KA IX Gr 7 Bd 6, Reichsarchiv / heute Bundesarchiv Koblenz, Kopie unter S 108 im RA
789 Brief vom 31.3.1883 von Gustav Nachtigal an Gerhard Rohlfs, RA 18.32
790 so auch bereits in der ausländischen Neuen Freien Presse, Wien, Nr. 7445 vom 21.5.1885
791 Norddeutsche Volkszeitung vom 29.5.1885: »In diesem Zusammenhang werden auch die Gerüchte von der Abberufung des Herrn Rohlfs, die kürzlich von der ›Köln. Ztg.‹ erst verbreitet und dann widerrufen wurden, begreiflich, nur daß die Abberufung keinerlei Kritik des Verhaltens des deutschen Generalconsuls einschließen würde. Damit wird auch die Vermuthung hinfällig, die Abberufung hinge zusammen, daß Herr Rohlfs auf seiner Reise nach Afrika mit den deutschen Geschwaderofficieren nicht besonders gut gestanden haben soll.« Siehe auch Reinhold Thiel: Die Geschichte der Deutschen Damschifffahrtsgesellschaft »Hansa«, Band I 1881–1918, 2010, S. 35
792 Telegramm vom 23.5.1885 des Auswärtigen Amtes an den deutschen Gesandten in Kanton, IV Kons Afr 1 Bd 3 Reichsarchiv / heute Bundesarchiv Koblenz, Kopie unter S 094 im RA

ihn[793]. Nach einer Notiz vom 4.6.1885 aus dem Auswärtigen Amt hatte sich Bismarck dann aber damit einverstanden erklärt, dass Konsul Raschdau[794] als Nachfolger von Rohlfs in Aussicht genommen wurde und Rohlfs nunmehr davon zu benachrichtigen sei, dass für ihn eine anderweitige Verwendung bevorstehe[795]. Das ist nicht unverzüglich geschehen, denn nach einem Brief vom 23.7.1885 wies Bismarck von seinem Gut Varzin aus an, Rohlfs zu eröffnen, »daß er sich bei seiner Thätigkeit auf dem bisherigen Posten nicht bewährt habe und dieselbe nicht fortsetzen könne«. Er unterstellte Rohlfs jedoch, »den besten Willen gehabt« zu haben, und fragt nach alternativen Einsatzmöglichkeiten für ihn[796].

Rohlfs wurde, wie er und auch seine Frau glaubten, nur zu einer »mündlichen Besprechung«[797] nach Berlin gerufen. Dabei war dem Großherzog Carl Alexander bereits am 10.6.1885 seine Abberufung bekannt[798]. Rohlfs Vertreter traf am 18.6.1885 in Sansibar ein, das nächste Schiff ging aber erst am 7.7.1885[799].

Leontine Rohlfs blieb allein zurück. Sie langweilte sich sicher noch mehr als vorher, hatte sie doch ihrer Schwester gestanden: »Ich tue eigentlich den ganzen Tag nichts«[800]. Dabei war das Konsulat mit stattlicher Mannschaft versehen: »An dienstbaren Geistern haben wir: 1 Koch, 1 Küchenjunge, 1 Steward, 1 Türsteher, 1 Pankha-Dreher (großer Fächer im Eßzimmer), 1 Wasserträger, 2 für's Haus, und Karl. Außerdem sind auf dem Konsulat 3 Männer«, wobei nicht ersichtlich ist, ob sie den von Rohlfs eingestellten Privatsekretär Dr. Winkler mitgezählt hat. Im Mai wurde in das fertiggestellte neue Gebäude umgezogen, dessen Einrichtung sie ausführlich beschrieb. »Wir können bequem 30 – 40 Personen setzen.« »Das Ganze ist wirklich ganz wohnlich und gemütlich und augen-

---

793 Entwurf zur Vollmacht für Conteradmiral Knorr vom 26.5.1885 KA IX Gr 7 Bd 6 Reichsarchiv / heute Bundesarchiv Koblenz, Kopie unter S 101 im RA
794 Ludwig Raschdau (29.9.1849 – 18.8.1943) seinerzeit Konsul in Havanna, nach: Gerhard Keiper (Hsg): Biografisches Handbuch des deutschen Auswärtigen Dienstes 1871 – 1945, Band 3, 2008, S. 572 und 573
795 Notiz vom 4.6.1885 des Auswärtigen Amtes, IV Kons Afr 1 Bd 3 Reichsarchiv / heute Bundesarchiv Koblenz, Kopie unter S 114 im RA
796 Zitiert nach Mail vom 14.1.2009 von Dr. Martin Kröger, Auswärtiges Amt, Politisches Archiv, im RA
797 Brief vom 19., 21., 25., 27.7. und 3.8.1885 von Leontine Rohlfs an Warinka Guenther, Abschrift RA 20.27
798 Brief vom 10.6.1885 von Carl Alexander an Gerhard Rohlfs, RA 20.22
799 Guenther, S. 235
800 Brief vom 11.2., 9. und 11.3.1885 von Leontine Rohlfs an Warinka Guenther, Abschrift RA 20.6

blicklich sehr luftig durch das Veranda-Zimmer.« »Jetzt bei Mondenschein ist es wirklich herrlich.« »Ich liege dort abends, auf einem langen Stuhl ausgestreckt, und trinke sogar ein Glas Bier, bayerisches Exportbier, Löwenbräu!«[801].

Und doch war die Idylle nicht ungetrübt, denn inzwischen war auch Travers eingetroffen, den Rohlfs bei seiner Fahrt in Lamu verfehlt hatte. Travers hatte zuerst in Aden erfahren, dass er zu seinem Leidwesen, wie Leontine Rohlfs schrieb[802], »für einige Zeit« in Sansibar Dienst tun sollte. Er, der den Eheleuten Rohlfs aus seiner Zeit als Konsul in Alexandria und durch zwei Besuche in Weimar persönlich bekannt war, hatte Leontine Rohlfs nach seiner Ankunft »alles Mögliche« anvertraut, offensichtlich mehr Einzelheiten, als sie bis dahin von Ihrem Gatten gehört hatte[803]. Und doch ist nicht klar, ob Travers von Rohlf's Absetzung wusste und, wenn ja, ob er es ihr beigebracht hat. Nach Guenther hat Rohlfs in Aden erfahren, »dass sein Nachfolger, ein Berufskonsul, Generalkonsul Travers, bereits in Sansibar angelangt sei«[804]. Auf der gleichen Seite teilt Guenther mit: »Erst im Auswärtigen Amt erfuhr Rohlfs, daß der nicht wieder zurück solle.« Wenn das zutrifft, so ist bei Guenther für Nachfolger wohl Vertreter zu lesen. Es ist wohl davon auszugehen, dass Rohlfs in Aden nicht von seiner Absetzung erfahren hat, andernfalls er das sicher in seinem Telegramm aus Aden an seine Frau[805] mitgeteilt hätte.

Rohlfs traf am 4.8.1885 in Berlin im Hotel »Kaiserhof« ein[806] und hörte einen Tag später die für ihn so bittere Wahrheit. Rohlfs, der nur bis zum 6.7.1865 bezahlt worden war, bat nach dem Gespräch im Amt Bismarck in einem kurzen Brief um einen Vorschuss von 1500 Mark auf seine Bezüge[807].

Spätestens jetzt ist interessant, welche Stellung Rohlfs rechtlich hatte. Er hatte den Titel eines Generalkonsuls, war aber nur kommissarisch entsandt und derart vom Sultan anerkannt. Eine förmliche Exequatur als Berufskonsul stand aus, da sie eine besondere Prüfung voraussetzte, die Rohlfs nicht abgelegt hatte, um die er nicht einmal, wie im

---

801 Brief vom 19., 21., 25., 27.7. und 3.8.1885 von Leontine Rohlfs an Warinka Guenther, Abschrift RA 20.27
802 Brief vom 19., 21., 25., 27.7. und 3.8.1885 von Leontine Rohlfs an Warinka Guenther, Abschrift RA 20.27
803 Brief vom 19., 21., 25., 27.7. und 3.8.1885 von Leontine Rohlfs an Warinka Guenther, Abschrift RA 20.27
804 Guenther, S. 236.
805 Brief vom 19., 21., 25., 27.7. und 3.8.1885 von Leontine Rohlfs an Warinka Guenther, Abschrift RA 20.27
806 Mail vom 14.1.2009 von Dr. Martin Kröger, Auswärtiges Amt, Politisches Archiv, im RA
807 Mail vom 14.1.2009 von Dr. Martin Kröger, Auswärtiges Amt, Politisches Archiv, im RA

Konsulargesetz vorgeschrieben, nachgesucht hatte. Deswegen war ihm auch nur der fest umrissene Auftrag zum Abschluss eines Handels- und Freundschaftsauftrages erteilt worden. Ein erfolgreicher Abschluss hätte vielleicht die ausstehende Prüfung ersetzen können[808]. So war eine kurzfristige Entbindung von seinem Auftrag wohl rechtens.

Rohlfs war tief getroffen und meinte, seine Abberufung verdanke er einer Intrige durch von Kummerow[809]. »Ich trage in mir das Gefühl, nur so gehandelt zu haben, wie ich als deutscher Patriot handeln musste«[810]. Wollte oder konnte er nicht einsehen, dass er zahlreiche Fehler begangen hatte?

Welche Alternative Rohlfs angeboten wurde, ist nicht bekannt. Bismarck unterstellte ihm zwar »den besten Willen gehabt« zu haben, fragte aber das Auswärtige Amt in einer Notiz vom 23.7.185, ob es nicht für Rohlfs in der Kolonialverwaltung, im Dragomanatsdienst oder bei der Ausbildung in orientalischen Sprachen eine Einsatzmöglichkeit gäbe. Für den Einsatz in einem europäischen Konsulat hielt Bismarck Rohlfs Bildung für »etwas lückenhaft«. In der Antwortnotiz vom 30.7.1885 steht zu lesen, dass »seine mangelhaften arabischen Sprachkenntnisse« und die fehlenden juristischen und wirtschaftlichen Kenntnisse ihn für die vorgeschlagenen Tätigkeiten ausschlossen[811]. Nach Guenther hat Rohlfs das ihm gemachte Angebot ausgeschlagen[812].

---

808 Notiz vom 31.5.1885 im Auswärtigen Amt, KA IX Gr 7 Nr. 1 Bd 3 Bl Reichsarchiv / heute Bundesarchiv Koblenz, Kopie unter S 113 im RA
809 Brief vom 30.12.1885 von Gerhard Rohlfs an Georg Schweinfurth, RA 20.53
810 Brief von Gerhard Rohlfs an Leontine Rohlfs, zitiert nach Guenther, S. 237
811 Zitiert nach einer Mail vom 14.1.2009 von Dr. Martin Kröger, Auswärtiges Amt, Politisches Archiv, im RA
812 Guenther, S. 237

25.
Rückkehr

Rohlfs weilte erst in Berlin, dann in Weimar[813] und in Bremen bei seinem Bruder Hermann Rohlfs[814], um dann nach München zu gehen: »Ich habe mich hier einige Wochen eingemietet«[815], sicher, um unbequemen Fragen aus dem Wege zu gehen, vielleicht auch, weil die Villa in Weimar vermietet war, wie Guenther angibt[816]. Er bittet in einem Fall auch darum, seinen Aufenthaltsort Dritten nicht zu nennen[817].

Frau Rohlfs verließ mit einem Schiff des Sultans Sansibar am 8.8.1885, musste aber einen Umweg über Bombay machen und traf erst am 10. oder 11.9.1885 in Venedig ein, wo ihr Gatte sie in Empfang nehmen wollte. Am 2.10.1885 war das Paar in München[818], von wo aus es nach Weimar gereist sein dürfte.

Es hoffte sicher, dass die Abberufung etwas in Vergessenheit geraten war. Kulemann als ehemaliger Hauslehrer hatte seinem Schüler Hermann Rohlfs einen Zeitungsartikel zukommen lassen[819], der ahnen lässt, welche Diskussionen es gegeben hatte: »Ein Berliner Korrespondent der Süddeutschen Presse warnt, Allem Glauben zu schenken, was über angebliche persönliche Äußerungen von Gerhard Rohlfs und über sein Verhältniß zum auswärtigen Amte verbreitet wurde und was in der That Alles auf Erfindung beruht. Es kann keine verschlossenere Persönlichkeit geben, als es der bisherige Generalconsul des Deutschen Reiches in Zansibar ist. Er mag noch so wenig vom Diplomaten an sich haben, in dieser einen Beziehung aber übt er die Diplomatie meisterhaft. Rohlfs läßt es mit Gleichgültigkeit über sich ergehen, daß man ihn als gefallene Größe bedauert und unter Umständen auch verspottet, und er kann mit Ruhe den Tag

---

813 Brief vom 24.8.1885 von Gerhard Rohlfs an Carl Alexander, RA 20.38
814 Brief vom 20.8.1885 von Rudolf Kulemann an Hermann Rohlfs, RA 20.36
815 Brief vom 24.8.1885 von Gerhard Rohlfs an Carl Alexander, RA 20.38
816 Guenther, S. 264
817 Brief vom 24.8.1885 von Gerhard Rohlfs an Richard Andree unter H III 3.16 vol 6.303 im Stadtarchiv Braunschweig
818 Brief vom 8.9.1885 von Gerhard Rohlfs an das Auswärtige Amt, zitiert nach einer Mail vom 14.1.2009 von Dr. Martin Kröger, Auswärtiges Amt, Politisches Archiv, im RA
819 Brief vom 20.8.1885 von Rudolf Kulemann an Hermann Rohlfs, RA 20.36 - es fehlt die Angabe, in welcher Zeitung der Artikel gestanden hatte

abwarten, an welchem die vermeintlich ›Eingeweihten‹ gleichfalls werden einsehen und eingestehen müßen, daß sie sich in der Schilderung des Verhältnißes des berühmten Forschers zu seinen Auftraggebern in Berlin gründlich vergriffen haben«.

Die Kritik in der Presse an seiner Arbeit gipfelte in Aussagen wie: Der »mehr in Selbstreclame machende emeritirte Afrikareisende hat so lange sich dieser Welt angepriesen und angelobt, bis er es selbst und das auswärtige Amt glaubten.« Aus welcher Ecke dieses Urteil kam, offenbart der Schlusssatz: »Nun freilich wird, wie dies immer der Fall ist, das Schwert die Fehler des Diplomaten gutzumachen haben, wenn nicht der kaffeebraune Despot – gemeint ist Said Bargasch, der Sultan von Sansibar – der Verf. – sich eines Besseren bedenkt und die Flagge mit dem Eisenkreuz respectirt, bevor er die Macht derselben zu seinem Schaden zu fühlen bekommt.«[820] Das Urteil eines Militaristen über einen Menschen, der in 5 Armeen gedient hat!

Ausweislich des Fremdenbuches, das für die Zeit nach der Rückkehr keine[821] und für 1886 mit zwei Ausnahmen nur Verwandteneinträge aufweist, lebte Rohlfs sehr zurückgezogen. Auch mit Veröffentlichungen trat er zunächst kaum hervor. Für 1885 ist nur sein Beitrag »Zur Klimatologie und Hygiene Ostafrikas« in dem von seinem Bruder Heinrich Rohlfs herausgegebenen Deutschen Archiv für Geschichte der Medicin und medicinischen Geographie bekannt[822]. Ein Buch über seine Zeit als Diplomat stand wohl nie zur Debatte.

Zwar kamen bereits 1885 Anfragen auf Vorträge, sie lassen sich mit Sicherheit aber erst ab Januar 1886 nachweisen[823].

Dabei brauchte Rohlfs Geld, er bestätigte dem Großherzog Carl Alexander »den Empfang von M 3000 ... den ich schon in Bälde werde der Hofschatulle zurücksenden können«[824]. Als der Baron von Thilau verstarb, bewarb sich Rohlfs auf der ewigen Suche

---

820 Militär-Zeitung Oesterreichischer Soldatenfreund, Wien, Nr. 52, vom 21.7.1885, S. 425
821 Vielleicht ist es auch erst mit einer späten Sendung der persönlichen Dinge aus Sansibar zurückgekommen.
822 Heinrich Rohlfs (Hg.), Deutsches Archiv für Geschichte der Medicin und medicinischen Geographie, 8. Jahrgag, 1885 (4.Quartal), Gerhard Rohlfs, Zur Klimatologie und Hygien Ostafrikas, S. 379- 395. Diese Zeitschrift, bei der Gerhard Rohlfs zunächst Mitherausgeber war, stellte mit dem 8. Jahrgang ihr Erscheinen ein, da Heinrich Rohlfs nach einem schweren Schlaganfall im Herbst 1884 bis an sein Lebensende 1898 ein Pflegefall war.
823 Gesonderte »Vortragskorrespondenz« im RA
824 Brief vom 24.8.1885 von Gerhard Rohlfs an Carl Alexander, Original unter Haus-Archiv Carl Alex. XXVI, 880, Blatt 25 im Staatsarchiv Weimar, Kopie im RA

nach einer Stelle mit stetem Einkommen bei Carl Alexander um dessen Nachfolge[825], offensichtlich aber ohne Erfolg.

Die Besuche von und der Briefwechsel mit Clemens Denhardt beinhalten vornehmlich dessen Schwierigkeiten beim Landerwerb in Wituland, die schlechte finanzielle Lage und sein schwieriges Verhältnis zum Auswärtigen Amt. Er erbat in verschiedener Hinsicht die Unterstützung von Rohlfs und sorgte dafür, dass Rohlfs vom Witu-Sultan Achmed 10 km² Land als Anerkennung und Dank dafür geschenkt bekam, dass Witu unter deutschen Schutz gestellt wurde. Nicht nur diese fragwürdige Schenkung sorgte in Deutschland dafür, dass in den Denhardt-Brüdern Günstlinge von Rohlfs gesehen wurden. Clemens Denhardt widersprach dem energisch[826], doch es bleibt fraglich, ob ihm das abgenommen wurde.

Rohlfs jedenfalls hat die Schenkung ernst genommen und sie sich von der Regierung als erlaubt bestätigen lassen[827]. Nach dem Abschluss des Helgoland-Sansibar-Abkommens mit England, mit dem Deutschland seine Rechte auch in Witu an England abtrat, hat Rohlfs seine Grundstücksansprüche gegenüber England geltend gemacht[828], nach allem, was bekannt geworden ist, aber ohne jeden Erfolg.

Der zweite Besucher und Briefkorrespondent jener Zeit war Joachim Graf Pfeil, mit dem er seine Begeisterung für die koloniale Sache teilte. Beide hatten aber durchaus eigene Vorstellungen, die zum Beispiel zu der späteren Trennung von Carl Peters und Pfeil führten[829]. Rohlfs äußerte später seine »feste Überzeugung ..., daß die Civilisation von Ostafrika nur unter directer Oberhoheit des Reiches unternommen werden kann«[830]. Er stellte sich damit eindeutig gegen die von Peters bevorzugte Verwaltung durch eine Gesellschaft.

Im Herbst 1886 träumte Rohlfs von einer zweiten Vortragsreise in die USA. Da er seine Villa für 70000 Mark verkaufen wollte, zeigte es sich ein weiteres Mal, dass er sich

---

825 Brief vom 23.7.1886 von Gerhard Rohlfs an Carl Alexander, Kopie RA 21.27a, Original unter Haus-Archiv Carl Alex. XXVI, 880, Blatt 29 im Staatsarchiv Weimar
826 Brief vom 28.9.1885 von Clemens Denhardt an Gerhard Rohlfs, RA 20.51
827 Brief vom 4.1.1886 von Wilhelm von Bismarck an Gerhard Rohlfs, RA 21.0
828 Briefe vom 11.9.1891 von Clemens Denhardt an Gerhard Rohlfs und vom 14.8.1891 von Paul Bojanowsky an Imperial British Africa Company, RA 26.62 und RA26.64, anders: Guenther, S.n 235 und 236, Schmokel, S. 206
829 Brief vom 1.7.1887 von Joachim Graf Pfeil an Gerhard Rohlfs, RA 22.78
830 Gerhard Rohlfs: Quid novi ex Africa?, 1886, Die Colonisation von Ostafrka, S. 245, zitiert als Rohlfs, Quid

in Weimar nicht wohl fühlte. Sein amerikanischer Freund Theodor Kirchhoff riet ihm ab[831] und Hausverkauf und Reise unterblieben.

Rohlfs traf Bismarck, der »mir wohlgesonnen geblieben ist«, im Juli 1886 in Bad Kissingen[832] und den Kaiser in einer Audienz in Berlin am 19.12.1886, doch sind Einzelheiten der Gespräche nicht bekannt geworden[833]. Belger vermutet, der Kaiser habe sich bei Rohlfs über Kolonialfragen informieren wollen[834].

Das ist durchaus möglich, denn die Kolonialfrage war und blieb aktuell, und Rohlfs hatte trotz seiner Enttäuschung über seine Entlassung aus Sansibar seine positive Haltung immer wieder herausgestellt.

Rohlfs hatte auf der Gründungsversammlung des Deutschen Kolonialvereins am 6.12.1882 den Festvortrag gehalten[835], war dem Verein auch beigetreten, doch bedauerte der Schriftführer Emanuel Cohn vier Monate später bereits seinen Austritt[836]. Dieser Verein sah es als seine Hauptaufgabe an, den Kolonialgedanken populär zu machen. Carl Peters und Graf Behr-Bandelin hatten 1884 die radikalere Gesellschaft für deutsche Kolonisation gegründet, die mit dem Verein zur Deutschen Kolonialgesellschaft verschmolzen wurde. Parallel gründete Peters die Deutsch-Ostafrikanische Gesellschaft zum Landerwerb in der späteren deutschen Kolonie Ost-Afrika. Diese Gesellschaft, die gerade durch das Vorgehen von Peters schnell in einen schlechten Ruf kam, benötigte Geld, viel Geld. Über Prominentensammlungen und ähnliche Veranstaltungen sollte es eingeworben werden. Hier stellte sich Rohlfs in den Dienst der Sache und lud am 25.1.1887 eine illustre Gesellschaft zu einem Vortrag »Entstehung und Endwicklung der Deutsch-Ostafrikanischen Gesellschaft und nationale und wirtschaftliche Bedeutung ihrer Erwerbungen«[837] von Karl von Gravenreuth in seine Villa, bei dem »nur ein bürgerliches Paar darunter« war. Der Abend brachte der Gesellschaft 20000 Mark ein[838].

---

831 Briefe vom 26.10.1886 und 15.11.1886 von Theodor Kirchhoff an Gerhard Rohlfs, RA 21.57 und RA 21.61
832 Brief vom 23.7.1886 an Carl Alexander, RA 21.27a
833 Brief vom 22.12.1886 von Gerhard Rohlfs an Georg Schweinfurth, Fotokopie RA 21.70a, Original in der Universität Freiburg
834 Belger, S. 647
835 Brief vom 12.12.1882 von C. Mehlis an Gerhard Rohlfs, RA 17.100
836 Brief vom 26.4.1883 von Emanuel Cohn an Gerhard Rohlfs, RA 18.51
837 Brief vom 29.12.1886 von Karl von Gravenreuth an Gerhard Rohlfs, RA 21.72
838 Brief vom 26.1.1887 von Gerhard Rohlfs an Georg Schweinfurth, RA 22.15

Rohlfs Einstellung zur Kolonialfrage kann man auch aus dem Vorwort zu seiner Ende 1886 erschienenen Aufsatzsammlung »Quid novi ex Africa?« entnehmen, wo er schrieb: »Im Jahr 1884 erschien endlich auch Deutschland auf dem colonialen Kampfplatz, und wenn wir zurückschauen auf das, was geleistet und errungen ist, so muß es jede deutsche Brust mit Freude schwellen und mit Genugthuung erfüllen. Von einem materiellen Erfolg kann ja nach einer so kurzen Spanne Zeit noch gar keine Rede sein, aber Dank müssen wir es den Männern wissen, daß sie uns Land gesichert haben, Dank müssen wir es der Regierung wissen, daß sie mit kräftiger Hand dies Land in Afrika dem deutschen Schutze unterstellt hat«[839].

---

839 Rohlfs, Quid, S. VI

26.
Pläne

Rohlfs wurde weiter von seiner Unruhe getrieben. Die Gründe sind sicher mehrschichtig. Er liebte nun einmal das Reisen, ihn störten Fesseln einer Gesellschaft, deren Einstellung er nach dem Sansibar-Desaster nicht mehr sicher sein konnte. Die Vorträge wurden ihm zunehmend lästig, zumal die Themen nicht mehr unbedingt seine Reisen betrafen, denn sie lagen inzwischen zu lange zurück. Also stand auch hier jetzt die Kolonialsituation im Vordergrund. Aufgeben konnte er diese Einnahmequelle nicht, denn seine Villa, sein Lebensstil kosteten ihn viel Geld. Die Pension des Kaisers war dafür nicht ausreichend.

So überraschte er sicher Georg Schweinfurth mit seiner Ankündigung im Brief vom 6.1.1887: »Im nächsten Winter werden wir – er meinte seine Frau und sich, der Verf. – nach Ägypten kommen, Tripolis, Bengasi etc«[840]. Auch gegenüber seinem italienischen Freund Manfredo Camperio muss Rohlfs sich entsprechend geäußert haben[841].

Offensichtlich stand diese Idee in Zusammenhang mit seinem Vorhaben, die 1865/1866 bei der Sahara-Durchquerung und 1869 bei der Kufra-Expedition bereits betriebenen Sprachstudien in Nordafrika wieder aufzunehmen. Er bat verschiedene Institutionen um Reisezuschüsse, erhielt aber nur Absagen: Von August Dillman für die Akademie der Wissenschaften[842], von Wilhelm Ermann für die vor der Auflösung stehenden Afrikanischen Gesellschaft[843] und von Rudolf Virchow für die Humboldt-Stiftung, die Gesellschaft für Erdkunde und auch für die Anthropologische Gesellschaft in Berlin[844].

Dass er zumindest Weimar verlassen wollte, geht aus der Korrespondenz mit Julius Grosse[845] und dem Kolonialagitator Ernst von Weber[846] hervor und gipfelt in der Bitte an

---

840 Brief vom 6.1.1887 von Gerhard Rohlfs an Georg Schweinfurth, RA 22.6
841 Brief vom 22.5.1887 von Manfredo Camperio an Gerhard Rohlfs, RA 22.55
842 Brief vom 18.5.1887 von August Dillman an Gerhard Rohlfs, RA 22.53
843 Brief vom 12.6.1887 von Wilhelm Ermann an Gerhard Rohlfs, RA 22.65
844 Brief vom 12.6.1887 von Rudolf Virchow an Gerhard Rohlfs, RA 22.66
845 Brief vom 12.4.1887 von Justus Grosse an Gerhard Rohlfs, RA 22.40
846 Brief vom 13.4.1887 von Ernst von Weber an Gerhard Rohlfs, RA 22.41

Georg Schweinfurth: »Recommandier doch Richthofen unsere Wohnung zu kaufen. Für 50000 Mark zu haben!«[847] Daraus wurde noch nichts.

Und doch entfloh das Ehepaar dem kalten Winter in Thüringen nach Italien: Von Anfang Januar bis in den März 1888 hinein lebte es in Rom – und fror, denn auch in der italienischen Hauptstadt war es zunächst außergewöhnlich kalt[848].

Wieder plagten Rohlfs Geldsorgen, denn er wiederholte gegenüber Schweinfurth seine Bitte um Vermittlung des Hausverkaufs an von Richthofen, jetzt für 60000 Mark, verteilt auf 5 Jahre[849]. Da kann er nicht die Idee gehabt haben, sich an anderer Stelle eine neue Bleibe zu bauen, denn mit einer Ratenzahlung auf die zu verkaufende Villa war das nicht zu machen.

Seine Artikel waren nicht mehr so gefragt wie ehedem. Er musste daher mit der Zeit gehen und zu den Artikeln auch Illustrationen anbieten. So bemühte er sich um Fotos, die er zum Beispiel aus Algerien auch bekam[850]. Er besann sich zum dritten Mal einer erfolgreichen Methode: Er stellte Artikel zusammen und veröffentlichte sie als Buch. Im wohl im Dezember 1886 erschienenen Werk fragte er »Quid novi ex Africa?«. Jedenfalls nicht unbedingt seine Artikel. Von den 12 vorher bereits in anderen Organen erschienenen Artikeln stammten 11 bereits aus den Jahren 1878 bis 1885. 10 weitere Artikel dürften vorher nicht veröffentlicht worden sein. Für sie bestand wohl kein Interesse. Für einen zu schreibenden Algerien-Artikel bat er das Ministerium der geistlichen, Unterrichts- und Medicinal-Angelegenheiten um einen staatlichen Zuschuss[851], der ihm augenscheinlich nicht gewährt wurde.

Ein anderer Hinweis verdeutlichte seine Lage: Er hatte den Reisegefährten Graf von Seckendorff von der ersten Abessinien-Reise gebeten, im Auswärtigen Amt zu fragen, ob es eventuell für ihn eine Verwendung habe[852]. Reute ihn seine aus verletztem Stolz spontan gegebene Absage an eine anderweitige Verwendung[853] nach dem Sansibar-Einsatz?

---

847 Brief vom 8.6.1887 von Gerhard Rohlfs an Georg Schweinfurth, RA 22.64
848 Brief vom 17.1.1888 von Gerhard Rohlfs an Georg Schweinfurth, Kopie RA 23.4a, Original in der Sammlung Guenther, Universität Freiburg
849 Brief vom 27.5.1888 von Gerhard Rohlfs an Georg Schweinfurth, RA 23.47a
850 Brief vom 22.3.1889 von Julius Froebel, Konsul in Algier, an Gerhard Rohlfs, RA 24.20, Brief vom 2.9.1892 von E. G. Dannenberg an Gerhard Rohlfs, RA 27.50
851 Brief vom 8.8.1888 vom Ministerium der geistlichen, Unterrichts- und Medicinal-Angelegenheiten an Gerhard Rohlfs, RA 23.63a
852 Brief vom 6.5.1888 von Graf G. von Seckendorff an Gerhard Rohlfs, RA 23.37
853 Guenther, S. 237

27.
Umzug

Im Frühjahr 1889 zauderte Rohlfs nicht, als sich ihm die Gelegenheit bot, seine Villa in Weimar zu verkaufen. Das blieb nicht geheim und veranlasste den Großherzog Carl Alexander, einen Major in die Belvederer Allee zu schicken, um das Ehepaar umzustimmen. Rohlfs war nicht anwesend. Er äußerte sich umgehend schriftlich[854]: Da sie 2500 Mark verwohnten, sei ihnen die Villa zu teuer. Sie hätten den seit Jahren gehegten Verkaufswunsch nunmehr verwirklichen können: »Ich werde mich nun zurückziehen nach einer anderen Stadt, wo ich billiger und sorgenlos leben kann. Und Sie können versichert sein, Herr Major, daß wir dem Großherzog und der Frau Großherzogin stets die dankbarsten Gefühle bewahren werden für die vielen Beweise von Güte und Gnade, die beide im Laufe der Zeit uns gespendet haben.« »Von einem neuen Hausbau kann aber keine Rede sein.« Es kam anders.

Der Großherzog Carl Alexander unternahm mit dem Angebot einer Wohnung in Jena den Versuch, das Ehepaar in seinem Land zu behalten, doch Rohlfs lehnte ab[855].

In beiden Schreiben war nicht von dem etwas kraftlosen Argument bei Guenther die Rede, Rohlfs sei des milderen Klimas wegen von Weimar an den Rhein gezogen[856], eine Begründung, die Genschorek[857] mit übernahm und Müller[858] gar als alleinige nannte. Schweinfurth gegenüber offenbarte Rohlfs weitere Einzelheiten: Man habe nicht gefeilscht, musste die Villa zum 1.6.1889 räumen und habe die Möbel in Weimar untergestellt[859].

Das Paar quartierte sich zunächst im Hotel Kaiserhof in Bonn ein und suchte vergeblich nach einer ihm angemessen erscheinenden Mietwohnung. So schaute es nach einem Grundstück, fand es in Godesberg und gab eine nicht gerade kleine Villa in Auftrag. Der

---

854 Brief vom 26.4.1889 von Gerhard Rohlfs an einen Major des Großherzogs Carl Alexander, RA 24.27
855 Brief vom 6.6.1889 von Gerhard Rohlfs an einen Major des Großherzogs Carl Alexander, Fotokopie RA 24.35, Original unter NL Palizeux / 6 im Bundesarchiv Koblenz
856 Guenther, S. 336
857 Genschorek, S. 208
858 Müller, S. 249
859 Brief vom 5.6.1889 von Gerhard Rohlfs an Georg Schweinfurth, RA 24.34

Villa »Meinheim III« in Bad Godesberg mit Walkiefern über der Pforte und dem Ehepaar Rohlfs auf dem Balkon, Foto von 1895

erneute Hausbau verhinderte eine weitere Cyrenaica-Reise[860]. Die Villa sollte im Mai 1890 fertig sein[861]. Im Fremdenbuch findet sich unter dem 10.6.1890 die erste Eintragung[862].

In der Zwischenzeit kurte Rohlfs in Bad Ems[863], unternahm eine ausgedehnte Vortragsreise in den Osten Deutschlands, es war seine letzte, und begab sich Anfang 1890 für über zwei Monate zur Kur nach Wiesbaden, wo er mit dem Ehepaar Bodenstedt und Louise Reuter, der Witwe des Schriftstellers Fritz Reuter, verkehrte, für die er auf ihre Bitten eine arbeitsintensive Erbregelung begleitete[864].

---

860 Brief vom 4.7.1889 von Gerhard Rohlfs an Hans Meyer, RA 24.43
861 Brief vom 28.8.1889 von Gerhard Rohlfs an Georg Schweinfurth, RA 24.57
862 Fremdenbuch, S. 73
863 Brief vom 24.8.1889 von Gerhard Rohlfs an Georg Schweinfurth, RA 24.57
864 Brief vom 23.2.1890 von Gerhard Rohlfs an Georg Schweinfurth, RA 25.27, zur Erbangelegenheit umfangreicher Schriftverkehr, gesondert unter R(euter) im RA

28.
Letzte Jahre

Es wurde ruhig um Rohlfs. Seine Zeit war vorbei. Zwar gab es noch Kontakte zum Kolonialverein und zu aufstrebenden Reisenden wie Hans Meyer, dem Sohn des Herausgebers von Meyers Conversationlexikon, und dem Bankierssohn Max von Oppenheim, aber sonst beschränkte sich sein Umgang auf die Familie, in der von seiner Seite aber als engere Verwandte nur noch seine Schwester Adelheid in Bremen, sein nach dem Schlaganfall pflegebedürftiger Bruder Heinrich in Wiesbaden und sein Schwager August Voss in Collinghorst lebten.

Der Bekanntenkreis in Godesberg blieb übersichtlich, obwohl er zu einer Stammtischrunde gehörte, die sich im noch existierenden »Hotel zum Adler« traf[865].

Er hielt keine Vorträge mehr. Es entfielen die entsprechenden Einnahmen. Wenn Müller schreibt: »Die Rente, die man ihm in Anerkennung seiner großen Verdienste ausgesetzt hatte, und seine Ersparnisse sicherten ihm einen sorglosen Lebensabend«[866], so entspricht das nicht den Tatsachen, denn Rohlfs offenbarte Schweinfurth zum Beispiel, dass er für die dringende Ausstattung von Lucy Bornhaupt, einer Nichte seiner Frau, zum Antritt einer Stelle in Hamburg nur 25 Mark aufbringen könne. Weiter heißt es bei Müller: »In dieser Zeit schrieb er zahlreiche populärwissenschaftliche Artikel über Probleme der Erforschung Afrikas für Fachzeitschriften und Tageszeitungen.« Auch das entspricht nicht den Tatsachen, so konnten für die Jahre 1890 bis 1896 keine 10 Aufsätze in Fachzeitschriften nachgewiesen werden, dafür aber Briefe, in denen er Absagen für Artikel und für Rezensionen hinnehmen musste[867]. Ausnahmen bildeten die Rezensionen in Petermanns Mitteilungen für französischsprachige Bücher[868]. Die Zahl der

---

865 Guenther, S. 337
866 Müller, S. 249
867 Brief vom 20.2.1891 von Alexander Supan an Gerhard Rohlfs, RA 26.11, Brief vom 8.9.1892 von Theodor Hermann Pantenius an Gerhard Rohlfs, RA 27.53, Brief vom 4.7.1893 von Hans von Zobeltitz an Gerhard Rohlfs, RA 28.75, Brief vom 18.10.1893 des Westermann-Verlages an Gerhard Rohlfs, RA 28.116
868 »Geographische Litteratur-Berichte« für die Jahre 1891–1895, jeweils Beilagen zu den entsprechenden Jahresbänden von Petermanns Mitteilungen

Zeitungsartikel ist nicht mehr festzustellen, ihre Inhalt dürfte mehrheitlich Kolonialfragen betroffen haben[869].

Das Ehepaar weilte in allen Jahren zwischen 1890 und 1896 im Winter oder zeitigen Frühjahr zur Kur in Wiesbaden. 1894 war Rohlfs in Wiesbaden bei Glatteis und dann auch wieder daheim in Godesberg gestürzt[870], wobei ein Zusammenhang mit einem leichten Schlaganfall nicht auszuschließen war. Was das bedeuten konnte, wusste er von den Leiden seines Bruders Heinrich: »Lieber eine Kugel durch den Kopf als solch ein Leben!«[871]

1895 stürzte er in der Wohnung und sprach anschließend in einem seiner Frau diktierten Brief an Rudolph Said Ruete, er habe einen gesundheitlichen Rückschlag erlitten und sei auf der rechten Seite leicht gelähmt[872]. Eine durchgehende Besserung gab es nicht mehr, im Gegenteil: Er war an einen Rollstuhl gefesselt, seine Ärzte verordneten ihm Ruhe. Er durfte nur noch die Tageszeitung lesen und fühlte sich völlig vereinsamt[873].

Im Zuge seiner Hinfälligkeit erwies sich die neue Villa schnell als unpraktisch, da sich das Schlafzimmer im ersten Stock befand und Rohlfs nur noch mit Mühe die Treppe bewältigen konnte. Bereits 1892 wurde ein voll unterkellerter Anbau mit einer Grundfläche von rd 46 qm erstellt, der dem Ehepaar das Leben auf einer Ebene ermöglichte. Die Außenstufen aber blieben. Ermöglicht wurde der Ausbau durch Heinrich Rohlfs, der seinem Bruder das Geld zur Verfügung stellte[874].

Es wurde noch ein schmaler Grundstücksstreifen zugekauft und 1896 eine Veranda an die Bibliothek angebaut, damit »wir frische Luft genügend genießen können auf bequeme Art und außerdem viel zu sehen haben durch den lebhaften Verkehr«[875]. Auf der anderen Seite wollte Gerhard Rohlfs unbedingt eine Abwechselung haben, so dass seine Frau mit ihm über seinen Geburtstag nach Wiesbaden fuhr. Dort zog er sich eine Erkältung zu, die ihn nach der Rückkehr in Godesberg für Tage ans Bett fesselte und

---

869 Guenther, S. 337
870 Guenther, S. 338
871 Guenther, S. 337
872 Brief vom 15.5.1895 von Gerhard Rohlfs an Rudolph Said Ruete, RA 30.18a
873 Brief vom 1.2.1896 von Gerhard Rohlfs an Alexander Supan, Gotha, Mappe 4
874 Brief vom 30.6.1892 von Gerhard Rohlfs an Georg Schweinfurth, Kopie RA 27.92, Original im Nachlass Guenther/Universität Freiburg
875 Brief vom 7.5.1896 von Leontine Rohlfs an Rudolph Said-Ruete, RA 31.18

schwächte[876]. Sprach-[877] und Schluckbeschwerden[878] kamen hinzu. In der Nacht des 2. Juni 1896 entschlief er.

Rohlfs hatte bereits vor 1883 der Stadt Vegesack seine Goldenen Medaillen[879] und 1890 weitere wesentliche Teile seines Nachlasses angedient und nach einem Urnengrab gefragt[880]. Die Stadt nahm das nach dem Tode von Leontine Rohlfs 1917 erfüllte Legat an[881]. 1894 hatte Rohlfs dann auf dem neuen Vegesacker Friedhof eine Familiengrabstätte einrichten und seine Eltern und seine jüngste Schwester Charlotte umbetten lassen[882]. Da sich bei einer Restauration auf dem stattlichen Eisengitter neben den Initialien W. St., die wohl auf den Schmied hinweisen, die Jahreszahl 1894 fand, ist wohl davon auszugehen, das auch die Grabstätte aus diesem Jahr stammt. Das Grabmahl mit seinen beiden Nieschen für die Urnen war bei seiner Beerdigung aber noch nicht vorhanden[883].

Da es in Bremen noch kein Krematorium gab, wurde er in Hamburg eingeäschert. Es ist nicht zu klären, warum die Trauerfeier in Vegesack am 10.6.1896 nicht in der Kirche, sondern in der kleineren Turnhalle stattfand[884]. Die Trauergäste mussten sich zudem vorher eine Einlasskarte geben lassen[885]!

In seiner Trauerrede erwähnte Stadtdirektor Rohr, die Stadt Vegesack hätte erwogen, Gerhard Rohlfs zum Ehrenbürger zu ernennen. In den Protokollen der einschlägigen Gremien ist davon nichts zu finden. Die Stadt übernahm die Kosten der Beisetzungsfeier und sorgte für eine Gedenktafel am Geburtshaus[886]. 1910 wurde die Lange Straße, an der das Geburtshaus stand, in Gerhard-Rohlfs-Straße umbenannt, an deren nördlichem Ende seit 1961 ein Denkmal an ihn erinnert.

---

876 Brief vom 7.5.1896 von Leontine Rohlfs an Rudolph Said-Ruete, RA 31.18
877 Guenther, S. 339
878 Brief vom 3.6.1896 von Georg Schweinfurth an Leontine Rohlfs, RA 31.18a
879 Brief vom 15.4.1883 von Gerhard Rohlfs an Ferdinand Stümcke, RA 18.40
880 Brief vom 8.11.1890 von Gerhard Rohlfs an die Direktion der Stadt Vegesack, Abschrift im RA, Akte 2.10
881 Brief vom 14.11.1890 von Gerhard Rohlfs an Stadtdirektor Rohr, Abschrift im RA, Akte 2.10
882 Brief vom 10.7.1894 von Gerhard Rohlfs an den Stadtdirektor von Vegesack Rohr, RA 29.67
883 Es ist auf einem Foto, das Urne und Kränze zeigt, nicht zu sehen. RA Grabfoto 1
884 Guenther, S. 341
885 Norddeutsche Volkszeitung, 48. Jahrgang, Nr.131 vom 6.6.1896
886 Protokolle 857 vom 8.6.1896 und 862 vom 7.8.1896 des Stadtrates von Vegesack, Abschriften im RA. Dort befindet sich heute auch die durch eine neue ersetzte alte Gedenktafel

29.
Berufe – Tätigkeiten

Wer das reiche Leben von Rohlfs Revue passieren lässt, dem stellt sich schnell die Frage, was eigentlich sein Beruf war, wozu er eigentlich berufen war.

Zuerst war er Soldat. Er diente in fünf Armeen und nahm am englischen Kriegszug gegen Abessinien teil. Er lernte das Kriegshandwerk von der Pike auf, aber warum? Es war anfangs wohl eine Mischung aus Rebellion gegen die Schule, gegen das Elternhaus, aus Abenteurerlust und in Schleswig-Holstein wohl auch aus einer Portion Patriotismus. Die österreichische Armee und die Fremdenlegion waren für ihn, der aus dem gewohnten bürgerlichen Leben schon weit gesunken war, fast ohne Alternative. Sein Dienst in der marokkanischen Armee könnte mit dem hier vermuteten Spionageauftrag in Zusammenhang stehen.

Rohlfs mag an der Front – gleich ob bei Idstedt in Schleswig-Holstein oder in der Fremdenlegion in Norditalien oder Algerien – ein guter Soldat gewesen sein, er war es von Berufs wegen aber nicht. Er hatte nicht den berufsbezogenen Ehrgeiz, Stufen einer Karriereleiter zu erklimmen. Er hat es in keiner Armee zu etwas gebracht.

Dann sollte er Arzt werden. Er selbst wollte es wohl nicht, fühlte sich vielleicht überfordert oder vom Elternhaus zu sehr unter Druck gesetzt. Und so endete sein Studium mit einem Fiasko. Wenn er später ärztliche Hilfe leistete und zeitweise gar davon gelebt hat, so ist das kein Gegenbeweis, denn mit seinen Grundkenntnissen aus dem Elternhaus und den Studiensemestern war er in Afrika den Einheimischen in der Regel weit überlegen. Er war kein Arzt, hat es von sich selbst auch nie behauptet.

Wenn er, wie viele Indizien anzudeuten scheinen, als Spion gearbeitet hat, so ist das kein eigentlicher Beruf, sondern eine, eher vorübergehende, auftrags- oder zeitbezogene Tätigkeit, die er zur Zufriedenheit seiner Auftraggeber erledigt haben mag, die hier aber nicht weiter zu diskutieren ist.

Reisender wurde er und war er lange. Aber das allein ist kein Beruf. Das ernährt keinen Mann, keine Familie. Es muss etwas hinzukommen: das Sammeln von Informationen. Darum hat er sich immer und zunehmend erfolgreich bemüht. Insofern war er ein Reisender. Aber es gehört eigentlich ein weiterer Schritt dazu: die intensive Auseinandersetzung mit den gesammelten Informationen. Dazu bedarf es aber einer entsprechenden Ausbildung. Die hatte Rohlfs nicht. Er näherte sich der Problematik als Autodidakt, lernte den

Umgang mit Messgeräten, und schaffte sich im Laufe der Jahre eine große Bibliothek an und arbeitete sich so mit Fleiß und Ausdauer in viele Gebiete ein, so dass er durchaus in die Lage kam, Zusammenhänge zu erkennen und darzustellen. Aber ihm waren Grenzen bewusst. Dann forschte er nicht selbst, dann ließ er forschen. Zu denken ist zum Beispiel bei der Reise in die Libysche Wüste an die Mitnahme von ausgebildeten Fachleuten. Auch ließ er mitgebrachte Proben und Werte von Wissenschaftlern aufarbeiten und veröffentlichte die Ergebnisse teilweise als Anhang zu seinen Büchern. Zunehmend bekam er von Forschern auch Aufträge, bei seinen Reisen Informationen und Proben zu speziellen Themen zu sammeln, was er nach Möglichkeit auch tat. Er war in dieser Definition kein Afrikaforscher, er blieb ein Forschungsreisender, ein Zulieferer.

Rohlfs hat viel geschrieben und, wie bereits ausgeführt worden ist, zu einem guten Teil davon gelebt. Er war einmal Berichterstatter dessen, was er auf seinen Reisen gesehen und erlebt hatte, er trennte davon in aller Regel seine Interpretationen und formulierte seine Wünsche und Vorstellungen als solche. Er tat das im Stile seiner Zeit, der zwar nicht dem heutigen entspricht, durchaus aber seinen Reiz hat.

Seine frühesten Aufzeichnungen, es soll aus der Fremdenlegionszeit ein Tagebuch gegeben haben[887] und seine Tagebücher der Marokko- und Algerienreisen, haben sich offensichtlich nicht erhalten. Bekannt ist, dass Petermann seine Texte durch Behm überarbeiten ließ, sie »zurechtstutzte«[888], er sprach von »überaus trockenen & oberflächlichen & flüchtigen Tagebüchern«[889]. Rohlfs entschuldigt sich: »Das Tagebuch ... muss in Betreff der Rechtschreibung und Stylisirung korrigirt werden, da ich seit 10 Jahren oder länger fast kein einziges Deutsches Buch in die Hände bekommen habe«[890]. Einmal hieß es: »Rohlfs Griffel ist mitunter etwas hart und trocken«[891]. Er selbst sah sich kritisch: »Ich bin ein schlechter Schilderer«[892].

Diese Unsicherheit, verbunden mit Unlust und zeitweiliger Zeitknappheit, führte dazu, dass er ganze Bücher stilistisch und inhaltlich durch Dritte überarbeiten und Artikel nach

---

887 Hornung, S. 92
888 Brief vom 28.5.1870 von August Petermann an Hermann Rohlfs, im Perthes Archiv unter Gerhard Rohlfs, Mappe 16-5
889 Brief vom 5.5.1868 von August Petermann an Georg Breusing, abgedruckt bei Reinhard A. Krause: Die Gründungsphase deutscher Polarforschung 1865-1875, Bremerhaven 1992, S. 147
890 Brief vom 8.1.1865 von Gerhard Rohlfs an August Petermann, Petermann 1865, S. 73
891 »Ausland«, 1871, »Vom Büchertisch«, S. 574. Das bezog sich auf Rohlfs Buch: Von Tripolis nach Alexandria«
892 Brief vom 3.3.1873 von Gerhard Rohlfs an Georg Schweinfurth, RA 5.33

Stichworten schreiben ließ, so das Libyen-Buch durch Ascherson[893], das Kufra-, das zweite Abessinien-Buch und etliche Artikel durch Kulemann[894]. Aus dem umfangreich erhaltenen Schriftverkehr ergibt sich, dass es sich nicht um flüchtiges Durchsehen, sondern um arbeitsintensives Durcharbeiten handelte, die Rohlfs beträchtliche Honoraranteile kosteten: zum Beispiel »für die nicht gerade erfreuliche Arbeit« am Libyen-Buch ¼ an Ascherson[895]. Er war dabei so genau, dass Rohlfs ihn als »nörgelnden Philister« titulierte[896]. Insofern ist es auch problematisch, wenn Magister- oder ähnliche Arbeiten geschrieben werden, die den durch den Text mitbestimmten Inhalt analysieren, wenn nicht einmal feststeht, dass der Text auch ausschließlich aus Rohlfs' Feder stammt[897].

Guenther urteilte: »Die ersten Arbeiten sind in dieser vorläufigen Form – er meinte vor allem die Ergänzungshefte bei Petermann zur Saharadurchquerung, der Verf. – noch wenig lesbar; ziemlich mühsam zurechtgestutzt, bieten sie nur dem Geographen mit ihrer Fülle trockener Angaben ein wertvolles Material, während weitere Kreise dort wenig Interessantes finden dürfte«[898]. Ähnlich sah es Müller, der in den Ergänzungsheften auch eher eine wissenschaftliche Arbeit sah und die spätere zweibändige überarbeitete Buchausgabe allgemeinverständlich und fesselnd fand[899]. Das ist angesichts des dreiteiligen, rein wissenschaftlichen »Botanischen Anhangs« nicht ganz verständlich. Guenther und Müller zählen »Quer durch Afrika« zu den Klassikern der Afrikaliteratur. Müller behauptet, es sei in viele Fremdsprachen übersetzt worden. Bis zum Erscheinen seines Buches 1982 war nur eine spanische nachweisbar[900].

Nach dem Erscheinen der Bücher über die Libysche Wüste, über Kufra und die zweite Abessinienreise steht nach Guenther »Rohlfs als Reiseschriftsteller auf der Höhe; auch mit Bezug auf formvollendete Darstellung«[901]. Das ist eine sehr fragwürdige Aussage, denn Guenther musste aus den ihm zugänglichen Unterlagen wissen, dass diese Bücher von Dritten gerade in der vorliegenden Form überarbeitet worden waren!

---

893   Brief vom 15.2.1875 von Paul Ascherson an Gerhard Rohlfs, RA 7.40
894   Briefe vom 16.8.1880, 10.5.1882 und 24.7.1882, jeweils von Rudolf Kulemann an Gerhard Rohlfs, RA 14.36, RA 16.80 und RA 17.22
895   Brief vom 15.2.1875 von Paul Ascherson an Gerhard Rohlfs, RA 7.40
896   Brief vom 11.6.1875 von Paul Ascherson an Gerhard Rohlfs, RA 7.130
897   Zouheir Soukah, Das Orientbild in G. Rohlfs erster Marokko-Reise, Magisterarbeit 2009
898   Guenther, S. 246
899   Müller, S. 185
900   Francisco Garcia Ayuso: Viagi de Rohlfs, de Tripoli a Lagos, á travers del desierto de Sahara, ohne Jahr, vermutlich 1870
901   Guenther, S. 247

> † **Neckarsulm.** Der berühmte Afrikareisende Gerhard Rohlfs hielt heute seinen Vortrag über Marocco, die Reisen im Atlasgebirge, in Centralafrika bis zum Tsadsee im Saale des Gasthofs Prinz Karl mit großem Beifall aus nah und fern. Die Anerkennung, welche die großen Verdienste dieses kühnen Forschers und dabei ebenso liebenswürdigen Mannes gefunden haben, war eine ungetheilte und dabei für ihn so ermuthigend, daß er voraussichtlich später auch noch die weiteren Reisen, insbesondere den englischen Feldzug nach Abessinien im Jahre 1868, den er mitmachte, vortragen wird.

Es ist hinreichend bekannt, wann und gegebenenfalls in wie vielen Auflagen seine einzelnen Bücher herausgekommen sind, nur fehlen Angaben zur Auflagenstärke. Die einzige Ausnahme ist die im Hause Perthes erstellte Abessinienkarte, von der 1500 Exemplare für das bei Brockhaus verlegte Buch für die zweite Abessinienreise geordert wurden[902].

War er in den ersten Jahren eher ein Reiseschriftsteller, so wurde er später durch seine Broschüren und Zeitungsartikel auch zum Kolumnisten, ja, bis hin zum Kolonialagitator.

Von der Schrift zum gesprochenen Wort: Rohlfs als Redner, Rohlfs als Vortragender. Hier hatte er als selbstbewusster und meinungsfreudiger Mann sein Betätigungsfeld gefunden, auf dem er auch Geld verdienen konnte. Dabei ist nicht an die zahlreichen Vorträge zu denken, die er nach seinen Reisen oder zu besonderen Anlässen vor den verschiedensten geografischen Gesellschaften hielt, sie begründeten und befestigten nur seinen Ruhm und brachten ihm zusammen mit seinen Veröffentlichungen viele Ehrenmitgliedschaften ein. Auf dieser Basis wurde er zum gefragten und auf Jahre erfolgreichen Redner vor zahlendem Publikum. Guenther rühmte: »Als Redner hatte Rohlfs Erfolg gehabt, wie selten jemand, man hörte ihn überall gern, lauschte dem klaren und von jeder Maniriertheit freien Fluss der Rede, und liess mit Wohlgefallen das Auge auf der schönen Gestalt ruhen«[903].

Die Zeitumstände kamen ihm entgegen. Immer breitere Kreise der Bevölkerung entwickelten das Bedürfnis nach Bildung und Information. Es gab zwar Zeitungen und Zeitschriften, aber noch keine bewegten Bilder in Film und Fernsehen. In vielen Städten

---

902 Brief vom 23.9.1882 von Hugo Wichmann an Gerhard Rohlfs, RA 17.72
903 Guenther, S. 255

> **Vortrag von Gerhard Rohlfs.**
>
> Der berühmte Afrikareisende, Herr Hofrath Dr. Gerhd. Rohlfs, wird am 29. d. M., abends 7 Uhr, im Ploeger'schen Saale über seine Reise nach Marokko vortragen, insbesondere die Uebersteigung des großen Atlas und die Erforschung der Oasen Draa, Tafilet und Tuat schildern.
>
> Billets à 1 Mk., für Schüler und Schülerinnen à 50 Pfg., sind in der Buchhandlung des mitunterzeichneten Herrn. Braams, sowie an der Casse zu haben.
>
> Zum Besuche dieses jedenfalls höchst interessanten Vortrages erlauben wir uns hierdurch ergebenst einzuladen. [341]
>
> Norden, den 21. Januar 1878.
>
> **Schneider,**   **Herm. Braams,**
> Gymnasialdirector.   Buchhändler.

entstanden deshalb Vereine verschiedenster Richtungen, von denen viele, vor allem im Winterhalbjahr, Vortragsreihen veranstalteten.

Rohlfs reiste von 1870 bis 1889, nur unterbrochen von Afrikaaufenthalten, in den Wintermonaten durch ganz Deutschland in den damaligen weiteren Grenzen. Zudem hielt er Vorträge in Russland, bei einem monatelangen Aufenthalt in den USA, und 1889 noch in Mailand[904], nicht aber, wie schon begründet, in Österreich, auch nicht in der Schweiz, in Holland, wo er es vergeblich plante[905], und in England.

Er, der zeitweilig auch mit einem extra angestellten Agenten arbeitete, entwickelte nach den erhaltenen Teilen der Vortragskorrespondenz ein sich stets wiederholendes Schema: Der vor Ort gefundene Ansprechpartner mietete einen geeigneten Saal, erhielt eine weiterzugebende Pressenotiz und gedruckte Eintrittskarten in verschiedenen Farben für abgesprochene Personenkreise mit differenzierten Preisen: Erwachsene, Kinder, Familien etc. Die Ansprechpartner waren Vertreter der genannten Vereine, Buchhändler, Pastoren oder Schulleiter.

Rohlfs vermied es meist, das alleinige Risiko zu übernehmen. Gerade von den Vereinen akzeptierte er – oder auch nicht – ein festes Honorar. Gelegentlich kam es auch zu der Absprache, dass über ein festes Honorar hinausgehende Einnahmen geteilt wurden. Reise- und Übernachtungskosten gingen in aller Regel zu Lasten von Rohlfs, der sich ungern

---

904 Brief vom 18.12.1888 von Fr. Eckhardt an Gerhard Rohlfs, RA V 23.51
905 Briefe vom 31.12.1871 und 10.1.1872 von Gerhard Rohlfs an Georg Schweinfurth, RA 3.69 und RA 4.5, dann Briefe vom 18.11.1870 und 22.11.1870 aus Amsterdam und Arnheim, RA V 2.9 und V 2.10

> Am 28. Februar wird
>
> # Gerhard Rohlfs
>
> im Saale des Gasthofs zum Falken einen Vortrag halten über seine Reisen in Afrika, speciell Aufenthalt beim Kaiser von Marokko, Uebersteigung des großen Atlas und Reise bis an den Tsad-See in Centralafrika.
> Karten für eine Person à 36 kr., 2 Personen à fl. 1., 3 Personen à fl. 1. 15 kr., 4 Personen à fl. 1. 30 kr. sind zu haben in
>
> ## Albert Scheurlen's Buchhandlung
> in Heilbronn.

privat unterbringen ließ[906]. Diese Vortragsreisen waren auch angesichts der damaligen Verkehrsverhältnisse beschwerlich, so dass sein Aufschrei: »... habe jetzt noch 25 Vorträge: Entsetzlich!«[907] verständlich ist. Aber nicht alle gewünschten Vorträge kamen zustande: Mal war Rohlfs die gebotene Summe zu klein, mal konnte kein Termin gefunden werden, mal wurde ein Termin mangels Nachfrage gestrichen.

Bei der Durchsicht aller Briefe einschließlich der Vortragskorrespondenz fällt auf, dass auch nicht in einem Fall davon die Rede ist, seine Bücher zum Kauf anzubieten.

Wie ein roter Faden zieht sich ein Berufswunsch durch das Leben von Gerhard Rohlfs: der nach einem Posten als Konsul. Es ist nicht nachvollziehbar, ob und gegebenenfalls wann er sich über die Voraussetzungen informiert hat, die ein Honorarkonsul oder gar ein Berufskonsul zu erfüllen hat. Honorarkonsul konnte er ohnehin nicht werden, da er keinen Beruf und keinen festen Wohnsitz im Ausland hatte. Beides zusammen waren und sind die Voraussetzungen. Als Berufskonsul fehlten ihm juristische und andere Vorkenntnisse und jede Ausbildung. Das waren Hürden, die selbst durch Willen, Fleiß und Landeskenntnisse nicht zu ersetzten waren. Das hatte Rohlfs nicht gesehen oder nicht sehen wollen.

Dabei tauchte bereits 1867 erstmals die Frage auf. Rohlfs bringt sich als Konsul in Massaua ins Gespräch[908]. Von da an vergeht kaum ein Jahr, in dem es nicht zumindest gerüchteweise hieß, Rohlfs wolle Konsul werden oder werde Konsul. Nahe dran war er nach

---

906 Brief vom 17.10.1872 von Gerhard Rohlfs an Georg Schweinfurth, RA 4.113
907 Brief vom 5.11.1877 von Gerhard Rohlfs an Georg Schweinfurth, RA 9.121
908 Brief vom 26.9.1867 von Charles Maunoir an Gerhard Rohlfs, RA 1.46a, und Brief vom 13.11.1867 von Heinrich Abeken an Gerhard Rohlfs, RA 1.59a

einer Zusage des preußischen Königs Wilhelm I., den Posten in Jerusalem zu bekommen, doch Robert von Keudell bezeichnete ihn in einer Notiz als ungeeignet[909] und er wurde nicht ernannt. Später ging es immer wieder um ein Konsulat in Tripolis, doch in Berlin sah man dafür keine ausreichenden sachlichen Gründe, bis seinem Drängen nachgegeben wurde mit dem bereits geschilderten Ausgang in Sansibar. Spätestens nach seinen gescheiterten Friedensbemühungen in der Auseinandersetzung zwischen Abessinien und Ägypten hätte Rohlfs klar sein müssen, dass guter Wille allein nicht ausreicht.

So bleibt festzuhalten, dass Rohlfs in allen seinen Tätigkeiten keine nachhaltige Befriedigung und kein seinem Lebensstil entsprechendes Einkommen gefunden hat. Er blieb auf – meist staatliche – Zuschüsse und für die letzten 12 Jahre auf die Ehrenpension des Kaisers angewiesen.

---

909 Notiz vom 6.1.1868 von Robert von Keudell an Wilhelm I., Kopie einer Abschrift RA 1.107a, Original im Reichsarchiv KA IX Gr 7 Bd 6

30.
Seine Person

Rohlfs war eine unruhige Person, ein rastloser Mensch. In seinen jungen Jahren wirkte er orientierungslos, ziellos. Er legte das auch in seinem späteren Leben nie ganz ab. Er war nicht ausrechenbar. Das machte den Umgang mit ihm so schwierig, auch und gerade schon für seine Eltern. Es heißt zwar, er habe besonders seine Mutter geliebt[910] und eine Haarlocke von ihr in einem Medaillon getragen[911], so scheint ihm doch nicht klar gewesen zu sein, welchen Schmerz er den Eltern zugefügt hat. Wenn der Vater ihn in seinem Testament nicht berücksichtigt hat, so ist das ein beredtes Zeichen dafür.

Er liebte die Freiheit, die Unabhängigkeit. Er fand sie in den Weiten der Wüste, die insoweit nicht mehr als Kulisse war. Hier konnte er sich und anderen beweisen, wozu er fähig war. Dabei war er hart gegen sich selbst und erwartete Disziplin. Aber für mehr als reine Selbstdarstellung fehlte ihm immer wieder die Geduld, die gerade ein Reisender haben muss.

Sein Selbstbewusstsein war unerschütterlich, seine Hartnäckigkeit erstaunlich, seine Forderungen – zu denken ist an seine Geldangelegenheiten – grenzten an Dreistigkeit.

Zudem war er eitel, denn von wem gibt es aus dieser Zeit derartig viele Aufnahmen? Auch sein Hang zum Austausch von Porträtaufnahmen deutet in diese Richtung.

Er war und blieb ein Kind seiner Zeit. Er fühlte sich als Weißer, als Europäer und, bei aller Distanz, als Christ den Afrikanern überlegen. Ihm kam es nicht in den Sinn, sich mit ihnen auf eine Stufe zu stellen, um ihre Denkungsart zu verstehen. Zwar machte er deutliche Unterschiede zwischen Nord- und Westafrikanern, doch begrüßte er alle Projekte, die auf eine Kolonialisierung jedes Gebietes in Afrika hinausliefen[912]. Sein Glaube an den Fortschritt um jeden Preis machte ihn erst zu einem Verteidiger und dann zu einem Befürworter des Imperialismus und rückte ihn in die Nähe eines Rassisten[913].

---

910 Müller, S. 251
911 Müller, S. 23
912 Schmokel, S. 219, siehe auch Friedrich Prüser: Carl Alexander von Weimar und Adolf Lüderitz, in: Tradition - Zeitschrift für Firmengeschichte und Unternehmerbiografie, 4. Jg., 3. Heft, August 1959, S. 174
913 Schmokel, S. 215

Er liebte öffentliche Anerkennungen: Titel, Orden, Ehrenmitgliedschaften, die ihm ja auch reichlich zuteil wurden. Er wollte gern im Vordergrund stehen und pflegte deshalb entsprechenden Umgang bis hin zum Hofe. Er wollte auch gern mit Georg Schweinfurth, dessen fundiertes Wissen er bewunderte, auf Augenhöhe verkehren und legte größten Wert auf dessen Besuche, zumindest auf einen steten Briefwechsel[914].

Auf der anderen Seite konnte er froh sein, in seiner Frau eine verständnisvolle Partnerin gefunden zu haben. Mag sie dem berühmten Mann zu Anfang mit einer gewissen Ehrfurcht begegnet sein, so war sie ihm eine getreue Gefährtin, die zwar häusliche Arbeit nicht kannte und von daher seinem Lebensstil entsprach, die aber die Vorhaben ihres Mannes - teilweise ungefragt - akzeptierte und ihm zu Gefallen Reisen auf sich nahm, die für eine Frau der Gesellschaft zu der Zeit ungewöhnlich waren.

Rohlfs hatte dem Schriftverkehr nach wenig Duzfreunde. Bei einigen von Ihnen ist der Grund nicht auszumachen, denn das persönliche Verhältnis war nicht unbedingt eng. Er hatte aber ungewöhnlich viele Bekannte aus seinem Metier als Reisender, aber auch aus Kunst, Kultur und Politik. Eine Auflistung nach der Korrespondenz im Nachlass, den noch vorhandenen Fotos, seinem Fremdenbuch und dem Stammbuch vereinigt einschließlich der Verwandtschaft über 1200 Namen!

An ihn herangetragene Wünsche hatte er nach Möglichkeit erfüllt. Er stand Dritten zumindest gern mit Rat zur Seite[915] und organisierte auch Sammlungen für Vorhaben, die er für notwendig erachtete[916].

Dem Paar waren wohl zu seinem Leidwesen keine Kinder vergönnt. Das könnte dazu beigetragen haben, dass es sich nirgends richtig heimisch fühlte. Weimar wurde nicht zur Heimat. Dafür spricht auch, dass Rohlfs zu einem sehr frühen Zeitpunkt seiner Geburtsstadt Dinge vermachte, um sich dort einen Begräbnisplatz zu sichern.

Ob Rohlfs ein guter Vater gewesen wäre, muss unbeantwortet bleiben, ein strenger sicherlich. Wenn Gnettner schrieb: »Kinderlieb waren aber beide Ehepartner«[917], so mag das für Frau Rohlfs uneingeschränkt zutreffend gewesen sein, denn dann wäre sie nicht so oft allein gewesen, ob aber Rohlfs selbst die Kindern gegenüber notwendige Geduld aufgebracht hätte, muss doch bezweifelt werden. Sein Verhalten dem von ihm selbst mitgebrachten Noël gegenüber und noch stärker das dem von Schweinfurth mitge-

---

914 Briefe vom 30.12.1885, 13.12.1887 und 26.1.1889 von Gerhard Rohlfs an Georg Schweinfurth, RA 20.76, RA 22.116a und RA 24.38
915 Zu denken ist an von Bary, Meyer und von Oppenheim
916 Zu denken ist an die für die Suchexpedition für Emin Pascha
917 Gnettner, S. 149

brachten Allagabo gegenüber sprechen nicht unbedingt dafür, denn er riet Schweinfurth wiederholt, ihn zu »verschenken«[918] oder ihn nach Kairo kommen zu lassen und ihm dort schlimmstenfalls den Laufpass zu geben[919]. Wenn Kinder vorübergehend im Haus waren, so sicher auf Betreiben von Leontine Rohlfs, die stets um die Bindungen zu ihrer Familie bemüht war.

Fast immer ist zumindest von dem bekannten, wenn nicht berühmten Gerhard Rohlfs die Rede – und nicht nur in den zahllosen Nachrufen –, aber eine differenzierende Aussage soll doch angeführt werden, die von Gottlob Adolf Krause[920]. Er war zwar unter den Kollegen nicht unumstritten[921], kannte aber Rohlfs persönlich. Er nannte ihn zwar »eine der markantesten Persönlichkeiten«, bilanzierte aber, dass er »bei keiner seiner Reisen das Ziel, das er sich selbst vorgesteckt hatte, erreicht(e)«. Krause selbst nimmt dabei die zwei Abessinien-Reisen aus, da er bei denen die Ziele nicht selbst gesetzt hatte, aber bei den übrigen liegt er im Kern richtig.

Daher kann man Genschorek[922] nur bedingt zustimmen, wenn er sagt: »Rohlfs war einer der letzten klassischen Afrikaforscher, die selbstlos in friedlicher Absicht im Dienste der Wissenschaft ohne großen Aufwand allein oder mit nur wenigen Begleitern den Weg in unerforschte Weiten antraten.« Rohlfs war ein einsamer Wanderer durch Afrika, durch Gebiete, die meist schon vor ihm mehr oder weniger umfangreich beschrieben worden waren, seine Erkenntnisse hatten dadurch meist nur eine ergänzende, keine geschichtliche Dimension.

Heute noch erinnern Straßennamen in Bremen, Delmenhorst, Hamburg, Hannover, Berlin, Weimar, Bonn (Godesberg) und München an ihn und eine Blume ist nach ihm benannt: das Cyclamen rohlfsianum, die von ihm entdeckte nordafrikanische Abart des Alpenveilchens, von der er einst aus der Cyrenaica Exemplare nach Deutschland brachte.

Er hat in Wort und Schrift Afrika einem breiten Publikum bekannt gemacht und es wohl nicht verdient, in Vergessenheit zu geraten.

---

918   Briefe vom 14.5.1874 und 13.6.1874 von Gerhard Rohlfs an Georg Schweinfurth, RA 6.27 und RA 6.49
919   Brief vom 26.6.1878 von Gerhard Rohlfs an Georg Schweinfurth, RA 10.100
920   Neue Preußische Zeitung (Kreuzzeitung), Berlin, Nr. 323, 325 und 327 aus !896
921   Brief vom 24.5.1879 von Paul Ascherson an Gerhard Rohlfs, RA 12.57: »Der Krause scheint völlig verschwunden zu sein. Schwerlich ein Verlust für die Wissenschaft« - Brief vom 9.5.1880 von Antonin Stecker an Gerhard Rohlfs, RA 13.80: »eigenthümlicher Kauz« - Brief vom 10.4.1884 von Georg Schweinfurth an Gerhard Rohlfs; RA 19.49: »schrecklicher Kerl«.
922   Genschorek, S. 210

Anhang

Quellenverzeichnis

Bücher

Adressbuch der Freien Hansestadt Bremen 1848, S. 18 und 242

Banse, Ewald: Unsere großen Afrikaner – Das Leben deutscher Entdecker und Kolonialpioniere, Gerhard Rohlfs, Berlin 1942, S. 78–114

Barth, Heinrich: Reisen und Entdeckungen in Nord- und Centralafrica in den Jahren 1849–1855, 5 Bände ab 1857

Belger, Alwin: Die große Zeit deutscher Afrikaforschung und Kolonialarbeit. Nach dem Briefwechsel von Gerhard Rohlfs, ohne Jahr, [ca 1942], ungedrucktes Manuskript im RA [Rohlfs-Archiv im Heimatmuseum Schloss Schönebeck]

Brockhaus Konversations-Lexikon, 14. Auflage 1894/96, Band 13, Rohlfs, Gerhard, S. 922

Debetz, Jaques: Voyages & Explorations au Sahara – Tome 1, Paris 2001

Flad, J. M.: Zwölf Jahre in Abessinien oder Geschichte des Königs Theodor II. und der Mission unter seiner Regierung, 1869

Garcia Ayuso, Francisco: Viagi de Rohlfs, de Tripoli a Lagos, á travers del desierto de Sahara, ohne Jahr, vermutlich 1870

Genealogisches Handbuch bürgerlicher Familien, 2. Band, Berlin 1889, S. 323, und 3. Band, Berlin 1884, S. 219–222

Genschorek, Wolfgang: Im Alleingang durch die Wüste – Das Forscherleben des Gerhard Rohlfs, 1982

Gnettner, Horst: Der Bremer Afrikaforscher Gerhard Rohlfs – Vom Aussteiger zum Generalkonsul. Eine Biografie, 2005

Graichen, Gisela, Horst Gründer: Deutsche Kolonien – Traum und Trauma, 2005

Guenther, Konrad: Gerhard Rohlfs – Lebensbild eines Afrikaforschers, 1912

Gussenbauer, Herbert: Einleitung des Herausgebers – in: Gerhard Rohlfs: Quer durch Afrika, 1984

Heichen, Paul: Afrika Hand-Lexikon – Ein Nachschlagebuch für Jedermann, ohne Jahr [1895]: Gerhard Rohlfs: S. 1094, 1095,

Helfensteller, Anke, und Heike Kammerer-Grothaus (Hg.): Afrika-Reise – Leben und Werk des Afrikaforschers Gerhard Rohlfs, 1998

Helfensteller, Anke, und Heike Kammerer-Grothaus (Hg.): Afrika-Reise – Leben und Werk des Afrikaforschers Gerhard Rohlfs, 1998: Horst Gnettner, Gerhard Rohlfs – der Bremer Afrikaforscher, S 13–22

Helfensteller, Anke, und Heike Kammerer-Grothaus (Hg.): Afrika-Reise – Leben und Werk des Afrikaforschers Gerhard Rohlfs, 1998: Angelika Tunis: Vom Fremden legionär zum Hofrat Hochwohlgeboren in Weimar, S. 48

Helfensteller, Anke, und Heike Kammerer-Grothaus (Hg.): Afrika-Reise – Leben und Werk des Afrikaforschers Gerhard Rohlfs, 1998: Mounir Fendri, Am Rande des deutsch-französischen Krieges (Sommer 1870) »Gerhard Rohlfs tunesische Sendung« im Lichte tunesischer Quellen, S. 73–86,

Henze, Dietmar: Enzyklopädie der Entdecker und Erforscher der Erde, Band 4 Pallegoix – Soposchnikow, 2000, Rohlfs, Gerhard, S. 647–659

Hochschild, Adam: Schatten über dem Kongo – Die Geschichte einer der großen, fast vergessenen Menschheitsverbrechen, 2000

Holland, J., Henry Hozier: Record of the Expedition to Abessynia, Vol I-III, 1870

Honung, Peter: Die Legion – Europas letzte Söldner, 1981: Der Afrikaforscher (Gerhard Rohlfs), S. 86–110

Hozier, Henry M.: Der britische Feldzug nach Abessinien – Aus officiellen Aktenstücken, 1870

Italiander, Rolf, (Hg.): Heinrich Barth – Er schloß uns einen Erdteil auf – Unveröffentlichte Briefe und Zeichnungen des großen Afrika-Forschers, 1970: Brief von Gerhard Rohlfs an Heinrich Barth, 14.2.1865

Jacobs, Friedrich: Elementarbuch der griechischen Sprache für Anfänger und Geübte, 2. Theil, 7. Auflage, 1847

Jünger, Ernst: Afrikanische Spiele, 1936

Keiper, Gerhard, (Hg): Biografisches Handbuch des deutschen Auswärtigen Dienstes 1871–1945, Band 3, 2008

Kloft, Hans, Lars U. Scholl und Gerold Wefer (Hg.): Innovationen aus Bremen, Persönlichkeiten aus Kultur, Technik und Wirtschaft, Jahrbuch der Wittheit zu Bremen 2006/2007: Helke Kammerer-Grothaus, Tropentauglich – Die Reisen von Gerhard Rohlfs (1831–1896) aus Bremen-Vegesack nach Afrika, S. 132

Krause, Reinhard A.: Die Gründungsphase deutscher Polarforschung 1865–1875, 1992: speziell: Brief von August Petermann an Georg Breusing, 5.5.1868, S. 147

Langner, Rainer-K.: Das Geheimnis der großen Wüste – Auf den Spuren des Saharaforschers Gerhard Rohlfs, 2004

LLoyd: H. E. Lloyd's theoretisch-praktische Englische Sprachlehre für Deutsche, 7. Auflage, 1844

Lorenz, E. G. Erich; Der Pilger Mustapha, in; Pfadsuche in der Wüste, Stuttgart 1931, S. 50 – 65

Malte-Brun, Victor Adolphe: Résume historique et géographique de l'Exploration de Gérard Rohlfs au Touât et a In-Câlah d'après le journal de ce voyageur publié par les soins d'Aug. Petermann, 1866

Markham, Clements R.: A History of the Abyssinian Expedition, 1869

Matthies, Volker: Unternehmen Magdala Strafexpedition in Äthiopien, März 2010

Meissner, Hans-Otto: Durch die sengende Glut der Sahara, die Abenteuer des Gerhard Rohlfs, 1967

Meyer's Conversation-Lexikon, III. Auflage 1878, Rohlfs, Gerhard, Band 13, S. 722, 723

Müller, Fritz Ferdinand: Deutschland – Zansibar – Ostafrika, Geschichte einer deutschen Kolonialeroberung 1884 – 1890, 1959

Müller, Martin: Im Gluthauch der Sahara – Gerhard Rohlfs – Ein großer Afrikaforscher, 1963

Neubacher, Hermann: Die Festung der Löwen – Äthiopien von Salomon bis zu Gegenwart, 1959

NN (Erzherzog Ludwig Salvator): Yacht-Reise in den Syrten 1873, 1874

Pankhurst, Richard: The Story of Ethiopian lootet Crowns I; zitiert nach der Addis Tribune vom 25.12.1998

Rohlfs, Gerhard: Gerhard Rohlfs' Reise durch Nord-Afrika vom Mittelländichen Meere zum Busen von Guinea 1865 bis 1867 – 1. Hälfte: Von Tripoli nach Kuka (Fesan, Sahara, Bornu), Ergänzungsheft 25 zu Petermann's »Geographischen Mittheilungen«, 1868

Rohlfs, Gerhard: Reise durch Marokko, Uebersteigung des grossen Atlas, Exploration der Oasen von Tafilet, Tuat und Tidikelt und Reise durch die grosse Wüste über Rhadames nach Tripoli, 1868

Rohlfs, Gerhard: Im Auftrage Sr. Majestät des Königs von Preussen mit dem englischen Expeditionscorps in Abessinien, 1869

Rohlfs, Gerhard: Land und Volk in Afrika – Berichte aus den Jahren 1865 – 1870, 1870

Rohlfs, Gerhard: Von Tripolis nach Alexandrien – Beschreibung der im Auftrage Sr. Majestät des Königs von Preussen in den Jahren 1868 und 1869 ausgeführten Reise, 2 Bände, 1871

Rohlfs, Gerhard: Mein erster Aufenthalt in Marokko und Reise südlich vom Atlas durch die Oasen Draa und Tafilet, 1873

Rohlfs, Gerhard: Gerhard Rohlfs' Reise durch Nord-Afrika vom Mittelländichen Meere zum Busen von Guinea 1865 bis 1867 – 2. Hälfte: Von Kuka nach Lagos (Bornu, Bautschi, Saria, Nupe, Yoruba), Ergänzungsheft 34 zu Petermann's »Geographischen Mittheilungen«, 1872 (erschienen 1873)

Rohlfs, Gerhard: Quer durch Afrika – Reise vom Mittelmeer nach dem Tschad-See und zum Golf von Guinea, Teil I 1874, Teil II 1875

Rohlfs, Gerhard: Drei Monate in der libyschen Wüste, 1875

Rohlfs, Gerhard: Kufra – Reise von Tripolis nach der Oase Kufra, 1881

Rohlfs, Gerhard: Meine Mission nach Abessinien. Auf Befehl Sr. Maj. des Deutschen Kaisers im Winter 1880/81, 1883

Rohlfs, Gerhard: Angra Pequena, die erste deutsche Kolonie in Afrika, o.J.[1884]

Rohlfs, Gerhard: Quid novi ex Africa?, 1886

Robert Rotberg (Hg.): Africa and its Explorers, 1970: Wolfe W.Schmokel: Gerhard Rohlfs – The Lonely Explorer, S. 175–221

Seckendorff, G., von: Meine Erlebnisse mit dem englischen Expeditionscorps in Abessinien 1867–1868, 1869

Schneppen, Heinz (Hg.): Emily Ruete, geb. Prinzessin Salme von Oran und Sansibar: Briefe nach der Heimat, 1999

Scurla, Herbert (Hg): Zwischen Mittelmeer und Tschadsee – Reisen deutscher Forscher im 19. Jahrhundert durch Nord- und Zentralafrika, 4. Auflage 1970, Vom Mittelmeer zum Tschadsee S. 521–598

Simpson, William: Diary of a Journey to Abyssinia, 1868: Whith the Expedition under Sir Robert Napier. K.C.S.I. – The Diary and Abservations of William Simpson of the Illustrated London News, 2002

Smith and Porter: History of the recent discoveries at Cyrene made during an expedition to the Cyrenaica in 1860/61, 1864

Soukah, Zouheir: Das Orientbild in G. Rohlfs erster Marokko-Reise, Magisterarbeit 2009

Stanley, Henry Morton: Coomassie and Magdala, 1874

Steilen, D(iedrich): Geschichte der bremischen Hafenstadt Vegesack, oJ (1926)

Stumm, F(erdinand von): Meine Erlebnisse bei der Englischen Expedition in Abyssinien – Januar bis Juni 1868, 1868

Tafla, Bairu: Ethiopia and Germany – Cultural, political and economic relations 1871 – 1936, 1981

Thiel, Reinhold: Die Geschichte der Deutschen Damschifffahrtsgesellschaft »Hansa«, Band I 1881–1918, 2010

Trümpler, Charlotte (Hg.): Das grosse Spiel – Archäologie und Politik, 2008: Karin

Kindermann: Gerhard Rohlfs - Vom Abenteurer zum Forschungsreisenden, S. 48- 57
Villers; Alexander, Briefe eines Unbekannten, band 1, 1925
Wantura, Katinka (Hg.): Die Menschen in der Schlacht bei Idstedt, 2000
Weidmann, Conrad: Deutsche Männer in Afrika - Lexicon der hervorragendsten deutschen Afrika-Forscher, Missionare etc., Lübeck 1894
Wellenkamp, Dieter: Der Mohr von Berlin - Forscher Gerhard Rohlfs und Noël der Sklave, 1970
Zittel, Karl A.: Briefe aus der libyschen Wüste, 1875 (Zusammenfassung von Briefen, die vorher in der Augsburger Zeitung veröffentlicht worden waren)

Zeitschriften

Bulletin de la Société de Géographie (Paris), 1860, S. 434
Das Ausland, 1869, S. 34, 1871, »Vom Büchertisch«, S. 574, 1874, S. 319–320, 1876, S. 841–845,
Deutsche Geographische Blätter, 1896, W[ilhelm] Wolkenhauer: Gerhard Rohlfs 1831 - 1896, S. 165–182
Deutsche Rundschau Band II. 1880, Gerhard Rohlfs (unter Berühmte Geographen, Naturforscher und Reisende), S. 294
Deutsches Archiv für Geschichte der Medicin und medicinischen Geographie, 8. Jahrgag, 1885 (4.Quartal): Gerhard Rohlfs, Zur Klimatologie und Hygien Ostafrikas, S. 379- 395
Die Welt des Islam, 1982: Peter Heine: Das Rohlfs/Wetzstein-Unternehmen in Tunis während des Deutsch-französischen Krieges 1870/71, S. 61–66, dort in Anmerkung 4 auf S. 61 der Hinweis auf den Artikel: Zum Gedächtnis eines Orientforschers in der Vossischen Zeitung, 15.2.1915
Geo Special, Nr 6 Dezember 1992: Carlo Bergmann, Der Pfadfinder, S. 38
Globus, Band XIV, 1868, S. 30, 1874, S. 169–170: Gerhard Rohlfs: Die Deutsche Expedition in die libysche Wüste, 1874, S. 318–320: Karl A. Zittel, Die Deutsche Expedition in die libysche Wüste
Jahresbericht der Geographischen Gesellschaft München, 1874, S. 252–269: Karl A. Zittel: Die libysche Wüste nach ihrer Bodenbeschaffenheit und ihrem landwirtschaftlichen Charakter
Macmillans's Magazine, 1867/68, S. 435–446, 1868/69, 18, S. 87–96, 193–208 und 289–296: Clements R. Markham: The Abessynian Expedition
Mittheilungen des Vereins für Erdkunde zu Leipzig für 1880, 1881, S. 146

Neue Deutsche Rundschau (Freie Bühne) 1898: Franz Giesebrecht (Hg.) Einleitung zu Gerhard Rohlfs' Briefe aus Abessinien, S. 883-886

Petermanns's Geographische Mittheilungen 1863: S. 276, 277 (Heft 7), S. 361-370 (Heft 10), 1864: S. 1-6 (Heft 1), S. 336-342 (Heft 9), 1865: S. 71 (Heft 2), S. 81-90 (Heft 3), S. 165-187 (Heft 5), S. 401-417 (Heft 11), 1867: S. 333-336 (Heft 8), 1874:Gerhard Rohlfs, Meine Heimkehr aus der libyschen Wüste, S. 81-89, (Heft 3), Gerhard Rohlfs' Expedition in die libysche Wüste, S. 178-185 (Heft 5), S. 360 (Heft 9): Gerhard Rohlfs: Chargeh - Dachel die Oasis Herodot's, »Geographische Litteratur-Berichte« für die Jahre 1891-1895, jeweils Beilagen zu den entsprechenden Jahresbänden

Photographische Mittheilungen, ohne Jahr (1874), S. 197-201 und 222-226: Philipp Remelé: G. Rohlfs'sche Expedition nach der Libyschen Wüste 1873-1874,

Revue africaine, Algier 1863, S. 205-226: Voyage au Maroc - per Rohlfs, Gérard (connu parmi les Muselmans sous le nom Moustafa Nemsaoui, on l'Allemand)

Unsere Zeit, Deutsche Revue der Gegenwart, 1882, 2. Band: Gerhard Rohlfs: Welche Länder können Deutsche noch erwerben? S. 354-367

Verhandlungen der Berliner Gesellschaft für Anthropologie, 1874: R. Virchow: Köpfe aus den Oasen Dachel und Siuah, S. 121-127

Verhandlungen der Gesellschaft für Erdkunde zu Berlin, 1874, S. 106 und 107, 1874: Paul Ascherson: Brief vom 17.3.1874, S. 107-109, 1874: Paul Ascherson: Expedition von Rohlfs in die libysche Wüste, S. 51-54 und 82- 87, 1874: Wilhelm Jordan: Bericht über seine Tätigkeit bei der libyschen Expedition, S. 155-163

Westermann Monatshefte, 1897: Georg Schweinfurth: Gerhard Rohlfs 1831-1896, S 565-577, 1931 (Mai): Heinz Offe: Gerhard Rohlfs' tunesische Sendung, S. 229-232

Zeitschrift der Gesellschaft für Erdkunde zu Berlin, 1866, S. 74-76, 1874: Philipp Remelé: Die Ausräumung eines verschütteten egyptischenTempels in der Oase Dachel, S. 301-307

Zeitschrift für Firmengeschichte und Unternehmerbiografie, 1959: Friedrich Prüser: Carl Alexander von Weimar und Adolf Lüderitz , S. 174

Zeitschrift für Vermessungswesen, 1874: Wilhelm Jordan, Geographische Aufnahmen in der libyschen Wüste auf der Rohlfs'schen Expedition im Winter 1873-74, , S. 349-385

Zeitungen

Bremer Nachrichten, Bremen, 8.10.1872
Courier, Bremen, 8.9.1867, 2.10.1875
Der Fortschritt der Zeit, Milwaukee, 1876, Gerhard Rohlfs, der Afrika-Reisende
Die Frauenwelt Illustrirte Muster- und Modezeichnung, Wien, 31.8.1872
Frank Leslie's Illustrirte Zeitung, New York, 4.12.1875
Grazer Zeitung, Graz, 1.3.1865
Illustrirte Zeitung, Leipzig, Berlin, Wien, Budapest, New York, 30.1., 15. und 29.6. 1864, 14.11.1874
Klagenfurter Zeitung, Klagenfurt, 3.1.1868
Kleine Volkszeitung, Wien, 26.6.1932
Linzer Abendbote, Linz, 2.3.1865
Militär-Zeitung Oesterreichischer Soldatenfreund, Wien, 21.7.1885
Neue Preußische Zeitung +(Kreuzzeitung), Nr. 323, 325 und 327 aus 1896
Neue Freie Presse, Wien, 21.5.1885
Norddeutsche Volkszeitung, Vegesack, 29.5.1885, 6.6.1896
Salzburger Zeitung, Salzburg, 6.8.1870
St. Louis Globe-Democrat, 22.12.1875
The Times, 15.6.1869
Vossische Zeitung, Berlin, 14.6.1896, 16.6.1896
Weser-Zeitung, Bremen, 8.7.1867, 11.7.1867, zwischen 16.8. und 15.9.1867 neun Teilartikel, 29.2.1868, 8.7.1868, 3.8.1869
Wochenschrift für Vegesack und Umgebung, 6.7.1867, 30.6.1869
Zeitung, unbekannt, Notiz in der Nachrufsammlung »Zum Tode von Gerhard Rohlfs«, undatiert

Autografen

Abeken, Heinrich, an Gerhard Rohlfs, 11.9.1867, 13.11.1867, 19.10.1868, 26.7.1869, 9.3.1870, 13.3.1870
Ascherson, Paul, an Gerhard Rohlfs, 7.6.1874, 11.11.1874, 10.2.1875, 15.2.1875, 11.6.1875, 14.6.1875
Allen, Chas. H., an Gerhard Rohlfs, 24.7.1882, 20.4.1883
Auswärtigen Amt an Chlodwig von Hohenlohe, deutscher Botschafter in Paris, 18.4.1885
Auswärtiges Amt an Gerhard Rohlfs, 13.10.1867, 8.11.1867, 19.7.1869, 8.10.1878, 16.10.1878, 25.11.1884, 19.1.1885
Auswärtiges Amt an G. Travers, Kanton, 23.5.1885

Auswärtiges Amt an den Verfasser, 14.1.2009

Bargasch ibn Said, Sultan von Sansibar, an Kaiser Wilhelm I., 28.4.1885

Baring, Evelyn, an Gerhard Rohlfs, 19.1.1884

Bary, Ernst von, an Gerhard Rohlfs, 30.3.1875, 11.5.1875

Bastian, Adolf, an Gerhard Rohlfs, ohne Datum, ca. 30.11.1868, ohne Datum, ca. Februar 1870, 29.12.1870, 1.2.1871, 1.8.1871,18.11.1876

Bates, Henry Walter, an Gerhard Rohlfs, 8.10.1869

Belger, Alwin, an Rudolph Said Ruete, 20.6.1937

Bismarck, Otto von, an Herbert zu Münster, 29.5.1885

Bismarck, Otto von, an Gerhard Rohlfs, 9.8.1867, 20.3.1885, 8.4.1885, 18.4.1885, 24.4.1885, 27.5.1885, 28.5.1885

Bismarck, Wilhelm von, an Gerhard Rohlfs, 1.10.1884, 4.1.1886

Bojanowsky, Paul, an Imperial British Africa Company, 14.8.1891

Börgen, Karl, an Gerhard Rohlfs, 7.7.1873

Bülow, Bernhard Ernst von, an Gerhard Rohlfs, 8.10.1878

Camperio, Manfredo, an Gerhard Rohlfs, 22.5.1887

Carl Alexander, Großherzog von Sachsen-Weimar-Eisenach, an Gerhard Rohlfs, 10.6.1885

Cohn, Emanuel, an Gerhard Rohlfs, 26.4.1883

Dannenberg, E. G., an Gerhard Rohlfs, 2.9.1892

Denhardt, Clemens, an Gerhard Rohlfs, 28.9.1885, 11.9.1891

Dillman, August, an Gerhard Rohlfs, 18.5.1887

Duveyrier, Henry, an Gerhard Rohlfs, 12.3.1871, 10.10.1878

Ebers, Georg, an Gerhard Rohlfs, 11.6.1874

Eckhardt, Fr., an Gerhard Rohlfs, 18.12.1888

Erman, Wilhelm, an Gerhard Rohlfs, 12.6.1887

Foreign Office, London, an Gerhard Rohlfs, 17.12.1881

Froebel, Julius, Konsul in Algier, an Gerhard Rohlfs, 22.3.1889

Gravenreuth, Karl von, an Gerhard Rohlfs, 29.12.1886

Grosse, Justus, an Gerhard Rohlfs, 12.4.1887

Güßfeldt, Paul, an Gerhard Rohlfs, 25.7.1878

Horn, Wilhelm, an August Petermann, 3.8.1867

Horse Guards, London, an Gerhard Rohlfs, 31.8.1882

Jahn, Postsekretär, Geleitbrief für Frau Adelheit Rohlfs, 13.8.1846

Jasmund, Julius von, an Gerhard Rohlfs, 23.5.1873, 17.5.1874

Johannes IV., Negus, an Gerhard Rohlfs, undatiert, erhalten am 13.3.1882

Kanzlers des Norddeutschen Bundes an Gerhard Rohlfs, 24.6.1868, 10.9.1868, 2.12.1870

Kirchoff, Theodor, an Gerhard Rohlfs, 25.12.1883, 26.10.1886, 15.11.1886

Kreißler, Frank, Leiter des Stadtarchivs von Dessau, an den Verf., 18.12.2008

Kulemann, Rudolf, an Hermann Rohlfs, 20.8.1885

Kulemann, Rudolf, an Gerhard Rohlfs, 16.8.1880, 30.8.1880, 10.5.1882, 5.6.1882, 11.7.1882, 24.7.1882, 12.8.1882, 24.3.1883, 19.4.1883, 29.2.1886

Lampe, Gerhard, an Heimat- und Museumsverein für Vegesack und Umgebung e.V., 29.4.1997

Liebig, Justus von, an Gerhard Rohlfs, 26.8.1872

Maltzan, Heinrich von, an Gerhard Rohlfs, 7.12.1868

Maunoir, Charles, an Gerhard Rohlfs, 26.9.1867

Mehlis, C., an Gerhard Rohlfs, 22.12.1882

Meyer, Hermann, an Gerhard Rohlfs, ohne Datum

Ministère des Affaires Étrangères an Gerhard Rohlfs, 23.4.1882

Murchison, Roderick, an Gerhard Rohlfs, 19.9.1867

Nachtigal, Gustav, an Gerhard Rohlfs, 13.5.1869, 6.3.1870, 24.7.1870, 25.2.1878, 23.6.1879, 13.3.1880, 29.4.1880, 31.3.1883, 8.9.1883

Nachtigal, Gustav, an Leontine Rohlfs, 2.2.1879, 1.11.1879

Pantenius, Theodor Hermann, an Gerhard Rohlfs, 8.9.1892

Pechuel-Loesche, Eduard, an Gerhard Rohlfs, 30.6.1873

Petermann, August, an Hermann Rohlfs, 21.1.1865, 5.7.1867, 28.5.1870

Petermann, August, an Gerhard Rohlfs, 16.1.1865, 22.2.1865, 31.7.1867, 10.8.1867, 14.8.1868, 22.10.1868

Pfeil, Joachim Graf, an Gerhard Rohlfs, 1.7.1887

Polko, Elise, an Gerhard Rohlfs, ohne Datum, wohl Juli 1869

Polko, Elise, an Leontine Rohlfs, 12.1.1877

Preuss. Generalkonsulat in Alexandria an Gerhard Rohlfs, 26.2.1868

Reichskanzlei an Gerhard Rohlfs, 10.5.1884

Reichsregierung an Gerhard Rohlfs, 11.2.1880, 8.8.1888

Reichsschatzamt an Gerhard Rohlfs, 5.9.1882

Richthofen, Ferdinand von, an Gerhard Rohlfs, 8.6.1874

Rodenberg, Julius, an Gerhard Rohlfs, 11.7.1875, 27.2.1876, 29.5.1876

Rohlfs, Gerhard, an Richard Andree, 24.8.1885

Rohlfs, Gerhard, an das Auswärtige Amt, Berlin, Briefentwurf 14.6.1881, 24.10.1884, Briefentwurf 4.11.1884, Briefentwurf 11.2.1885, 22.2.1885, 4.6.1885, 8.6.1885, 8.9.1885

Rohlfs, Gerhard, an das Auswärtigen Amt, Kairo, 2.4.1882

Rohlfs, Gerhard, an Heinrich Barth, 24.12.1865

Rohlfs, Gerhard, an den deutschen Konsul Bieber in Kapstadt, 6.12.1884

Rohlfs, Gerhard an Otto von Bismarck, 18.07.1870, 29.10.1880, 4.8.1882, 19.11.1884, 9.12.1884, 7.2.1885, 9.2.1885, 10.2.1885, 6.3.1885, 2.4.1885, 28.4.1885,

Rohlfs, Gerhard, an Wilhelm von Bismarck, 2.10.1884

Rohlfs, Gerhard, an einen Bismarck-Sohn, 9.7.1877

Rohlfs, Gerhard, an Großherzog Carl Alexander, 24.6.1871, 24.8.1885, 23.7.1886

Rohlfs, Gerhard, an einen Major des Großherzogs Carl Alexander, 26.4.1889

Rohlfs, Gerhard, an Deutsche Rundschau, 10.6.1875

Rohlfs, Gerhard, an Heinrich Wilhelm Dove, 20.11.1865

Rohlfs, Gerhard, an Frederick Dufferin, 9.1.1883

Rohlfs, Gerhard, an William Gladstone, 30.11.1881

Rohlfs, Gerhard, an Friedrich von Hellwals/Das Ausland, 10.6.1875

Rohlfs, Gerhard, an Negus Johannis IV., 18.12.1881

Rohlfs, Gerhard, an Heinrich von Maltzan, 28.5.1869, 9.1.1872

Rohlfs, Gerhard, an Hans Meyer, 4.7.1889

Rohlfs, Gerhard, an Gustav Nachtigal, 12.7.1878, 1.5.1880, 8.6.1880, 16.6.1881, 18.6.1881

Rohlfs, Gerhard, an Perthes-Verlag, 10.6.1875

Rohlfs, Gerhard, an August Petermann, 8.1.1865, 20.6.1865, 5.11.1865, 3.7.1867, 23.7.1867, 3.8.1867, 13.8.1867, 14.8.1867, 9.9.1867, 16.10.1867, 9.5.1868, 24.6.1868, 8.7.1868, 26.7.1868, 15.9.1868, 16.10.1868, 9.11.1868, 20.11.1868, 27.5.1869, 12.7.1869, 9.5.1870, 5.6.1875, 3.12.1875, 20.8.1877

Rohlfs, Gerhard, an Heinrich Rohlfs, 29.11.1876, 11.3.1877, 17.4.1877, 30.5.1878, 3.12.1879

Rohlfs, Gerhard, an Edward Malet, Entwurf, wohl Ende November 1881

Rohlfs, Gerhard, an Ferdinand von Richthofen, 24.8.1878

Rohlfs, Gerhard, an Johann Friedrich Rohr, 14.11.1890, 10.7.1894

Rohlfs, Gerhard, an Rudolph Said Ruete, 15.5.1895

Rohlfs, Gerhard, an Georg Schweinfurth, 6.12.1871, 31.12.1871, 10.1.1872, 6.3.1872, 23.9.1872, 17.10.1872, 8.2.1873, 3.3.1873, 31.3.1873, 25.1.1874, 12.5.1874, 13.6.1874, 24.6.1874, 4.9.1874, 19.2.1875, 2.4.1875, 20.4.1875, 28.6.1875, 8.5.1876, 19.6.1876, 15.3.1877, 6.6.1877, 14.9.1877, 5.11.1877, 29.5.1878, 26.6.1878, 24.7.1878, 20.10.1878, 1.12.1878, 15.1.1880, 27.1.1880, 9.2.1880, 24.2.1880, 29.3.1880, 1.5.1880, 23./26.11.1880, 28.11.1881, 16.5.1881, 11.10.1881, 2.1.1882, 8.1.1883, 9.6.1883, 15.6.1883, 6.8.1883, 5.9.1883, 2.1.1884, 30.12.1885, 22.12.1886, 6.1.1887, 26.1.1887,

8.6.1887, 13.12.1887, 17.1.1888, 27.5.1888, 26.1.1889, 5.6.1889, 24.8.1889, 28.8.1889, 23.2.1890, 30.6.1892

Rohlfs, Gerhard, an Ferdinand Stümcke, 15.4.1883

Rohlfs, Gerhard, an Alexander Supan, 1.2.1896

Rohlfs, Gerhard, an Stadt Vegesack, 8.11.1890

Rohlfs, Gerhard, an Baron ?, Entwurf eines Berichtes/Briefes, ohne Datum, wohl September 1870

Rohlfs, Gerhard, an *unbekannt*, Juli 1882

Rohlfs, Gerhard, an *ungenannt (Oberländer und Supan),* 31.8.1876

Rohlfs, Hermann, an August Petermann, 25.5.1863, 23.6.1863, 26.10.1863, 4.11.1863, 21.12.1863, 1.2.1864, 10.2.1864, 27.2.1864, 19.3.1864, 5.1.1865, 15.1.1865, 22.1.1865, 29.1.1865, 25.4.1865, 6.7.1867, 14.7.1867, 24.6.1868, 28.5.1869

Rohlfs, Hermann, an Gerhard Rohlfs, 25.5.1863, 23.6.1863

Rohlfs, Hermann, Rezept für Gerhard Rohlfs, 6.11.1869

Rohlfs, Leontine, an Barbara Julie Guenther (Schwester), 5.6.1879, 11.2.1885, 9.3.1885, 11.3.1885, 23.5.1885, 26.5.1885, 8.6.1885, 19.7.1885, 21.7.1885, 25.7.1885, 27.7.1885, 3.8.1885

Rohlfs, Leontine, an Rudolph Said-Ruete, 7.5.1896

Rosenbaum, Jul., an Redaktion DAHEIM, 26.10.1874

Schweinfurth, Georg, an Gerhard Rohlfs, 19.11.1876, 2.12.1880, 24.11.1881, 8.2.1883, 25.5.1883, 23.5.1885, 26.5.1885, 8.6.1885,

Schweinfurth, Georg, an Leontine Rohlfs, 3.6.1896

Seckendorff, G. von, an Gerhard Rohlfs, 6.5.1888

Stecker, Antonin, an Gerhard Rohlfs, 10.2.1880, 21.11.1881, 10.2.1882, 5.7.1883

Stickel, Johann Gustav, an Gerhard Rohlfs, 30.10.1870, 6.1.1871, 28.5.1874

Stübel, Alphons, an Gerhard Rohlfs, 30.5.1878

Supan, Alexander, an Gerhard Rohlfs, 20.2.1891

Virchow, Rudolf, an Gerhard Rohlfs, 12.6.1887

War Office, London, an Gerhard Rohlfs, 22.7.1882

Weber, Ernst von, an Gerhard Rohlfs, 13.4.1887

Weidmann, Conrad, an Gerhard Rohlfs, 13.1.1894

Westermann-Verlag an Gerhard Rohlfs, 18.10.1893

Wichmann, Hugo, an Gerhard Rohlfs, 23.9.1882

Wilmowski, Karl von, an Otto von Bismarck, 8.7.1870

Wolfram, Anton, an Gerhard Rohlfs, 8.11.1886

Wolkenhauer, Wilhelm, an Leontine Rohlfs, 5.7.1896

Zenker, W., an Gerhard Rohlfs, 18.6.1873

Zobeltitz, Hans von, an Gerhard Rohlfs, 4.7.1893,

Sonstige Quellen

Auswärtigen Amt, Akte A 4171, »Notiz betreffend Dr. Rohlfs« vom 25.5.1885

Belgien, König von, Urkunde, 18.9.1876

Fotoalbum 1 von Gerhard Rohlfs

Fremdenlegion: Relève des Services für Gerhard Rohlfs

Kirchenbuch von Vegesack, Auszug durch Heinrich Albrecht Zedler, 22.7.1870

Landesarchiv Schleswig-Holstein, A Akte Abt. 22 Eb Nr. 34 II Mappe 19, A + K Akte Ablg 22. III Eb. Nr. 38, A Akte Abt. 22 III Eb, Nr. 34 I, Mappe 12, A + K Akte Ablg. 22 III Eb, Nr. 34, Liste 37

Museum Schloss Schönebeck, »Fremdenbuch« vom Ehepaar Rohlfs

Österreichischen Staatsarchiv/Kriegsarchiv, Wien, K Grundbuch S 140

Ratsgymnasium Osnabrück, Abiturzeugnisse von Hermann Rohlfs, 26.9.1843, Heinrich Rohlfs, 2.4.1846

Ratsgymnasium Osnabrück, Abgangszeugnis von Gerhard Rohlfs, 13.8.1846

Reichsarchiv, Fotokopie einer Abschrift der Akte K. A. IX, Gr 7, Bd 6, Notiz vom 6.1.1868 in der Akte KA IX Gr 7 Bd 6, Akte IV Reg. I 1 Afr. Bd. 2 vom 2.10.1884, Akte IV Reg. I 1 Afr. Bd. 2 vom 3.10.1884, Akte KA IX Gr 7 Bd 6 mit Vita von Gerhard Rohlfs vom 25.5.1885, Akte KA IX Gr 7 Bd 6 Entwurf einer Vollmacht für Knorr vom 26.5.1885, Akte KA IX Gr 7 Nr. 1 Bd 3 Bl mit Notiz vom 31.5.1885, Akte IV Kons Afr 1 Bd 3 mit Notiz vom 4.6.1885

Reichskanzlei, Aktenvermerk, unterzeichnet von Wilhelm I. und Otto von Bismarck, 7.7.1884

Senat der freien Hansestadt, Sammlung der Verordnungen und Proclame – im Jahr 1841, Bremen, 1842

Staatsarchiv Bremen, Wittheitsprotokoll vom 23.10.1863, Akte 2-P.6.a.9.c.3.b. 116

Staatsarchiv Bremen, Wittheitsprotokoll vom 13.1.1865, Akte 2-P.6.a.9.c.3.b. 118

Staatsarchiv Bremen, Wittheitsprotokoll vom 24.12.1866, Akte 2 -P.6.a.9.c.3.c. 119

Staatsarchiv Bremen, Bremer Testamentsbücher, Akte 2-Qq.4.c.3.b.nn. Nummer 2072, S. 71

Staatsarchiv Bremen, Passregister 4.14/3, veröffentlicht im Internet durch »Die Maus«

Staatsarchiv Bremen, Akte Bez. I, 127

Stadtrat von Vegesack, Protokoll 857 vom 8.6.1896, Protokoll 862 vom 7.8.1896

Illustrationen

Seite 17: Foto um 1900 von Hermann H. Brinkmann aus »Alt Osnabrück – Bildarchiv fotografischer Aufnahmen bis 1945« Band 2, 2. Auflage, 1997, Seite 6

Seite 111: Globus Illzstrirte Zeitschrift für Länder- und Völkerkunde, 29. Band, 1875, Seite 152

Seite 173 und Seite 175: Neckar-Zeitung Heilbronner Tagblatt Nr. 64, 18. März 1870, Seite 398 bzw. Nr. 43, 22. Februar 1870, Seite 258

Seite 174: Ostfrisischer Courier, Norden, 22.1.1878

Alle anderen Fotos, Zeichnungen von Rohlfs aus seinem Skizzenbuch und Dokumente befinden sich im Nachlass von Gerhard Rohlfs im Heimatmuseum Schloss Schönebeck

Lebenslauf

Gerhard Rohlfs - Lebenslauf
ohne Veröffentlichungsdaten
seiner Bücher und Artikel

Im Rohlfsarchiv im Heimatmuseum Schloss Schönebeck
A = Abschrift
B = Brief
C = Kopie
K = Postkarte
O = Original im Rohlfs-Archiv
P = C von Briefen aus dem Perthes-Verlag

Jahr	Tag/Monat	Ereignis bei G.R.	Ereignis im Umfeld	Quelle
1831	14.04.	Geburt		O Dr. G. H. Rohlfs: Geburtshülfliches Journal 1808–1855 bzw K Genealogisches Handbuch 3. Bd, Berlin, 1894
1831	22.06.	Taufe		C Auszug aus dem Kirchenbuch
1832				
1833				
1834	01.07.		Geburt der Schwester Charlotte	O Dr. G. H. Rohlfs: Geburtshülfliches Journal 1808–1855
1835				
1836				
1837				
1838				
1839				
1840				
1841				
1842				
1843	26.08.		Abgangszeugnis des Bruder Hermann	O
1844				
1845	01.01.	Vegesack	Eintrag im Poesiealbum von	O Adelheid Rohlfs (ohne Seitenzahlen)
1846	??.03	Osnabrück	Einschulung (wenn das erhaltene Zeugnis das erste von dort ist)	O RA 1.001
1846	24.06.		Halbjähriges Zeugnis des Raths-Gymnasiums zu Osnabrück	O RA 1.001
1846	24.06		Abgang vom Raths-Gymnasium Osnabrück	O RA 1.001

1846	??.08.	Osnabrück	Gerhard Rohlfs flieht	Konrad Guenther: Gerhard Rohlfs, S 9
1846	13.08.		Frau Rohlfs will nach Rotterdam reisen	B RA 1.00
1846			Abgangszeugnis des Bruders Heinrich	O
1846	29.09.	Halbjähriges Zeugnis		O O1 auf C 1
1846	??	Celle	Gerhard Rohlfs besucht das Ernestinen-Gymnasium in Celle: Ernestinum	Konrad Guenther: Gerhard Rohlfs, S 9
1847	??	Celle	Gymnasialzeit	Konrad Guenther: Gerhard Rohlfs, S 10
1847	21.06.	Abgang vom Ernestinen-Gymnasium, um auf das Gymnasium in Bremen zu gehen		Mitteilung von Gerhard Lampe, Möhrenweg 6, Celle, aus dem Schülerverzeichnis des Ernestinums in Celle vom 29.4.1997
1847	Johanni (24.06)	Celle	vom Gymnasium abgemeldet	Horst Gnettner: Der Bremer Afrikaforscher Gerhard Rohlfs, 2005, edition lumière, Bremen, S 20
1847	??	Bremen	Gymnasium	Horst Gnettner: Der Bremer Afrikaforscher Gerhard Rohlfs, 2005, edition lumière, Bremen, S 20
1848	??	Bremen	Gymnasium, gewohnt: Faulenstr. 26 bei J. H. Rohlfs	exlibris in 190/Ll1 und 190/Jac 1, Bremer Adressbuch von 1848, S. 18 und 242
1849	06.01.	Eintritt in das bremische Militär		A Akte: Abt. 22. III Eb, Nr 34 II, Mappe 19
1849	18.01.	Eintritt in die 1. Kompanie des bremischen Füsilierbataillons		W. Wolkenhauer, Deutsche Geographische Blätter, Bd XIX, Heft 4, 1896
1849	30.05.	Beförderung zum Gefreiten		W. Wolkenhauer, Deutsche Geographische Blätter, Bd XIX, Heft 4, 1896
1849	08.09.	Abschied vom bremischen Militär		W. Wolkenhauer, Deutsche Geographische Blätter, Bd XIX, Heft 4, 1896
1849	18.09.	Eintritt in die Armee Schleswig-Holsteins als Portopee-Fähnrich - wohl in das 4. Bataillon		A Akte: Abt. 22. III Eb, Nr 34 II, Mappe 19 bzw. Nr 34 I Mappe 11
1849	??	Kiel		Konrad Guenther: Gerhard Rohlfs, S 11

1850			Sein Bruder Heinrich praktiziert zusammen mit seinem Vater (bis 1860) in Vegesack, Langenstraße 58	O Adreßbuch Vegesack B-N V Add 2a
1850	23.01.	Als Offiziers-Aspirant genannt		A + K Akte: Abt. 22. III Eb, Nr 38
1850	02.04.	Vorschlag zur Beförderung		A Akte: Abt. 22. III Eb, Nr 34 I, Mappe 11
1850	??.04.	Vorschläge zu Offiziers-Aspiranten - sein Name ist durchgestrichen		A Akte: Abt. 22. III Eb, Nr 34 I, Mappe 12
1850	24.-25.07.	Schlacht bei Idstedt		Konrad Guenther: Gerhard Rohlfs, S 13
1850	12.09.	Angriff bei Missunde		Konrad Guenther: Gerhard Rohlfs, S 13
1850	04.10.	Angriff auf Friedrichstadt		Konrad Guenther: Gerhard Rohlfs, S 13
1850	31.10.	Ern-ennung zum Seconde Lieutenant der Infanterie im 4. Bateillon		A Akte: Abt. 22. III Eb, Nr 34 I, Mappe 11 bzw. Abt. 55 Nr 77 (alte Nr 6136 B)
1850	??.10.-??.12.	Im Quartier in der Nähe von Rendsburg		Konrad Guenther: Gerhard Rohlfs, S 14
1850	02.11.	Versetzt zum 4. Regiment		A + K Abt 22. III Eb Nr 38
1851	03.03.	Wünscht weiterhin zu dienen - Bemerkung: »Nicht zu empfehlen«		A + K Akte: Abt. 22. III Eb, Nr 34, Liste 37
1851	26.03.	Entlassung und Geldanweisung		A Akte: Abt. 55, Berliner Abgang 55, Mappe 2, Seite 20
1851	31.03.	Abschied vom Militär		Konrad Guenther: Gerhard Rohlfs, S 14
1851	20.11.	Immatrikuliert für Medizin unter Nr 525 an der Universität Heidelberg		K Die Matrikel der Universität Heidelberg, 6. Teil 1846-1870, Heidelberg, 1907, reprint 1976, S 154, bzw K Adreßbuch der Ruprecht-Kalrs-Universität in Heidelberg, Winter-Halbjahr 1851/52, Heidelberg, 1851
1852	21.4.	Ende des Semesters in Heidelberg		
1852	Sommer-semester	Würzburg		Mail vom 11.6.2014 von Nils Meyer/Archiv der Universität Würzburg
1852	14.6.	Scherenschnitt an Adelheid und Hermann aus Würzburg		O

1852	Herbst	Würzburg		Konrad Guenther: Gerhard Rohlfs, S 16
1852	Wintersemester	1852/53 Würzburg		Mail vom 11.6.2014 von Nils Meyer/Archiv der Universität Würzburg
1852	??	Würzburg	Phimosis-Operation in Würzburg	Gerhard Rohlfs: Reise durch Marokko, J. Küthmann, Bremen, 1868, S 59
1853	06.05.	Matrikel der Universität Göttingen - als med. Würzburg		Die Matrikel der Georg-August-Universität Göttingen, 1837–1900, 1974, S. 175 unter 55960 / 158
1853	Sommer	Göttingen	Korps-Student der »Hannoverana«	Konrad Guenther: Gerhard Rohlfs, S 17
1854	16.3.	Auf Tauglichkeit untersucht beim 21. österreichischen Feldjägerbataillon, Verpflichtung auf 8 Jahre		C Grundbuch S 140
1854	07.08.	Ernennung zum Kadett		C Grundbuch S 140
1854	04.10.	Ernennung zum Patrouilleführer (Gefreiter)		C Grundbuch S 140
1855	26.05.	Aus der Station Verona desertiert		C Grundbuch S 140
1855	26.06.	Von der Gendarmerie aufgegriffen		C Grundbuch S 140
1855	22.12.	Laut Kriegsrechtsurteil zum Jäger (niedrigste Soldklasse) degradiert		C Grundbuch S 140
1855	22.12.	Hat 1 Jahr zusätzlich zu dienen		C Grundbuch S 140
1856	25.08.	Aus der Station Verona desertiert		C Grundbuch S 140
1856	Herbst	Schweiz zum Studium?!?	Hermann Rohlfs: B an A. Petermann	P 1.2
1856	28.11.	Eintritt in die Fremdenlegion in Colmar (Oberrhein) für 7 Jahre unter No 4283 Rohlfs, Frédéric Gérard		C Relève des Services

1856	20.12.	Ankunft bei der Einheit: 2. Ausländerregiment 34 Yc 5302 - Es besteht aus 3 Bataillonen. Es ist nicht bekannt, bei welchem Bataillon Rohlfs diente.		C Relève des Services
1857	07.05.	Das 2. Ausländerregiment biwakiert beim Fort des Kaisers in Algier		C Geschichte des 2. Ausländer-Regiments von 1856-1860
1857	22.05	Schlacht bei Beni Kalen		C Geschichte des 2. Ausländer-Regiments von 1856-1860
1857	24.07.	Schlacht bei Tcheriden gegen die Kabylen		C Geschichte des 2. Ausländer-Regiments von 1856-1860
1857	19.08.	Truppe kam nach Sidi Bel Abbes		C Geschichte des 2. Ausländer-Regiments von 1856-1860
1858		Trainingsarbeiten, Drainage von fiebrigen Sümpfen und Wäldern		C Geschichte des 2. Ausländer-Regiments von 1856-1860
1859	26.03.	Abmarsch zum Feldzug in Italien		C Geschichte des 2. Ausländer-Regiments von 1856-1860
1859	22.04.	Ausschiffung in Marseille		C Geschichte des 2. Ausländer-Regiments von 1856-1860
1859	15.05.	Abmarsch nach Marengo		C Geschichte des 2. Ausländer-Regiments von 1856-1860
1859	30.05.	Lager am Po		C Geschichte des 2. Ausländer-Regiments von 1856-1860
1859	04.06.	Magenta		C Geschichte des 2. Ausländer-Regiments von 1856-1860
1859	06.06.	Einmarsch in Mailand		C Geschichte des 2. Ausländer-Regiments von 1856-1860
1859	12.06.	Die Adda wird überquert		C Geschichte des 2. Ausländer-Regiments von 1856-1860
1859	24.06.	Schlacht bei Solferino: 2. Regiment der Fremdenlegion und die Zuaven sind in der Vorhut		C Geschichte des 2. Ausländer-Regiments von 1856-1860
1859	??.06.	Erneuter Einmarsch in Mailand		Peter Hornung: Die Legion Bastei-Lübke, 3. Aufl. 1986, S 99
1859	08.07.	Beförderung zum Grenadier		C Relève des Services

1859	09.08.	Triumpfzug durch Paris		C Geschichte des 2. Ausländer-Regiments von 1856–1860
1859	19.08.	Per Schiff von Toulon ab nach Mers el Kebir		C Geschichte des 2. Ausländer-Regiments von 1856–1860
1859	22.08.	Ankunft in Mers El Kebir		C Geschichte des 2. Ausländer-Regiments von 1856–1860
1859	24.08.	Triumpfzug durch Oran		C Geschichte des 2. Ausländer-Regiments von 1856–1860
1859	26.08.	Abmarsch nach Sidi Bel Abbes		C Geschichte des 2. Ausländer-Regiments von 1856–1860
1859	29.08.	Begeisterter Empfang in Sidi Bel Abbes		C Geschichte des 2. Ausländer-Regiments von 1856–1860
1859	13.09.	Beginn des Einsatzes gegen die Beni-Snassen mit dem Abmarsch in das Lager am Ued Kiss		C Geschichte des 2. Ausländer-Regiments von 1856–1860
1859	25.10.	Das Lager am Ued Kiss wird verlassen, Kampfhandlungen		C Geschichte des 2. Ausländer-Regiments von 1856–1860
1859	??.10.	Lalla-Maghina		Peter Hornung: Die Legion Bastei-Lübke, 3. Aufl. 1986, S 105
1859	03.11.	Verlegung nach Angades		C Geschichte des 2. Ausländer-Regiments von 1856–1860
1859	05.11.		Tod der Mutter	C Genealogisches Handbuch 3. Bd, Berlin, 1894, O 1 auf C 1
1859	07.11.	Sammeln im Tal von Timzi		C Geschichte des 2. Ausländer-Regiments von 1856–1860
1859	08.11.	Lager im Tal des Ues Isly		C Geschichte des 2. Ausländer-Regiments von 1856–1860
1859	17.11.	Rückkehr nach Sidi Bel Abbes		C Geschichte des 2. Ausländer-Regiments von 1856–1860
1860	06.01.	Auf eigenen Antrag Rückstufung zum Füsilier		C Relève des Services
1860	10.04.		Der Bruder Gottfried Heinrich Rohlfs erhält zwei Grundstücke seines Vaters zu Meyerrecht übertragen	
1860	02.05.	Ernennung zum Korporal »Caporal«		C Relève des Services
1860	28.05.		Tod des Vaters	C Genealogisches Handbuch 3. Bd, Berlin, 1894

1860	26.09.	Entlassung aus der Fremdenlegion, geht nach Oran		C Relève des Services
1861	Frühjahr	Algier	errechnet nach Notiz auf Foto	R 129
1861	07.04.	Abreise von Oran / Mers el Kebir		Gerhard Rohlfs - Mein erster Aufenthalt in Marokko, S 1
1861	08.04.	Nemours (Djemma Rassaua)		aaO, S 2
1861	09.-14.04.	Tanger		aaO, S 4
1861	14.04.	Abreise aus Tanger		aaO, S 7
1861	15.-16.04.	»Dörfchen«		aaO, S 11
1861	17.04.	Zeltdorf des Mul el Duar		aaO, S 13
1861	18.-21.04.	L'xor		aaO, S 22
1861	22.04.	Abreise nach Uesan / Quezzane		aaO, S 30
1861	23.04.	Uesan, 1. Treffen mit Sidi-el-Hadj-Abd-es-Ssalam's		aaO, S 31
1861	??	»Ich blieb nicht lange in Uesan«		aaO, S 189
1861	27.04	Abreise nach Fes		Gérard Rohlfs: Voyage au Maroc - in: Revue Arfricane, Alger, 1863, S 212
1861	3 Tage später	Ankunft in Fes		Gerhard Rohlfs - Mein erster Aufenthalt in Marokko, S 193
1861	1 Tag später	Parade vor dem Sultan		aaO, S 194
1861	1 Tag später	Ernennung zum obersten Arzt der Armee		aaO, S 195
1861	einige Tage später	Arzt des Gouverneurs Ben Thaleb		aaO, S 196
1861	rd 4 Wochen später	Aufbruch mit dem Sultan nach Mikenes / Meknes, dort eine Praxis unterhalten		aaO, S 197
1861	?? bis Oktober ?	für »mehrmonatlichen Aufenthalt« zurück nach Fes zur Behandlung von Ben Thaleb		aaO, S 204
1861	??	Abreise von Fes nach dem Tod von Ben Thaleb nach Mikenes		aaO, S 279

1862	Mai ?	»seit über einem Jahr« hatte er Sir Drummond Hay, der nach Mikenes kam, nicht gesehen und nichts von Europa gehört		aaO, S 288
1862	Tage später	Rohlfs wird entlassen		aaO, S 290
1862	Mai ?	Rückkehr nach Uesan		aaO, S 292
1862	??	Abstecher nach L'xor		aaO, S 335
1862	später Herbst	Abstecher mit dem Großscherif nach Arbat		aaO, S 336
1862	??.01	Machtzuwachs bei Sidi Djellul		aaO, S 344
1862	Mitte März	Rohlfs zieht mit dem Großscherif nach Karia-el-Abessi		aaO, S 349
1862	bis Ende April	verschiedene Lager		aaO, S 351
1862	Mai ??	Rundreise Tetuan, Tanger und Arseila für drei Wochen (S 358)		aaO, S 352
1862	Mai ??	Abstecher nach Tesa		aaO, S 360
1862	Juni ??	Abreise von Uesan nach Tanger		aaO, S 364
1862	Juni ??	Tanger - L'Araisch / Larache, dort »blieben wir ... einige Zeit«		aaO, S 364
1862	4 Tage	bis Mehdia / Mehdya an der Sebu-Mündung		aaO, S 371
1862	1 Tag	Sla / Sale und Rbat / Rabat		aaO, S 374
1862	kurze Zeit	Rbat		aaO, S 380
1862	1 Tag	Scharret / Skhirat		aaO, S 381
1862	1 Tag	Mansuria und Fidala		aaO, S 381
1862	1 Tag	Dar-beida / Casablanca		aaO, S 383
1862	2 Tage	bis Asamor / Azemmour		aaO, S 384

1862	Juli ??	Abstecher von Asamor nach Marakesch, 4 Tage hin		aaO, S 387
1862	2 Tage	Marakesch mit Djemma el Fanah, Kutubia		aaO, S 391
1862	??	»noch einige Tage Rast« in Asamor		aaO, S 396
1862	August ?	El Bridja		aaO, S 396
1862	1 Tag	Ualidia / Qualidia		aaO, S 398
1862	1 Tag	Saffi / Safi		aaO, S 399
1862	1 Tag	bis zu Fluss Tensift		aaO, S 401
1862	1 Tag	Kasbah Hammiduh / Kasba Hammidouch		aaO, S 402
1862	1 Tag	Ssuera / Mogador / Essaouira		aaO, S 402
1862	4 Tage	Ssuera		Gérard Rohlfs: Voyage au Maroc - in: Revue Arfricane, Alger, 1863, S 225
1862	4 Tage	Ued Tamer / Ameur - Fieberanfälle		Gerhard Rohlfs - Mein erster Aufenthalt in Marokko, S 413 bzw. Gérard Rohlfs: Voyage au Maroc, S 226
1862	08. ?	Agadir		Gerhard Rohlfs - Mein erster Aufenthalt in Marokko, S 413
1862	7 Tage	Agadir		aaO, S 420
1862	3 Tage	Abreise nach Tarudant / Taroudannt		aaO, S 420
1862	? Wochen	»Ich mußte mehrere Wochen in Tarudant bleiben« um sein Wechselfieber aszukurieren		aaO, S 431
1862	?? Sept.	Abmarsch von Tarudant in die Oase Draa		aaO, S 432
1862	7 Tage	Aufenthalt wegen Stammesfeden		aaO, S 434
1862	4 Tage Okt. ??	»südöstliche Richtung« bis Tesna / Tasla ?		aaO, S 435
1862	1 Tag	Tanzetta		aaO, S 436
1862	8 Tage	in Tanzetta		aaO, S 446
1862	1 Tag	Alaudra		aaO, S 446
1862	1 Tag	Tamagrut / Tanegroute		aaO, S 446
1862	bis Nov ??	»mehrere Wochen« in Tamagrut		aaO, S 448
1862	??	Ktaua und Aduafil		aaO, S 449

1862	14 Tage	»ich blieb in Aduafil 14 Tage«		aaO, S 450
1862	5 Tage	bis Tafilet: Beni-Bu-Ali, Abuam, Rissani, Ertib / Erfoud		aaO, S 450
1862	2 Tage	Budeneb / Boudenib		aaO, S 455
1862	1 Tag	in Budeneb		aaO, S 455
1862	1 Tag	Boanan / Bouanane		aaO, S 455
1862	10 Tage	Gast beim Schich Thaleb Mohammed-ben-Abd-Allah in Boanan		aaO, S 455
1862	Dez ??	Überfall		aaO, S 456
1862	2 Tage	verletzt in der Wüste gelegen		aaO, S 458
1862	bis Ende Dez ??	»langes Schmerzenslager« in Hadjui bei Schich Sidi-Laschmy		aaO, S 462
1863	??	Knetsa / Kenedsa		aaO, S 463
1863	??	»nach einigen Tagen« Aufenthalt vergeblicher Marsch zum Ued Gehr		aaO, S 464
1863	??	»bald darauf« »Leute, die nach der Oase Figig / Fiquig wollten«		aaO, S 465
1863	1 Tag	Bu-Schar / Béchar		aaO, S 465
1863	2 Tage	Figig und Snaga / Zenaga		aaO, S 466
1863	1 Tag	bis zur französischen Grenze bei Isch / Iché		aaO, S 467
1863	?? Tage	Ain-Sfran / Ain-Sefra, Schellala, Géryville		aaO, S 468
1863	wochenlang	Hospital in Géryville		aaO, S 468
1863	??	Oran	Gerhard Rohlfs. In	Westermanns Monatshefte: Algier und Oran, Bd 73, Dez 1892, S 344
1863	kurze Zeit später	in Algier		Gerhard Rohlfs - Mein erster Aufenthalt in Marokko, S 413 bzw. Gérard Rohlfs: Voyage au Maroc, S 468
1863	??.05	Algier – erste Veröffentlichung von Rohlfs	Gerhard Rohlfs - Voyage au Maroc – 1. Teil (weitere Artikel sind wohl nicht erschienen) - in:	Revue Africaine, Algier, N° 39, 7. Jg. 1863, S 205–226, B RA 2.13

1863	mehrere Monate	Algier	Gerhard Rohlfs. In	Westermanns Monatshefte: Algier und Oran, Bd 73, Dez 1892, S 346
1863	Sommer	Algier	Juni, Juli, August mit M. v. Wattenwyl	Moritz von Wattenwyl: Zwei Jahre in Algerien, Bern, 1877, S 265, 266
1863	Sommer	Algier	Besuch vom Bruder Hermann Rohlfs	Konrad Guenther: Gerhard Rohjlfs, S 48
1863	??.07.	Algier	1 Woche Besuch von Hermann Rohlfs	P 1.007
1863	19.08	Abreise aus Algier		Gerhard Rohlfs: Reise durch Marokko, J. Küthmann, Bremen, 1868, S 105
1863	25.08	Abreise aus Algier		Revue Africaine - Journal des traveaux de la Société Historique Algérienne, 1863, S 226
1863	??	Blida, Medeah, Boghar		Petermann's Geographische Mittheilungen, 1864, S 1
1863	29.08.	Karavanserail Ain-Aissera		aaO, S 1
1863	04.09.	Laghuat		B, aaO, S 2
1863	06.09.	Laghouat	Gerhard Rohlfs: B an Bremer Senat	Wittheitprotokoll vom 22.9.1866 - Staatsarchiv Bremen 2 - P.6.a.9.c.3.b.116
1863	??.09.	4 Tage in Hospital und 3 Tage so in Laghuat		B, aaO, S 2
1863	13.09.	Tadjuzut		B, aaO, S 3
1863	14.-15.09.	Ain Mahdy		B, aaO, S 3
1863	18.09.	Reischach		B, aaO, S 4
1863	19.09.	Tauielah		aaO, S 4
1863	25.09.	Rassul		aaO, S 4
1863	02.10.	Arba-taschtani		aaO, S 4
1863	05.10.	Abiod Sidi Scheich / El-Abiodh-Sidi-Cheikh		B, aaO, S 5
1863	16.10.	Abiod Sidi Scheich / El-Abiodh-Sidi-Cheikh		Petermann's Geographische Mittheilungen, 1864, S 5
1863	18.10.	Abiod Sidi Scheich / El-Abiodh-Sidi-Cheikh		B, aaO, S 6
1863	19.10.	Abiod Sidi Scheich / El-Abiodh-Sidi-Cheikh		B, aaO, S 6
1863	23.10.		Beschluss: 300 Taler vom Bremer Senat	Wittheitsprotokoll - Staatsarchiv Bremen 2 - P.6.a.9.c.3.b.116
1863	25.10.	Abiod Sidi Scheich / El-Abiodh-Sidi-Cheikh		B Petermann's Geographische Mittheilungen, 1864, S 336
1863	30.10.	Abiod Sidi Scheich / El-Abiodh-Sidi-Cheikh		B, aaO, S 337

1863	01.11.	Abiod Sidi Scheich / El-Abiodh-Sidi-Cheikh		Petermann's Geographische Mittheilungen, 1864, S 337
1863	12.11.	Abiod Sidi Scheich / El-Abiodh-Sidi-Cheikh		B Petermann's Geographische Mittheilungen, 1864, S 337
1863	15.11.	Abiod Sidi Scheich / El-Abiodh-Sidi-Cheikh		B, aaO, S 338
1863	18.11.	Abiod Sidi Scheich / El-Abiodh-Sidi-Cheikh		B, aaO, S 338
1863	19.11.	Abiod Sidi Scheich / El-Abiodh-Sidi-Cheikh		B, aaO, S 338
1863	23.11.	Abstecher nach Keberfada		Petermann's Geographische Mittheilungen, 1864, S 338
1863	25.11.	Abiod Sidi Scheich / El-Abiodh-Sidi-Cheikh		B Petermann's Geographische Mittheilungen, 1864, S 338
1863	26.11.	Abiod Sidi Scheich / El-Abiodh-Sidi-Cheikh		B, aaO, S 339
1863	14.12.	Oran ?		P 1.009
1863	20.12.	Oran		Petermann's Geographische Mittheilungen, 1864, S 339, B RA 1.3
1863	??.12.	Oran, letzte Dezemberwoche	Treffen mit Moritz von Wattenwyl	Moritz von Wattenwyl: Zwei Jahre in Algerien, Bern, 1877, Seite 363
1864	12.01	Oran		P 1.012
1864	30.01.		J. G. Kohl: Der Arikareisende Gerhard Rohlfs - in	Illustrirte Zeitung Nr 1074 v. 30.1., Seite 80
1864	??.01	Oran	August Petermann: B an Gerhard Rohlfs	RA 1.3
1864	02.02.	Oran		P 1.13
1864	05.02.	Abreise von Oran		Petermann's Geographische Mittheilungen, 1864, S 340
1864	07.02.	Ankunft in Tanger		aaO, S 340
1864	09.02.	Tanger		B, aaO, S 340
1864	17.02.	Tanger		B, aaO, S 340
1864	19.02.	Tanger	Gerhard Rohlfs: B an Gustav Teichmüller	B 1.3a, Original Uni-Bibliothek Basel
1864	??.??.	Tanger	Arm in Binde, Treffen mit Moritz Stübel	B RA 10.78
1864	14.03.	Abreise von Tanger bis Arseila / Asilah		Gerhard Rohlfs: Reise durch Marokko, J. Küthmann, Bremen, 1868, S 1
1864	14.03.	Arseila		Gerhard Rohlfs' Tagebuch seiner Reise durch Marokko nach Tuat 1864 - in: Petermann's Mittheilungen 1865, S 81

1864	15.03.	Abreise von Arseila		aaO, S 82
1864	16.03.	Laraisch / Larache		aaO, S 82
1864	17.03.	L'xor-el-kebir / Ksar-el-Kebir		Gerhard Rohlfs: Reise durch Marokko, J. Küthmann, Bremen, 1868, S 4
1864	19.03.	L'xor		Gerhard Rohlfs' Tagebuch seiner Reise durch Marokko nach Tuat 1864 - in: Petermann's Mittheilungen 1865, S 82
1864	24.03.	L'xor		aaO, S 82
1864	25.03.	L'xor		aaO, S 83
1864	30.03.	Abreise von el-Kebir		Gerhard Rohlfs: Reise durch Marokko, J. Küthmann, Bremen, 1868, S 7
1864	30.03.	Uesan		Petermann's Geographische Mittheilungen, 1864, B S 341
1864	01.04.	Uesan / Quezzane		Gerhard Rohlfs: Reise durch Marokko, J. Küthmann, Bremen, 1868, S 10
1864	01.04.	Uesan		Gerhard Rohlfs' Tagebuch seiner Reise durch Marokko nach Tuat 1864 - in: Petermann's Mittheilungen 1865, S 83
1864	02.04.	Uesan		aaO, S 84
1864	04.04.	Uesan		aaO, S 85
1864	05.04.	Uesan		Petermann's Geographische Mittheilungen, 1864, B S 341
1864	16.04.	Abstecher nach Karia-ben-Auda		Gerhard Rohlfs' Tagebuch seiner Reise durch Marokko nach Tuat 1864 - in: Petermann's Mittheilungen 1865, S 85
1864	18.04.	Uesan		aaO, S 87
1864	20.04.	Lella Meimuna		aaO, S 87
1864	21.-22.04.	Muley-bu-Slemm		aaO, S 87
1864	25.04.	Karia-el-Abessi		aaO, S 88
1864	26.-27.04	Uesan		aaO, S 88
1864	06.05.	Uesan		aaO, S 89
1864	07.05.	Abreise von Uesan		Gerhard Rohlfs: Reise durch Marokko, J. Küthmann, Bremen, 1868, S 23
1864	08.05.	Ain-Aly nahe Moulay-Idriss		aaO, S 25
1864	09.05.	Uled-Sidi-Hassen nahe Fes		aaO, S 25
1864	10.05.	Ait-Omogol		aaO, S 29
1864	11.05.	Beni-Mtir		aaO, S 29
1864	12.05.	Sansda		Petermann's Geographische Mittheilungen, 1865, S 167
1864	13.05.	Aufbruch in den Atlas		Gerhard Rohlfs: Reise durch Marokko, J. Küthmann, Bremen, 1868, S 31
1864	14.-18.03.	Tersa-mta-Tesmecht		Petermann's Geographische Mittheilungen, 1865, S 168
1864	14.05.	Fieberanfall		Gerhard Rohlfs: Reise durch Marokko, J. Küthmann, Bremen, 1868, S 32
1864	18.05.	Tesfrut		aaO, S 35
1864	18.-19.05.	Tesfrut		Petermann's Geographische Mittheilungen, 1865, S 168

1864	20.05.	Im Tal unterhalb des Megader		aaO, S 169
1864	21.05.	Ait-Hamara		aaO, S 169
1864	21.05.	Ait-Atli		Gerhard Rohlfs: Reise durch Marokko, J. Küthmann, Bremen, 1868, S 37
1864	22.05.	Am Ued Muluia / Moulonya		aaO, S 38
1864	23.05.	Sebsack		Petermann's Geographische Mittheilungen, 1865, S 170
1864	24.05.	Humo Said		aaO, S 170
1864	25.05.	Sis / Georges du Zis		Gerhard Rohlfs: Reise durch Marokko, J. Küthmann, Bremen, 1868, S 39
1864	26.05.	Ifri		aaO, S 42
1864	27.05.	Ksor Beranin, Mdaghra-Oase		Petermann's Geographische Mittheilungen, 1865, B S 70, 71
1864	28.05.	Kasbah-kedima, Mdaghra-Oase		Gerhard Rohlfs: Reise durch Marokko, J. Küthmann, Bremen, 1868, S 44
1864	28.05.	Ali-Bu-Saidan		Petermann's Geographische Mittheilungen, 1865, S 172
1864	03.06	Uled Aissa (Ertib) / Erfoud		aaO, S 172
1864	06.06.	Duera		aaO, S 173
1864	07.06.	Tassimi		aaO, S 175
1864	08.06.	Abuam		aaO, S 174
1864	13.06.	Abuam	Gerhard Rohlfs: B an Hermann Rohlfs	Petermann's Geographische Mittheilungen, 1865, B S 35
1864	15.06.	Abuam		Petermann's Geographische Mittheilungen, 1865, S 175
1864	16.06.?	Abstecher nach Rhorfa		aaO, S 176
1864	18.06.	Rissani		aaO, S 176
1864	23.06.	Rissani		aaO, S 177
1864	01.07.	Rissani		aaO, S 178
1864	07.07.	Abreise vom Tafilet		Gerhard Rohlfs: Reise durch Marokko, J. Küthmann, Bremen, 1868, S 65
1864	17.07.	Abreise vom Gued Gehr / Oued Guir		aaO, S 71
1864	19.07.	Igli		aaO, S 74
1864	20.07.	Abreise von Igli		aaO, S 76
1864	21.07.	Beni-Abbes		aaO, S 76
1864	23.07.	Abreise von Beni-Abbes		aaO, S 78
1864	24.07.	Tamentirt		aaO, S 79
1864	25.07.	Karsas		aaO, S 80
1864	29.07.	Karsas		Petermann's Geographische Mittheilungen, 1865, S 184 und 401
1864	31.07.	Karsas		aaO, S 401
1864	02.08.	Karsas		aaO, S 403
1864	08.08.	Karsas		aaO, S 403
1864	08.08.	Abreise von Karsas		Gerhard Rohlfs: Reise durch Marokko, J. Küthmann, Bremen, 1868, S 91

1864	09.08.	Timmudi		Petermann's Geographische Mittheilungen, 1865, S 405
1864	10.08.	Ued Raffa		aaO, S 405
1864	12.08.	Fogara		Gerhard Rohlfs: Reise durch Marokko, J. Küthmann, Bremen, 1868, S 96
1864	13.08.	Rass		Petermann's Geographische Mittheilungen, 1865, S 407
1864	14.08.	Brinken		aaO, S 404
1864	15.08.	Brinken		aaO, S 407
1864	20.08.?	Sba		aaO, S 408
1864	20.08.	Adrhar in Timmi		aaO, S 408
1864	22.08.	Abstecher nach Tamentit		aaO, S 409
1864	23.08.	Adrhar		aaO, S 409
1864	24.08.	Adrhar »heute vor einem Jahr Abreise aus Algier		aaO, S 410
1864	??.08.	»bald« von Adrar nach Ain Ssala		Gerhard Rohlfs: Reise durch Marokko, J. Küthmann, Bremen, 1868, S 107
1864	29.08.	Abreise von Adrar bis Ksor Beni Tamar		Petermann's Geographische Mittheilungen, 1865, S 410
1864	30.08.	Tamantit		Gerhard Rohlfs: Reise durch Marokko, J. Küthmann, Bremen, 1868, S 110
1864	01.09.	Sauia Kinnta in Uled Si-Humo-bu-Hadj in Tuat		Petermann's Geographische Mittheilungen, 1865, S 410
1864	01.09.	Arghil		Gerhard Rohlfs: Reise durch Marokko, J. Küthmann, Bremen, 1868, S 110
1864	02.09.	Sauia Kinta		aaO, S 110
1864	05.09.	Sauia es-Schich		aaO, S 112
1864	06.09.	Asegmir		Petermann's Geographische Mittheilungen, 1865, S 412
1864	07.09.	Ssali		Gerhard Rohlfs: Reise durch Marokko, J. Küthmann, Bremen, 1868, S 112
1864	08.09.	Mharsa in Ssali in Tuat		Petermann's Geographische Mittheilungen, 1865, S 412
1864	11.09.	Abreise von Ssali		Gerhard Rohlfs: Reise durch Marokko, J. Küthmann, Bremen, 1868, S 122
1864	13.09.	Ksor Timmaktan		Petermann's Geographische Mittheilungen, 1865, S 416
1864	14.09.	Ksor Djedid in Aulef in Tidikelt		aaO, S 412
1864	15.09.	Titt		Gerhard Rohlfs: Reise durch Marokko, J. Küthmann, Bremen, 1868, S 124
1864	16.09.	Inrhar		aaO, S 125
1864	17.09.	Ain-Salah / In Salah		aaO, S 126
1864	20.09.	Ksor el-Arb, Ain Ssala in Tidikelt		Petermann's Geographische Mittheilungen, 1865, S 413
1864	20.09.	Ksor el-Arb, Ain Ssala in Tidikelt		aaO, S 416

1864	25.09.	Ain-Salah		Petermann's Geographische Mittheilungen, 1866, S 8
1864	28.09.	Ksor el-Arb, Ain-Salah		aaO, S 9
1864	05.10.	Ksor el-Arb, Ain-Salah		Petermann's Geographische Mittheilungen, 1866, S 10
1864	09.10.	Ksor el-Arb, Ain-Salah		aaO, S 13
1864	17.10.	Ksor el-Arb		aaO, S 14
1864	26.10.	Ksor el-Arb		aaO, S 14
1864	29.10.	Abreise aus Ain-Salah		Gerhard Rohlfs: Reise durch Marokko, J. Küthmann, Bremen, 1868, S 148
1864	29.10.	bis Hassi Bu-Hass		Petermann's Geographische Mittheilungen, 1866, S 16
1864	01.11.	Ued Hauk		aaO, S 17
1864	02.11.	Ued Massin		aaO, S 18
1864	03.11.	Ued Sreba		aaO, S 18
1864	04.11.	Ued Lefaia		aaO, S 18
1864	05.11.	Ued Ain-Sitt		aaO, S 19
1864	06.-08.11.	Hassi Missigen		aaO, S 19
1864	09.11.	Ued Schich		aaO, S 20
1864	10.11.	Ued Daya-ben-Abu		aaO, S 20
1864	11.11.	Am Ufer des Areg		aaO, S 21
1864	12.11.	Areg-Tal		aaO, S 21
1864	13.11.	Weiter im Areg-Tal		aaO, S 21
1864	14.11.	Djebel Araraun		aaO, S 21
1864	15.11.	Temassanin		Gerhard Rohlfs: Reise durch Marokko, J. Küthmann, Bremen, 1868, S 166
1864	16.11.	Sauia Temassanin		Petermann's Geographische Mittheilungen, 1866, S 19
1864	17.11.	Ued Amestekki		aaO, S 23
1864	18.11.	Ued Tifist		aaO, S 23
1864	19.11.	Ued Bela Rhadames		aaO, S 23
1864	20.11.	Ued Kuforchat		aaO, S 24
1864	21.11.	Djebel n-Eidi		aaO, S 24
1864	22.11.	In einem Arm der Ibtat		aaO, S 24
1864	23.11.	Ued des Landes Gafgaf		aaO, S 25
1864	24.11.	Tintedda		aaO, S 25
1864	25.11.	Ued Imsolauan		aaO, S 25
1864	26.11.	Ued Markssen		aaO, S 25
1864	27.11.	Rhadames		aaO, S 23
1864	28.11.	Rhadames / Ghadames		Gerhard Rohlfs: Reise durch Marokko, J. Küthmann, Bremen, 1868, S 176
1864	05.12.	Rhadames		Petermann's Geographische Mittheilungen, 1866, S 26
1864	12.12.	Abreise nach Tripolis		Gerhard Rohlfs: Reise durch Marokko, J. Küthmann, Bremen, 1868, S 178, B RA 13.5
1864	14.12.	Derdj / Darj		aaO, S 195
1864	24.12.	Djebel Ghurian		Petermann's Geographische Mittheilungen, 1865, S 71

1864	29.12.	Ankunft Tripolis		Gerhard Rohlfs: Reise durch Marokko, J. Küthmann, Bremen, 1868, S 195, B RA 13.5
1864	30.12.	Tripolis	Gerhard Rohlfs: B an Petermann	Petermann's Geographische Mittheilungen, 1865, B S 36
1864	30.12.	Tripolis	Gerhard Rohlfs: B an Bremer Senat	Wittheitsprotokoll vom 13.1.1865 - Staatsarchiv Bremen 2 - P.6.a.9.c.3.b. 118
1864	30.12.	Tripolis		Petermann's Geographische Mittheilungen, 1865, B S 71
1864	31.12.	Tripolis		aaO, B S 71
1865	01.01.	Tripolis		aaO, B S 71, 72
1865	02.01.	Tripolis		aaO, B S 72
1865	04.01.	Tripolis		aaO, B S 72
1865	05.01.	Tripolis		aaO, B S 72
1865	08.01.	Tripolis		aaO, B S 73
1865	11.01.	Abreise per Schiff von Tripolis		aaO, B S 73
1865	13.01.	Malta	Hermann Rohlfs: B an August Petermann vom 15.1.1865	B P 1.020
1865	02.02.	Malta	Abreise nach Marseille	B RA 1.11
1865	05.02.	Marseille		Petermann's Geographische Mittheilungen, 1865, B S 73
1865	14.02.	Bremen, Am Wall 174 bei Dr. Rohlfs	Gerhard Rohlfs: B an Heinrich Barth	C RA 1.9a aus: H. Barth: Er schloß uns einen Erdteil auf, 1870, S 184-186
1865	17.02.	Gotha / Dr. August Petermann		Petermann's Geographische Mittheilungen, 1865, B S 73, auch P 1.029
1865	??.02.	Berlin bei Dr. Heinrich Barth		Gerhard Rohlfs - Quer durch Afrika - Erster Theil, Leipzig 1874, S 2
1865	18.02.	Berlin / Dr. Heinrich Barth		Zeitschrift für Allgemeine Erdkunde, Bd 18, 1865, S 228
1865	21.02.	Bremen	Gerhard Rohlfs: B an August Petermann	Helke Kammerer-Grothaus: Gerhard Rohlfs im Schriftwechsel mit August Petermann im Perthes Archiv in Gothe - in: Afrikareise - Leben und Werk des Afrikaforschers Rohlfs, S 26
1865	??.02.	Bremen bei Geschwistern	Gerhard Rohlfs: B in:	Gerhard Rohlfs - Quer durch Afrika - Erster Theil, Leipzig 1874, S 2
1865	23.02.	Abreise von Bremen		aaO, S 73
1865	25.02.	Collinghorst	Gerhard Rohlfs. B an August Petermann	P 1.031
1865	26.02.	Collinghorst	Abreise nach Paris	P 1.031
1865	??.02.	Paris	Hermann Rohlfs: B an Gerhard Rohlfs	RA 1.13
1865	02.03.	Paris	Gerhard Rohlfs: B an Heinrich Barth	C RA 13a aus: H. Barth: Er schloß uns einen Erdteil auf, 1870, S 186-189
1865	02.03.	Abreise von Paris		Zeitschrift für Allgemeine Erdkunde, Bd 18, 1865, B S 228

1865	15.03.	Malta	Brief von Rohlfs an August Petermann – in:	Neue Preußische Zeitung (Kreuzzeitung) No 323 vom 12.07.1896 Morgen-Ausgabe im Artikel von G.A. Krause: Friedrich Gerhard Rohlfs I
1865	15.03.	Malta, La Valette	Gerhard Rohlfs: B an August Petermann	Petermann's Geographische Mittheilungen, 1865, Heft VI, S 236
1865	??.03.	2 bis 3 Tage in Marseille, dann über Malta nach Tripolis		Zeitschrift für Allgemeine Erdkunde, Bd 18, 1865, B S 228
1865	19.03.	Ankunft in Tripolis		Gerhard Rohlfs - Quer durch Afrika - Erster Theil, Leipzig 1874, S 3
1865	22.03.	Scharr el Schott bei Tripolis	Gerhard Rohlfs: B an August Petermann	Petermann's Geographische Mittheilungen, 1865, Heft VI, S 236
1865	23.03.	Tripolis	Gerhard Rohlfs: B an Heinrich Barth	C RA 1.13a
1865	11.04.	Tripolis	Breief von Gerhard Rohlfs - zitiert In	Neue Preußische Zeitung (Kreuzzeitung) No 325 vom 14.07.1896 Morgen-Ausgabe im Artikel von G.A. Krause: Friedrich Gerhard Rohlfs I
1865	11.04.	Tripolis	Gerhard Rohlfs: B an August Petermann	Petermann's Geographische Mittheilungen, 1865, Heft VI, S 236
1865	29.04.	Beginn des Abstechers nach Lebda bis Tadjura		Gerhard Rohlfs - Quer durch Afrika - Erster Theil, Leipzig 1874, S 13
1865	02.05.	Negasi, zwischen Lebda und Tripolis		aaO, S 16
1865	05.05.	Lebda	Gerhard Rohlfs: B an Heinrich Barth	C RA 1.13b aus:H. Barth: Er schloß uns einen Welttheil auf, S 189, 190
1865	05.05.	Rückreise von Lebda		Gerhard Rohlfs - Quer durch Afrika - Erster Theil, Leipzig 1874, S 20
1865	06.05.	Messalata		aaO, S 24
1865	08.05.	Rückkehr nach Tripolis		aaO, S 24
1865	10.05.	Tripolis	Gerhard Rohlfs: B an Heinrich Barth	C RA 1.13c aus:H. Barth: Er schloß uns einen Welttheil auf, S 189
1865	20.05.	Abreise von Tripolis		Gerhard Rohlfs - Quer durch Afrika - Erster Theil, Leipzig 1874, S 27, B RA 13.5
1865	22.-24.05.	Djebel Ghorian		Gerhard Rohlfs - Quer durch Afrika - Erster Theil, Leipzig 1874, S 325
1865	25.05.	Ksebah / Kulebah		aaO, S 37
1865	26.5.	Chorm el-Bu-el-Oelk		aaO, S 41
1865	27.05.-01.06	Misda		aaO, S 42
1865	02.06.	Abreise Richtung Ghadames		aaO, S 47
1865	04.06.	Brega		aaO, S 49
1865	05.06.	Arag-el-Leba		aaO, S 50
1865	07.06.	Tiefebene Atua		aaO, S 54
1865	08.06.	Bir Nasra / Gewitter		aaO, S 55
1865	09.06.	Ued Assam		aaO, S 56

1865	10.-14.06.	Derdj / Derdsch - Durchfall		aaO, S 58
1865	13.06.	Abuam	Gerhard Rohlfs: B an August Petermann	Petermann's Geographische Mittheilungen, 1865, Heft VI, S 236
1865	15.06.	Abreise nach Ghadames		Gerhard Rohlfs - Quer durch Afrika - Erster Theil, Leipzig 1874, S 60
1865	17.06.	Ankunft in Ghadames		aaO, S 65, auch B P 1.044, B RA 13.5
1865	19.06.		Gerhard Rohlfs: B	Petermann's Geographische Mittheilungen, 1865, Heft VI, S 235-236
1865	20.06.	Ghadames	Gerhard Rophlfs: B an A. Petermann	B P 1.044
1865	25.06.	Ghadames		Zeitschrift für Allgmeine Erdkunde, 1865, Bd 19, S 353
1865	25.06.	Ghadames	Gerhard Rohlfs: B an Heinrich Barth	C RA 1.14a aus: H. Barth: Er schloß uns einen Erdteil auf, 1870, S 190, 191 u Zeitschrift für Allgemeine Erdkunde, 1865, s353-354
1865	Juni, Juli ??	»Ich erkrankte ernstlich und schwebte einige Tage in wirklicher Lebensgefahr.« »Einige Dutzend Flaschen Bordeauxwein ... hatten eine günstige Wirkung.«		Gerhard Rohlfs - Quer durch Afrika - Erster Theil, Leipzig 1874, S 88
1865	im Juli	Ghadames	Gerhard Rohlfs: B an Heinrich Barth	C RA 1.14b aus:H. Barth: Er schloß uns einen Weltteil auf, S 191-193 u Zeitschrift für Allgemeine Erdkunde, 1865, S355-357
1865	07.08.	Collinhorst	Rohlfs Taufzeuge bei Johann Gerhard August Georg Voß	Geburten- und Taufbuch von Collinghorst
1865	10.08.	Ghadames		B Zeitschrift für Allgemeine Erdkunde, Bd 19, S 353-357
1865	13.08.	Ghadames	Gerhard Rohlfs: B an A. Petermann	Petermans's Geographische Mittheilungen, Heft 1 1866, S 5
1865	15.08.	Ghadames	Gerhard Rohlfs: B an A. Petermann	Petermans's Geographische Mittheilungen, Heft 1 1866, S 6
1865	18.08.	Ghadames		Zeitschrift für Allgmeine Erdkunde,1865, Bd 19, S 354
1865	31.08.	Abreise von Ghadames, da Si-Ottmann ben Bikri, auf den Rohlfs für eine Reise ins Hoggar-Land gewartet hatte, laut Zeitungsnotiz in Algier erwartet wurde		Gerhard Rohlfs - Quer durch Afrika - Erster Theil, Leipzig 1874, S 98

1865	Sept	»mehrere Tage in Derdj«		aaO, S 103
1865	19.-28.09.	Misda		aaO, S 108
1865	24.09.	Misda	Gerhard Rohlfs: B an A. Petermann	Petermann's Mittheilungen, Heft 1 1866, S 6
1865	29.09.	Abreise von Misda nach Mursuk		Gerhard Rohlfs - Quer durch Afrika - Erster Theil, Leipzig 1874, S 108
1865	04.10.	Wadi Semsen / Garia schirgia		aaO, Karte
1865	06.10.	Bir Bu Gila		aaO, S 119
1865	08.-10.10.	Bir Um-el-Cheil		aaO, S 120
1865	15.10.	Aunkunft im Dschebel es Soda / Schwarze Berge		aaO, S 122
1865	18.10.	Uadi Schati / Temsaua		aaO, S 129
1865	19.10.	Brak		aaO, S 130
1865	20.10.	Selaf		aaO, S 131
1865	21.10.	Djedid / Hauptort von Sebha / Sabha		aaO, S 132
1865	23.-24.10.	Rhodua / Ghoddua		aaO, Karte
1865	27.10.	Amkunft in Mursuk		aaO, Karte
1865	28.10.	Mursuk	Gerhard Rohlfs: B an unbekannt	Universität Leipzig lt. Kalliope
1865	05.11.	Mursuk	Gerhard Rohlfs:B an A. Petermann	Petermann's Mittheilungen, Heft 1 1866, S 7
1865	20.11.	Mursuk	Gerhard Rohlfs:B an A. Petermann	Petermann's Mittheilungen, Heft 1 1866, S 7
1865	02.12.	Mursuk	Gerhard Rohlfs: B an Heinrich Barth	C 1.14c H. Barth: Er schloß uns einen Erdteil auf, Pandonion-Verlag 1970, S 194-196
1865	28.12.	Murzuk	Gerhard Rohlfs: B an Roy. Geogr. Soc. London	Proceedings of the Royal Geographical Society, London, Vol X, 1866, S 69 -70
1865	30.12.	Murzuk	Gerhard Rohlfs: B an Bremer Senat	Wittheitsprotokoll vom 13.1.1855 - Staatsarchiv 2 - P.6.a.9.c.3.b.118
1865	??.12.	»Um die Weihnachtszeit« erhielt Rohlfs Noel für ärztliche Dienste		Gerhard Rohlfs - Quer durch Afrika - Erster Theil, Leipzig 1874, S 174
1865	??.12.	Rohlfs nahm Mohammed el-Gatroni in seine Dienste		aaO, S 174
1866	Anfang Jan.	Abstecher nach Tragen / Traghan		Gerhard Rohlfs - Quer durch Afrika - Erster Theil, Leipzig 1874, S 176
1866	15.01.	Mursuk		Beobachtungen über die Wirkung des Haschis - in: Land und Volk in Afrika, J. Küthmann, Bremen, 1870, S 9

1866	29.01.	Hadj Hadjil		Petermann's Geographische Mittheilungen, 1866, Heft VII, B S 228-229
1866	??.01.	Mursuk		Petermann's Geographische Mittheilungen, 1866, B S 227
1866	01.02.	Rohlfs erfährt vom Tod von Heinrich Barth (25.11.1865)		Gerhard Rohlfs - Quer durch Afrika - Erster Theil, Leipzig 1874, S 178
1866	01.02.	Tragen	Gerhard Rohlfs: B an A Petermann	B Petermann's Geographische Mittheilungen, 1866, S 229
1866	12.02.	Mursuk	Gerhard Rohlfs: B an A Petermann	B aaO, S 229-230
1866	23.02.	Mursuk	Gerhard Rohlfs: B an A Petermann	B aaO, S 230
1866	24.02.	Mursuk	Gerhard Rohlfs: B an A Petermann	B aaO, S 230
1866	18.03.	Mursuk	Gerhard Rohlfs: B an A Petermann	B Petermann's Geographische Mittheilungen, 1866, S 230
1866	25.03.	Abreise von Mursuk bis Hadj Hadjil		Gerhard Rohlfs - Quer durch Afrika - Erster Theil, Leipzig 1874, S 182
1866	26.03.	Ausdauernder Regen bis vor Bidan		aaO, S 183
1866	27.03.	Bir Berámin		Gerhard Rohlfs: Reise durch Nordafrika, Ergänzungsheft 25 von Peterm. Mittheil. S 12
1866	29.03.	Mestúta		Gerhard Rohlfs - Quer durch Afrika - Erster Theil, Leipzig 1874, S 185
1866	30.03.	Dekir		aaO, S 186
1866	31.03.-01.04.	Gatron		aaO, S 186
1866	02.04.	Abreise von Gatron bis Médrussa		aaO, S 189
1866	03.04.	Bir Ssuffra - Tedüssma		aaO, S 191
1866	04.-08.04	Tedjerri / Tedscherri / Tajarhi		aaO, S 194
1866	09.04.	Abreise von Tedjerri bis Djuri		aaO, S 220
1866	10.04.	Meschru-Brunnen		aaO, S 220
1866	11.04.	Lágaba boia		aaO, S 223
1866	12.04.	HochebeneAloóta kin		aaO, S 224
1866	13.04.	Tümmo-Brunnen / Tumu		aaO, S 224
1866	14.05.	Mádema / Madama - Ebene		aaO, S 227
1866	15.04.	Brunnen Emi-Madema, Bir Ahmer		aaO, S 227
1866	16.04.	Búddema		aaO, S 228
1866	17.04.	Máfaras-Brunnen		aaO, S 228
1866	18.04.	Máfaras-Brunnen		aaO, S 229
1866	19.04.	Tji-Grunto-Gebirge, nördlich von Jat		aaO, S 229

1866	20.04.	Jat		aaO, S 230
1866	21.04.	Jat, Ruhetag		aaO, S 230
1866	22.04.	Abreise von Jat bis Gretebetmar Berg		aaO, S 232
1866	23.04.	Igjeba		aaO, S 233
1866	24.04.	vor Anay		aaO, S 234
1866	25.04.	Anay / Aney		aaO, S 235
1866	26.04.	Anay - Ruhetag		aaO, S 235
1866	27.04.	Aschenúmma		aaO, S 240
1866	28.04.	Aschenúmma, Rasttag		aaO, S 241
1866	29.04.	Elidja, dann Babus		aaO, S 241
1866	30.04.	Schimmedrú, dann Emi Mádema		aaO, S 242
1866	01.05.	Emi Mádema		aaO, S 242
1866	02.05.	Emi Mádema		aaO, S 245
1866	03.05.	vor Gáru		aaO, S 245
1866	04.05.	Kalála		aaO, S 245
1866	??.05	Lager in Schimmedrú		aaO, S 251
1866	23.05.	Schimmedru	Gerhard Rohlfs: B an A Petermann	B Petermann's Geographische Mittheilungen 1866, S 368-369
1866	??.06	Lager in Schimmedrú		Gerhard Rohlfs - Quer durch Afrika - Erster Theil, Leipzig 1874, S 251
1866	15.06.	Schimmedru	Gerhard Rohlfs: B an A Petermann	B Petermann's Geographische Mittheilungen 1866, S 369-370
1866	20.06.	Schimmedru	Gerhard Rohlfs: B an Roderick Murchison	Proceedings, Vol X 11, N° 1, 1866, S. 33-34
1866	21.06.	Abreise von Schimmedrú bis Gobódoto		Gerhard Rohlfs - Quer durch Afrika - Erster Theil, Leipzig 1874, S 266
1866	22.06.	Kalála		aaO, S 267
1866	23.06.	Braun		aaO, S 268
1866	24.06.	Sau-kora-Brunnen		aaO, S 270
1866	25.06.	vor Aschtedána-Berg		aaO, S 271
1866	26.06.	Etjúkoi-Berg		aaO, S 271
1866	27.06.	Dibbela-Brunnen		aaO, S 271
1866	28.06.	östlich Tjigrin-Felsen		aaO, S 271
1866	29.06.	vor den Bergen von Agadem		aaO, S 274
1866	30.06.	Agadem-Brunnen		aaO, S 274
1866	02.-03.07.	Falsche Richtung nach Osten - zurück nach Agadem		aaO, S 276
1866	04.07.	Agadem		aaO, S 279
1866	05.07.	Erneute Abreise inm Tintümma-Steppe, jetzt mit Führer		aaO, S 279
1866	06.07.	Führer setzt sich ab		aaO, S 280
1866	08.07.	Regen fällt - Rettung		aaO, S 282

1866	09.-10.07.	Brunnen Belkaschífari		aaO, S 283
1866	11.07.	Weiterreise, abends Regen, Lager im Wald		aaO, S 285
1866	12.07.	Lager auf bewaldeter Ebene		aaO, S 287
1866	13.07.	Asi-Brunnen		aaO, S 287
1866	14.07.	vor Ngígmi / Nguigmi		aaO, S 289
1866	15.07.	Ankunft in Nguigmi		aaO, S 290
1866	16.07.	Durch Udi / Quidi, Kisángale / Bisagana ? bis Kindjigalía		aaO, S 292
1866	17.07.	Bárua		aaO, S 294
1866	18.07.	Am Fluß Komá-dogu Waube		aaO, S 295
1866	19.07.	Über den Fluß per Floß		aaO, S 296
1866	20.07.	Goláro		aaO, S 298
1866	21.07.	Ankunft in Kuka		aaO, S 299
1866	22.07.	Empfang beim Sultan Omar von Bornu		aaO, S 304
1866	10.08.	Kuka	Gerhard Rohlfs: B an A Petermann	B Petermann's Geographische Mittheilungen 1867, S 41
1866	15.08.	Kuka	Gerhard Rohlfs: B an Roderick Murchison	Proceedings, Vol X 11, N° 1, 1866, S. 34-35
1866	20.08.	Kuka	Gerhard Rohlfs: B an Bremer Senat	Wittheitsprotokoll vom 24.12.1866 - Staatsarchiv Bremen 2 - P.6.a.9.c.3.b. 119
1866	31.08.-01.09.	Abstecher an den Tschad-See nach Kaua		Gerhard Rohlfs - Quer durch Afrika - Erster Theil, Leipzig 1874, S 325
1866	08.09.	Abreise von Uándala		Gerhard Rohlfs - Quer durch Afrika - Zweiter Theil, Leipzig 1875, S 12
1866	09.09.	Fórtua		aaO, S 16
1866	10.09.	Solúm		aaO, S 17
1866	11.09.	Gáloa		aaO, S 19
1866	12.09.	Tebá		aaO, S 21
1866	13.09.	Malim-eri		aaO, S 24
1866	14.-15.09.	Mai-dug-eri		aaO, S 24
1866	16.09.	Mai-schig-eri		aaO, S 27
1866	17.09.	Rinding-eri		aaO, S 30
1866	18.09.	Kuintaga		aaO, S 30
1866	19.09.	Madégon-eri		aaO, S 33
1866	20.09.	Bama		aaO, S 35
1866	21.09.	Nahe dem Fliß Nschúa		aaO, S 37
1866	22.09.	Grea		aaO, S 38
1866	23.09.	Doloo		aaO, S 39

1866	24.-29.09.	Aufenthalt in Doloo mit Ausienz beim Sultan Bu-Bkr von Uándala		aaO, S 41
1866	??.09.	Abstecher nach Mora		aaO, S 55
1866	01.10.	Abreise von Doloo bis Scheríferi		aaO, S 64
1866	02.10.	Buendjé		Gerhard Rohlfs - Quer durch Afrika - Zweiter Theil, Leipzig 1875, S 65
1866	02.10.	Buendjé		aaO, S 65
1866	03.10.	Abjabína		aaO, S 67
1866	04.10.	Tjétjele		aaO, S 68
1866	05.10.	Abénde		aaO, S 69
1866	06.10.	Konomengúddna		aaO, S 69
1866	07.10.	Maidjigíddi		aaO, S 70
1866	08.10.	Díkoa		aaO, S 70
1866	09.10.	Ala		aaO, S 73
1866	10.10.	Jéde / Yedi		aaO, S 74
1866	11.10.	Ngórnu		aaO, S 75
1866	12.10.	Rückkehr nach Kuka		aaO, S 76
1866	13.10.	Audienz beim Sultan Omar von Bornu		aaO, S 77
1866	20.10.	Abstecher nach Kuenge		aaO, S 79
1866	Mitte Nov	Rohlfs gesundet wieder		Gerhard Rohlfs - Quer durch Afrika - Zweiter Theil, Leipzig 1875, S 80
1866	Ende Nov	Rohlfs erkrankt erneut		aaO, S 90
1866	03.12.	Karawanenankunft mit Post aus Europa (11 Monate alt)		aaO S 91
1866	13.12.	Abreise aus Kuka bis Hadj-Aba		aaO, S 93
1866	14.12.	Kasaróa		aaO, S 96
1866	15.12.	Toe		aaO, S 97
1866	16.12.	Mogur		aaO, S 99
1866	17.12.	Mulé		aaO, S 100
1866	18.-20.12.	Magómmeri / Trennung vom Gatroner		aaO, S 100
1866	21.12.	Bumbum		aaO, S 109
1866	22.12.	Lambóa		aaO, S 112
1866	23.12.	Dábole		aaO, S 113
1866	24.-25.12.	Kassáram		aaO, S 115
1866	26.12.	Mogodóm		aaO, S 118
1866	27.-28.12.	Gudjba		aaO, S 119
1866	29.12.	Mute		aaO, S 120
1866	30.-31.12.	Gebe		aaO, S 121

1867	01.01.	Gongola		aaO, S 125
1867	02.01.	Birri		aaO, S 127
1867	03.-05.01	Uaua		aaO, S 128
1867	06.01	Tinda		aaO, S 130
1867	07.-08.01	Gombe		aaO, S 134
1867	09.01.	Burriburri / Bauchi		aaO, S 137
1867	10.01.	Gabi		aaO, S 138
1867	11.01.	Djaro		aaO, S 139
1867	12.01.	Tjungóa		aaO, S 141
1867	13.01.	Súngoro		aaO, S 143
1867	14.-15.01.	Garo-u-Bauatschi / Jos		aaO, S 144
1867	16.-18.01.	Abstecher nachKeffi-n-Rauta		aaO, S 145
1867	02.02.	Abreise von Garo-n-Bautschi bis Meri		aaO, S 168
1867	03.02.	Saránda		aaO, S 170
1867	04.02.	Djaúro		aaO, S 170
1867	05.02.	Goa		aaO, S 171
1867	06.02.	Badíko		aaO, S 172
1867	07.-08.02.	Gora		aaO, S 174
1867	09.02.	Schimré		aaO, S 176
1867	10.02.	Garo-n-Kado		aaO, S 178
1867	11.02.	Vor Sango-Katab		aaO, S 180
1867	12.-13.02.	Sango-Katab		aaO, S 182
1867	14.02.	Madákia		aaO, S 182
1867	15.02.	bei nomadisierenden Fellata		aaO, S 184
1867	16.02.	Katang		aaO, S 185
1867	17.02.	Amáro		Gerhard Rohlfs - Quer durch Afrika - Zweiter Theil, Leipzig 1875, S 187
1867	18.02.	Hádeli		aaO, S 188
1867	19.02.-12.03.	Keffi Abd-es-Senga / Keffi		aaO, S 189
1867	13.03.	Gando-n-Ja-Mussa		aaO S 196
1867	14.03.	Mallem Omaro		aaO, S 197
1867	15.03.	Ego		aaO, S 198
1867	16.03.	Udéni		aaO, S 201
1867	17.03.	Akum		aaO, S 202
1867	18.03.	Rohlfs erreicht den Bénue		aaO, S 204
1867	19.03.	Insel Loko		aaO, S 217
1867	20.03.	Abfahrt im Canoe		aaO, S 221
1867	21.03.	Amara		aaO, S 224
1867	22.-26.03.	Imáha		aaO, S 225
1867	27.03.	Weiterfahrt im Plankenboot		aaO, S 227
1867	28.03.	Ankunft in Lokója		aaO, S 229
1867	31.03.	Lokoja	Gerhard Rohlfs: B an A Petermann	B Petermann's Geographische Mittheilungen 1867, S 312-313

1867	31.03.	Lokoja	Gerhard Rohlfs: B an Bruder	Neue Freie Presse Nr.1026 11.07.1867
1867	02.04.	Abfahrt mit dem Plankenboot		Gerhard Rohlfs - Quer durch Afrika - Zweiter Theil, Leipzig 1875, S 236
1867	07.04.	Egga		aaO, S 240
1867	17.04.	Ankunft in Rabba / Jebba		aaO, S 241
1867	22.-24.04.	Lager des Königs Mássaban		aaO, S 242
1867	25.04.	Abreiseversuch gescheitert		aaO, S 246
1867	26.04.-01.05.	Rabba		aaO, S 247
1867	02.05.	Parádji		aaO, S 252
1867	03.-05.05.	Saraki		aaO, S 253
1867	06.05.	»Dorf«		aaO, S 255
1867	07.05.	Okióssus		aaO, S 257
1867	08.-13.05	Ilori / Iloriu		aaO, S 258
1867	14.05.	Weiterreise ab Ilori		aaO. S 262
1867	15.05.	Ogbómoscho / Ogbomosho		aaO, S 264
1867	16.05.	Issóko		aaO, S 265
1867	17.05.	Èmono		aaO, S 268
1867	18.05.	Juoh / Oyo		aaO, S 269
1867	19.-22.05.	Ibadan		aaO, S 270
1867	23.05.	Abreise nach Lagos		aaO, S 271
1867	25.05.	Ipara		aaO, S 273
1867	26.05.	Pure / Iperu ?		aaO, S 275
1867	27.05.	Ankunft in Lagos		aaO, S 275
1867	04.06.	Abfahrt von Lagos		Gerhard Rohlfs: Land und Volk in Afrika / Von Lagos nach Liverpool, Bremen, 1870, S 37
1867	05.06.	auf See		aaO, S 39
1867	06.06.	Yelee Coffee		aaO, S 41
1867	07.06.	Ankunf in Akkra		aaO, S 44
1867	08.06.	Abfahrt von Akkra		aaO, S 46
1867	09.06.	Cape Coast Castle		aaO, S 46
1867	10.06.	Cape Palmas		aaO, S 49
1867	11.06.	Ankunft in Monrovia / Liberia		aaO, S 51
1867	12.06.	Abfahrt von Monrovia		aaO, S 53
1867	13.06.	Ankunft in Freetown / Sierra Leone		aaO, S 53
1867	14.06.	Abreise von Freetown / Sierra Leone		aaO, S 61
1867	18.06.	Bathurst / Gambia-Mündung		aaO, S 63
1867	23.06.	St. Croce / Teneriffa		aaO, S 64
1867	25.06.	Madeira		aaO, S 65

1867	01.07.	Ankunft in Liverpool		aaO, S 67
1867	02.07.	Liverpool		Konrad Guenther: Gerhard Rohlfs, S 87
1867	03.07.	Liverpool	Gerhard Rohlfs: B an A Petermann	B Peterrmann's Geographische Mittheilungen 1867, S 313
1867	05.07.	London	Hermann Rohlfs: B an A. Petermann	B P 1.088
1867	??.07.	Richmond / London	Gerhard Rohlfs Teilnehmer am Dinner der Royal-Geographical-Society in London zu seinen Ehren	Weser-Zeitung No 7348 vom 08.07.1867
1867	08.07.	Bremen	Gerhard Rohlfs: B an Karl Andree	C, Stadtarchiv Braunschweig H III 3.16 vol 6 303
1867	11.07.	Bremen	»wohlbehalten hier eingetroffen« mit Diener Hamed Ben Marasch	hinter dem Foto 12 in FA 4 und Weser-Zeitung No 7351 vom 11.07.1867
1867	18.07.	Bremen	Gerhard Rohlfs: B an August Petermann	B P 1.094
1867	19.07.	Gotha	Gerhard Rohlfs: B an August Petermann	B P 1.095
1867	21.07.	Leipzig, Halle		B P 1.095
1867	22.07.	Berlin		B P 1.095
1867	23.07.	Berlin	August Petermann: B an Gerhard Rohlfs	B RA 1.23
1867	23.07.	Berlin	Gerhard Rohlfs: B an August Petermann	B P 1.095
1867	23.07.	Berlin	Stumm: B an G. Rohlfs, der an A. Peterm	B P 1.107
1867	24.07.	Berlin	Gerhard Rohlfs: B an August Petermann	B P 1.098
1867	25.07.	Berlin	Gerhard Rohlfs: B an August Petermann	B P 1.099
1867		Berlin	Souper zu Ehren Rohlfs	C B Schweinfurth an Brugsch, undatiert, angeboten bei Bassenge unter 2440 im April 2011
1867	26.07.	Bremen	Gerhard Rohlfs: B an August Petermann	B P 1.100
1867	29.07.	Koblenz	Gerhard Rohlfs: B an W. Horn	siehe B P 1.103
1867	??.07.	Paris	August Petermann: B an Gerhard Rohlfs	B RA 1.27
1867	02.08.	Bad Ems	August Petermann: B an Gerhard Rohlfs vom 10.08.1867	B RA 1.30, auch B P 1.101
1867	03.08.	Köln	August Petermann: B an Gerhard Rohlfs vom 10.08.1867	B RA 1.30, auch B P 1.102

1867	05.08.	Paris	August Petermann: B an Gerhard Rohlfs vom 10.08.1867	RA 1.30
1867	06.08.	Paris	bei Mounoir	Widmung auf der Rückseite seines Fotos
1867	08.08.		Königlicher Kronenorden 3. Klasse von König Wilhelm von Preußen	O 1 / R 119 // Brief RA 1.29 // Mappe und Kasten 17
1867	09.08.	Norderney, Ankunft		B P 1.104
1867	10.08.	Norderney	Gerhard Rohlfs: B an August Petermann	B P 1.104
1867	13.08.	Norderney	Gerhard Rohlfs: B an August Petermann	B P 1.105
1867	12.08.	Norderney	Gerhard Rohlfs: B an unbekannt	C Staatsbibliothek zu Berlin Slg Darmstaedter Afrika 1875 Rohlfs, Gerhard Blatt 274-275
1867	14.08.	Norderney	Gerhard Rohlfs: B an August Petermann	B P 1.106
1867	??.08.	Norderney	O. v. Bismarck: B an Gerhard Rohlfs	B RA 1.29
1867	??.08.	Norderney	August Petermann: B an Gerhard Rohlfs	B RA 1.32
1867	16.08.	Norderney	Gerhard Rohlfs: B an August Petermann	B P 1.107
1867	17.08.	Norderney, Abreise nach Kiel		B P 1.107
1867	19.08.	Kiel	Gerhard Rohlfs: B an möglich Georg Schweinfurth	C Staatsbibliothek zu Berlin Slg Darmstaedter Afrika 1875 Rohlfs, Gerhard Blatt 276-277
1867	20.08.	Kiel	Gerhard Rohlfs: B an August Petermann	B P 1.109 und B P 1.110
1867	26.08.	Kiel	August Petermann: B an Gerhard Rohlfs	A RA 1.33, Courier vom 08.09.67
1867	??.??.	Hamburg, Lübeck		A RA 1.33, Courier vom 08.09.67
1867	27.08.	Bremen	August Petermann: B an Gerhard Rohlfs ?	B RA 1.38
1867	??.08.	Berlin	»längere Zeit«	Konrad Guenther: Gerhard Rohlfs, S 90
1867	08.09.	Vegesack	Hinweis auf einen Vortrag von Gerhard Rohlfs in Frerichs Bierhalle	Courier vom 08.09.1867
1867	09.09.	Bremen	Gerhard Rohlfs: B an August Petermann	B P 1.115
1867	09.09.	Bremen	Noel eingetroffen	B P 1.115
1867	10.09.		Ehrenmitglied im Naturwissenschaftlichen Verein Bremen	O R 13 / 17 und Weser-Zeitung No 7405 vom 12.09.1867
1867	12.09.	Bremen	Gerhard Rohlfs: B an August Petermann	B P 1.116

1867	13.09.	Bremen	Gerhard Rohlfs: Tel. an August Petermann	Telegramm P 1.117
1867	13.09.	Bremen	Gerhard Rohlfs: Tel. an August Petermann	P 101
1867	15.09.	Bremen	August Petermann: B an Gerhard Rohlfs ?	B RA 1.43
1867	19.09.	Vegesack		B P 1.118
1867	23.09.	Bremen	Gerhard Rohlfs: B an August Petermann	B P 1.118
1867	26.09.	Minden	Besuch bei Elise Polko	Widmung im Buch: Elise Polko - Erinnerungen an einen Verschollenen
1867	03.10.	Collinghorst	Gerhard Rohlfs: B an August Petermann	B P 1.119
1967	06.10.	Bremen, Rückkehr aus Collinghorst		B P 1.119
1867	16.10.	Bremen	Gerhard Rohlfs: B an August Petermann	B P 1.121
1867	21.10.	Bremen	Gerhard Rohlfs: B: an August Petermann	B P 1.124
1867	24.10.	Bremen	Gerhard Rohlfs: B an Karl Andree	C Stadtarchiv Braunschweig H III 3.16 vol 6 303
1867	26.10.	Bremen	Gerhard Rohlfs: B an Theodor Heuglin ?	B RA 1.51b
1867	26.10.	Bremen	Gerhard Rohlfs: B an Moritz Wagner ?	B angeboten bei Köstler Autographen, SuUB
1867	31.10.	Bremen	Gerhard Rohlfs: B an Karl Andree	C Stadtarchiv Braunschweig H III 3.16 vol 6 303
1867	01.11.	Berlin		Foto Ehrenberg, FA 2.53
1867	01.11.	Berlin		Foto Lepsius, FA 2.67
1867	?.11.	Berlin	Treffen mit Bismarck	Notiz auf B RA 1.54
1867	08.11.	Berlin	Gerhard Rohlfs: B an unbekannt	C Staatsbibliothek zu Berlin, Nachlass 480/4 Blatt 69
1867	10.11.	Berlin	Gerhard Rohlfs hat Audienz beim König von Preußen	Weser-Zeitung No 7456 vom 11.11.1867
1867	12.11.	Dresden	Gerhard Rohlfs: Tel. an August Petermann	Telegramm P 1.125
1867	13.11.	Bremen	Gerhard Rohlfs: B an August Petermann	P 1.126
1867	?.12 / Der Termin im Vorwort dürfte nicht stimmen!	Bremen	Das Buch muss im November oder Dezember 1867 erschienen sein, denn es wird am 14.12.1867 in der Weser-Zeitung besprochen (nicht aber in den Kühtmann-Anzeigen in der Weser-Zeitung genannt!)	Gerhard Rohlfs: Reise durch Marokko, J. Kühtmann, Bremen, 1868, Seite V und Weser-Zeitung No 7485 vom 14.12.1857

1867	22.11.	Paris	Charles Maunoir: B an Gerhard Rohlfs, zur Sitzung der Gesellschaft	B RA 1.50
1867	Ende 11.	Einschiffung in Marseille		Gerhard Rohlfs: Im Auftrage Sr. Majestät des Königs von Preussen mit dem Englischen Expeditionscorps in Abessinien, J. Küthmann, Bremen, 1869, S 1
1867		Alexandrien		aaO, S 5
1867		Cairo (14 Tage)		aaO, S 8 (10)
1867	07.12.		Ehrenmitglied der Gesellschaft für Erdkunde in Berlin	O R 14 / 17
1867	10.12.		Ehrenmitglied in der Kaiserlich-Königlichen Geographischen Gesellschaft zu Wien	O R 15 / 17
1867	17.12.	Kairo		B P 1.130
1867	19.12.	Kairo	Hotel du Nil	B RA 1.67
1867	21.12.	Abreise nach Suez		Gerhard Rohlfs: Im Auftrage Sr. Majestät des Königs von Preussen mit dem Englischen Expeditionscorps in Abessinien, J. Küthmann, Bremen, 1869, S 20
1867	30.12.	Abreise per Schiff von Suez		aaO, S 25
1868	01.-05.01	Rothes Meer		aaO, Anhang I
1868	06.-07.01.	Bai Adulis		aaO, Anhang I
1868	08.-16.01	Zula		aaO, Anhang I
1868	10.01.	Zula	Gerhard Rohlfs: B an August Petermann	B P 1.131
1868	10.01.	Zula	Gerhard Rohlfs: B an Karl Andree	C Staatsbibliothek zu Berlin, Slg Darmstaedter Afrika 1875 Rohlfs, Gerhard Blatt 223
1868	17.01.	Hadoda		Gerhard Rohlfs: Im Auftrage Sr. Majestät des Königs von Preussen mit dem Englischen Expeditionscorps in Abessinien, J. Küthmann, Bremen, Anhang I
1868	18.-19.01	Elalea		aaO, Anhang I
1868	20.01.	Tibbo		aaO, Anhang I
1868	21.01.	Massolaio		aaO, Anhang I
1868	22.-23.01.	Taconda		aaO, Anhang I
1868	24.-26.01.	Senafe		aaO, Anhang I
1868	26.01.	Senafe		Zeitschrift der Gesellschaft für Erdkunde zu Berlin, 1868, B S 167-168
1868	28.-31.01	Adi-Graat		Gerhard Rohlfs: Im Auftrage Sr. Majestät des Königs von Preussen mit dem Englischen Expeditionscorps in Abessinien, J. Küthmann, Bremen, 1869, Anhang I
1868	01.-02.02.	Mai-Vohis		aaO, Anhang I

1868	02.02.	Mairodia	Gerhard Rohlfs: B an Hermann Rohlfs	Weser-Zeitung N 7568 vom 10.03.1868
1868	03.-04.02.	Adi-Baga		Gerhard Rohlfs: Im Auftrage Sr. Majestät des Königs von Preussen mit dem Englischen Expeditionscorps in Abessinien, J. Küthmann, Bremen, 1869, Anhang I
1868	05.-06.02.	Dongolo		aaO, Anhang I
1868	07.02.	Agola		aaO, Anhang I
1868	08.-09.02.	Mai-Makede		aaO, Anhang I
1868	10.-13.02.	Dolo		aaO, Anhang I
1868	14.02.	Haik Höllöt		aaO, Anhang I
1868	15.-17.02.	Antalo		aaO, Anhang I
1868	18.-25.02.	Boye		aaO, Anhang I
1868	25.02.	Lager von Boye bei Antalo		Zeitschrift der Gesellschaft für Erdkunde zu Berlin, 1868, B S 168-170
1868	26.02.-02.03	Miske		Gerhard Rohlfs: Im Auftrage Sr. Majestät des Königs von Preussen mit dem Englischen Expeditionscorps in Abessinien, J. Küthmann, Bremen, 1869, Anhang I
1868	03.03	Garab-Digdig		aaO, Anhang I
1868	04.-06.03	Messino		aaO, Anhang I
1868	07.-11.03.	Attala		aaO, Anhang I
1868	12.03.	Aiba		aaO, Anhang I
1868	13.-15.03.	Mai-Doha		aaO, Anhang I
1868	16.03	Haya		aaO, Anhang I
1868	17.03.	Ainema-Aschangi		aaO, Anhang I
1868	18.03	Missagita		aaO, Anhang I
1868	19.-20.03.	Lat		aaO, Anhang I
1868	21.03.	Asmegalla		aaO, Anhang I
1868	22.03.	Misserkite		aaO, Anhang I
1868	23.-25.03.	Dildi		aaO, Anhang I
1868	26.03	Mudja		aaO, Anhang I
1868	27.03.	Gavameda-Ain-Takaze		aaO, Anhang I
1868	27.03.	Santara	Gerhard Rohlfs: B an Weser-Zeitung	Weser-Zeitung N 7615 vom 27.04.1868
1868	28.03.		Ehrenmitglied im Verein für Erdkunde in Dresden	O R 16 / 17
1868	28.-30.03.	Sentara		Gerhard Rohlfs: Im Auftrage Sr. Majestät des Königs von Preussen mit dem Englischen Expeditionscorps in Abessinien, J. Küthmann, Bremen, 1869, Anhang I
1868	31.03.	Gosa		aaO, Anhang I
1868	01.04.	Abdikum		aaO, Anhang I
1868	02.04.	Sindi		aaO, Anhang I
1868	03.04.	Bit-Hor		aaO, Anhang I
1868	04.-08.04.	Talanta		aaO, Anhang I
1868	09.04.	Rechtes Baschlo-Ufer		aaO, Anhang I

1868	10.04.	Gefecht von Aroge / Massala		aaO, Anhang I
1868	11.-16-04	Aroge		aaO, Anhang I
1868	12.04.	Aroge	Gerhard Rohlfs: B an Illustrirte Zeitung	Illustrirte Zeitung Nr. 1302 13. Juni 1868
1868	13.04.	Magdala im Sturm genommen		Weser-Zeitung N 7617 vom 29.04.1868, Abend-Ausgabe, S 1
1868	17.04.	Armee bei Arodscha verlassen und gegangen bis Beschilo		Gerhard Rohlfs: Im Auftrage Sr. Majestät des Königs von Preussen mit dem Englischen Expeditionscorps in Abessinien, J. Küthmann, Bremen, 1869, Anhang I - Gerhard Rohlfs: Von Magadala nach Lalibala, Sokota und Antalo - in: Petermann, 1868, S 314
1868	18.04.	Talanta-Hochebene		aaO, Anhang I
1868	19.04.	Djidda		aaO, Anhang I
1868	20.04.	Abdikum		aaO, Anhang I
1868	21.04.	Sindina		aaO, Anhang I
1868	22.-23.04	Shalit		aaO, Anhang I
1868	24.04.	Lalibala		aaO, Anhang I
1868	25.04.	Schegela		aaO, Anhang I
1868	26.04.	Bilbala Georgis		aaO, Anhang I
1868	27.04.	Taba		aaO, Anhang I
1868	28.04.	Belkoak		aaO, Anhang I
1868	29.04.	Ohlich		aaO, Anhang I
1868	30.04.-02.05.	Sokota		aaO, Anhang 1
1868	03.05.	Elfenal		aaO, Anhang I
1868	04.05.	Zaka		aaO, Anhang I
1868	05.05.	Tenaroa		aaO, Anhang I
1868	06.-07.05.	Zamre		aaO, Anhang I
1868	08.05.	ohne Aufenthalt weiter		aaO, Anhang I
1868	09.05.	Antalo	Gerhard Rohlfs: B an August Petermann	B P 1.135
1868	09.-11.05.	Boye		Gerhard Rohlfs: Im Auftrage Sr. Majestät des Königs von Preussen mit dem Englischen Expeditionscorps in Abessinien, J. Küthmann, Bremen, 1869, Anhang I
1868	12.05.	Eiba		aaO, Anhang I
1868	13.05.	Hausen		aaO, Anhang I
1868	15.05.	Assai		aaO, Anhang I
1868	16.-18.05.	Adua		aaO, Anhang I
1868	19.05.	Dagassoni-Intidjo		aaO, Anhang I
1868	20.05.	Msaber		aaO, Anhang I
1868	21.05.	Gunna-Gunna		aaO, Anhang I
1868	22.-24.05.	Senafe		aaO, Anhang I
1868	25.05.		Goldmedaille der Geographischen Gesellschaft in London	C Kasten 17 / Petermann's Geographische Mittheilungen, 1868, S 229

1868	25.05.	Undel-Wel		Gerhard Rohlfs: Im Auftrage Sr. Majestät des Königs von Preussen mit dem Englischen Expeditionscorps in Abessinien, J. Küthmann, Bremen, 1869, Anhang I
1868	26.05.	Komeile		aaO, Anhang I
1868	27.-30.05.	Zula		aaO, Anhang I
1868	31.05.	Rothes Meer		aaO, Anhang I
1868	09.06.	Suez	Gerhard Rohlfs: B an Sekretär der Geogra. Gesellschaft Paris, Maunoir	Bulletin de la Société Géogr. Des Paris, 1868,1
1868	??.06.	Port Said, San Mengale, Damiette, Lagazig	Gerhard Rohlfs: B an A. Petermann	B P 1.136
1868	20.06.	Kairo	Gerhard Rohlfs: B an A. Petermann	B P 1.136
1868	26.06.	Alexandrien	Gerhard Rohlfs: B an unbekannt	C Staatsbibliothek zu Berlin Nachlass 480/4 Blatt 9
1868	28.06.	Alexandrien	Einschiffung	Weser-Zeitung No 7686 vom 08.07.1868
1868	??.07.	Brindisi		Weser-Zeitung No 7686 vom 08.07.1868
1868	07.07.	Bremen		Weser-Zeitung No 7686 vom 08.07.1868
1868	08.07.	Bremen	Gerhard Rohlfs: B an A. Petermann	B P 1.142
1868	13.07.	Bremen?	August Petermann: B an Gerhard Rohlfs	B RA 1.83
1868	07.07.	Ems	Essen beim König Wilhelm I	Fremdenblatt (Abend-Blatt) Nr 198 20.7.1868
1868	??.07.	Bremen		Fremdenblatt (Abend-Blatt) Nr 198 20.7.1868
1868	17.07.	Ems	Treffen mit dem König Wilhelm I	Fremdenblatt (Abend-Blatt) Nr 198 20.7.1868
1868	26.07.	im Harz	Gerhard Rohlfs: B an August Petermann	B P 1.144
1868	29.07.	Dessau	Orden Albrecht des Bären, Ritter 1. Klasse - Herzog Leopold Friedrich von Anhalt	Weser-Zeitung No 7727 vom 18.08.1868
1868	01.09.	ab ca. in Berlin	Gerhard Rohlfs: B an A. Petermann	B P 1.146
1868	07.09.		Im naturwissenschaftlichen Verein zu Bremen werden Geschenke von Gerhard Rohlfs vorgeführt	Weser-Zeitung No 7749 vom 09.09.1868
1868	07.09.	Berlin	Gerhard Rohlfs: B an Henry Lange	Universitätsbibliothek Freiburg lt Kalliope

1868	10.09.		Ehrenritterkreuz 1. Klasse des Haus- und Verdienstordens des Herzogs Peter Friedrich Ludwig - Großherzog Peter von Oldenburg	O 3 / Mappe 17 und Weser-Zeitung No 7754 vom 14.09.1868
1868	15.09.	Berlin	Gerhard Rohlfs: B an A. Petermann	B P 1.145
1868	16.09.	Leipzig	Vortrag über die Reise nach Abessinien im Verein von Freunden der Erdkunde zu Leipzig	Verein für Erdkunde zu Leipzig, 1869, S 14
1868	29.09.	Berlin	Gerhard Rohlfs: B an unbekannt	C Staatsbibliothek zu Berlin Slg Darmstaedter Afrika 1875 Rohlfs, Gerhard Blatt 280
1868	03.10.	Berlin	Vortrag über den Feldzug der Engländer in Abessinien vor der Geographischen Gesellschaft zu Berlin	Zeitschrift der Geographischen Gesellschaft zu Berlin, 1868, S 537-538
1868	05.10.	Berlin	Gerhard Rohlfs: B Oscar Peschel	C Staatsbibliothek zu Berlin Slg Darmstardter Afrika 1875 Rohlfs, Gerhard Blatt 281282
1868	14.10.	Bremen	Gerhard Rohlfs: B an August Petermann	B P 1.146
1868	16.10.	Berlin	Gerhard Rohlfs: B an August Petermann	B P 1.147
1868	16.10.	Berlin	Gerhard Rohlfs: B an Karl Andree	C Stadtarchiv Braunschweig H III 3.16 vol 6 303
1868	Herbst	Auftrag, Geschenke nach Bornu zu bringen		Gerhard Rohlfs - Von Tripolis nach Alexandrien, Erster Band, 1871, J. Küthmann, Bremen, S 1
1868	05.11.	Berlin	Gerhard Rohlfs: B in:	Angelika Tunis: Vom Fremdenlegionär zum Hofrath Hochwohlgeboren in Weimar - in: Afrika-Reisen, S 49
1868	05.11.	Berlin	Gerhard Rohlfs: B an L. W. Schneider	C Staatsbibliothek zu Berlin, Nachlass 480/4 Blatt 10
1868	08.11.	Bremen	Aufbruch nach Afrika	Illustrite Zeitung Nr. 1324, 14.11.1868, S. 338
1868	09.11.	Bremen	Gerhard Rohlfs: B an August Petermann	B P 1.150
1868	20.11.	Marseille	Gerhard Rohlfs: B an August Petermann	B P 1.152
1868	20.11.	Einschiffung in Marseille		Gerhard Rohlfs - Von Tripolis nach Alexandrien, Erster Band, 1871, J. Küthmann, Bremen, S 5
1868	22.11.	Ausschifffung in Philippeville		aaO, S 6
1868	24.11.	Philippeville	»unter dieser Fontaine gefrühstückt«	Foto in FA 3

1868	24.11.	Einschiffung in Philippeville		Gerhard Rohlfs - Von Tripolis nach Alexandrien, Erster Band, 1871, J. Küthmann, Bremen, S 14
1868	25.11.		Ehrenmitglied im Verein von Freunden der Erdkunde zu Leipzig	O R 17 / 17 / Verein für Erdkunde zu Leipzig, 1969, S 16
1868	25.11	Bone		Gerhard Rohlfs - Von Tripolis nach Alexandrien, Erster Band, 1871, J. Küthmann, Bremen, S 15
1868	26.11.	Goletta / Tunis		aaO, S 19
1868	27.11.	Tunis		Mounir Fendri: Am Rande des deutsch-französichen Krieges (Sommer 1870) Gerhard Rohlfs Tunesische Sendung im Lichte tunesischer Quellen - in: Afrika-Reise, 1998, S 73
1868	28.11.	Malta	Gerhard Rohlfs: B an August Petermann	B P 1.153
1868	28.11.	La Valette / Malta		Gerhard Rohlfs - Von Tripolis nach Alexandrien, Erster Band, 1871, J. Küthmann, Bremen, S 26
1868	28.11.	La Valetta	Treffen mit Heinrich von Maltzan	Artikel: Ein Besuch in Tunis im Jahre 1868 - ohne Autorenangabe, aber mit hoher Wahrscheinlichkeit Heinrich von Maltzan - in: Weser Zeitung no 8228 vom 05.01, S 1
1868	30.11.	Malta	Gerhard Rohlfs: B an Heinrich von Maltzan	B RA 1.111c
1868	02.12.	Malta		Mounir Fendri: Am Rande des deutsch-französichen Krieges (Sommer 1870) Gerhard Rohlfs Tunesische Sendung im Lichte tunesischer Quellen - in: Afrika-Reise, 1998, S 73
1868	11.12.	Einschiffung in La Valetta nach Tripolis		Gerhard Rohlfs - Von Tripolis nach Alexandrien, Erster Band, 1871, J. Küthmann, Bremen, S 28
1868	15.12.		Ehrenmitglied der Gesellschaft naturforschender Freunde zu Berlin	O R 18 / 17
1868	12.12.	Ausschiffung Tripolis / Mschia		Gerhard Rohlfs - Von Tripolis nach Alexandrien, Erster Band, 1871, J. Küthmann, Bremen, S 30
1868	15.12.	Tripolis	Gerhard Rohlfs: B an August Petermann	B P 1.157
1868	24.12.	Sabrata	»um Weihnachten«	B P 2.001
1868	29.12.	Tripolis	Gerhard Rohlfs: B an August Petermann	B P 1.158
1868	??		Ehrenmitglied »seit 1868« im Verein für Erdkunde zu Dresden	Verein für Erdkunde zu Dresden, 1868, S V

1868	??		Ehrenmitglied »seit 1868« im Verein von Freunden der Erdkunde zu Leipzig	Jahresbericht des Vereins von Freunden der Erdkunde zu Leipzig, 1869, S XXIV
1868	??		Ehrenmitglied »seit 1868« der Geographischen Gesellschaft in Wien	Jahresbericht der Geographischen Gesellschaft in Wien, 1876, S III
1869	06.01.	Tripolis	Gerhard Rohlfs: B an August Petermann	P 2.001
1869	21.01.	Abreise nach Leptis magna bis Meleha		Gerhard Rohlfs - Von Tripolis nach Alexandrien, Erster Band, J. Küthmann, Bremen, S 98, 99
1869	22.01.	Tadjura		aaO, S 101
1869	23.01.	Choms / Leptis magna		aaO, S 102
1869	24.01.	Leptis magna / Fotos von Salingré / Gemmen- und Münzkauf		aaO, S 105, 111
1869	25.01.	Rückkehr nach Mschia		aaO, S 113
1869	17.02.	Verabschiedungsfest für Nachtigal in Mschia / Meschîja (nach Nachtigal)		Gustav Nachtigal - Sahara und Sudan, Berlin, 1879, S 34
1869	18.02.	Verabschiedung von Gustav Nachtigal		aaO, S 38
1869	19.02.	Tripolis		B P 2.003
1869	20.02.	Einschiffung in Tripolis nach Bengasi		Gerhard Rohlfs - Von Tripolis nach Alexandrien, Erster Band, 1871, J. Küthmann, Bremen, S 119
1869	21.02.	Tripolis	Aufbruch	Zeitschrift der Gesellschaft für Erdkunde, 1869, S. 475, The Times, 15.6.1869
1869	27.02.-03.03.	(Aufgelaufen vor) Bengasi		Gerhard Rohlfs - Von Tripolis nach Alexandrien, Zweiter Band, J. Küthmann, Bremen, 1871, Tabelle, The Times, 15.6.1869
1869	04.03.	Abreise von Bengasi, bis Thuil		aaO, Tabelle
1869	05.-06.03.	Tokra		aaO, Tabelle
1869	07.03.	Chaluf		aaO, Tabelle
1869	08.-09.03	Ptolemais		aaO, Tabelle
1869	10.03.	Tolmetta		aaO, Tabelle
1869	11.03.	Mrshid		aaO, Tabelle
1869	12.03.	Megade		aaO, Tabelle
1869	13.03.	Gedani		aaO, Tabelle
1869	14.03.	Djenin		aaO, Tabelle
1869	15.-19.03.	Cyrene		aaO, Tabelle
1869	20.-22.03.	Gaigab		aaO, Tabelle
1869	23.03.	Slantia		aaO, Tabelle

1869	24.03.	Maraua		aaO, Tabelle
1869	25.03.	Djerdes		aaO, Tabelle
1869	26.03.	Biar		aaO, Tabelle
1869	27.03.-02.04.	Bengasi		aaO, Tabelle
1869	03.04.	Ksebéah		aaO, Tabelle
1869	04.04.	el Hussein		aaO, Tabelle
1869	05.04.	Djelid		aaO, Tabelle
1869	06.04.	Fersi		aaO, Tabelle
1869	07.04.	Schadábia		aaO, Tabelle
1869	08.04.	Chor Ssofan		aaO, Tabelle
1869	09.04.	Thuil		aaO, Tabelle
1869	10.04.	Gor-n-Nus		aaO, Tabelle
1869	11.04.	Meschtèret		aaO, Tabelle
1869	12.-14.04.	Audjila		aaO, Tabelle
1869	15.-16.04.	Djalo		aaO, Tabelle
1869	17.-24.04.	in der Wüste		aaO, Tabelle
1869	25.04.	Msuan		Gerhard Rohlfs - Von Tripolis nach Alexandrien, Zweiter Band, J. Küthmann, Bremen, 1871, Tabelle
1869	26.04.	Ismael		aaO, Tabelle
1869	27.-30.04.	Gerdobia		aaO, Tabelle
1869	01.05.	Bu Allua		aaO, Tabelle
1869	02.05.	Hoesa		aaO, Tabelle
1869	03.05.	Gaigab		aaO, Tabelle
1869	04.05.	Schiata		aaO, Tabelle
1869	05.05.	Maragi		aaO, Tabelle
1869	06.-10.05	Siua / Siwa		aaO, Tabelle
1869	11.05.	Agermi		aaO, Tabelle
1869	12.05.	Huemen		aaO, Tabelle
1869	13.05.	unterwegs		aaO, Tabelle
1869	14.-15.05.	Um es sserir		aaO, Tabelle
1869	16.-18.05.	in der Wüste unterwegs		Gerhard Rohlfs - Von Tripolis nach Alexandrien, Zweiter Band, J. Küthmann, Bremen, 1871, Tabelle
1869	19.05.	Bel Gerady		aaO, Tabelle
1869	20.05.	unterwegs		aaO, Tabelle
1869	21.05.	Morhara		aaO, Tabelle
1869	22.05.	unterwegs		aaO, Tabelle
1869	23.05.	Bir Hamman		aaO, Tabelle
1869	24.05.	Brunnen		aaO, Tabelle
1869	25.05.	Alexandria		aaO, Tabelle
1869	27.05.	Alexandrien	Gerhard Rohlfs: B an A Petermann	B Petermann's Geographische Mittheilungen, S 228, B RA 2.13
1869	27.05.	Alexandrien	Gerhard Rohlfs: B an August Petermann	B P 2.004
1869	28.05.	Alexandrien	Gerhard Rohlfs: B an Maltzan	B RA 2.4a
1869	??.06.	Malta		Wochenschrift Vegesack, Nr 52, v 30.06.1869
1869	??.06.	Rom ?	H. D. S. Corrodi: B an Gerhard Rohlfs	B RA 2.5
1869	??.06.	Berlin		Wochenschrift Vegesack, Nr 52, v 30.06.1869

1869	26.06.	Berlin	Gerhard Rohlfs: B an Henri Noël	C Staatsbibliothek zu Berlin Nachlass 480/4 Blatt 3-5
1869	02.07.	Berlin	Gerhard Rohlfs: B an unbekannt	Germanisches Nationalmuseum lt. Kalliope
1869	03.07.	Berlin	Paul Ascherson: B an Gerhard Rohlfs	B RA 2.11
1869	07.07.	Berlin	In der Sitzung der Ges. für Erdkunde	ZdGfE Berlin, 1869, S 475
1869	12.07.	Bad Kreuznach	Gerhard Rohlfs: B an August Petermann	B P 2.005
1869	??.07.	Bad Kreuznach, Kuraufenthalt	Elise Polko: B an Gerhard Rohlfs, B Herbert von Bismarck an Gerhard Rohlfs,	B RA 2.18, B RA 2.20
1869	27.07.	Bad Ems	Hotel »De Flandre« als »Durchgereister«	mail vom 21.9.2011 vom Museum Bad Ems
1869	??.07.	Bad Ems ?	Gespräche mit dem preuss. König?	Weser-Zeitung No 8074 vom 03.08., Abend-Ausgabe, S 1
1869	26.08.	Bremen	Gerhard Rohlfs: B an Maltzan	B RA 2.22a
1869	02.09.	Bremen	Gerhard Rohlfs: B an unbekannt	Germanisches Nationalmuseum lt. Kalliope
1869	04.09.	Bremen	Henry Walter Bates: B an Gerhard Rohlfs	RA 1.62
1869	06.09.	Bremen	Gerhard Rohlfs ist Gast beim Naturwissenschaftlichen Verein	Weser-Zeitung No 8110 vom 08.09., Morgen-Ausgabe, S 2 - A Courier vom 09.09.69
1869	09.09.	Bremen	Gerhard Rohlfs: B an Maltzan	B RA 2.25a
1869	15.09.	Leipzig	Heinrich von Maltzan: B an Gerh. Rohlfs	B RA 2.29, B RA 2.21
1869	17.09.	Berlin?	Hunderjahrfeier für Humboldt	B RA 2.9a
1869	04.11.	Bremen	Gerhard Rohlfs: B	B RA 2.38a
1869	06.11.	Bremen	Hermann Rohlfs stellt Gerhard Rohlfs ein Rezept aus	C O 6 / 7
1869	07.11.	Köln	Gerhard Rohlfs: B an unbekannt	C Staatsbibliothek zu Berlin Slg Darmstaedter Afrika 1875 Rohlfs, Gerhard Blatt 283
1869	09.11.	Koblenz	Vortrag von Rohlfs	P 2.51
1869	10.11.	Bonn	Vortrag von Rohlfs	P 2.51
1869	11.11.	Aachen	Vortrag von Rohlfs	P 2.51
1869	16.11.	Düsseldorf	Gerhard Rohlfs: B an Karl Andree	C Stadtarchiv Braunschweig H III 3.16 vol 6 303
1869	18.11.	Haspe/Hagen	Vortrag von Rohlfs	B V 2.002
1869	20.11.	Düsseldorf	Gerhard Rohlfs: B an unbekannt	C Staatsbibliothek zu Berlin Nachlass 480/4 Blatt 12-13
1869	??.11.	Solingen	Vortrag von Rohlfs	B V 2.001

1869	??.12.	Bremen	von Thiele: B an Gerhard Rohlfs	B RA 2.40
1869	30.12.	Berlin	Gerhard Rohlfs: Gesuch an Wilhelm I	B RA 2.43b
1870	02.01.	Bremen	B Mohr	B RA 4.2
1870	08.01.	Berlin	Gerhard Rohlfs. Vortrag über afrik. Depressionen, Berl. Ges. für Erdkunde	ZdGfE Berlin, 1869, S 94-95
1870	??.01.	Darmstadt	Regierung: B an G. Rohlfs in Darmstadt	B RA 2.50
1870	01.02.	Heidelberg	Gerhard Rohlfs: B an unbekannt	C B RA 2.52a, Original: SuuB Bremen, unter Aut XXIV,11.
1870	??	Heidelberg	Gerhard Rohlfs: B an unbekannt	Bayer. Staatsbibliothek lt. Kalliope
1870	09.02.	Freiburg		Foto Ecker, FA 2.64
1870	14.02.	Stuttgart	Gerhard Rohlfs traf Hackländer	Tagebuch Hackländer nach Schr. v. Heinrich Fischer v. 21.01.2006
1870	15.02.	Stuttgart	Gerhard Rohlfs: Vortrag im Königsbau	Tagebuch Hackländer nach Schr. v. Heinrich Fischer v. 21.01.2006
1870	16.02.	Stuttgart	Gerhard Rohlfs: Bildunterschrift	C Staatsbibliothek zu Berlin
1870	03.03.	Heilbronn	Vortrag im Gasthof Falken mangels Besucher ausgefallen	Neckarzeitung - Heilbronner Tagblatt vom 5.3.1870 - zitiert nach Walz/Arnold, Grabbe-Jahrbuch 2006/2007, Vorabdruck, Fußnote 6 (Seite 199)
1870	08.03.	Trier	Vortrag von Rohlfs	B V 2.007
1870	17.03.	Plochingen	Gerhard Rohlfs: B an unbekannt	C Stadtbibliothek Hannover 53.7122, B RA 2.62a
1870	17.03. oder 15.03.	Neckarsulm	Gerhard Rohlfs hielt einen Vortrag im »Prinz Karl«	Neckarzeitung - Heilbronner Tagblatt Nr 64 vom 18.03.1870 - Schr. von. Dr. Arnold vom 23.01.2006
1870	18.03.	Plochingen	Gerhard Rohlfs: B an Behr und Bock	Germ. Nationalmusum, Nürnberg lt Kalliope
1870	28.03.	Kassel	Vortrag von Rohlfs	B V 2.008
1870	??.03.	Luxemburg	Vortrag von Rohlfs ?	B V 2.006
1870	02.04.	Hannover	Gerhard Rohlfs: B an unbekannt	C Stadtbibliothek Hannover 53.7122, RA B 2.63a
1870	03.04.	Bremen	Gerhard Rohlfs: B an unbekannt	B RA 2.63a1
1870	04.04.	Bremen	Gerhard Rohlfs: B an Gustav Nachtigal	nach B RA 2.81
1870	04.04.	Bremen	Gerhard Rohlfs: B an unbekannt	C Staatsbibliothek zu Berlin Nachlass 40/4 Blatt 14
1870	29.04.	Königsberg?	Vortrag von Gerhard Rohlfs	C Staatsbibliothek zu Berlin Nachlass 40/4 Blatt 14
1870	01.05.	Ankunft in Riga		Konrad Guenther: Gerhard Rohlfs, S 120
1870	03.05.		Vortrag von Rohlfs	aaO, S 121
1870	04.05.	Dorpat	Vortrag von Rohlfs (oder 5.5.)	aaO, S 123

1870	06.05.	Riga	Heiratsantrag und Vortrag von Rohlfs	aaO, S 122
1870	09.05.	Riga	Verlobung laut: August Petermann: B an Gerhard Rohlfs	B RA 2.70
1870	09.05.	Riga	Gerhard Rohlfs: B an A. Petermann	B P 2.007
1870	??.05.	St. Petersburg – 14 Tage		Konrad Guenther: Gerhard Rohlfs, S 123, 124
1870	15.05.		Ehrenmitglied in der Società Geografica Italiana	O R 20 / 17
1870	20.05.	St. Petersburg	August Petermann: B an Gerhard Rohlfs	B RA 2.71
1870	21.05.	St. Petersburg	Gerhard Rohlfs: B an August Petermann	B P 2.008
1870	21.05.	St. Petersburg	Gerhard Rohlfs: B an Gustav Nachtigal	nach B RA 2.81
1870	29.05.	Riga	Gerhard Rohlfs: 1. Aufgebot	Kirchenbuch St. Petri, Riga, S. 92
1870	05.06.	Riga	Gerhard Rohlfs: 2. Aufgebot	Kirchenbuch St. Petri, Riga, S. 92
1870	11.06.	Königswinter	Gerhard Rohlfs: B an Max Müller	Universitäts- und Landesbibliothek, Bonn
1870	12.06.	Riga	Gerhard Rohlfs: 3. Aufgebot	Kirchenbuch St. Petri, Riga, S. 92
1870	16.06.	Hochzeit in Riga		C Genealogisches Handbuch 3. Bd, Berlin, 1894 und, Kirchenbuch St. Petri, Riga, S. 92
1870	24.06.	nach 8 Tagen: Warschau, Berlin, Weimar		Konrad Guenther: Gerhard Rohlfs, S 124
1870	11.07.	Bremen	Gerhard Rohlfs: B an unbekannt	RA 2.72b
1870	18.07.	Bremen	Gerhard Rohlfs: B an Otto v Bismarck	C B unter 0133 00023 im Politischen Archiv des Auswärtigen Amtes
1870	25.07.		Ernennung zum Hofrath des Königshauses von Preußen	O R 403
1870	??.07.	Bremen		Konrad Guenther: Gerhard Rohlfs, S 124
1870	??.07.	Berlin		Konrad Guenther: Gerhard Rohlfs, S 125, 126
1870	26.07.	Berlin	Abreise (oder 27.7.1870)	lt. Kunz (Mail 25.8.17)
1870	??.08.	Nordhausen, Göttingen, Mannheim, Heidelberg, Ulm, Chur		Konrad Guenther: Gerhard Rohlfs, S 126, 127
1870	??.08.	Rom, Neapel, Catania		aaO, S 127

1870	09.08.	»Die höchsten Lavabrocken des Aetna herabgeholt«			O R 138 Beschriftung auf einem Stein
1870	16.08.	Malta			Mounir Fendri: Am Rande des deutsch-französichen Krieges (Sommer 1870) Gerhard Rohlfs Tunesische Sendung im Lichte tunesischer Quellen - in: Afrika-Reise, S 74
1870	19.-24.08.	Tunis			aaO, S 73,76
1870	25.08.	Aufbruch nach Zaghouan			aaO, S 76
1870	26.08.	Zurück nach Tunis			aaO, S 76
1870	27.08.	Tunis	Unterredung mit Khaznadar		aaO, S 76
1870	30.08.		Ehrenmitglied in der Academia Literarum et Scientirarum Regia Boica		O R 19 / 17
1870	02.09.	Abreise aus Tunis nach Messina			Hans Offe: Gerhard Rohlfs' tunesiche Sendung - in: Westermanns Monatshefte, 75. Jg, 1931, S 232
1870	05.09.	La Valetta	Gerhard Rohlfs: B an unbekannt (Maltzan)		C B RA 2.74a0, Original in der Universitätsbibliothek Leipzig
1870	09.09.	Malta	»Ich fahre heute nach Sfax«		Mounir Fendri: Am Rande des deutsch-französichen Krieges (Sommer 1870) Gerhard Rohlfs Tunesische Sendung im Lichte tunesischer Quellen - in: Afrika-Reise, S 480
1870	17.09.	Florenz	beim preuss. Konsulat		lt. Kunz
1870	23.09.	Berlin	Gerhard Rohlfs: B an von Keudell		C B RA 2.74c - unter 038 000058-61 im Wetzstein-Nachlass im Politischen Archiv des Auswärigen Amtes
1870	??.09.	Berlin			B vom 30.09.70 - wohl Nachlass Wetzstein
1870	28.09.	Collinghorst			B vom 30.09.70 - wohl Nachlass Wetzstein
1870	29.09.	Collinghorst			B vom 30.09.70 - wohl Nachlass Wetzstein
1870	30.09..	Bremen	Gerhard Rohlfs: B an Frau Wetzstein		C B RA 2.76a - wohl Nachlass von Wetzstein (über Kunz)
1870	09.10.	Weimar, Am Bahnhof 165 C	Einzug		Fremdenbuch, S 1
1870	30.10.	Weimar	Gerhard Rohlfs: B an Hermann Voss		B RA 2.78a
1870	31.10.	Weimar	Gerhard Rohlfs: B an A. Petermann		B P 2.010
1870	??.10.		Gerhard Rohlfs - Land und Volk in Afrika - Berichte aus den Jahren 1865-1870, J. Küthmann, Bremen		B RA 2.79
1870	04.11.	Weimar	Gerhard Rohlfs: B an A. Petermann		B P 2.011
1870	18.11.	Weimar	Gerhard Rohlfs: B an A. Petermann		B P 2.012

1870	24.11.	Berlin			B RA 2.80a – wohl Nachlass Wetzsteinj
1870	25.11.	Berlin	Gerhard Rohlfs: Vortrag		B RA 2.80a – wohl Nachlass Wetzsteinj
1870	29.11.	Weimar	Gerhard Rohlfs: B an A. Petermann		B P 2.013
1870	02.12.	Gotha	Vortrag von Rohlfs angekündigt		B P 2.013
1870	06.12.	Hildburghausen	Vortrag von Rohlfs		B V 2.13
1870	12.12.	Bremen	Gerhard Rohlfs: B an unbekannt		C Staatsbibliothek zu Berlin Nachlass 480/4 Blatt 16
1870	18.12.	Weimar	Gerhard Rohlfs: B an Heinrich Kiepert		C Staatsbibliothek zu Berlin Autogr. I/1882
1870	25.12.	Weimar	Besuch vom Großherzog Alexander		
1870	30.12.	Weimar	Gerhard Rohlfs: B an unbekannt		C Staatsbibliothek zu Berlin Nachlass 480/4 Rohlfs Gerhard Blatt 16-17
1871	22.01.	Weimar	Gerhard Rohlfs: B an Eduard Tempeltey		C B SuUB, Bremen, Aut XXXV.8
1871	26.01.	Grossenhain	Vortrag von Rohlfs ?		B V 2.14
1871	??.01.	Weimar			Gerhard Rohlfs - Von Tripolis nach Alexandrien, Erster Band, J. Kühtmann, Bremen, S II
1871	07.03.	Breslau	Gerhard Rohlfs: B an unbekannt		Bayerische Staatsbibliothek lt Kalliope
1871	??.03.	Glogau (um den 15.03.71)	Henry Duveyrier: B an Gerhard Rohlfs		B RA 3.9
1871	14.03.	Breslau	Matthaei: B an Gerhard Rohlfs		B V 3.5
1871	17.03.	Weimar	krankheitshalber wieder zurück		B RA 3.7a
1871	19.03.	Weimar	Gerhard Rohlfs: B an unbekannt		C B 3.7a, Stadtbibliothek Hannover 41.1709
1871	29.03.		Ehrendoktor der Philosophischen Fakultät der Universität Jena		O R / 16
1871	??.03.	Neisse und Breslau	Henry Duveyrier: B an Gerhard Rohlfs		B RA 3.18
1871	05.04.	Weimar	Gerhard Rohlfs: B an den König		B RA 3.17b
1871	16.04.	Weimar	Rückkehr krankkheitshalber		B RA 3.31
1871	06.05.	Weimar	Gerhard Rohlfs: B an August Petermann		B P 3.003
1871	??.05.		krank		B RA 3.30
1871	17.05.	Weimar	Gerhard Rohlfs: B an Karl Andree		C Stadtarchiv Braunschweig H III 3.16 vol 6 303
1871	25.05.	Weimar	Gerhard Rohlfs: B an unbekannt		Staatsbibliothek zu Berlin Nachlass 480/4 Rohlfs Gerhard Blatt 30
1871	??.06.		Rohlfs zur Kur		B RA 3.32a

1871	24.06.	Weimar	Gerhard Rohlfs: B an den König	B RA 3.32a
1871	13.07.		Ritterkreuz 1. Klasse des Königlichen Verdienstordens vom Heiligen Michael - König Ludwig II von Bayern	O 5 / Mappe 17, RA 3.33.1
1871	17.07.	Kreuznach	Gerhard Rohlfs: B	C B RA 3.38.a, SuUB, Bremen, Aut. XXIV,11.
1871	05.08.	Weimar	Gerhard Rohlfs: B an Kleinhans	C B RA 3.43a
1871	18.08.	Weimar	Gerhard Rohlfs: B an Karl Andree	C B 3.40a, Stadtarchiv Braunschweig H III 3.16 vol 6 303
1871	21.08.	Weimar	Gerhard Rohlfs: B an Karl Andree	C B 3.41a, Stadtarchiv Braunschweig H III 3:16 vol 6 303
1871	04.09.	Weimar	Gerhard Rohlfs: B an Apotheker Kindt	C Staatsbibliothek zu Berlin Autogr. I/4474 2
1871	15.09.		Gerhard Rohlfs: B an Cottasche Buchh.	Literaturarchiv Marburg lt. Kallioe
1871	21.09.	Weimar	Gerhard Rohlfs: B an unbekannt	C Staatsbibliothek zu Berlin Nachlass 480/4 Blatt 18
1871	23.09.	Weimar	Gerhard Rohlfs: B an Maltzan	B RA 47a
1871	24.09.	Weimar	Gerhard Rohlfs: B an unbekannten Bibliothekar	C Staatsbibliothek zu Berlin Nachlass 480/4 Blatt 20
1871	16.10.	Weißenburg		B RA 3.51a
1871	17.10.	Cöthen	Gerhard Rohlfs: B an Maltzan	B RA 3.51a
1871	??.10.	Weimar	Gerhard Rohlfs: B an Georg Schweinfurth	B RA 3.56
1871	01.11.	Schleswig	Gerhard Rohlfs;: B an Hans Elissen	B RA 3.56a
1871	05.11.	??	Gerhard Rohlfs: B an Karl Andree	C Staatsbibliothek zu Berlin Slg Darmstaedter Afrika 1875 Rohlfs, Gerhard Blatt 224
1871	06.11.		Ehrenmitglied der Geographischen Gesellschaft zu München	O R 21 / 17
1871	16.11.	Stralsund, vor 16.11.71	Vortrag von Rohlfs	B V 3.008
1871	14.12.	Weimar	Gerhard Rohlfs: B an Georg Schweinfurth	B RA 3.61
1871	16.12.	Dresden	Vortrag von Rohlfs	B RA 3.61
1871	19.12.	Weimar	Gerhard Rohlfs: B an Karl Andree	C B 3.69b, Stadtarchiv Braunschweig H III 3.16 vol 6 303
1871	19.12.	Weimar	Gerhard Rohlfs: B an Rudolf Gottschall	C Staatsbibliothek zu Berlin Nachlass 480/4 Rohlfs, Gerhard Blatt 50

Jahr	Datum	Ort	Inhalt	Quelle
1871	31.12.	Weimar	Gerhard Rohlfs: B an Georg Schweinfurth	B RA 3.69
1871	??.	Eisenach	1. Vortrag von Rohlfs	B V 9.1
1871	??.	Weimar	Gerhard Rohlfs: B an Igna von Döllinger	Bayer. Staatsbibliothek lt. Kalliope
1872	02.01.	Weimar	Gerhard Rohlfs: B an Georg Schweinfurth	B RA 4.1
1872	??.01.	Berlin	August Petermann: B an Gerhard Rohlfs	B P 4.001
1872	09.01.	Weimar	Gerhard Rohlfs: B an Heinrich v Maltzan	B RA 41a
1872	10.01.	Weimar	Gerhard Rohlfs: B an Georg Schweinfurth	B RA 4.5
1872	10.01.	Leipzig	Gerhard Rohlfs: B an R. von Gottschall	C Staatsbibliothek zu Berlin Slg Darmstaedter 2 m 1853 Blatt 19
1872	14.01.	Holland ?, nein: RA 4.11	Abreise für Vorträge	B RA 3.69, B RA 4.5
1872	??.01.	Leiden	Gerhard Rohlfs: B an Georg Schweinfurth	B RA 4.11
1872	??.01	Minden	Gerhard Rohlfs: B an Georg Schweinfurth	B RA 4.11
1872	31.01.	Wismar	Gerhard Rohlfs: B an Georg Schweinfurth	B RA 4.11
1872	??.02.	Stettin	Vortrag von Rohlfs	B RA V 4.2
1872	02.03.	Berlin	In der Sitzung der Geogr. Gesellschaft	B RA 4.16
1872	06.03.	Weimar	Gerhard Rohlfs: B an Georg Schweinfurth	B RA 4.16
1872	07.03.		Korrespondierendes Mitglied der Kaiserlich Russischen Geographischen Gesellschaft. St. Petersburg	O R 21 / 16
1872	18.03.	Weimar	Gerhard Rohlfs: B	B RA 4.23a
1872	22.03.	Weimar	Gerhard Rohlfs: B an Georg Schweinfurth	B RA 4.24
1872	28.03.	Weimar	Gerhard Rohlfs: B an Hermann Rohlfs	B RA 4.26a
1872	03.04.	diverse Städte	Vortragstour bis 26.4.	B RA 4.24
1872	09.04.	Berlin		B RA 4.26a
1872	26.04.			B RA 4.24
1872	??.04.	Grünberg	Vortrag von Rohlfs	B V 20.008
1872	30.04.	Weimar		B RA 4.30
1872	01.05.	Weimar	Gerhard Rohlfs: B an Georg Schweinfurth	B RA 4.30
1872	14.05.	Weimar	Gerhard Rohlfs: B an Robert König	C Staatsbibliothek zu Berlin Nachlass 480/4 Blatt 24
1872	24.05.	Weimar	Gerhard Rohlfs: B an August Petermann	B P 4.002

1872	28.05.	Weimar	Gerhard Rohlfs: B an unbekannt	C Staatsbibliothek zu Berlin Nachlass 480/4 Blatt 26
1872	04.06.	Dresden		B RA 4.52
1872	06.06.	Weimar	Gerhard Rohlfs: B an August Petermann	B P 4.003
1872	07.06.	Weimar	Gerhard Rohlfs: B an August Petermann	B P 4.004
1872	08.06.	Weimar	Gerhard Rohlfs: Tel. an August Petermann	Telegramme P 4.005 und P 4.006
1872	13.06.	Weimar	Gerhard Rohlfs: B an unbekannt	C Staatsbibliothek zu Berlin Nachlass 480/4 Blatt 28
1872	16.06.	Weimar	Gerhard Rohlfs: B an Karl Andree	C B 4.44a, Stadtarchiv Braunschweig H III 3.16 vol 6 303
1872	20.06.	Weimar	Gerhard Rohlfs: B an August Petermann	B P 4.007
1872	??.06.	Harz »Wander-Vortragstour«, 4 Vorträge		B RA 4.53
1872	30.06.	Claustahl	Vortrag von Rohlfs	B RA 4.53
1872	04.07.	Weimar	Gerhard Rohlfs: B an Georg Schweinfurth	B RA 4.53
1872	07.07.	Weimar	Gerhard Rohlfs: B an A. Petermann	B P 4.008
1872	08.07.	Weimar	Gerhard Rohlfs: B an Karl Andree	C B 4.56a, Stadtarchiv Braunschweig H III 3.16 vol 6 303
1872	22.07.	Weimar	Gerhard Rohlfs: B an Georg Schweinfurth	B RA 4.63
1872	Sommer	Berlin	Treffen mit Dr.von Jasmund	Gerhard Rohlfs: Drei Monate in der libyschen Wüste, Theodor Fischer, Cassel, S 3
1872	03.08.	Weimar	Besuch von Wolfgang v. Goethe (Enkel)	B RA 4.63a
1872	04.08.	Weimar	Gerhard Rohlfs: B an Georg Schweinfurth	B RA 4.63a
1872	05.08.	Weimar	Gerhard Rohlfs: B an Joh. Georg Kohl	B RA 4.63a1
1872	06.08.	ohne Ort, wohl Weimar	Gerhard Rohlfs: B an unbekannt	C Staatsbibliothek zu Berlin Nachlass 480/4 Blatt 33
1872	10.08.	Weimar	Gerhard Rohlfs: B an Ludwig Krapf	C Staatsbibliothek zu Berlin Nachlass 480/4 Blatt 34-35
1872	14.08.	Leipzig	Vortrag bei der 45. Versammlung Deutsche Naturforscher und Aerzte über Abessinien	Tageblatt der 45. Versammlung Deutscher Naturforscher und Aerzte in Leipzig, 1872, S 41 bzw. 234-236
1872	16.08.	Leipzig	Gerhard Rohlfs: Eine kurze Mitteilung	Tageblatt der 45. Versammlung Deutscher Naturforscher und Aerzte 1872, S 72, 238
1872	17.08.	Weimar	Besuch von Christoforo Negri	O Stammbuchblatt 2
1872	21.08.	Weimar	Gerhard Rohlfs: B an Carl Börgen	Staatsbibliothek zu Berlin lt. Kalliope

1872	25.08.	Weimar	Gerhard Rohlfs: B an Oskar Lenz	C Staatsbibliothek zu Berlin Slg Darmstardter Afrika 1875 Rohlfs, Gerhard Blatt 240
1872	26.08.	Weimar	Gerhard Rohlfs: B an Karl Andree	C B 5.76a, Stadtarchiv Braunschweig H III 3.16 vol 6 303
1872	??.08.	Leipzig, 8 Tage	Naturforscherversammlung	B RA 4.63b
1872	01.09.	Weimar	Gerhard Rohlfs: B an Georg Schweinfurth	B RA 4.63b
1872	11.09.	Weimar	Besuch von Apollinaire de Kontski	O Stammbuchblatt 3
1872	16.09.	Weimar	Gerhard Rohlfs: B an August Petermann	B P 4.011
1872	18.09.	Weimar	Gerhard Rohlfs: B an August Petermann	B P 4.012
1872	21.09.	Berlin	Treffen mit von Jasmund	B RA 4.89
1872	23.09.	Weimar	Gerhard Rohlfs: B an Georg Schweinfurth	B RA 4.89
1872	24.09.	Weimar	Gerhard Rohlfs: B an August Petermann	B P 4.013
1872	26.09.	Weimar	Gerhard Rohlfs: B an August Petermann	B P 4.014, 4.015
1872	28.09.	Weimar	Gerhard Rohlfs: B an Georg Schweinfurth	B RA 4.94
1872	29.09.	Weimar	Gerhard Rohlfs: B an August Petermann	Telegramm P 4.016
1872	29.09.	Weimar	Gerhard Rohlfs: B an August Petermann	B P 4.017
1872	30.09.	Weimar	Gerhard Rohlfs: B an August Petermann	B P 4.018
1872	30.09.	Weimar	Gerhard Rohlfs: B an unbekannt	B RA 4.99a
1872	??.09.	Weimar		Gerhard Rohlfs: Mein erster Aufenthalt in Marokko, Hinricus Fischer, Norden, 3. Ausgabe, Vorwort, siehe RA 4.63
1872	01.10.	Weimar	Gerhard Rohlfs: B an Georg Schweinfurth	B RA 4.104
1872	05.10.	Warschau ?		Foto Kontski, FA 2.33
1872	07.10.	Weimar	Abreise zur Vorträgen, B Lony R an Schw	B RA 4.106
1872	15.10.		Rohlfs entläßt Sekretär	B RA 4.113
1872	16.04.	Graudenz	Gerhard Rohlfs: B an unbekannt	C Staatsbibliothek zu Berlin Nachlass 480/4 Blatt 22
1872	17.10.	Plauen	Gerhard Rohlfs: B an Georg Schweinfurth	B RA 4.113
1872	18.10.	Weimar	Gerhard Rohlfs: B an Justus von Liebig	C Staatsbibliothek zu Berlin Slg Darmstardter Afrika 1875 Rohlfs, Gerhard Blatt 248-249

1872	22.10.	Zeitz	Gerhard Rohlfs: B an August Petermann	B P 4.019
1872	30.10.	Glauchau	Vortrag von Rohlfs	B RA V 4.5
1872	04.11.	Leipzig	Gerhard Rohlfs: B an ?	Auktionsangebot Jeschke van Vliet Auctions GmbH, Berlin, am 13.5.2013 (für € 150)
1872	06.11.	Hainichen	Gerhard Rohlfs: B an Georg Schweinfurth	B RA 4.124
1872	12.11.	Leisnig	Gerhard Rohlfs Vortrag und B an A. Petermann	B P 4.022
1872	12.11.	Mittwaida	Vortrag von Rohlfs	B RA V 4.006
1872	14.11.	Greiz	Vortrag von Rohlfs	B V 4.007
1872	19.11.	Freiberg	Gerhard Rohlfs: B an August Petermann	B P 4.023
1872	21.11.	Leipzig	Gerhard Rohlfs: B an August Petermann	B P 4.024
1872	23.11.	Gotha		B P 4.023
1872	??.11.	Weimar	Gerhard Rohlfs: B an unbekannt	Stadtarchiv, Hannover
1872	26.11.	Vegesack	Gerhard Rohlfs: Vortrag	Wochenschrift für Vegesack und Umgebung, No 104 v. 26.11.1872, C 2 in O 11
1872	26.11.	Bremen	Gerhard Rohlfs: 1. Vortrag	Courier, 27.11.1872, C 1 in O 7
1872	29.11.	Bremen	Gerhard Rohlfs: 2. Vortrag	Courier, 30.11.1872, C 1 in O 7
1872	??.11.	Bremen »8 Tage bei Geschwistern«	Gerhard Rohlfs: B vom 06.12.1872 an Georg Schweinfurth	B RA 4.134
1872	02.12.		Offizier des Ordens der Krone von Italien - König Victor Emanuel II von Italien	6 und 6a / Mappe und Kasten 17
1872	02.12.	Bremen	Gerhard Rohlfs: 3. Vortrag	Courier, 4.12.1872, C1 in O 7
1872	04.12.	Weimar	Gerhard Rohlfs: Stammbuchblatt an unbekannt	C B 4.133a, Stadtbibliothek Hannover unter 54.8279, RA 4.133a
1872	06.12.	Weimar	Gerhard Rohlfs: B an Georg Schweinfurth	B RA 4.134
1872	??.12.	Mühlhausen, Mittwoch nach 8.12.	Vortrag von Rohlfs ?	B RA V 4.8
1872	14.11.	Berlin	Gerhard Rohlfs: B vom 15.12.1872 an Georg Schweinfurth	B RA 4.141
1872	15.12.	Weimar	Gerhard Rohlfs: B an Georg Schweinfurth	B RA 4.141
1872	16.12.	Weimar	Gerhard Rohlfs: B an unbekannt	C Staatsbibliothek zu Berlin Autogr. I/1883

1872	19.12.	Weimar	Gerhard Rohlfs: B an Carl Alexander. Grhz	B RA 4.142a
1872	20.12.	Weimar	Gerhard Rohlfs: B an Georg Schweinfurth	B RA 4.143
1872	31.12.	Weimar	Gerhard Rohlfs: B an Carl Alexander Großherzog	B RA 4.152a
1873	03.01.	Weimar	Gerhard Rohlfs: B an A. Petermann	B P 5.001
1873	04.01.	Berlin	Einigung z Gründung der afrik. Gesellsch.	B P 5.002
1873	05.01.	Weimar	Gerhard Rohlfs: B an August Petermann	B P 5.002
1873	15.01.	Merseburg	Vortrag von Rohlfs	B V 5.1
1873	25.01.	wieder in Weimar	Leontine Rohlfs: B an Georg Schweinfurth	B RA 5.10
1873	26.01.	Weimar	Gerhard Rohlfs: B an Georg Schweinfurth	B RA 5.10
1873	27.01.	Brandenburg	Gerhard Rohlfs: B an Georg Schweinfurth	B RA 5.11
1873	??.01.	Gera	Gerhard Rohlfs: B an Georg Schweinfurth	B RA 5.10
1873	01.02.	Weimar, Gerhard Rohlfs beendet Vorträge und bleibt 8 Tage	Leontine Rohlfs: B an Georg Schweinfurth	B RA 5.15
1873	04.02.	Weimar	Gerhard Rohlfs: B an August Petermann	B P 5.004
1873	07.02.	Weimar	Gerhard Rohlfs: B an A. Petermann	B P 5.005 und P 5.006
1873	08.02.	Weimar	Gerhard Rohlfs: B an Georg Schweinfurth	B RA 5.19
1873	16.02.	Weimar	Gerhard Rohlfs: B an Georg Schweinfurth	B RA 5.23
1873	17;02.		Vortrag bei den Obotriten	B RA 5.23
1873	17.02.	Wolfenbüttel	Vortrag von Rohlfs	B V 5.2
1873	19.02.	Stendal	Vortrag von Rohlfs, oder 18.02.?	B V 5.3
1873	19.02.	Stendal	Berhard Rohlfs: B an Zeiler, DAHEIM	C B 5.26a, Stadtarchiv Braunschweig H III 3.16 vol 6 303
1873	24.02.	Weimar	Gerhard Rohlfs: B an Karl Andree	C B 5.27a, Stadtarchiv Braunschweig H III 3.16 vol 6 303
1873	??.02.	Berlin ? , siehe 5.32	Adolf Bastian: B an Rohlfs	B RA 5.31
1873	03.03.	Weimar - noch 20 Vorträge	Gerhard Rohlfs: B an Georg Schweinfurth	B RA 5.33
1873	04.03.	Weimar	Gerhard Rohlfs: B an unbekannt	C Staatsbibliothek zu Berlin Slg Darmstaedter Afrika 1875 Rohlfs, Gerhard Blatt 285

1873	07.03.	Weimar	Gerhard Rohlfs: B an Karl Andree	C B 5.36c, Stadtarchiv Braunschweig H III 3.16 vol 6 303
1873	09;03.	Weimar	Prof. Wilmanns erwartet	B RA 5.33
1873	??.03	Weimar	2 Tage bettlägrig	B RA 5.44
1873	15.03.	Nossen	Vortrag von Rohlfs	B V 5.4
1873	16.03.	Weimar – noch 14 Tage Vorträge	Gerhard Rohlfs: B an Georg Schweinfurth	B RA 5.44
1873	31.03.	Weimar – Vorträge beendet	Gerhard Rohlfs: B an Georg Schweinfurth	B RA 5.50
1873	??.03.	Jena	Vortrag von Rohlfs	B RA 5.34
1873	??.03.	Gera	Preyer: B an Rohlfs	B RA 5.34
1873	01.04.	Weimar	Gerhard Rohlfs: B an Georg Schweinfurth	B RA 5.56
1873	??.04.	Berlin ?	beim Kaiser?	B RA 5.50
1873	03.04.	Weimar	Gerhard Rohlfs: B an August Petermann	B P 5.007
1873	05.04.	Weimar	Gerhard Rohlfs: B an Georg Schweinfurth	B RA 5.59
1873	06.04.	Weimar	Gerhard Rohlfs: B an Georg Schweinfurth	B RA 5.61
1873	08.04.	Weimar	Gerhard Rohlfs: B an Georg Schweinfurth	B RA 5.62
1873	08.04.	Weimar	Gerhard Rohlfs: B an August Petermann	B P 5.008
1873	10.04.	Weimar	Gerhard Rohlfs: B an August Petermann	B P 5.009
1873	12.04.	Weimar	Besuch von Schweinfurth, Alagabo, Noel, Eheleute Petermann und Behm	B P 5.008, B RA 6.64, B RA 5.66
1873	12.-17.04	Weimar	Besuch von Georg Schweinfurth über Ostern	Fremdenbuch, S 7
1873	16.04.	Weimar	Gerhard Rohlfs: B an unbekannt	B 5.66a
1873	17.04.	Weimar	Gerhard Rohlfs: B an Richard Andree	C Staatsbibliothek zu Berlin Nachlass 480/4 Blatt 1-2
1873	19.04.	Berlin	Gründung der afrikanischen Gesellschaft	B RA 5.62, 5.66b, 5.75
1873	20.04.	Berlin (Allagabos Geburtstag)	Veranstaltung der geogr. Gesellschaft	B RA 5.62, B RA 5.66b, B RA 5.68
1873	23.04.	Weimar	Gerhard Rohlfs: B an Georg Schweinfurth	B RA 5.68
1873	24.04.	Weimar	Gerhard Rohlfs: B	C B RA 5.69a, SuUB, Bremen, Aut. XXIV,11.
1873	24.04.	Weimar	Gerhard Rohlfs: B an August Petermann	B P 5.010
1873	24.04.	Weimar	Gerhard Rohlfs: B an Georg Schweinfurth	C B RA 5.69 + 5.69a, SuUB, Bremen, Aut. XXIV,11.
1873	24.04.	Weimar	Gerhard Rohlfs: B an August Petermann	B P 5.010

1873	27.04.	Weimar		B RA 5.75
1873	28.04.	Weimar	Gerhard Rohlfs: B an Georg Schweinfurth	B RA 5.75
1873	29.04.	Weimar	Gerhard Rohlfs: B an August Petermann	B P 5.012
1873	30.04.	Berlin ? wohl Weimar	Gerhard Rohlfs: B an Georg Schweinfurth	B RA 5.77
1873	30.04.	Weimar	Gerhard Rohlfs: B an August Petermann	B P 5.013
1873	06.05.	Weimar	Gerhard Rohlfs: B an Georg Schweinfurth	B RA 5.80
1873	06.05.	Weimar	Gerhard Rohlfs: B an unbekannt	B RA 513a - angeboten in der Auktion der Hauff & Auvermann GmbH am 24.10.2013
1873	07.05.	Weimar	Gerhard Rohlfs: B an August Petermann	B P 5.014
1873	08.05.	Weimar	Gerhard Rohlfs: B an August Petermann	B P 5.015
1873	13.05.	Berlin		B RA 5.80
1873	14.05.	Berlin	Weiterreise nach Riga	B RA 5.80
1873	??.05.	Gumbinien, Memel, Liban	Vorträge	B P 5.015a
1873	24.05.	Riga, Ankunft geplant		B P 5.015a
1873	26.05.	Riga	Gerhard Rohlfs: B an Georg Schweinfurth	B RA 5.85
1873	01.06.	Riga	Gerhard Rohlfs: B an August Petermann	B P 5.016
1873	07.06.	Riga	Gerhard Rohlfs: B an Georg Schweinfurth	Original in der Uni Freiburg
1873	07.06.	Riga	Gerhard Rohlfs: B an August Petermann	B P 5.017
1873	10.06.	ca Abreise von Riga		B P 5.016
1873	13.06.	Weimar	Gerhard Rohlfs: B an August Petermann	B P 5.018
1873	14.06.	Weimar	Gerhard Rohlfs: B an August Petermann	B P 5.018
1873	19.06.	Weimar	Gerhard Rohlfs: B an Georg Schweinfurth	B RA 5.94
1873	19.03.	Weimar	Gerhard Rohlfs; B an August Petermann	B RA 5.93a
1873	19.06.	Weimar	Gerhard Rohlfs: B an Jul. Herm. Meyer	B RA 5100a
1873	19.06.	Weimar	Gerhard Rohlfs: B an August Petermann	Leibnitz Institut Leipzig lt. Kalliope
1873	19.06.	Weimar	Gerhard Rohlfs: B an August Petermann in	B Petermann's Geographische Mittheilungen,1873, S 317-318
1873	20.06.	Weimar	Gerhard Rohlfs: B an Julius v Jasmund	B RA 5.94a
1873	21.06.	Weimar		B RA 5.97
1873	21.06.	Weimar	Gerhard Rohlfs: B an Oscar Peschel	C Staatsbibliothek zu Berlin Nachlass 480/4 Blatt 31

1873	22.06.	Weimar + Gotha	bei August Petermann	B RA 5.97, 5.100a
1873	23.06.	Weimar	Gerhard Rohlfs: B an Georg Schweinfurth	B RA 5.97
1873	29.06.	Weimar	Gerhard Rohlfs. B an August Petermann	B P 5.019
1873	??.06.		34. Ergänzungsheft Kuka - Liverpool bei PERTHES fertiggestellt	B RA 5.88
1873	30.06.	Weimar + Leipzig	Ofenkauf	B RA 5.117
1873	01.07.	Weimar	Gerhard Rohlfs: B an August Petermann	B P 5.020
1873	03.07.		Ritter erster Abteilung des Hausordens der Wachsamkeit und und vom weißen Falken - Großherzog Carl Alexander von Sachsen-Weimar	O 8 / Mappe 17
1873	04.07.	Berlin		B RA 6.73
1873	04.07.	Berlin	Vortrag vor der Gesellschaft für Erdkunde zu Berlin über: Projekt zur Erforschung der Libyschen Wüste	Verhandlungen der Gesellschaft für Erdkunde zu Berlin, 1873, S 13-14, B RA 5.97
1873	08.07.	Weimar	Gerhard Rohlfs: B an Georg Schweinfurth	B RA 5.117
1873	10.07.	Weimar	Gerhard Rohlfs: B	C B RA 5.117a, SuUB, Bremen, Aut XXXIII.41
1873	12.07.	Weimar		B RA 5.120
1873	13.07.	Weimar		B RA 5.120
1873	14.07.	Weimar	Gerhard Rohlfs: B an Georg Schweinfurth	B RA 5.120
1873	17.07.	Weimar	Gerhard Rohlfs: B an Julius v Jasmund	B RA 5.122
1873	17.07.	Weimar	Besuch von Gustav Radde	Stammbuchblatt 10
1873	19.07.	Weimar	Gerhard Rohlfs: B an Georg Schweinfurth	B RA 5.126
1873	24.07.	Weimar	Gerhard Rohlfs: B an Ferd. v. Richthofen	C Staatsbibliothek zu Berlin Slg Darmstaedter Afrika 1875 Rohlfs, Gerhard Blatt 252
1873	30.07.	Weimar	Gerhard Rohlfs: B an Joh. Georg Kohl	B RA 5.134a
1873	um Ult Juli	Weimar + Leipzig, 3 x	Lampenkauf	B RA 5.138
1873	04.08.	Weimar	Gerhard Rohlfs: B an Georg Schweinfurth	B RA 5.138
1873	??.08.	Jena		B RA 5.140
1873	??.08.	Apolda, 3 x	Wasserkisten	B RA 5.140

1873	08.08.	Weimar	Gerhard Rohlfs: B an Georg Schweinfurth	B RA 5.140
1873	09.08.	Jena		B RA 5.140
1873	10.08.	Rudolstadt, Schwarzburg, Ilmenau, Inselberg, Eisenach	»einige Tage ins Gebirge«	B RA 5.140
1873	11.08.	Weimar	Gerhard Rohlfs: B an August Petermann	B P 5.021
1873	14.08.	Weimar + Jena		B RA 5.145
1873	16.08.	Weimar	Gerhard Rohlfs: B an Georg Schweinfurth	B RA 5.145
1873	18,19.08.	Wiesbaden ?	Naturforscherversammlung	B RA 5.138
1873	21.08.	Weimar	Gerhard Rohlfs: Briefentwurf an Jasmund	B RA 147
1873	25.08.	Einzug in Villa Meinheim I, Paulinenstraße 7 (später Schopenhauer Str.)		Konrad Guenther: Gerhard Rohlfs, S 136, Fremdenbuch S 9, B P 5.021
1873	30.08.	Weimar	Gerhard Rohlfs: B an Georg Schweinfurth	B RA 5.153
1873	01.09.	Weimar	Gerhard Rohlfs: B an Julius v Jasmund	B RA 5.156
1873	03.09.	Weimar	Gerhard Rohlfs: B an Julius v Jasmund	B RA 5.159
1873	10.09.	Weimar	Gerhard Rohlfs: B an Georg Schweinfurth	B RA 5.161
1873	13.09.	Weimar	Gerhard Rohlfs: B an Georg Schweinfurth	B RA 5.162
1873	14.09.	Weimar	Besuch von Bayard Taylor	Stammbuchblatt 14
1873	14.09.	London		B RA 5.153, 5.161
1873	15.09.	Auf dem Weg nach London		B RA 5.161
1873	16.09.	London	Ausrüstungseinkauf	B RA 5.161
1873	17.09.	London	Ausrüstungseinkauf	B RA 5.161
1873	18.09.	London	Ausrüstungseinkauf	B RA 5.161
1873	19.09.	Auf dem Weg nach Wiesbaden	Taunus-Hotel	B RA 5.153, RA 5.161, Tageblatt 46. Vers. S.42, 196
1873	20.09.	Wiesbaden		B RA 5.161, Tageblatt 46. Vers. S 196
1873	21.09.	Wiesbaden		B RA 5.161
1873	22.09.	Wiesbaden		B RA 5.161
1873	24.09.	Weimar	Gerhard Rohlfs: B an Julius v Jasmund	B RA 5.165
1873	26.09.	Weimar	Leontine Rohlfs: B an Georg Schweinfurth	B RA 5.166
1873	26.09.	Weimar	Gerhard Rohlfs: B an Georg Schweinfurth	B RA 5.169
1873	06.10.	Weimar	Gerhard Rohlfs: B an Julius v Jasmund	B RA 5.176

1873	06.10.	Weimar	Gerhard Rohlfs: B an Pragst	C Staatsbibliothek zu Berlin Autogr. Slg Autogr. Rohlfs, Gerhard Blatt 1-2
1873	08.10.	Weimar	Gerhard Rohlfs: B an Julius v Jasmund	B RA 5.179
1873	08.10.	Weimar	Gerhard Rohlfs: B an Georg Schweinfurth	B RA 5.181
1873	09.10.	Weimar	Wilhelm Preyer: B an Gerhard Rohlfs	B RA 5.174
1873	14.10.	Weimar	Gerhard Rohlfs: B an August Petermann	B P 5.022
1873	16.10.	Weimar	Gerhard Rohlfs: B an August Petermann	B P 5.023
1873	19.10.	Weimar	Gerhard Rohlfs: B an August Petermann	B P 5.024
1873	21.10.	Weimar	Gerhard Rohlfs: B an Georg Schweinfurth	B RA 5.195
1873	24.10.		Einschiffung vorgesehen	B RA 5.181
1873	27.10.	Berlin ? Nach dem 27.10.	Paul Ascherson: K an Rohlfs	B RA 5.204
1873	30.10.	Bremen	Hochzeit von Marie Luise Voss	B P 5.024
1873	31.10.	Weimar	Gerhard Rohlfs: B an Karl Alfred von Zittel	C Staatsbibliothek zu Berlin Slg Darmstaedter Afrika 1875 Blatt 289-290
1873	??.10.	Weimar	Gerhard Rohkfs: B an Julius v. Jasmund	B RA 177
1873	??.10.	Aufbruch von Weimar		Leontine Rohlfs: Biefe aus der Libyschen Wüste - in: Neue Deutsche Rundschau, 1901, S. 1086-1090
1873	03.11.	Gotha	Gerhard Rohlfs: T an August Petermann	Telegramm P 5.025
1873	??	Abschiedsbesuch beim Kaiser		Gerhard Rohlfs. Drei Monate in der libyschen Wüste, Theodor Fischer, Cassel, 1875, S 9
1873	12.11.	Weimar	Gerhard Rohlfs: B an W. Zenker	C Staatsbibliothek zu Berlin Nachlass 480/4 Blatt 36
1873	17.11.	Weimar	Gerhard Rohlfs: B an August Petermann	B P 5.026
1873	16.11.	Anreise bis Chur		B RA 5.219
1873	17.11.	Chur – via mala – Splügem – Colico		B RA 5.219
1873	18.11.	Aufbruch von Weimar		B P 5.026
1873	18.11.	Von Colico nach Mailand		Gerhard Rohlfs. Drei Monate in der libyschen Wüste, Theodor Fischer, Cassel, 1875, S 9, B RA 5.219
1873	19.11.	Mailand		B RA 5.219
1873	21.11.	Ankunft in Brindisi		B RA 5.219
1873	22.11.	Brindisi		B RA 5.219
1873	23.11.	Brindisi	Einschiffung	B RA 5.219

1873	24.11.	Brindisi	Stadtführung, Ankunft Zittel u Ascherson	B RA 5.219
1873	25.11.	Abreise von Brindisi an Bord der »Simla«	Nachts: Ankunft von Schweinfurth und Abreise	Gerhard Rohlfs. Drei Monate in der libyschen Wüste, Theodor Fischer, Cassel, 1875, S 9, B RA 5.219
1873	26.11.	An Bord der »Simla« auf dem Mittelmeer		B RA 5.219
1873	27.11.	Ankunft vor Alexandria		aaO, S 9, RA 5.219
1873	28.11.	Quaratäne vor Alexandria		aaO, S 9, RA 5.219
1873	29.11.	Alexandria	Mittags von Bord in ein Hotel	B RA 5.219
1873	30.11.	Alexandria		RA 5.219 und 5.221
1873	02.12.	Von Alexandria nach Kairo		RA 5.219, B an Leontine Rohlfs, Briefe aus der Libyschen Wüste - in: Neu Deutsche Rundschau, 1901, S 1086-1090
1873	03.12.	Kairo		RA 5.219
1873	03.12.	Kairo	Audienz beim Vice-König	RA 5.219, 5.223q. 5.222 und P 5.027
1873	03.12.	Kairo	Gerhard Rohlfs: B an August Petermann	B P 5.027, B an Leontine Rohlfs, Briefe aus der Libyschen Wüste - in: Neu Deutsche Rundschau, 1901, S 1086-1090
1873	04.12.	Kairo		RA 5.219, 5.223a B an Leontine Rohlfs, Briefe aus der Libyschen Wüste - in: Neu Deutsche Rundschau, 1901, S 1086-1090
1873	05.12.	Kairo	Sitzung des Institut d'Egypte	RA 5.219, 5.223a B an Leontine Rohlfs, Briefe aus der Libyschen Wüste - in: Neu Deutsche Rundschau, 1901, S 1086-1090, Bulletin de l'Institut Ègyptien, S 170-181
1873	07.12.	Abreise von Kairo, nach Giseh, dann per Bahn nach Minieh, dort auf ein Schiff		B RA 5.223a, Gerhard Rohlfs. Drei Monate in der libyschen Wüste, Theodor Fischer, Cassel, 1875, S 16
1873	08.12.	Ablegen des Schiffes in Minieh		aaO, S 21
1873	08.12.	Beni Hassan		B an Leontine Rohlfs, Briefe aus der Libyschen Wüste - in: Neu Deutsche Rundschau, 1901, S 1091-1094
1873	09.12.	An Bord des Dampfers »Massifehr«		B an Leontine Rohlfs, Briefe aus der Libyschen Wüste - in: Neu Deutsche Rundschau, 1901, S 1094-1095
1873	09.12.	Nsel-Schellisch		B an Leontine Rohlfs, Briefe aus der Libyschen Wüste - in: Neu Deutsche Rundschau, 1901, S 1095-1096

1873	10.12.	An Bord des Dampfers »Massifehr«		B an Leontine Rohlfs, Briefe aus der Libyschen Wüste - in: Neu Deutsche Rundschau, 1901, S 1096–1097
1873	10.12.	Ankunft in Siut		Gerhard Rohlfs. Drei Monate in der libyschen Wüste, Theodor Fischer, Cassel, 1875, S 21
1873	11.12.	Homra, Hafen von Siut		B an Leontine Rohlfs, Briefe aus der Libyschen Wüste - in: Neu Deutsche Rundschau, 1901, S 1097
1873	11.-16.12.	Siut		Gerhard Rohlfs. Drei Monate in der libyschen Wüste, Theodor Fischer, Cassel, 1875, S 21
1873	16.12.	Homra bei Siut	Gerhard Rohlfs: B an August Petermann	B P 5.029
1873	16.12.	Homra		Petermann's Geographische Mittheilungen, 1874, S 81-89, P 5.029
1873	17.12.	Abmarsch von Siut bis Homra		Gerhard Rohlfs. Drei Monate in der libyschen Wüste, Theodor Fischer, Cassel, 1875, S 31
1873	18.12.	Beni-Ahdi		aaO, S 33
1873	19.-20.12	Maragh		aaO, S 40, Karte
1873	21.12.	Westlich von Gort el Milka		aaO, S 44
1873	22.12.	Uadi Bird		aaO, Karte
1873	23.12.	Rhart		aaO, Karte
1873	24.12.	Nahe der Tropfsteinhöhle Darja		aaO, Karte
1873	25.12.	Ölna el Hassan		aaO, Karte
1873	26.12.	Westlich vom Gor Bu Said		aaO, Karte
1873	27.12.	Ain-Mürr		aaO, S 69
1873	28.12.	Bir-Kiraui		aaO, S 71
1873	28.12.	Bir Berani		B an Leontine Rohlfs, Briefe aus der Libyschen Wüste - in: Neu Deutsche Rundschau, 1901, S 1097–1098
1873	29.12.	Nahe des Hügeln von Gor-el-Hadid		aaO, S 73, B an Leontine Rohlfs, Briefe aus der Libyschen Wüste - in: Neu Deutsche Rundschau, 1901, S 1098
1873	30.-31.12	Farafrah		aaO, S 74, 79
1873	31.12.	Farafrah		B an Leontine Rohlfs, Briefe aus der Libyschen Wüste - in: Neu Deutsche Rundschau, 1901, S 1098 unf 1099
1874	01.01.	Farafrah		Petermann's Geographische Mittheilungen, 1874, S 81-89
1874	01.01.	Farafrah		Gerhard Rohlfs. Drei Monate in der libyschen Wüste, Theodor Fischer, Cassel, 1875, S 98, 99, B an Leontine Rohlfs, Briefe aus der Libyschen Wüste - in: Neue Deutsche Rundschau, 1901, S 1099

1874	03.01.	Abreise von Farafrah bis Bir Dikker		aaO, S 99
1874	05.01.	Südlich von Gor Sugag		aaO, Karte B an Leontine Rohlfs, Briefe aus der Libyschen Wüste - in: Neue Deutsche Rundschau, 1901, S 1099–1100
1874	06.01.	Im Scharaschaf		aaO, Karte
1874	07.01.	Ankunft im Gassr-el-Dachel		aaO, S 108
1874	??.01.	»noch 10 Tage« in Dachel		aaO, S 115
1874	10.01.	Gasr	Gerhard Rohlfs: B an Koner, in:	Verhandlungen der Gesellschaft für Erdkunde zu Berlin, 1874, Nr 2, S 53-54
1874	10.01.	Gasr in Dachel	Gerhard Rohlfs: B an Leontine Rohlfs in:	Neue Deutsche Rundschau, 1901, S. 1100
1874	11.01.	Gasr Dachel	Gerhard Rohlfs: B an August Petermann	B P 6.001
1874	11.01.	Gasr Dachel		Globus B in Nr 11, Februar 1874, S 169-170, und P 6.001
1874	12.01.	Besteigung des Berges Edmonton		Gerhard Rohlfs. Drei Monate in der libyschen Wüste, Theodor Fischer, Cassel, 1875, S 116
1874	14.01.	Gasr in Dachel	Gerhard Rohlfs: B an Leontine Rohlfs- in:	Neue Deutsche Rundschau, 1901, S. 1101–1102
1874	16.01.	Abmarsch der Gruppe Jordan nach Westen		Gerhard Rohlfs. Drei Monate in der libyschen Wüste, Theodor Fischer, Cassel, 1875, S 118
1874	17.01.	Gasr in Dachel	Gerhard Rohlfs: B an Leontine Rohlfs- in:	Neue Deutsche Rundschau, 1901, S. 1102–1103
1874	22.01.	Abmarsch der Gruppe Zittel, die der Gruppe Jordan nach Westen folgte		Gerhard Rohlfs. Drei Monate in der libyschen Wüste, Theodor Fischer, Cassel, 1875, S 137
1874	24.01.	Gasr in Dachel		Verhandlungen der Gesellschaft für Erdkunde zu Berlin, 1874, Nr 3, S 80-81
1874	24.01.	Gasr in Dachel	Gerhard Rohlfs: B an Julius von Jasmund	C Staatsbibliothek zu Berlin Slg Darmstardtler Afrika 1875 Blatt 291-292
1874	25.01.	Gasr in Dachel	Gerhard Rohlfs: B an Georg Schweinfurth	B RA 6.8
1874	26.01.	Rohlfs bricht auch nach Westen auf		Gerhard Rohlfs. Drei Monate in der libyschen Wüste, Theodor Fischer, Cassel, 1875, S 145
1874	28.01.	im Lager	Gerhard Rohlfs: B an Leontine Rohlfs in:	Neue Deutsche Rundschau, 1901, S 1103
1874	31.01.		Gerhard Rohlfs: B an Leontine Rohlfs in:	Neue Deutsche Rundschau, 1901, S.1104 1105
1874	02.-05.02.	Regenfeld		Gerhard Rohlfs. Drei Monate in der libyschen Wüste, Theodor Fischer, Cassel, 1875, S 167 ff
1874	03.02.	Regenfeld	Gerhard Rohlfs: B an Leontine Rohlfs in:	Neue Deutsche Rundschau, 1901, S. 1105–1105

1874	05.02.	Regenfeld	Gerhard Rohlfs: B an Georg Schweinfurth	B RA 6.21
1874	06.02.	Abmarsch vom Regenfeld		Gerhard Rohlfs. Drei Monate in der libyschen Wüste, Theodor Fischer, Cassel, 1875, S 167
1874	12.02.	Ein Tag Pause in Sandheim		aaO, S 171
1874	20.02.	Ankunft in Siuah / Siwa		Gerhard Rohlfs. Drei Monate in der libyschen Wüste, Theodor Fischer, Cassel, 1875, S 175
1874	21.02.	Siwa		O auf Holzkamm R 109, B an Leontine Rohlfs, Briefe aus der Libyschen Wüste - in: Neue Deutsche Rundschau, 1901, S 1106
1874	23.02.	Ammons-Oase		Petermann's Geographische Mittheilungen, B, S 178-185
1874	23.02.	Siuah	Gerhard Rohlfs: B an Wilhelm Koner in	Verhandlungen der Gesellschaft für Erdkunde zu Berlin, 1874, S 106-107
1874	25.02.	Abmarsch von Siuah bis Mirtasik-Sebchah		Gerhard Rohlfs. Drei Monate in der libyschen Wüste, Theodor Fischer, Cassel, 1875, S 189
1874	26.02.	Bin Rhartein		aaO, S 191
1874	27.02.	Aradj-Oase		aaO, S 193
1874	28.02.	Westlich der Uttiah-Oase		aaO, S 196
1874	01.03.	Sittrah		Gerhard Rohlfs. Drei Monate in der libyschen Wüste, Theodor Fischer, Cassel, 1875, S 198
1874	02.03.	Trennung von der Gruppe Jordan, die nach Beharieh ging - Gruppe Rohlfs/ Zittel bis auf die südöstlich gelegene Hochebene		aaO, S 200
1874	03.03.	Zwischen Ehrenberg und Mutuli		aaO, S 201
1874	07.03.	Ankunft in der Farafrah-Senke		
1874	08.03.	Ankunft in Farafrah und Weiterreise der Gruppe Zittel nach Dachel		Gerhard Rohlfs. Drei Monate in der libyschen Wüste, Theodor Fischer, Cassel, 1875, S 204
1874	11.03.	Abreise von Farafrah nach Dachel bis südlich von Ain Schich		aaO, S 206
1874	15.03.	Ankunft in Dachel		aaO, S 210
1874	16.03.	Dachel	Gerhard Rohlfs: B an Leontine Rohlfs in:	Neue Deutsche Rundschau, 1901, S 1107-1108

1874	18.03.	Abmarsch von Dachel bis Mut		Gerhard Rohlfs. Drei Monate in der libyschen Wüste, Theodor Fischer, Cassel, 1875, S 292
1874	19.03.	Beled / Belad		aaO, S 299
1874	20.03.	Im Einschnitt eines Gebirgsporns		aaO, S 302
1874	21.03.	Zwischen Dachel und Chargeh		aaO, Karte
1874	22.03.	Tempel von Ain Ansur, bis zur Einsenkung von Chargeh		aaO, S 306, 308
1874	23.03.	Ankunft in Chargeh, Treffen mit Schweinfurth		aaO, S 308
1874	24.-25.03.	Tempel von Hibis / Heb, christliche Nekropolis, Gasr Mustafa Dasch, Nadurah		aaO, S 309, 312
1874	26.03.	Abreise von Chargaeh bis an den Rand der Einsenkung		aaO, S 314
1874	27.-30.03.	Bis an den Wüstenrand bei Esneh		aaO, S 316
1874	31.03.	Ankunft in Esneh		aaO, S 318
1874	01.-04.04.	Esneh		aaO, S 324
1874	05.04.	Abfahrt von Esneh per Schiff		aaO, S 324
1874	06.04.	Ankunft in Theben / Luxor - 2 Tage		aaO, S 326
1874	07.04.	Luxor	Gerhard Rohlfs: B an Georg Schweinfurth	B RA 6.24
1874	12.04.	Auf dem Nil	Morgen in Siut-	B RA 6.24
1874	13.04.	Siut		Gerhard Rohlfs. Drei Monate in der libyschen Wüste, Theodor Fischer, Cassel, 1875, S 329
1874	14.04.	Roda	Rohlfs Geburtstag	B RA 7.94
1874	15.04.	In Roda wurde vom Schiff aus in die Eisenbahn umgestiegen		Gerhard Rohlfs. Drei Monate in der libyschen Wüste, Theodor Fischer, Cassel, 1875, S 330
1874	17.04.	Kairo	Ordensüberreichung: Commandeur des Medjidie-Ordens	B RA 6.27 von Rohlfs an Georg Schweinfurth vom 14.05.1874
1874	18.04.	Kairo,	Audienz beim Chedive	Gerhard Rohlfs. Drei Monate in der libyschen Wüste, Theodor Fischer, Cassel, 1875, S 330

1874	18.04.	Kairo	Sitzung des Instituts Ègyptien: Rohlfs gibt einen Bericht über die Expedition in die libysche Wüste	Bulletin de l'Institut Ègyptien, 1874, S 67-89
1874	27.04.	Luxor	Fremdenbuch des Konsulats in Luxor	B RA 28.26
1874	30.04.		Commandeur des Medjidie-Ordens	O Mappe und Kasten 17
1874	??.04.	Dampfer ab Alexandria über Messina nach Neapel, 4 Nächte	Leontine Rohlf erwartete dort ihren Mann	Gerhard Rohlfs. Drei Monate in der libyschen Wüste, Theodor Fischer, Cassel, 1875, S 337
1874	??.04	Neapel	»einige ... Tage«	Gerhard Rohlfs: Beiträge zur Entdeckung, 1876, S. 239
1874	??.05.-10.05.	Rückreise über Neapel, Rom, Florenz, Mailand, Turin, Mont Cenis, Genf, Wiesbaden	Gerhard Rohlfs: B an Georg Schweinfurth	B RA 6.27
1874	??.05.	Mailand	1 Tag	Gerhard Rohlfs: Beiträge zur Entdeckung, 1876, S. 240
1874	10.05.	Wiesbaden	»vom Kaiser zur Tafel befohlen«	B RA 6.27
1874	12.05.	Rückkehr nach Weimar	Gerhard Rohlfs: B vom 14.05.1874 an Georg Schweinfurth	B RA 6.27
1874	13.05.	Weimar	Gerhard Rohlfs: B an August Petermann	B P 6.003
1874	14.05.	Weimar	Gerhard Rohlfs: B an Georg Schweinfurth	B RA 6.27
1874	15.05.	Weimar	Gerhard Rohlfs: B an August Petermann	B P 6.004
1874	17.05.	Weimer	Gerhard Rohlfs: B an unbekannt	B RA 6.32a
1874	??.05.	Berlin	zu vermuten aus (B Bastian an Rohlfs)	B RA 6.40a
1874	06.06.	Weimar	Datum - von Rohlfs geschrieben - in:	Gerhard Rohlfs: Adventures in Marocco, Vorblatt
1874	08.06.	Weimar	Gerhard Rohlfs: B an Ferdinand von Richthofen	C Staatsbibliothek zu Berlin Slg Darmstaedter Afrika 1875 Rohlfs, Gerhard Blatt 254-255
1874	11.06.	Weimar	Gerhard Rohlfs: K an Paul Ascherson	C Staatsbibliothek zu Berlin Slg Darmstaedter Afrika 1875 Rohlfs, Gerhard Blatt 232
1874	13.06.	Weimar	Gerhard Rohlfs: B an Georg Schweinfurth	B RA 6.49
1874	14.06.	Weimar	Gerhard Rohlfs: B an unbekannt	C Staatsbibliothek zu Berlin Slg Darmstaedter Afrika 1875 Rohlfs, Gerhard Blatt 254-255

1874	18.06.	Weimar	Gerhard Rohlfs: B an Illustrirte Zeitung	Stadtgeschichtliches Museum Leipzig lt Kalliope
1874	21.06.	Weimar	Gerhard Rohlfs: B an August Petermann	B P 6.005
1874	23.06.	Weimar	beim Grossherzog Carl Alexander	B RA 6.54
1874	24.06.	Weimar	Gerhard Rohlfs: B an Georg Schweinfurth	B RA 6.54
1874	25.06.	Weimar	Gerhard Rohlfs: B an Georg Schweinfurth	B RA 6.58
1874	26.06.	Weimar	Gerhard Rohlfs: B an Georg Schweinfurth	B RA 6.59
1874	03.07.	Weimar	Gerhard Rohlfs: B an August Petermann	B P 6.006
1874	04.07.	Berlin	Vortrag vor der Gesellschaft für Erdkunde zu Berlin in Berlin - in:	Verhandlungen der Gesellschaft für Erdkunde zu Berlin,1874, S 171-177 und P 6.006
1874	06.07.	Weimar	Gerhard Rohlfs: B an unbekannt	C Staatsbibliothek zu Berlin Autogr. I/4474 Blatt 1-2
1874	06.07.	Weimar	Gerhard Rohlfs: B am Illustrirte Zeitung	Stadtgeschichtliches Musum Leipzig lt Kalliope
1874	08.07.	Weimar, Gotha	Gerhard Rohlfs: T an August Petermann	T P 6.007
1874	13.07.	Weimar	Gerhard Rohlfs: B an Georg Schweinfurth	B RA 6.78
1874	15.07.	Weimar	Gerhard Rohlfs: B an Georg Schweinfurth	B RA 6.79
1874	20.07.	Weimar	Gerhard Rohlfs: B an Georg Schweinfurth	B RA 6.87
1874	31.07.	Weimar	Gerhard Rohlfs: B an August Petermann	B P 6.009
1874	23.08.	Weimar	Gerhard Rohlfs: B an August Petermann	B P 6.010
1874	24.08.	Weimar	Gerhard Rohlfs: B an unbekannt	B RA 6.108a
1874	24.08.	Weimar	Gerjhard Rohlfs: B an unbekannt	Universität Leipzig lt. Kalliope
1874	25.08.	Weimar	Gerhard Rohlfs: B an August Petermann	B P 6.011
1874	30.08.	Weimar	Gerhard Rohlfs: B an August Petermann	B P 6.012
1874	04.09.	Weimar	Gerhard Rohlfs: B an Georg Schweinfurth	B RA 6.116
1874	07.09.	Weimar	Gerhard Rohlfs. B an unbekannt	C Staatsbibliothek zu Berlin Slg Darmstaedter Afrika 1875 Rohlfs, Gerhard Blatt 293
1874	24.09.	Weimar	Gerhard Rohlfs: B an August Petermann	B P 6.013
1874	26.09.	Weimar	Großherzog zum Tee bei Rohlfs	B P 6.013

1874	28.09.	Weimar	Gerhard Rohlfs: B an August Petermann	B P 6.015
1874	07.10.	Weimar	Besuch von Adolf Stahr	Stammbuchblatt 19
1874	09.10.	Weimar	Besuch von Payer	B RA 6.135
1874	12.10.	Chemnitz	Vortrag von Rohlfs	B V 6.4
1874	??.10.	Dresden	Vortrag von Rohlfs	B RA 6.136
1874	15.10.	Altenburg	Vortrag von Rohlfs	V 6.5
1874	15.10.	Altenburg		B RA 6.137
1874	16.10.	Antonienhütte	Vortrag von Rohlfs	B V 6.7
1874	16.10.	Weimar	Besuch von Fanny Lewald-Stahr	Stammbuchblatt 20
1874	16.10.	Plauen	Gerhard Rohlfs: B an Georg Schweinfurth	B RA 6.137
1874	17.10.	Zwickau	Vortrag von Rohlfs	B RA 6.137
1874	18.10.	Weimar		B RaA 6.137
1874	19.10.	Weimar	Gerhard Rohlfs: B an August Petermann	B P 6.016
1874	20.10.	Magdeburg	Gerhard Rohlfs: B an Georg Schweinfurth	B RA 6.140
1874	28.10.	Liegnitz	Gerhard Rohlfs: B an Über Land & Meer ?	B RA 6.146a
1874	29.10.	Berlin	Gerhard Rohlfs: B an Georg Schweinfurth	C Staatsbibliothek zu Berlin Afrika Scheinfurth, Georg Blatt 192-193
1874	02.11.	Brieg	Gerhard Rohlfs: B an Georg Schweinfurth	B RA 6.147
1874	14.11.	Zittau	Vortrag von Rohlfs in Johanneum	errechnet nach Treplitzer Zeitung vom 18.11.1874
1874	18.11.	Weimar	Gerhard Rohlfs: B an Georg Schweinfurth	B RA 6.155
1874	19.11.	Magdeburg	Vortrag von Rohlfs	B RA 6.155
1874	20.11.	Weimar	Gerhard Rohlfs: Brockhaus-Brief an Ascherson	B RA 6.156a und &.156b
1874	20.11.	Weimar	Gerhard Rohlfs: B an Dr. Rodenberg / »Deutsche Rundschau«	B RA 6.160
1874	20.11.	Weimar		B RA 6.161
1874	21.11.	Dessau	Gerhard Rohlfs: B an Georg Schweinfurth	B RA 6.161
1874	24.11.	Greiz	weiterer Vortrag von Rohlfs	B V 6.008, B RA 6.168a
1874	25.11.	Ebersbach bei Löbau	Postkarte nachgesandt	P RA 6.164
1874	??.11.	Breslau	3 Vorträge von Rohlfs	B RA 6.137
1874	26.11.	Breslau	Gerhard Rohlfs: B an Dr. Rodenberg / »Deutsche Rundschau«	K RA 6.166a
1874	26.11.	Herrenhut		B RA 6.168a

1874	03.12.	Sauer	Gerhard Rohlfs: B an August Petermann	B P 6.017
1874	04.12.	Berlin	Vortrag von Rohlfs	B RA 6.191
1874	04.12.	Breslau	Gerhard Rohlfs: B an Illustrirte Zeitung	Stadtgeschichtliches Museum Leipzig lt Kalliope
1874	05.12.	Berlin		K RA 6.166a
1874	05.12.	Berlin	Teilnehmer an der Sitzung der Gesellschaft für Erdkunde zu Berlin	Verhandlungen der Ges. f. Erdkund zu Berlin, N° 10, 1874, Seite 265
1874	06.12.	Berlin	Vortrag von Rohlfs	B RA 6.191
1874	06.12.	Weimar	Gerhard Rohlfs: B an Carl C. Bruhns	B RA 6.174a
1874	09.12.	Posen	Vortrag von Rohlfs	B V 6.9
1874	11.12.	Liegnitz	Gerhard Rohlkfs: B an Zittel	B RA 6.179a
1874	12.12.	Weimar	Gerhard Rohlfs: B an Carl Chr. Bruhns	B RA 6.179b
1874	14.12.	Weimar	Gerhard Rohlfs: B an Georg Schweinfurth	B RA 6.183
1874	22.12.	Weimar	Gerhard Rohlfs: B an Dr. Rodenberg / »Deutsche Rundschau«	K RA 6.187a
1874	28.12.	Weimar	Gerhard Rohlfs: B an Georg Schweinfurth	B RA 6.193
1874	??		Heinrich Rohlfs zieht nach Göttingen	O Dr. Heinz Büttelmann: Dr. Heinrich Gottfried Rohlfs, Bremen, 1996, S 7
1874	??		Ehrenmitglied in der Gesellschaft für Erdkunde zu Berlin	Verhandlungen der Gesellschaft für Erdkunde zu Berlin, 1874, S 21
1874	??		Gerhard Rohlfs: Lettre à M. Henry Duveyrier	Bulletin de la Société de Géographie de Paris, 1874, S 324-326
1875	??.01.		Erste Remelé-Alben ausgeliefert	B P 7.002
1875	05.01.	Weimar	Gerhard Rohlfs: B an August Petermann	B P 7.001
1875	06.01.	Weimar	Gerhard Rohlfs: B an Georg Schweinfurth	B RA 7.5
1875	08.01.	Weimar	Gerhard Rohlfs: B an unbekannt	C B 7.8a, Original SuUB Bremen XXIV.19
1875	10.01.	Weimar	Gerhard Rohlfs: B an August Petermann	B P 7.002
1875	12.01.	Weimar	Gerhard Rohlfs: B an Georg Schweinfurth	B RA 7.11
1875	16.01.	Weimar	Gerhard Rohlfs: B an unbekannt	C Staatsbibliothek zu Berlin Slg Darmstaedtler Afrika 1875 Rohlfs, Gerhard Blatt 295
1875	16.01.	Baden-Baden	Vortrag von Rohlfs	B RA 6.179a

1875	18.01.	Mainz ?	Vortrag von Rohlfs	B RA 7.5
1875	20.01.	Mainz ?		C Staatsbibliothek zu Berlin Slg Darmstaedtler Afrika 1875 Rohlfs, Gerhard Blatt 295
1875	25.01.	Baden-Baden	Gerhard Rohlfs: B an Georg Schweinfurth	B RA 7.24
1875	26.01.	Straßburg	Vortrag von Rohlfs	B RA 7.24, B RA 7.27a, C Staatsbibliothek zu Berlin Slg Darmstaedtler Afrika 1875 Rohlfs, Gerhard Blatt 295
1875	28.01.	Lahr		B RA 7.27a
1875	29.01.	Freiburg		C Staatsbibliothek zu Berlin Slg Darmstaedtler Afrika 1875 Rohlfs, Gerhard Blatt 295
1875	31.01.	Cannstadt	Vortrag von Rohlfs	B RA 7.32a
1875	??.01.	Freiburg	Vortrag von Rohlfs	B RA 7.133
1875	01.02.	Stuttgart	Vortrag von Rohlfs im Königsbad	Walz/Arnold Care Dietwalde! Stuttgart 2009, S 123
1875	02.02.	Cannstadt	Vortrag von Rohlfs im Wilhelmsbad	Walz/Arnold Care Dietwalde! Stuttgart 2009, S 123
1875	03.02.	Cannstadt	bei Freiligrath	Walz/Arnold Care Dietwalde! Stuttgart 2009, S 123
1875	03.02.	Tübingen	Paul Ascherson: K an Gerhard Rohlfs	K RA 7.30
1875	??.02.	Tuttlingen	Gerhard Rohlfs: B an unbekannt	B RA 7.33a
1875	07.02.	Weimar	Gerhard Rohlfs: B an Otto Delitsch	B RA 7.32, RA 7.32b
1875	08.02.	Weimar	Gerhard Rohlfs: B an unbekannt	B RA 7.32 RA 7.33a
1875	09.02.	Weimar	Gerhard Rohlfs: B an Georg Schweinfurth	B RA 7.34
1875	10.02.	Pforzheim ?	Wilhelm Ganzhorn: B an Freiligrath	B vom 17.2.1875, Goethe- und Schiller-Archiv, Weimar, Brief 20, 1-4, nach Walz/Arnold im Grabbe Jahrbuch 2006/77, Vorabdruck, Fußnote 54 (Seite 202)
1875	11.02.	Heilbronn	Vortrag	B vom 17.2.1875, Goethe- und Schiller-Archiv, Weimar, Brief 20, 1-4, nach Walz/Arnold im Grabbe Jahrbuch 2006/07, Vorabdruck, Fußnote 54 (Seite 202) B RA 7.33a
1875	11.02.	Neckarsulm	Aufweichungs-Anstalt für eingetrocknete Wüstenpilger bei Ganzhorn	Anlage zu B RA 7.32a
1875	12.02.	Landau	Vortrag	B vom 17.2.1875, Goethe- und Schiller-Archiv, Weimar, Brief 20, 1-4, nach Walz/Arnold im Grabbe Jahrbuch 2006/07, Vorabdruck, Fußnote 57 (Seite 202)
1875	13.02.	Carlsruhe / Karlsruhe	Gerhard Rohlfs: B an unbekannt	B angeboten bei Köstler Autographen
1875	13.02.	Karlsruhe	Gerhard Rohlfs: B an P. Ascherson	nach B RA 7.40

1875	13.02.	Karlsruhe (oder 14.2.)	Rohlfs hat Audienz beim Großherzog von Baden	B RA 7.19
1875	14.02.	Stuttgart	Treffen mit Hackländer	Tagebuch 2, Seite 3, nach Schr.v. Heinrich Fischer vom 21.01.2006
1875	15.02.	Stuttgart	Vortrag	Tagebuch 2, Seite 3, nach Schr.v. Heinrich Fischer vom 21.01.2006
1875	17.02.	Bonn	Gerhard Rohlfs: B an unbekannt	C Staatsbibliothek zu Berlin Autogr. I/180/10
1875	18.02.	Köln	Vortrag im Gürzenich	B RA 7.42, C Staatsbibliothek zu Berlin Autogr. I/180/10
1875	19.02.	Koblenz	Gerhard Rohlfs: B an Georg Schweinfurth	B RA 7.42
1875	??.02.	Düsseldorf	Vortrag von Rohlfs	B RA 7.24
1875	24.02.	Remscheid	Paul Ascherson: K an Rohlfs	K RA 7.45
1875	25.02.	Soest	Vortrag von Rohlfs	B V 7.1
1875	??.02.	Weinheim	Vortrag von Rohlfs	B V 7.2
1875	??.02.	Solingen	Vortrag von Rohlfs	B V 7.3
1875	01.03.	Weimar	Gerhard Rohlfs: B an Georg Schweinfurth	B RA 7.50
1875	02.03.	Weimar	Gerhard Rohlfs: B an August Petermann	B P 7.003
1875	02.03.	Weimar	Gerhard Rohlfs: B an Karl Andree	C Stadtarchiv Braunschweig H III 3.16 vol 6 303
1875	04.03.		Ritterkreuz 1. Klasse des Ordens vom Zähringer Löwen - Großherzog Friedrich von Baden	O 9 / Mappe 17
1875	04.03.		Ehrenmitglied der Geographischen Gesellschaft in Hamburg	O R 23 / 17
1875	08.03.		Roter Adler-Orden 3. Klasse mit Schleife - König Wilhelm von Preußen	Okt 17
1875	12.03.	Weimar	Gerhard Rohlfs: B an August Petermann	B P 7.004
1875	17.03.	Leipzig	Sitzungsteilnehmer der Geogr. Ges.	B P 7.005, B RA 7.27
1875	17.03.	Leipzig	Vortrag von Rohlfs	B RA 7.32b
1875	18.03. war am 17.03.	Leipzig	Rohlfs hielt vor der Gesellschaft für Erdkunde in Leipzig einen Vortrag	Verhandlungen der Gesellschaft für Erdkunde zu Berlin, 1875, S 88-89
1875	18.03.	Weimar	Gerhard Rohlfs: B an Karl Andree	C Stadtarchiv Braunschweig H III 3.16 vol 6 303

1875	18.03.	Weimar	Gerhard Rohlfs: B an August Petermann	B P 7.005
1875	21.03.	Weimar	Gerhard Rohlfs: B an Carl Chr. Bruhns	B RA 7.74a
1875	23.03.	Weimar	Gerhard Rohlfs: B an Georg Schweinfurth	B RA 7.75
1875	25.03.	Weimar	Gerhard Rohlfs: B an August Petermann	B P 7.006
1875	30.03.	Weimar	Gerhard Rohlfs: B	C B RA 7.82a, Original unter Aut XXXIII in SuUB Bremen
1875	??.03	Belzig	Gerhard Rohlfs: Karte an August Petermann	K P 7.039
1875	??.03.		Goldene Medaille der Königin Victoria von England	B RA 7.100 vom 20.04.75
1875	??.03.		Gerhard Rohlfs: Quer durch Afrika, 2. Band erschienen	B Diverse Dankschreiben unter RA 7.xxx
1875	02.04.	Weimar	Gerhard Rohlfs: B an Georg Schweinfurth	B RA 7.83
1875	06.04.	Wittenberg	Vortrag von Rohlfs	C B RA 7.82a und V 7.4, Original unter Aut XXXIII in SuUB Bremen
1875	06.04.	Weimar	Gerhard Rohlfs: B an August Petermann	B P 7.008
1875	14.06.	Weimar	Gerhard Rohlfs: B an August Petermann	B 7.009
1875	16.04.	Berlin	zwischen dem 16.04. und 04.05 fand der von Rohlfs organisierte Empfang für Nachtigal statt	
1875	19.04.	Weimar	Gerhard Rohlfs: B an August Petermann	B P 7.010
1875	20.04.	Weimar	Gerhard Rohlfs: B an Georg Schweinfurth	B RA 7.100
1875	22.04.	Weimar	Gerhard Rohlfs: B an August Petermann	B P 7.011
1875	23.04.	Weimar	Gerhard Rohlfs: B an Heinrich Rohlfs	B RA 7.104a
1875	28.04.	Frankfurt / Oder	Vortrag von Rohlfs	B V 7.006
1875	28.04.	Abreise nach St. Petersburg geplant, für 2 - 3 Wochen		B P 7.009, auch B P 7.011, RA 7.100
1875	01.05.	St. Petersburg		B RA 7.100
1875	04.05.	St. Petersburg	Gerhard Rohlfs: B an Georg Schweinfurth	B RA 7.108a
1875	04.05.	St. Petersburg	Vortrag von Rohlfs	B RA 7.108a
1875	06.05.	St. Petersburg	Vortrag von Rohlfs	B RA 7.108a
1875	07.05.	St. Petersburg		B RA 7.130

1875	??.05.	Moskau, Reval, Dünaburg			B RA 7.116
1875	19.05.	Weimar			B RA 7.116
1875	20.05.	Weimar	Gerhard Rohlfs: B an Georg Schweinfurth		B RA 7.116
1875	25.05.	Weimar	Gerhard Rohlfs: B an August Petermann		B P 7.012
1875	25.05.	Weimar	Gerhard Rohlfs: B an unbekannt		C Staatsbibliothek zu Berlin Autogr. I/180/10
1875	28.05.	Weimar	Gerhard Rohlfs: B an August Petermann		B P 7.013
1875	02.06.	Berlin	Sitzung der Geogr. Ges. Berlin mit Nachtigal-Empfang		B P 7.015
1875	03.06.	Berlin	Empfangsdinner für Nachtigal		B P 7.015
1875	04.06.	Weimar?	Leontone Rohlfs: B an August Petermann		B P 7.014
1875	05.06.	Weimar	Gerhard Rohlfs: B an Georg Schweinfurth		B RA 7.123
1875	05.06.	Weimar	Gerhard Rohlfs: B an August Petermann		B P 7.015
1875	06.06.	Weimar	Gerhard Rohlfs: B an August Petermann		B P 7.016
1875	06.06.	Weimar	Gerhard Rohlfs: B		B RA 7.117a
1875	06.06.	Weimar	Gerhard Rohlfs: B		B RA 7.117b
1875	08.06.	Weimar	Gerhard Rohlfs: B an August Petermann		B P 7.017
1875	16.06.	Weimar	Gerhard Rohlfs: B an Georg Schweinfurth		B RA 7.133
1875	23.06.	Weimar	Gerhard Rohlfs: Telegr. nn A. Petermann		Telg. P 7.020
1875	28.06.	Weimar	Gerhard Rohlfs: B an Dr. Rodenburg »Deutsche Rundschau«		B RA 7.147a
1875	28.06.	Weimar	Gerhard Rohlfs: B an Georg Schweinfurth		B RA 7.148
1875	29.06.	Weimar	Gerhard Rohlfs: B an August Petermann		B P 5.019
1875	07.07.	Weimar	Gerhard Rohlfs: K an August Petermann		K P 7.021
1875	10.07.	Weimar	Gerhard Rohlfs: B an August Petermann		B P 7.022
1875	14.07.	Weimar	Gerhard Rohlfs: K an August Petermann		K P 7.023
1875	20.07.	Weimar	Gerhard Rohlfs: B an August Petermann		B P 7.024
1875	22.07.	Weimar	Gerhard Rohlfs: K an August Petermann		K P 7.026

1875	22.07.	Weimar	Gerhard Rohlfs: B an Georg Schweinfurth	B RA 7.170
1875	23.07.	Weimar	Gerhard Rohlfs: B an August Petermann	B P 7.027
1875	01.08.	Paris	Teilnehmer des 2. Internationalen geographischen Congresses in Paris (01.-11.08.1875)	Mittheilungen der Geographischen Gesellschaft in Wien, S 337, 406, 447-450
1875	02.08.	Paris	Teilnehmer des 2. Internationalen geographischen Congresses in Paris (01.-11.08.1875), Sitzungspräsident	Mittheilungen der Geographischen Gesellschaft in Wien, S 337, 406, 447-450, Congrès International des Sciences Géographiques, 1878, S 577
1875	03.08.	Paris	Teilnehmer des 2. Internationalen geographischen Congresses in Paris (01.-11.08.1875)	Mittheilungen der Geographischen Gesellschaft in Wien, S 337, 406, 447-450
1875	04.08.	Paris	Teilnehmer des 2. Internationalen geographischen Congresses in Paris (01.-11.08.1875)	Mittheilungen der Geographischen Gesellschaft in Wien, S 337, 406, 447-450
1875	05.08.	Paris	Teilnehmer des 2. Internationalen geographischen Congresses in Paris (01.-11.08.1875)	Mittheilungen der Geographischen Gesellschaft in Wien, S 337, 406, 447-450
1875	06.08.	Paris	Teilnehmer des 2. Internationalen geographischen Congresses in Paris (01.-11.08.1875)	Mittheilungen der Geographischen Gesellschaft in Wien, S 337, 406, 447-450
1875	07.08.	Paris	Teilnehmer des 2. Internationalen geographischen Congresses in Paris (01.-11.08.1875)	Mittheilungen der Geographischen Gesellschaft in Wien, S 337, 406, 447-450
1875	08.08.	Paris – Weimar	Rückfahrt	B P 7.028
1875	09.08.	Weimar	Gerhard Rohlfs: B an August Petermann	B P 7.028
1875	13.08.	Weimar	Gerhard Rohlfs: B an August Petermann	B P 7.029
1875	16.08.	Weimar	Gerhard Rohlfs: B an Georg Schweinfurth	B RA 7.182
1875	16.08.	Weimar	Gerhard Rohlfs: B an August Petermann	B P 7.030

1875	19.08.	Weimar	Gerhard Rohlfs: K an August Petermann	K P 7.031
1875	20.08.	Weimar	Gerhard Rohlfs: B an August Petermann	Petermann's Geographische Mittheilungen, 1875, S 356, B P 7.032
1875	20.08.	Weimar	Gerhard Rohlfs: B	B RA 7.188a
1875	22.08.	Weimar	Gerhard Rohlfs: B an August Petermann	B P 7.033
1875	26.08.	Weimar	Gerhard Rohlfs: B an August Petermann	B P 7.034, B P 7.035
1875	30.08.	Weimar	Gerhard Rohlfs: B an August Petermann	B P 7.036
1875	02.09.	Weimar	Gerhard Rohlfs: Tel an August Petermann	Telg. P 7.037
1875	08.09.	Schleiz	Vortrag von Rohlfs	Telg. V 7.007
1875	11.09.	Schmalkalden	Gerhard Rohlfs: B an Georg Schweinfurth	B RA 7.201
1875	12.09.	Weimar		B RA 7.201
1875	12.09.	Pörneck ?	Vortrag von Rohlfs	B V 7.009
1875	13.09.	Fulda		K RA 7.202, B RA 7.204
1875	15.09.	Hildburghausen	Gerhard Rohlfs: B an Georg Schweinfurth + Vortrag	B RA 7.206 + B V 7.008
1875	16.09.	Weimar	Gerhard Rohlfs: B an Georg Schweinfurth	B RA 7.206, RA 7.208
1875	23.09.	Vegesack	Gerhard Rohlfs hält einen Vortrag in Bähre's Hotel	Vegesacker Wochenschrift, No 112 vom 23.09.1875, Seite 2
1875	??.09.	Vegesack	Gerhard Rohlfs: B vom 24.09.an Georg Schweinfurth	B RA 7.212
1875	24.09.	Bremen	Gerhard Rohlfs: B an Georg Schweinfurth, B an Heinrich Rohlfs	B RA 7.212, B RA 7.212a
1875	26.09.	Bremen	Gerhard Rohlfs: B an Georg Schweinfurth	B RA 7.214
1875	28.09.	Bremen	Gerhard Rohlfs: B an Georg Schweinfurth	B RA 7.219
1875	30.09.	Weimar	Gerhard Rohlfs: B an August Petermann	B P 7.038
1875	02.10.	Abreise mit der »Main« von Bremen nach New York		Konrad Guenther. Gerhard Rohlfs, S 150
1875	02.10.	Bremerhaven, Abreise	Gerhard Rohlfs: B an Georg Schweinfurth	B RA 7.214 + A Curier vom 02.10.75
1875	05.10.	Southampton	Gerhard Rohlfs: B an Ascherson	B RA 7.223
1875	24.10.	New York	Gerhard Rohlfs: B an Leontine Rohlfs - in:	Konrad Guenther. Gerhard Rohlfs, S 151
1875	24.10.	New York		Foto Taylor, FA 2.39

1875	26.10.	New York	Gerhard Rohlfs: B an Leontine Rohlfs - in:	Konrad Guenther. Gerhard Rohlfs, S 152
1875	28.10.	New York	Gerhard Rohlfs: B an Leontine Rohlfs - in:	Konrad Guenther. Gerhard Rohlfs, S 154
1875	01.11.	New York	Gerhard Rohlfs: B an Leontine Rohlfs - in:	Konrad Guenther. Gerhard Rohlfs, S 154
1875	04.11.	New York	1. Vortrag von Rohlfs in der Steinway Hall	Konrad Guenther: Gerhard Rohlfs, S. 156, Zeitungsnotiz zu RA 7.228
1875	05.11.	New York	Gerhard Rohlfs: B an Leontine Rohlfs - in:	Konrad Guenther. Gerhard Rohlfs, S 156
1875	06.11.	New York	Gerhard Rohlfs: B an Leontine Rohlfs - in:	Konrad Guenther. Gerhard Rohlfs, S 156
1875	09.11.	New York	Gerhard Rohlfs: B an Leontine Rohlfs - in:	Konrad Guenther. Gerhard Rohlfs, S 156
1875	10.11.	New York	Udo Brachvogel: B an Gerhard Rohlfs	B RA 7.228
1875	11.11.	New York	Gerhard Rohlfs: Vortrag in der Geographischen Gesellschaft	B RA 7.288
1875	18.11.	New York	Gerhard Rohlfs: B an unbekannt	SuUB Bremen XXXV.17
1875	23.11.	New York	Vorlesung im »Club Vegesack«, wurde zum Ehrenmitglied ernannt	O Eintrittskarte, Pressenotiz in 10 Tod 1
1875	29.11.	New York	Gerhard Rohlfs: B an unbekannt	C B RA 7.231a - angeboten in der Auktion am 24.10.2013 der Hauff & Auvermann GmbH und für € 130 zugeschlagen
1875	30.11.	Buffalo	Gerhard Rohlfs: B an Leontine Rohlfs - in:	Konrad Guenther. Gerhard Rohlfs, S 158
1875	02.12.	Niagara-Fälle		Konrad Guenther. Gerhard Rohlfs, S 159
1875	03.12.	Buffalo	Gerhard Rohlfs: B an Leontine Rohlfs - in:	Konrad Guenther. Gerhard Rohlfs, S 159
1875	03.12.	Buffalo	Gerhard Rohlfs: B an August Petermann	B P 7.040
1875	14.12.	Milwaukie	Marokko-Vortrag vor der Germania Literary Society	Milwaukie Daily Sentinel, 3., 14. und 15.12.1875
1875	16.12.	Milwaukie		(Neuigkeits)Welt Blatt 11.1.1876
1875	17.12.	Milwaukie	Vortrag über »Quer durch Afrika« vor der Germania Literary Society	Milwaukie Daily Sentinel, 3., 14., 15., 16., 17. und 18.12.1875
1875	21.12.	St. Louis	Gerhard Rohlfs: B an Leontine Rohlfs - in:	Konrad Guenther. Gerhard Rohlfs, S 160
1875	21.12.	St. Louis	Marokko-Vortrag vor der Germania Literary Society	St. Louis Globe-Demecrat, Nr. 217, 22.12.1875
1875	27.12.	Milwaukie		B RA 8.1a

1875	??		Ehrenmitglied seit 1875 der Geographischen Gesellschaft in Hamburg	2. Jahresbericht der Geographischen Gesellschaft in Hamburg, 1874/75, S 5
1875	??		Anstecknadel Club zu Vegesack, New York	O R 113 a / Kasten 17
1876	02.01.	St. Louis	Gerhard Rohlfs: B an Leontine Rohlfs - in:	Konrad Guenther. Gerhard Rohlfs, S 160
1876	09.01.	Chicago	Marokko-Vortrag	The Daily Inter Ocean, 10.1.1876
1876	10.01.	Chicago	2. Marokko-Vortrag	The Daily Inter Ocean, 11.1.1876
1876	12.01.	St. Louis		The Daily Inter Ocean Democrat, 13.1.1876
1876	12.01.	St. Louis	Gerhard Rohlfs: B an Karl Alfred von Zittel	C Staatsbibliothek zu Berlin Autogr. I/4502
1876	12.01.1	St. Louis	Cyrenaica-Vortrag im Germania-Club	The Daily Inter Ocean Democrat, 13.1.1876
1876	28.01.	Denver	Gerhard Rohlfs: B an Leontine Rohlfs - in:	Konrad Guenther. Gerhard Rohlfs, S 164
1876	01.02.	Toana		Konrad Guenther. Gerhard Rohlfs, S 165
1876	02.02.	Toana	Gerhard Rohlfs: B an Leontine Rohlfs - in:	Konrad Guenther. Gerhard Rohlfs, S 165
1876	06.02.	San Francisco, Palace Hotel	Gerhard Rohlfs: B an Leontine Rohlfs - in:	Konrad Guenther. Gerhard Rohlfs, S 167
1876	08.02.	San Francisco	Marokko-Vortrag - in deutsch - vor dem San Franciso-Verein	Daily Evening Bulletin, 8. und 9.2.1876
1876	10.02.	Davenport		B RA 8.5
1876	10.02.	San Francisco	Marokko-Vortrag - in deutsch - vor dem San Franciso-Verein	Daily Evening Bulletin, 9.2.1876
1876	14.02.	San Francisco	Vortrag über verschiedene Reisen in der Academy-Hall	Daily Evening Bulletin, 15.2.1876
1876	??.02.	San Francisco (14 Tage)	Gerhard Rohlfs: B vom 20.02.1876 an Georg Schweinfurth	B RA 8.2
1876	14.02.	San Francisco	Gerhard Rohlfs: B an Leontine Rohlfs - in:	Konrad Guenther. Gerhard Rohlfs, S 168
1876	20.02.	Salt Lake City	Gerhard Rohlfs: B an Georg Schweinfurth	B RA 8.2
1876	27.02.	St. Paul, Min.	Gerhard Rohlfs: B an Dr. Rodenberg	K RA 8.4a
1876	07.03.	Chicago	Cyrenaica-Vortrag in der Turner-Hall	The Daily Inter Ocean, 6.3.1876
1876	??.03.	Boston	Gerhard Rohlfs: B vom 25.03.1876 an Leontine Rohlfs - in:	Konrad Guenther. Gerhard Rohlfs, S 170
1876	25.03.	Neuyork	Gerhard Rohlfs: B an Leontine Rohlfs - in:	Konrad Guenther. Gerhard Rohlfs, S 170
1876	26.03.	Neuyork	Vortrag von Rohlfs	Konrad Guenther. Gerhard Rohlfs, S 171

1876	27.03.	Neuyork	Gerhard Rohlfs: B an Leontine Rohlfs - in:	Konrad Guenther. Gerhard Rohlfs, S 171
1876	10.04.	England ?		Konrad Guenther. Gerhard Rohlfs, S 171
1876	15.04.		Ehrenmitglied der Buffalo Society of Natural Sciences, Buffalo	O R 24 / 17
1876	??.04.	Bremen	Silberhochzeit von Hermann Rohlfs	B RA 8.12
1876	??.04.	Paris		B RA 8.12
1876	02.05.	Weimar	Gerhard Rohlfs: B an Ferdinand Moritz Ascherson (Vater von Paul A.)	C Staatsbibliothek zu Berlin Slg Darmstaedter Afrika 1875 Rohlfs, Gerhard Blatt 291
1876	08.05.	Weimar	Gerhard Rohlfs: B an Georg Schweinfurth	B RA 8.12
1876	??.05.	Berlin		B P 8.001
1876	15.05.	Weimar	Gerhard Rohlfs: B an Heinrich Rohlfs	B RA 8.14a
1876	15.05.	Weimar	Gerhard Rohlfs: B an August Petermann	B P 8.001
1876	19.05.	Berlin		B RA 8.14a
1876	21.05.	Weimar		B RA 8.18
1876	29.05.	Weimar	Gerhard Rohlfs: B an Dr. Rodenberg	B RA 8.24a
1876	31.05.	Weimar	Gerhard Rohlfs: B an Georg Schweinfurth	B RA 8.25
1876	04.06.	Weimar	Gerhard Rohlfs: B an Hellwald	B RA 8.46
1876	08.06.	Weimar		B RA 8.34
1876	09.06.	Weimar	Gerhard Rohlfs: B an Georg Schweinfurth	B RA 8.34
1876	10.06.	Weimar	Gerhard Rohlfs: B an Fr. v.Hellwald	B RA 8.35
1876	13.06.	Weimar	Gerhard Rohlfs: B an Behm	B P 8.002
1876	14.06.	Weimar	Gerhard Rohlfs: B an Behm	B P 8.003
1876	19.06.	Weimar	Gerhard Rohlfs: B an Georg Schweinfurth	B RA 8.40
1876	28.06.	Weimar	Gerhard Rohlfs: K an Behm	K P 004
1876	04.07.	Weimar		B RA 8.50
1876	06.07.	Weimar	Gerhard Rohlfs: B an Georg Schweinfurth	B RA 8.50
1876	10.07.	Weimar	Gerhard Rohlfs: B an Georg Schweinfurth	B RA 8.53
1986	13.07.	Weimar	Gerhard Rohlfs: B an Georg Schweinfurth	B RA 8.55a
1876	24.07.	Weimar	Gerhard Rohlfs: B an Behm	B P 8.005

1876	04.08.	Weimar	Gerhard Rohlfs: B an Julius Grosser	C Staatsbibliothek zu Berlin Nachlass 4804 Blatt 40
1876	09.08.	Cosel	Vortrag von Rohlfs	B V 8.001
1876	17.08.		Bruder Gottfried Heinrich Rohlfs erwirbt die elterlichen Grundstücke	C des handschriftlichen Vertrages vom 17./25.08.1876
1876	20.08.	Weimar	Rohlfs Taufpate bei Ilse Marie M. Floerke	A Auszug aus dem Taufregister
1876	24.08.	Weimar	Gerhard Rohlfs: B an Behm	B P 8.006
1876	25.08.	Weimar	Gerhard Rohlfs: B an Georg Schweinfurth	B RA 8.77
1876	31.08.	Weimar	Gerhard Rohlfs: B an Richard Oberländer	C Staatsbibliothek zu Berlin Nachlass 480/04 Blatt 42
1876	12.09.	Brüssel	Teilnehmer an der Internationalen Conferenz zur Berathung der Mittel für die Erforschung und Erschließung von Central-Afrika	Ausland, 1876, Nr 43, S 841-845
1876	13.09.	Brüssel	Gerhard Rohlfs: Vermerk über die Eröffnungsrede des belgischen Königs bei der Internationalen Conferenz	Aktenvermerk RA 8.83
1876	13.09.	Brüssel	Teilnehmer an der Internationalen Conferenz zur Berathung der Mittel für die Erforschung und Erschließung von Central-Afrika	Ausland, 1876, Nr 43, S 841-845
1876	13.09.	Brüssel	Gerhard Rohlfs: Aufzeichnungen	Aktenvermerk RA 8.83
1876	14.09.	Brüssel	Teilnehmer an der Internationalen Conferenz zur Berathung der Mittel für die Erforschung und Erschließung von Central-Afrika	Ausland, 1876, Nr 43, S 841-845
1876	18.09.		Commandeur de l'Ordre de Leopold - König Leopold von Belgien	O 11 / Mappe 17

1876	21.09.	Weimar	Gerhard Rohlfs: B an August Petermann	B P 8.007
1876	22.09.	Weimar	Gerhard Rohlfs: B an August Petermann	B P 8.008
1876	27.09.	Weimar	Gerhard Rohlfs: B an unbekannt	C Staatsbibliothek zu Berlin Slg Darmstaedter Afrika 1874 Rohlfs, Gerhard Blatt 278-279
1876	27.09.	Penzig	Gerhard Rohlfs: B an Georg Schweinfurth	B RA 8.91
1876	28.09.	Tschopau	Gerhard Rohlfs: B an Georg Schweinfurth	B RA 8.91
1876	04.10.	Annaberg ?	Vortrag von Rohlfs	B V 8.003
1876	09.10.	München ?		B RA 8.100
1876	12.10.	Ingolstadt	Vortrag von Rohlfs	B V 8.006
1876	13.10.	München	Gerhard Rohlfs: B an Mühlhausen ?	C Staatsbibliothek zu Berlin Autogr. I/2133
1876	15.10.	München		B RA 8.108
1876	16.10.	München	Gerhard Rohlfs: B an Georg Schweinfurth	B RA 8.108
1876	16.10.	Augsburg		B RA 8.108
1876	17.10.	Augsburg	Vortrag von Rohlfs	C Staatsbibliothek zu Berlin Autogr. I/2133
1876	20.10.	Weimar	Gerhard Rohlfs: B an Georg Schweinfurth	B RA 8.112
1876	23.10.	München	Vortrag von Rohlfs	B RA 8.115
1876	24.10.	München	Gerhard Rohlfs: B an Georg Schweinfurth	B RA 8.115
1876	25.10.	Augsburg	1. Vortrag von Rohlfs?	B RA 8.115, Allgemeine Zeitung, 28.20., Nr. 302
1876	26.10.	Augsburg	2. Vortrag von Rohlfs?	Allgemeine Zeitung, 28.10., Nr 302
1876	27.10.	Lindau	Vortrag von Rohlfs im Bayerischen Hof	Vorarlberger Landeszeitung 26.10.1876
1876	29.10.	Augsburg	3. Vortrag von Rohlfs?	Allgemeine Zeitung, 28.10., Nr 302
1876	??.10.	Straubing	Vortrag von Rohlfs	B V 8.007
1876	04.11.	Schweinfurt		B RA 8.119a
1876	05.11.	München		B RA 8.123
1876	06.11.	Würzburg	Gerhard Rohlfs: B an Georg Schweinfurth	B RA 8.119a
1876	08.11.	Würzburg ?		B RA 8.119a
1876	09.11.	Erlangen ?	August Petermann: K an Gerhard Rohlfs	K RA 8.122
1876	09.11.	Bamberg	August Petermann: B an Gerhard Rohlfs	B RA 8.125
1876	13.11.	Fürth	von Zittel: PK an Rohlfs	PK RA 8.128
1876	13.11.	Fürth	Vortrag von Rohlfs	B V 8.009
1876	13.11.	Fürth	Gerhard Rohlfs: B an unbekannt	C Stadtbibliothek Hannover W1.3301, B RA 8.128a
1876	13.11.	Würzburg ?		B RA 8.126
1876	18.11.	München		B RA 8.134
1876	19.11.	München		B RA 8.139

1876	21.11.	München	Gerhard Rohlfs: B an Georg Schweinfurth	B RA 8.139
1876	22.11.	Augsburg		B RA 8.139
1876	29.11.	Weimar	Gerhard Rohlfs: B an Heinrich Rohlfs	B RA 8.143a
1876	??.11.	Regensburg	Vortrag von Rohlfs ?	B V 8.008
1876	01;12,	Weimar		B RA 8.143
1876	02.12.	Berlin		K RA 8.138
1876	02.12.	Berlin		B RA 8.143
1876	03.12.	Berlin ?		B RA 8.149
1876	04.12.	Weimar	Gerhard Rohlfs: B an unbekannt	B RA 8.141aB RA 8.143
1876	06.12.	Weimar	Gerhard Rohlfs: B an Georg Schweinfurth	B RA 8.143
1876	10.12.	Weimar	Gerhard Rohlfs: B an August Petermann	B P 8.009
1876	15.12.	Weimar	Gerhard Rohlfs: B an Georg Schweinfurth	B RA 8.151
1876	15.12.	Weimar	Gerhard Rohlfs: B an Moritz Wagner	C Staatsbibliothek zu Berlin Autogr. I/4065
1876	18.12.	Berlin	Gründung des Nationalen Comités	B RA 8.151
1876	19.12.	Weimar	Gerhard Rohlfs: B an Georg Schweinfurth	B RA 8.151
1876	20.12.	Kassel	Vortrag von Rohlfs	B RA 8.151
1876	22.12.	Weimar	Gerhard Rohlfs: B an Königliches Münzkabinet	C Staatsbibliothek zu Berlin Slg Damstaedter Afrika 1875 Rohlfs, Gerhard Blatt 296
1877	01.01.	Gotha	Besuch bei August Petermann	B RA 9.4
1877	06.01.	Weimar	Gerhard Rohlfs: B an Georg Schweinfurth	B RA 9.4
1877	08.01.	Weimar		B RA 9.4
1877	09.01.	Frankfurt		B V 8.010, B RA 9.4
1877	09.01.		Ehrenmitglied im Verein für Geographie und Statistik zu Frankfurt a.M.	O R 25 / 16
1877	11.01.	Frankfurt	Vortrag und Bankett, Diplom zur Ehrenmitgliedschaft	B RA 9.11
1877	11.01.	Weimar	Gerhard Rohlfs: B an Carl Chr. Bruhns	B RA 9.6a
1877	13.01.	Weimar	Gerhard Rohlfs: B an Georg Schweinfurth	B RA 9.11
1877	20.01.		Beginn der 5 Wochen Vortragsour	B RA 9.4
1877	20.01.	Eisenach	2. Vortrag von Rohlfs	B V 9.1
1877	23.01.	Neuwied	2. Vortrag von Rohlfs, auch im Vorjahr	B V 9.3

1877	29.01.	Hamm	Vortrag von Rohlfs	B V 9.4
1877	03.02.	Stuttgart	Gerhard Rohlfs: B an Georg Schweinfurth	B RA 9.24
1877	14.02.	Weimar	Gerhard Rohlfs: B an Georg Schweinfurth	B RA 9.28
1877	14.02.	Weimar	Gerhard Rohlfs: B an Adolf Lüderitz	Universitätsbibliothek Freiburg
1877	??.02	Weimar	Leontine krank, Heinrich R. 10 Tage dort	B RA 9.36
1877	02.03.	Kassel	Vortrag von Rohlfs	B V 8.002
1877	11.03.	Weimar	Gerhard Rohlfs: B an Georg Schweinfurth	B RA 9.35a
1877	15.03.	Calw	Gerhard Rohlfs: B an Georg Schweinfurth	B RA 9.36
1877	17.03.	Saulgau	wohl Vortrag von Rohlfs	B RA 9.36, B V 9.5
1877	25.03.	Sigmaringen	Gerhard Rohlfs: B an Heinrich Rohlfs	B RA 9.39
1877	27.03.	Ludwigsburg	Vortrag von Rohlfs	B RA 9.39
1877	30.03.	Weimar	Gerhard Rohlfs: B an Georg Schweinfurth	B RA 9.39a
1877	02.04.	Weimar	Gerhard Rohlfs: B an Georg Schweinfurth	B RA 9.43
1877	07.04.	unleserlich	Vortrag von Rohlfs	B V 9.8
1877	14.04.	Weimar	Brasilianisches Kaiserpaar beim Großherzog von Sachsen-Weimar	B RA 9.44a
1877	17.04.	Speyer	Gerhard Rohlfs: B an Heinrich Rohlfs	B RA 9 44a
1877	06.05.	Weimar ?	Besuch von Petermann ?	B RA 9.51
1877	12.05.	Weimar	Gerhard Rohlfs: B an August Petermann	B P 9.001
1877	12.05.	Weimar	Gerhard Rohlfs: B an Georg Schweinfurth	B RA 9.56
1877	21.05.	Weimar	Gerhard Rohlfs: B an August Petermann	B P 9.002
1877	21.05.	Weimar	Gerhard Rohlfs: B an den Großherzog von Weimar	B RA 9.58a
1877	22.05.	Weimar	Gerhard Rohlfs: B an den Großherzog von Weimar	B RA 9.59a
1877	23.05.	Weimar	Gerhard Rohlfs: B an August Petermann	B P 9.003
1877	29.05.	Ilmenau		B RA 9.61a
1877	29.05.	Schleusingen	Gerhard Rohlfs: K an Hotel Sonne, Ilmenau	C Staatsbibliothek zu Berlin Nachlass 480/4 Blatt 70-71
1877	29.05.	Schleusingen	Vortrag von Rohlfs	B V 9.9
1877	30.05.	Schleusingen		B RA 9.61a

1877	31.05.	Großbreitenbach		B RA 9.61a
1877	31.05.	Weimar		B RA 9.61a
1877	01.06.	Weimar	Gerhard Rohlfs: B an Heinrich Rohlfs	B RA 9.61a
1877	02.06.	Weimar	Gerhard Rohlfs: B an August Petermann	B P 9.004
1877	06.06.	Weimar	Gerhard Rohlfs: B an Georg Schweinfurth	B RA 9.64
1877	07.06.	Weimar	Herrenessen	B RA 9.64
1877	19.06.	Brüssel	Teilnehmer an der 2. Conferenz der internationalen Association zur Erforschung und Civilisierung Central-Afrika's in Brüssel	Mittheilungen der Geographischen Gesellschaft in Wien, S 478
1877	20.06.	Brüssel	Teilnehmer an der 2. Conferenz der internationalen Association zur Erforschung und Civilisierung Central-Afrika's in Brüssel	Mittheilungen der Geographischen Gesellschaft in Wien, S 478
1877	20.06.	Weimar	Gerhard Rohlfs: B an Johann Gottfried Wetzstein	C Staatsbibliothek zu Berlin Slg Darmstaedter Afrika 1875 Rohlfs, Gerhard Blatt 270-271
1877	21.06.	Brüssel	Teilnehmer an der 2. Conferenz der internationalen Association zur Erforschung und Civilisierung Central-Afrika's in Brüssel	Mittheilungen der Geographischen Gesellschaft in Wien, S 478
1877	08.07.	Weimar	Gerhard Rohlfs: B an August Petermann	B P 9.005
1877	09.07.	Weimar	Gerhard Rohlfs: B an Graf Bismarck	B RA 9.73a
1877	??.07.	Göttingen		B P 9.006
1877	??.08.	3 Wochen: Simplon, L. Maggiore, Lugano, Garda Come, Iseo, Gotthard		B P 9.006
1877	??.08.	Simplon, Gotthard, Lago Maggiore, Lugano, Como, Iseo, Venedig		B RA 9.83
1877	20.08.	Weimar	Gerhard Rohlfs: B an August Petermann	B P 9.006
	23.08.	Weimar		B RA 9.83

1877	25.08.	Weimar	Gerhard Rohlfs: B an Georg Schweinfurth	B RA 9.83
1877	27.08.	Weimar	Gerhard Rohlfs: B an Karl Ludwig Thieme	Sächsische Landesbibliothek Dresden lt Kalliope
1877	29.08.	Weimar	Gerhard Rohlfs: B an Georg Schweinfurth	B RA 9.85
1877	07.09.	Weimar	Gerhard Rohlfs: B an Georg Schweinfurth	B RA 9.89
1877	13.09.	Weimar	Gerhard Rohlfs: B an August Petermann	B P 9.007
1877	15.09.	Weimar	Gerhard Rohlfs: B an August Petermann	B P 9.008
1877	15.09.	Weimar	Gerhard Rohlfs: B an unbekannt	C Stadtbibliothek Hannover 41.3602, RA 9.91a1
1877	15.09.	München		B P 9.007
1877	16.09.	München		B RA 89.85
1877	17.09.	München	Teilnehmer der 50. Versammlung Deutscher Naturforscher und Aerzte	Amtlicher Bericht der 50. Versammlung Deutscher Naturforscher und Aerzte in München, 1877, S XXIX
1877	18.09.	München	Teilnehmer der 50. Versammlung Deutscher Naturforscher und Aerzte	Amtlicher Bericht der 50. Versammlung Deutscher Naturforscher und Aerzte in München, 1877, S XXIX
1877	19.09.	München	Rohlfs berichtet über Forschungsreisen in Nordafrika in der 4. Section auf der 50. Versammlung Deutscher Naturforscher und Aerzte in München vom 17.-22.09. In München	Amtlicher Bericht der 50. Versammlung Deutscher Naturforscher und Aerzte in München, 1877, S 121, 128
1877	20.09.	München	Teilnehmer der 50. Versammlung Deutscher Naturforscher und Aerzte	Amtlicher Bericht der 50. Versammlung Deutscher Naturforscher und Aerzte in München, 1877, S XXIX
1877	20.09.	München	Ende des Besuchs?	B P 9.007, B RA 9.85
1877	21.09.	München	Teilnehmer der 50. Versammlung Deutscher Naturforscher und Aerzte	Amtlicher Bericht der 50. Versammlung Deutscher Naturforscher und Aerzte in München, 1877, S XXIX
1877	22.09.	München	Teilnehmer der 50. Versammlung Deutscher Naturforscher und Aerzte	Amtlicher Bericht der 50. Versammlung Deutscher Naturforscher und Aerzte in München, 1877, S XXIX
1877	22.09.	Weimar		B RA 9.91a1
1877	24.09.	Weimar	Gerhard Rohlfs: B an Georg Schweinfurth	B RA 9.95
1877	29.09.	Neustadt / Oder	Vortrag von Rohlfs	B V 9.13

1877	03.10.	Weimar	Gerhard Rohlfs: B an Georg Schweinfurth	B RA 9.104
1877	03.10.	Wesel	Gerhard Rohlfs: B an Moritz Wagner	C B RA 9.104a, Original unter Aut XXXIII.32 in SuUB Bremen
1877	15.10.	Weimar	Gerhard Rohlfs: B an Ernst Behm	B P 9.009
1877	20.10.		Tod der Schwiegermutter	O Dr. Alfred Günther: Chronik der Familie Behrens, Stammtafel
1877	20.10.	Boppard	Gerhard Rohlfs: B an Georg Schweinfurth	B RA 9.113
1877	22.10.	Saarbrücken	Gerhard Rohlfs: B an Carl Chr. Bruhns	B RA 9.113a
1877	23.10.	Oels	Vortrag von Rohlfs	B V 9.17
1877	25.10.	Mainz		B RA 9.120
1877	27.10.		Tod des Schwiegervaters	O Dr. Alfred Günther: Chronik der Familie Behrens, Stammtafel
1877	03.11.	Wesel	Gerhard Rohlfs: B an unbekannt	SuUB, Bremen, Aut XXIV,11.
1877	03.11.	Wesel	Gerhard Rohlfs: B an unbekannt	K RA 9.120a
1877	03.11.	Wesel	Vortrag von Rohlfs	B V 9.016
1877	05.11.	Lippstadt	Gerhard Rohlfs: B an Georg Schweinfurth	B RA 9.121
1877	05.11.	Soest	Vortrag von Rohlfs	B V 9.019
1877	05.11.	Weimar	Gerhard Rohlfs: B an Dr. Emil Bessels	B RA 9.122
1877	06.11.	Herford	Vortrag von Rohlfs?	SuUB, Bremen, Aut XXIV,11.
1877	06.11.	Herford	Gerhard Rohlfs: B vom 03.11.	K RA 9.120a
1877	07.11.	Mühlheim	Gerhard Rohlfs: B vom 03.11.	K RA 9.120a
1877	07.11.	Mühlheim	Gerhard Rohlfs: B an Kölner Zeitung	B RA 9.124
1877	07.11.	Mühlheim	Gerhard Rohlfs: B an August Petermann	B P 9.010
1877	07.11.	Mühlheim	Vortrag von Rohlfs?	SuUB, Bremen, Aut XXIV,11.
1877	13.11.	Lüdenscheid - wohl nicht: 2.12.77	Vortrag von Rohlfs	B V 9.18
1877	15.11.	Viersen	Gerhard Rohlfs: B an Georg Schweinfurth	B RA 9.125
1877	23.11.	Weimar	Gerhard Rohlfs: B an August Petermann	B P 9.011
1877	23.11.	Hamm	Vortrag von Rohlfs	B V 9.025
1877	25.11.	Hattingen	Vortrag von Rohlfs	B V 9.022
1877	02.12.	Lüdenscheid?	Vortrag von Rohlfs	B V 9.20
1877	04.12.	Weimar	Gerhard Rohlfs: B an Georg Schweinfurth	B RA 9.132
1877	04.12.	Weimar	Gerhard Rohlfs: B an August Petermann	B P 9.012
1877	08.12.	Weimar	Gerhard Rohlfs: PK an Carl Chr. Bruhns	PK 10.135a

1877	10.12.	Altena?	Vortrag von Rohlfs	B V 9.24
1877	10.12.	Weimar	Gerhard Rohlfs: B an Musikalienhändler Nagel	Stadtarchiv Hannover lt. Kalliope
1877	19.12.	Leipzig	Rohlfs spricht auf der 8. Sitzung des Vereins für Erdkunde in Leipzig	Mittheilungen des Vereins für Erdkunde in Leipzig, 1978, S 22-23, B RA 9.121, B 9.135a
1877	29.12.	Weimar	Gerhard Rohlfs: B an Georg Schweinfurth	B RA 9.141
1877	30.12.	Weimar	Besuch von Julius Grosse	Stammbuchblatt 24
1877	31.12.	Weimar	Gerhard Rohlfs: B an Georg Schweinfurth	B RA 9.141
1877	??.		Ehrenmitglied im Verein für Erdkunde zu Halle a/S	Mittheilungen des Verein für Erdkunde zu Halle, 1877, S 7
1877	??.	Duisburg	Vortrag von Rohlfs	B V 10.010
1878	03.01.	Weimar	Gerhard Rohlfs: B an Richard Andree	C B RA 10.2.a, Original Stadtarchiv Braunschweig H III 3:16 vol 6 303
1878	06.01.	Weimar	Gerhard Rohlfs: B an Adolf Bastian	C Staatsbibliothek zu Berlin Autogr. 2081-1
1878	09.01.	Weimar	Gerhard Rohlfs: B an August Petermann	B P 10.002
1878	10.01.	Weimar	Gerhard Rohlfs: B an August Petermann	B P 10.003
1878	10.01.	Weimar	Gerhard Rohlfs: B an Richard Andree	C B 10.4a, Original Stadtarchiv Braunschweig H III 3:16 vol 6 303
1878	11.01.	Weimar	Gerhard Rohlfs: B an Baron Richthofen	B RA 10.5
1878	12.01.	Weimar	Gerhard Rohlfs: B an August Petermann	B P 10.004
1878	13.01.	Weimar	Gerhard Rohlfs: B an August Petermann	B P 10.006
1878	20.01.	Halver	Vortrag von Rohlfs	B V 9.27
1878	21.01.	nicht Weimar, Ort unleserlich	Gerhard Rohlfs: B an August Petermann	P 10.008
1878	23.01.	Steinfurt	Vortrag von Rohlfs	B V 9.26
1878	24.01.	Osnabrück	Vortrag von Rohlfs	B V 10.002
1878	25.01.	Osnabrück	Gerhard Rohlfs: B an Georg Schweinfurth	B RA 10.16
1878	27.01.	Badbergen	Gerhard Rohlfs: B an Richard Andree	C B RA 10.16a, Original Stadtarchiv Braunschweig H III 3:16 vol6 303
1878	29.01.	Norden	Vortrag von Rohlfs	B V 10.003, Ostfriesischer Courier, 12., 22., 26.1.1878
1878	??.01.	Quakenbrück	Vortrag von Rohlfs	B V 10.005
1878	31.01.	Weimar	Gerhard Rohlfs: B an Richard Andree	C B RA 10.16b, Original Stadtarchiv Braunschweig H III 3:16 vol 6 303

1878	04.02.	Metz	Rohlfs spricht auf der 1. Sitzung vor dem Verein für Erdkunde in Metz	Jahresbericht des Vereins für Erdkunde in Metz, 1878, S 11
	05.02.	Metz		B P 10.009
1878	05.02.	Metz	Gerhard Rohlfs: B an August Petermann	B P 10.009
1878	09.02.		Goldene Verdienstmedaille - Ludwig IV. Großherzog von Hessen und bei Rhein	O R ? / 17
1878	10.02.	Nienburg	Vortrag von Rohlfs	B V 10.004
1878	14.02.	Oldenburg	Gerhard Rohlfs: B an Ludwig Bamberger	C Staatsbibliothek zu Berlin Slg Darmstardter Afrika 1875 Rohlfs, Gerhard Blatt 226-228
1878	21.02.	Harburg	Gerhard Rohlfs: B an August Petermann	B P 10.010
1878	24.02.	Itzehoe		B RA 10.26
1878	26.02.	Tönning	Vortrag von Rohlfs	B V 10.011
1878	28.02.	Heide ?	Vortrag von Rohlfs	B V 10.006
1878	08.03.	Hadersleben	Vortrag von Rohlfs	B V 10.012
1878	10.03.	Friedrichstadt ?	Vortrag von Rohlfs	B V 10.011
1878	11.03.	Ploen		B V 10.014
1878	15.03.	Bremen	Gerhard Rohlfs berichtet im Kaisersaal des Künstlervereins vor der Geographischen Gesellschaft in Bremen über seine Expedition in die libysche Wüste und sein neues Vorhaben	Deutsche Geographische Blätter, 1878, Nr 2, S 120
1878	20.03.	Weimar	Gerhard Rohlfs: B an Moritz Wagner	C B RA 10.36a, Original unter Aut XXXIII.32 in SuUB Bremen
1878	20.03.	Weimar	Gerhard Rohlfs: B an August Petermann	B P 10.012
1878	21.03.	Weimar	Gerhard Rohlfs: B an Karl Andree	C B RA 10.33d, Original Stadtarchiv Braunschweig H III 3:16 vol 6 303
1878	22.03.	Vegesack	Hinweis auf einen Vortrag von Gerhard Rohlfs, den er demnächst in Bähre's Hotel halten wird	A Freie Presse an der Unterweser 22.03.1878
1878	03.04.	Weimar	Gerhard Rohlfs: B an Georg Schweinfurth	B RA 10.43
1878	04.04.	Weimar		B P 10.013
1878	05.04.	Weimar	Gerhard Rohlfs: B an Richard Andree	C B RA 10.45a, Original Stadtarchiv Braunschweig H III 3:16 vol 6 303
1878	06.04.	Weimar	Gerhard Rohlfs: B an August Petermann	B P 10.013

1878	08.04.	Weimar	Gerjhard Rohlfs: B an Joh. Dümichen	C B RA 10.46a, Original Stadtbibliothek Hannover 41.3305
1878	10.04.	Weimar	Gerhard Rohlfs: B an August Petermann	B P 10.014
1878	10.04.	Weimar		B P 10.015
1878	11.04.	Weimar	Gerhard Rohlfs: B an August Petermann	B P 10.015
1878	16.04.	Weimar	Gerhard Rohlfs: B an Georg Schweinfurth	B RA 10.50
1878	16.04.	Weimar	Gerhard Rohlfs: B an Bayard Taylor	B angeboten bei Köstler Autographen
1878	16.04.	Weimar	Gerhard Rohlfs: B an Bayard Taylor	C Staatsbibliothek zu Berlin Autogr. I/4387
1878	17.04.		Ehrenmitglied im Deutschen Fortbildungs-Verein New York	O R 25 / 17
1878	17.04.	Weimar	Gerhard Rohlfs: B an August Petermann	B P 10.016
1878	18.04.	Weimar	Gerhard Rohlfs: B an August Petermann	B P 10.017
1878	20.04.	Weimar	Gerhard Rohlfs: B an Georg Schweinfurth	B RA 10.55
1878	26.04.	Weimar	Gerhard Rohlfs: B an Georg Schweinfurth	B RA 10.59
1878	29.-30.04.	Berlin		B RA 10.50
1878	29.04.	Berlin	Rohlfs in den Ausschuß der A Ges gew.	Mittheilungen der Afr. Ges. 1878, N° ! s)
1878	01.05.	Berlin		B RA 10.50
1878	03.05.	Weimar	Gerhard Rohlfs: B an Georg Schweinfurth	B RA 10.63
1878	10.05.	Weimar	Gerhard Rohlfs: B an Richard Andree	C B RA 10.661, Original Stadtarchiv Braunschweig H III 3:16 vol 6 303
1878	11.05.		Ankündigung eines Vortrages von Gerhard Rohlfs »am nächsten Donnerstag« in Bähre's Hotel in Vegesack	A Vegesacker Wochenschrift Nr 56 v. 11.05.1878
1878	13.05.	Hohenkirchen	Vortrag von Rohlfs	B V 10.016
1878	14.05.	Wilhelmshaven	Gerhard Rohlfs: B an Heinrich Rohlfs	B RA 10.66a
1878	15.05.	Elsfleth	Gerhard Rohlfs: B vom 14.05.1878 an Heinrich Rohlfs	B RA 10.66a
1878	16.05.	Vegesack	Gerhard Rohlfs: Vortrag in Bähre's Hotel	A Vegesacker Wochenschrift, No 59 v. 18.05.1878, auch B RA 10.66

1878	16.05.	Vegesack	Gerhard Rohlfs: B vom 14.05.1878 an Heinrich Rohlfs	B RA 10.66a
1878	22.05.	Weimar	Gerhard Rohlfs: B an Georg Schweinfurth	B RA 10.69
1878	26.05.	Bernburg	Hochzeit von August Petermann	B RA 10.76
1878	27.05.	Weimar	Gerhard Rohlfs: B an Richard Andree	C B RA 10.72a, Original Stadtarchiv Braunschweig H III 3:16 vol 6 303
1878	29.05.	Weimar	Gerhard Rohlfs: B an Georg Schweinfurth	B RA 10.76
1878	30.05.	Weimat	Gerhard Rohlfs: B an Heinrich Rohlfs	B RA 10.77a
1878	02.06.	Weimar		B RA 10.77a
1878	12.06.	Weimar	Gerhard Rohlfs: B an Gustav Nachtigal	B RA 10.83a
1878	12.06.	Weimar	Gerhard Rohlfs: B an Baron Richthofen	B RA 10.84a
1878	12.06.	Weimar	Gerhard Rohlfs: B an August Petermann	B P 10.018
1878	12.06.	Weimar	Gerhard Rohlfs: B an Richard Andree	C B RA 10.84a3, Original Stadtarchiv Braunschweig H III 3:16 vol 6 303
1878	15.06.	Weimar	Gerhard Rohlfs: B an Baron Richthofen	B RA 10.89a
1878	18.06.	Weimar	Gerhard Rohlfs: B an C. Bruhns	B RA 10.88a
1878	18.06.	Weimar	Gerhard Rohlfs: B an Gustav Nachtigal	B RA 10.91
1878	20.06.	Weimar	Gerhard Rohlfs: B an Baron Richthofen	B RA 10.9a
1876	20.06.	Ausflug nach Erfurt ?		
1878	21.06.	Hannover?	Gerhard Rohlfs: B an Richard Andree	C B RA 10.96a, Original Stadtarchiv Braunschweig H III 3:16 vol 6 303
1878	22.06.	Weimar	Gerhard Rohlfs: B an August Petermann	B P 10.020
1878	25.06.	Weimar	Gerhard Rohlfs: B an August Petermann	B P 10.021
1878	26.06.	Weimar	Gerhard Rohlfs: B an Georg Schweinfurth	B RA 10.100
1878	04.07.	Weimar	Gerhard Rohlfs: B an Richard Andree	C B RA 10.107c, Original Stadtarchiv Braunschweig H III 3:16 vol 6 303
1878	05.07.	Weimar	Gerhard Rohlfs: B an Gustav Nachtigal	B RA 10.107a
1878	12.07.	Weimar	Gerhard Rohlfs: B an Gustav Nachtigal	B RA 10.114a
1878	15.07.	Weimar	Gerhard Rohlfs: B an Ferdinand von Richthofen	C Staatsbibliothek zu Berlin Slg Darmstaedter Afrika 1875 Rohlfs, Gerhard Blatt 256-257

1878	15.07.	Weimar	Gerhard Rohlfs: B an Ferdinand von Richthofen – Vor- oder Abschrift	B RA 10.122a
1878	17.07.	Weimar	Gerhard Rohlfs: B an Gustav Nachtigal	B RA 10.125b
1878	17.07.	Berlin	Gerhard Rohlfs: B an Gustav Nachtigal	B RA 10.126
1878	18.07.	Berlin		B RA 10.125b
1878	20.07.	Weimar	Gerhard Rohlfs: B	B RA 10.125a
1878	24.07.	Weimar	Gerhard Rohlfs: B an Georg Schweinfurth	B RA 10.133
1878	26.07.	Weimar	Gerhard Rohlfs: B an Haeckel	B RA 10.137
1878	26.07.	Weimar	Gerhard Rohlfs: B an Richard Andree	C B RA 10.137a, Original Stadtarchiv Braunschweig H III 3:16 vol 6 303
1878	27.07.	Weimar	Besuch von Hermann Allmers	Stammbuchblatt 25
1878	27.07.	Weimar	Gerhard Rohlfs: B an Georg Schweinfurth	B RA 10.141
1878	29.07.	Weimar	Gerhard Rohlfs: B an Baron Richthofen	B RA 10.139a
1878	31.07.	Gotha	Hochzeitsgeschenk an Petermann	B RA 11.2
1878	01.08.	Weimar	Gerhard Rohlfs: B an Georg Schweinfurth	B RA 11.2
1878	02.08.	Weimar	Gerhard Rohlfs: B Entwurf an Baron Richthofen	B RA 11.4a
1878	03.08.	Weimar	Gerhard Rohlfs: B an Georg Schweinfurth	B RA 11.3
1878	09.08.	Weimar	Gerhard Rohlfs: B an Georg Schweinfurth	B RA 11.10
1878	09.08.	Weimar	Gerhard Rohlfs: B an unbekannt	C Staatsbibliothek zu Berlin Nachlass 480/4 Blatt 43
1878	11.08.	Weimar	Gerhard Rohlfs: B an Georg Schweinfurth	B RA 10a
1878	11.08.	Weimar	Gerhard Rohlfs: B an Richard Andree	C B RA 11.12b, Original Stadtarchiv Braunschweig H III 3:16 vol 6 303
1878	18.08.	Berlin	Besprechung bei von Richthofen	B RA 10.122b
1878	??.08.	Schwarzberg	seit einigen Tagen hier	B RA 11.22
1878	22.08.	Schwarzberg	Gerhard Rohlfs: B an Georg Schweinfurth	B RA 11.22
1878	24.08.	Schwarzberg	Gerhard Rohlfs: B an Baron Richthofen	B RA 25
1878	24.08.	Weimar	Gerhard Rohlfs: B an Georg Schweinfurth	B RA11.26
1878	24.08.	Schwarzburg	Gerhard Rohlfs: B an Gustav Nachtigal	B RA 11.27

1878	25.08.	Schwarzburg			B P 11.001
1878	26.08.	Schwarzburg			B P 11.001
1878	27.08.	Weimar	Gerhard Rohlfs: B an Antonin Stecker		C B RA 11.28a, Original Forschungsbibliothek Gotha Bl. 1r
1878	29.08.	Weimar	Gerhard Rohlfs: B an August Petermann		B P 11.001
1878	01.09.	Weimar	Gerhard Rohlfs: B an August Petermann		B P 11.002
1878	05.09.	Weimar	Gerhard Rohlfs: B an August Petermann		B P 11.004
1878	08.09.	Weimar	Gerhard Rohlfs: B an Georg Schweinfurth		B RA 11.34
1878.	12.09.	Weimar	Gerhard Rohlfs: B an unbekannt		C Staatsbibliothek zu Berlin Slg Darmstaedter Afrika 1875 Rohlfs, Gerhard, Blatt 298-2997
1878	13.09.	Weimar	Gerhard Rohlfs: B an Baron Richthofen		B RA 11.39
1878	15.09.	Paris ?			B RA 11.24
1878	??.-18.09.	Kassel	Vers. Naturfoscher u Ärzte 10.-17.9.78		B RA 11.24
1878	19.09.	Kassel	Rückreise		B RA 11.43
1878	19.09.	Weimar	Gerhard Rohlfs: B an Georg Schweinfurth		B RA 11.43
1878	23.09.	Weimar	Gerhard Rohlfs: B an unbekannt		C Staatsbibliothek zu Berlin Nachlass 480/4 Blatt 45
1878	25.09.	Weimar	Gerhard Rohlfs: B an Herbert von Bismarck		B RA 11.48a
1878	??.09.	Berlin			B RA 11.53
1878	28.09.	Weimar	Gerhard Rohlfs: Bericht an die Deutsche Rundschau I , S 71		K RA 11.51
1878	28.09.	Gotha	Gerhard Rohlfs war auf dem Begräbnis von Petermann		B RA 11.53
1878	29.09.	Weimar	Gerhard Rohlfs: B an Georg Schweinfurth		B RA 11.53
1878	30.09.	Weimar	Gerhard Rohlfs: B an Georg Schweinfurth		B RA 11.54
1878	30.09.	Weimar	Gerhard Rohlfs: B an unbekannt		C Staatsbibliothek zu Berlin Nachlass 480/4 Blatt 46
1878	05.10.	Verabschiedung in Berlin			Gerhard Rohlfs: Kufra, 1881, S 37
1878	05.10.	Berlin	Gespräch mit Ascherson?		PK RA 11.52
1878	05.10.	Berlin	Vortrag in Geogr. Gesellschaft		B RA 11.53, Wiener Zeitung 30.9.1878
1878	05.10.	Berlin	Vertragsunterzeichnung für Expedition		B RA 11.62

1878	Herbst	Auftrag von der Afrikanischen Gesellschaft zur Erforschung der Wasserscheide zwischen Benue, Schari und Congo (Kufra-Reise)		Gerhard Rohlfs: Kufra, 1881, S 4
1878	08.10.	Berlin	Rohlfs spricht in der Sitzung der Gesellschaft für Erdkunde zu Berlin »am letzten Abend in Deutschland«	Verhandlungen der Gesellschaft für Erdkunde zu Berlin, 1878, Nr 8, S 195-196
1878	08.10.	Abreise aus Weimar		Gerhard Rohlfs: Kufra, 1881, S 37
1878	??.10.	Paris	Rohlfs nimmt an einer Sitzung der Geographischen Gesellschaft Paris teil	Verhandlungen der Gesellschaft für Erdkunde zu Berlin, 1878, S 242
1878	16.10.	Paris	Vortrag vor der Société Géographie?	B RA 11.59
1878	??.10.	Lyon, Marseille		Gerhard Rohlfs: Kufra, 1881, S 38
1878	17.10.	An Bord der Assyrien	Gerhard Rohlfs: B an Richard Andree	C B RA 11.71a, Original Stadtarchiv Braunschweig H III 3:16 vol 6 303
1878	18.10.	Valetta		Gerhard Rohlfs: Kufra, 1881, S 41
1878	20.10.	Malta	Gerhard Rohlfs: B an Georg Schweinfurth	B RA 11.72
1878	21.10.	Malta	Noel kam	B RA 11.76
1878	22.10.	Malta	Inselrundfahrt	B RA 11.76
1878	23.10.	Malta	Abreise nach Tripolis, Noels Rückreise	B RA 11.76
1878	24.10.	Ankunft in Tripolis	Gerhard Rohlfs: B vom 08.11.1878 an Deutsche Rundschau	B RA 11.79
1878	24.10.	Ankunft in Tripolis		B RA 11.72, 11.76
1878	26.10.	Tripolis	Gerhard Rohlfs: B an Georg Schweinfurth	B RA 11.72
1878	27.10.	Tripolis	Antrittsbesuche bei den Konsuln	B RA 11.76
1878	28.10.	Tripolis	Gerhard Rohlfs: B an Bülow	B RA 11.75a
1878	30.10.	Tripolis	Leontine Rohlfs: B an Warinka Guenther	B RA 11.76
1878	04.11.	Tripolis	Leontine Rohlfs: B an Warinka Guenter	B RA 11.78
1878	05.11.		Orden der eisernen Krone III. Klasse - Kaiser Franz Joseph I. von Österreich	O oNr / Mappe 17

1878	07.11.	Tripolis	Leontine Rohlfs: B an Warinka Guenter	B RA 11.78
1878	08.11.	Tripolis	Gerhard Rohlfs: B an Deutsche Rundschau	B RA 11.79
1878	12.11.	Tripolis	Gerhard Rohlfs: B an August Petermann	B P 11.005
1878	15.11.	Tripolis		B RA 11.87
1878	20.11.	Tripolis	Gerhard Rohlfs: B an Deutsche Rundschau	B RA 11.82
1878	23.11.	Tripolis	Leontine Rohlfs: B an Warinka Guenter	B RA 11.84
1878	24.11.	Tripolis	Gerhard Rohlfs: B an Georg Schweinfurth	B RA 11.85
1878	25.11.	Tripolis	Leontine Rohlfs: B an Warinka Guenter	B RA 11.84
1878	28.11.	Tripolis	Leontine Rohlfs: B an Warinka Guenter	B RA 11.84
1878	29.11.	Tripolis	Leontine Rohlfs: B an Warinka Guenter	B RA 11.84
1878	01.12.	Tripolis	Gerhard Rohlfs: B an Georg Schweinfurth	B RA 11.88
1878	07.12.	Tripolis	Gerhard Rohlfs: B an Georg Schweinfurth	B RA 11.88
1878	09.12.	Tripolis		B RA 11.96
1878	17.12.		Ehrenmitglied im Verein für Erdkunde zu Metz	O R 27 / 17
1878	16.-17.12.	Tripolis		Gerhard Rohlfs: Kufra, 1881, Tafel I
1878	18.12.	Umzug in ein Lager vor Tripolis in Ain Sarah		aaO, Tafel I, und RA 11.92
1878	19.-21.12	Ain Sarah		aaO, Tafel I
1878	22.12.	Abreise von Tripolis bzw. Ain Salah bis Bir et Tobras		aaO, Tafel I
1878	23.12.	es Sarah		aaO, Tafel I
1878	24.-31.12.	Bir Milrha		aaO, Tafel I
1878	25.12.	Bir Milrha	Gerhard Rohlfs: B an Afrikan. Gesellsch.	Mitth. d Afrik Ges März 1879, N° 2, S 68 u 69
1878	??	Mitarbeit am »Deutschen Archiv für Geschichte der Medicin und medicinische Geographie«	Bis 1885 erscheinen unter Federführung von Heinrich Rohlfs 8 Bände des »Archivs«	O Dr. Heinz Büttelmann: Dr. Heinrich Gottfried Rohlfs, Bremen, 1996, S 8
1879	01.01.	Uadi Madar		Gerhard Rohlfs: Kufra, 1881, Tafel II
1879	01.01.	Uadi Madar	Gerhard Rohlfs: B an Leontine Rohlfs	B RA 12.1
1879	02.01.	Uadi Tessina		Gerhard Rohlfs: Kufra, 1881, Tafel II

1879	02.01.	Uadi Tessina	Gerhard Rohlfs: B an Leontine Rohlfs	B RA 12.2
1879	03.01.		Commendatore dell'Ordine della Corena d'Italia - König Umberto I. von Italien	O 101 a / Mappe und Kasten 17
1879	03.-06.01	Ain Scherschara		Gerhard Rohlfs: Kufra, 1881, Tafel II
1879	04.01.	Ain Scherschara	Gerhard Rohlfs: B an Leontine Rohlfs	B RA 12.3
1879	05.01.	Ain Scherschara	Gerhard Rohlfs: B an Leontine Rohlfs	B RA 12.4
1879	07.01.	Uadi Uschtata		Gerhard Rohlfs: Kufra, 1881, Tafel II
1879	08.01.	Uadi Dinar		aaO, Tafel II
1879	09.01.	Beni-Mid	Gerhard Rohlfs: B an Leontine Rohlfs	B RA 12.7a
1879	09.-10.01	Beni Uled		Gerhard Rohlfs: Kufra, 1881, Tafel II
1879	11.01.	südlich vom Uadi Mimum		aaO, Tafel II
1879	12.01.	Uadi es Sseffer		aaO, Tafel II
1879	13.01.	Uadi nefet II		aaO, Tafel II
1879	14.01.	Uadi M'bellem		aaO, Tafel II
1879	15.01.	südlich vom Uadi Semsem		aaO, Tafel II
1879	16.01.	südlich vom Uadi el Bei el Chab		aaO, Tafel III
1879	17.01.	Bondjem		aaO, Tafel III
1879	18.01.	22 km von Bondjem		aaO, Tafel III
1879	19.01.	Uadi Bu Attela		aaO, Tafel III
1879	20.01.	Uadi Zemam		aaO, Tafel III
1879	21.01.	Djebel et Tar		aaO, Tafel III
1879	22.01.	Cir et Tar		aaO, Tafel III
1879	22.01.	Im Tax-Gebirge	Gerhard Rohlfs: Bericht an Afrikanische Gesellschaft	B RA 12.12
1879	23.01.	Ain Hammam		Gerhard Rohlfs: Kufra, 1881, Tafel II
1879	24.-31.01.	Sokna		aaO, Tafel III
1879	25.01.	Sokna	Gerhard Rohlfs: Bericht an Neue Freie Presse, Wien	B RA 12.13
1879	29.01.	Sokna	Gerhard Rohlfs: Bericht an Neue Freie Presse, Wien	B RA 12.15
1879	01.-11.02.	Sokna		Gerhard Rohlfs: Kufra, 1881, Tafel IV
1879	02.02.	Sokna	Gerhard Rohlfs: Bericht an Neue Freie Presse, Wien	B RA 12.17
1879	03.02.	Sokna	Gerhard Rohlfs: B an Afrk. Ges.	Mitth. d Afrik Ges März 1879, N° 2, S 70-75
1879	10.02.	Sokna	Gerhard Rohlfs: B an Leontine Rohlfs	B RA 12.21a

1879	12.02..	Abstecher bis Hon		Gerhard Rohlfs: Kufra, 1881, Karte Oase DjofraTafel IV
1879	13.02.	Abstecher bis Uadan		aaO, Karte Oase Djofra
1879	14.-15.02.	Sokna		aaO, Tafel IV
1879	16.-28.02	Sokna		aaO, Tafel V
1879	Anfang 03.	Sokna	Gerhard Rohlfs. B - in	Mittheilungen der Afrikanischen Gesellschaft, 1879, S 111-126
1879	01.-10.03.	Sokna		Gerhard Rohlfs: Kufra, 1881, Tafel VI
1879	02.03.		Abgang der Geschenke von Tripolis	B RA 12.31
1879	05.03.	Sokna	Gerhard Rohlfs: B an Herbert von Bismarck	A RA 12.27a
1879	10.03.	Sokna	Gerhard Rohlfs: B an Georg Schweinfurth	B RA 12.34
1879	10.03.	Sokan	Gerhard Rohlfs: Bericht an Afrikanische Gesellschaft	B RA 12.35
1879	11.-13.03	Uadi misfer sserhir		Gerhard Rohlfs: Kufra, 1881, Tafel VI
1879	14.03.	Uadi Calahal		aaO, Tafel VI
1879	15.03.	Uadi Munisch		aaO, Tafel VI
1879	16.03.	Uadi rhani		aaO, Tafel VII
1879	17.03.	westlich von Sella		aaO, Tafel VII
1879	18.03.	Sella		aaO, Tafel VII
1879	18.03.	Sella	Gerhard Rohlfs: Bericht an Afrikanische Gesellschaft	B RA 12.38
1879	19.03.	Auinet		Gerhard Rohlfs: Kufra, 1881, Tafel VII
1879	20.03.	Mismaghr		aaO, Tafel VII
1879	21.03.	Uadi belaun		aaO, Tafel VII
1879	22.03.	Rhamla muschma		aaO, Tafel VII
1879	23.03.	Uadi bu naim		aaO, Tafel VII
1879	24.-25.03.	Bir bu naim		aaO, Tafel VII
1879	26.03.	Vor Rhamla es Kra		aaO, Tafel VII
1879	27.03.	20 km ostsüdöstlicher		aaO, Tafel VII
1879	28.03.	20 km südlich von Marega		aaO, Tafel VII
1879	29.03.	Oase Djibbena (Ain dikr)		aaO, Tafel VII
1879	30.03.	Gor el abid		aaO, Tafel VII
1879	31.03.	Serir Kolonscho		aaO, Tafel VII
1879	??.03.	Sokna		Ausland, 1879 Nr 24, S 474-475
1879	??.03.	Sokna	Gerhard Rohlfs: B an Afrk, Gesellschaft	Mittheilungen der Afrikanischen Gesellschaft, 1879, S 111-126
1879	01.04.	Serir Kolonscho		Gerhard Rohlfs: Kufra, 1881, S 205
1879	02.-04.04.	Audila		aaO, S 206, 208
1879	04.-18.04.	Djalo		aaO, S 208, 218
1879	06.04.	Djalo, Areg	Gerhard Rohlfs: B an Afrk. Gesellschaft	Mittheilungen der Afrikanischen Gesellschaft,1879, S 111-126

1879	08.04.	Djalo	Gerhard Rohlfs: B an Fr. v. Hallfeld	Ausland, 1879, Nr 25, S 498-499
1879	08.04.	Audschila	Gerhard Rohlfs: B an Geogr. Mitth. in	Petermann's Geographische Mittheilungen, 1879, S 232 und B RA 12.44
1879	08.04.	Djalo	Gerhard Rohlfs: B an Georg Schweinfurth	B RA 12.49
1879	10.04.	Djalo	Gerhard Rohlfs: B an Richard Andree	C B RA 12.46, Original Stadtarchiv Braunschweig H III 3:16 vol 6 303
1879	11.04.	Djalo	Gerhard Rohlfs: B an Henri Duverrier	Bulletin de la Societé Géographique de Paris, 1879, Seiten 177, 178
1879	12.04.	Gialo	Gerhard Rohlfs: B - in:	L'Esploratore, 1979, S 25
1879	14.04.	Djalo	Gerhard Rohlfs: B an Afrk. Gesellschaft	Mittheilungen der Afrikanischen Gesellschaft,1879, S 111-126
1879	17.04.	Djalo		B Faksimilie, Gerhard Rohlfs: Voyages & Explorations au Sahara, Tome V, 2003, Karthala, Paris, S 223
1879	17.04.	Djalo	Gerhard Rohlfs: B an Georg Schweinfurth	B RA 12.54
1879	19.-30.04.	Audjila		Gerhard Rohlfs: Kufra, 1881, S 218
1879	20.04.	Audjila	Gerhard Rohlfs: Bericht an Afrikanische Gesellschaft	B RA 12.50
1879	25.04.	Audjila	Gerhard Rohlfs: B an Afrk. Gesellschaft	Mittheilungen der Afrikanischen Gesellschaft,1879, S 111-126
1879	01.-16.05.	Audjila		Gerhard Rohlfs: Kufra, 1881, Tafel VIII
1879	17.-27.05.	Audjila		aaO, Tafel IX
1879	28.05.	Ait Zaim		aaO, Tafel IX
1879	29.05.	Weg nach Marage		aaO, Tafel IX
1879	30.05.	Marage		aaO, Tafel IX
1879	31.05.	Wag nach Farey		aaO, Tafel IX
1879	??.05.	Verkauf von Meinheim I		B RA 12.39a
1879	01.06.	Weg nach Djedabia		Gerhard Rohlfs: Kufra, 1881, Tafel X
1879	02.06.	Djedabia		aaO, Tafel X
1879	03.06.	Weg Nauera		aaO, Tafel X
1879	04.06.	Weg Silimum		aaO, Tafel X
1879	05.-15.06.	Bengasi		aaO, Tafel X
1879	09.06		Gerhard Rohlfs: B an Geogr. Mitth. in:	Petermann's Geographische Mittheilungen, 1879, S 232
1879	10.06.	Bengasi	Gerhard Rohlfs: B an Fr. v. Hellwald	Ausland, B, Nr 27, S 539-540 und B RA 12.66
1879	10.06.	Bengasi	Gerhard Rohlfs: B an Deutsche Rundschau	Deutsche Rundschau für Geographie und Statistik, 1879, Heft 11, S 572 und B RA 12.65
1879	10.06.	Bengasi	Gerhard Rohlfs: B an Petermann's Mittheilungen	B RA 12.67
1879	16.-30.06.	Bengasi		Gerhard Rohlfs: Kufra, 1881, Tafel XI
1879	01.-04.07.	Bengasi		Gerhard Rohlfs: Kufra, 1881, Tafel XII

1879	07.07.	Bengasi	Gerhard Rohlfs: B an Fr. v. Hellwald	Ausland, B, Nr 27, S 539-540 und A B RA 12.66
1879	03.07.	Bengasi	Gerhard Rohlfs: B an Afrk. Gesellschaft	Mittheilungen der Afrikanischen Gesellschaft, S 212-219
1879	05.07.	Budrisa		Gerhard Rohlfs: Kufra, 1881, Tafel XII
1879	06.07.	Senjura rharbi		aaO, Tafel XII
1879	07.07.	Bir Zammach		aaO, Tafel XII
1879	08.07.	Bir Abbahia		Gerhard Rohlfs: Kufra, 1881, Tafel XII
1879	09.07.	Bir Bumna		aaO, Tafel XII
1879	10.07.	Schabet Bu Hasir		aaO, Tafel XII
1879	11.07.	Weg		aaO, Tafel XII
1879	12.07.	Sserir		aaO, Tafel XII
1879	13.07.	Uadi Maregh		aaO, Tafel XII
1879	14.07.	Sserir		aaO, Tafel XII
1879	15.07.	Audjila		aaO, Tafel XII
1879	16.-24.07.	Audjila		aaO, Tafel XIII – 17.7. auch B RA 12.85
1879	22.07.	Audjila	Gerhard Rohlfs: B an Afrk. Gesellschaft	Mittheilungen der Afrikanischen Gesellschaft, S 212-219
1879	25.-26.07	Djalo		Gerhard Rohlfs: Kufra, 1881, Tafel XIII
1879	27.07.	Battifal		aaO, Tafel XIII
1879	10.06.	Bengasi	Gerhard Rohlfs: B an Fr. v. Hellwald	Ausland, B, Nr 27, S 539-540, A B RA 12.81
1879	27.07.	Battifal	Gerhard Rohlfs: B an Ernst Behm	B P 12.002
1879	27.07.	Battifal	Gerhard Rohlfs: B an Leontine Rohlfs	Ausland, 1879, Nr. 37, S 738
1879	28.07.	Sserir		Gerhard Rohlfs: Kufra, 1881, Tafel XIII
1879	29.-31.07.	Kalonscho		aaO, Tafel XIII
1879	01.08.	Kalonscho		aaO, Tafel XIV
1879	02.-06.08.	Oase Taiserbo		aaO, Tafel XIV
1879	07.08.	Sserir		aaO, Tafel XIV
1879	08.-10.08.	Bu Seima		aaO, Tafel XIV
1879	11.08.	Sanddünen		aaO, Tafel XIV
1879	12.08.	Sserir		aaO, Karte Oase Djofra
1879	13.-14.08.	Houieri		aaO, Tafel XIV
1879	15.08.	Kelabo		aaO, Tafel XIV
1879	16.-31.08.	Kelabo		aaO, Tafel XV
1879	23.08.		Leontine Rohlfs von Tripolis nach Bremen	B RA 12.92
1879	04.09.		Leontine Rohlfs: Ankunft in Bremen	B RA 12.92
1879	01.-15.09.	Kelabo		Gerhard Rohlfs: Kufra, 1881, Tafel XVI
1879	11.09.	Überfall		aaO, Seite 293
1879	13.09.		Gerhard Rohlfs: B -an R. E. Rossini	B RA 12.93a
1879	16.-26.09.	Kelabo (Surk)		Gerhard Rohlfs: Kufra, 1881, Tafel XVII
1879	27.-28.09.	Hauari		aaO, Tafel XVII
1879	29.09.	Weg nach Buseima		aaO, Tafel XVII
1879	30.09.	Weg nach Buseima		aaO, Tafel XVII
1879	01.-03.10	Bu-Seima		aaO, Tafel XVIII
1879	04.10.	Weg nach Taiserbo		aaO, Tafel XVIII
1879	05.-08.10.	Taiserbo		aaO, Tafel XVIII

1879	09.-10.10.	Sserir Kolonscho		aaO, Tafel XVIII
1879	11.-13.10.	Kolonscho		aaO, Tafel XVIII
1879	14.10.	Djalo		aaO, Tafel XVIII
1879	15.10.	Audjila		aaO, Tafel XVIII
1879	16.-17.10.	Audjila		aaO, Tafel XIX
1879	18.10.	Uadi Marega		aaO, Tafel XIX
1879	18.10.	Bengasi / Alexandria	Gerhard Rohlfs: B an Pinoter	C Staatsbibliothek zu Berlin Autogr. I/131/4
1879	19.10.	Bir Rissam		Gerhard Rohlfs: Kufra, 1881, aaO, Tafel XIX
1879	25.10.	Bengasi		aaO, S 336
1879	02.11.	Bengasi	Gerhard Rohlfs: B an Ernst Behm	B P 12.003
1879	10.11.	Bengasi	Gerhard Rohlfs: B an Deutsche Rundschau	Deutsche Rundschau, 1880, Heft 4, Januar 1880, S 183
1879	10.11.	Bengasi	Gerhard Rohlfs: B La Tripolistania Colonia Italiana - in:	L'Esploratore 1880, S 28-29
1879	24.11.	Alexandria	Gerhard Rohlfs: B an unbekannt	C Staatsbibliothek zu Berlin, Aurogr.
1879	29.11.	Alexandria	Audienz beim Khediven	C Staatsbibliothek zu Berlin Autogr. I/131/3
1879	30.11.	Alexandria	Gerhard Rohlfs: B an unbekannt	C Staatsbibliothek zu Berlin Autogr. I/131/3
1879	01.12.	Alexandria	Einschiffung für Malta	Epoche Nr. 342 13.12.1879
1879	02.12.	Alexandria	Abreise	B RA 12.111
1879	03.12.	An Bord der Nep zwischen Alexandria und Malta	Gerhard Rohlfs: B an Heinrich Rohlfs	B RA 12.111
1879	05.12.	Malta	Ankunft?	B RA 12.111
1879	08.12.	Malta		Pester Lloyd Nr. 78 vom 1.4.1914
1879	??.12.	Malta	verlängerter Aufenthalt	B RA 12.119
1879	??.12.	Neapel, 1 Tag		B RA 13.2
1879	??.12.	Rom 14 Tage		B RA 12.111, B RA 13.2
1879	24.12.	Tivoli	mit Liszt	Gerhard Rohlfs: Erinnerungen an Franz Liszt in Konras Guenther: Gerhard Rohlfs, Seite 307
1880	04.01.	Rom	Gerhard Rohlfs: K an Floerke	Auktionsangebot autogr.-Schmolt 31.3.2012
1880	??.12.	Turin		B RA 13.2
1880	14.01.	Ankunft in Weimar		B RA 13.2
1880	15.01.	Weimar, Mieter bei Töpfer	Einzug erst im März? B RA 13.54	B RA 13.2
1880	15.01.	Weimar	Gerhard Rohlfs: B an Georg Schweinfurth	B RA 13.2
1880	17.01.	Berlin	Rohlfs berichtet der Afrikanischen Gesellschaft (über die Kufra-Reise)	B RA 15.45a, Epoche Nr. 21, vom 21.1.1880

1880	18.01.	Berlin	Gerhard Rohlfs: B an Georg Schweinfurth	B RA 13.2
1880	18.01.	Berlin	Gerhard Rohlfs: B an Ernst Behm	B P 13.001
1880	19.01.	Berlin	Audienz beim Kaiser Wilhelm I	Epoche Nr. 21, vom 21.1.1880
1880	23.01.	Berlin	Gerhard Rohlfs: B an Ernst Behm	B P 13.002
1880	26.01.	Bremen	Ferdinand Zirkel: PK an Rohlfs	PK RA 13.9
1880	27.01.	Bremen	Gerhard Rohlfs: B an Georg Schweinfurth	B RA 13.8
1880	27.01.	Weimar	Gerhard Rohlfs: B an unbekannt	Universitätsbibliothek Leipzig lt Kalliope
1880	30.01.	Weimar	Gerhard Rohlfs: B an Wilhelm Ganzhorn	Literaturarchiv Marbach lt. Kalliope
1880	04.02.	Weimar	Gerhard Rohlfs: B an Ernst Behm	B P 13.003
1880	06.02.	Weimar	Gerhard Rohlfs an Königliche Hoheit	B RA 13.019
1880	06.02.	Weimar	Gerhard Rohlfs: B an Ernst Behm	B P 13.004
1880	07.02.	Berlin	Vortrag vor der Gesellschaft für Erdkunde zu Berlin	B RA 13.146, B 13.21 und B 13.22
1880	09.02.	Weimar	Gerhard Rohlfs: B an Georg Schweinfurth	B RA 13.22
1880	11.02.	Leipzig		B P 13.006, B P 13.007
1880	11.02.	Leipzig	Gerhard Rohlfs berichtet vor dem Verein für Erdkunde zu Leipzig von seiner Reise nach Kufra - in:	Mittheilungen des Vereins für Erdkunde zu Leipzig für 1880, 1881, S 146
1880	12.02.	Weimar	Gerhard Rohlfs: B an Ernst Behm	B P 13.005
1880	13.02.	Weimar	Gerhard Rohlfs: B an Richard Andree	C RA 13.27a, Original Stadtarchiv Braunschweig H III 3:16 vol 6 303
1880	17.02.	Berlin	Öffentlicher Vortrag (vorgesehen)	B RA 13.8
1880	17.02.	Weimar	Gerhard Rohlfs: B an Gustav Nachtigal	Bibliothek Lübeck lt. Kalliope
1880	19.02.	Berlin	Öffentlicher Vortrag (vorgesehen)	B RA 13.27
1880	22.02.	Dresden	Festrede auf der geographischen Stiftungsfeier	B RA 13.29
1880	23.02.	Weimar	Besuch von Gustav Nachtigal	B RA 13.29
1880	24.02.	Weimar	Gerhard Rohlfs: B an Georg Schweinfurth	B RA 13.29

1880	27.02.	Weimar	Gerhard Rohlfs: B an Wilhelm Erman	C Staatsbibliothek zu Berlin Slg Darmstaedter Afrika 1875 Rohlfs, Gerhard Blatt 230
1880	10.03.		Medaille »den Wissenschaften und Künsten« Friedrich Franz Herzog von Mecklenburg, Fürst zu Wenden, Schwerin und Ratzeburg pp.	O R ? / 17
1880	12.03.	Stettin	Gerhard Rohlfs: B an Mechthild v Jasmund	B RA 13.39
1880	14.03.	Königsberg	Negri: PK an Rohlfs	PK RA 13.40
1880	15.03.	Weimar	Gerhard Rohlfs: B an Erns	B P 13.006
1880	17.03.	?zig	Vortrag von Rohlfs	B V 13.003
1880	18.03.	Königsberg	Hermann Wagner: B an Rohlfs	B RA 13.36, siehe auch RA 13.40, RA 13.43
1880	19.03.	Posen	Gerhard Rohlfs: B an Hermann Wagner	B RA 13.37b
1880	22.03.	Berlin		B RA 13.46a
1889	07.04.	Weimar	Gerhard Rohlfs: B an Gustav Adolf Schütt ?	C Staatsbibliothek zu Berlin Slg Darmstaedter Afrika 1875 Rohlfs, Gerhard Blatt 300
1880	23.04.	Mühlhausen	Vortrag von Rohlfs	B V 13.005
1880	24.03.	Weimar	Gerhard Rohlfs: B an Karl Alfred Zittel	B RA 13.46a
1880	25.03.	Weimar	Gerhard Rohlfs: B an Ernst Behm	B P 13.007
1880	27.03.		Der Großherzog Carl Alexander schenkt Rohlfs den Bauplatz an der Belvederer Allee	B RA 13.54
1880	28.03.	Weimar	Gerhard Rohlfs: B an Ernst Behm	B P 13.008
1880	29.03.	Weimar	Gerhard Rohlfs: B an Georg Schweinfurth	B RA 13.54
1880	30.03.	Weimar	Gerhard Rohlfs: B an Ernst Behm	B P 13.009
1880	??.03.	Berlin		B RA 13.54
1880	??.03.	Halle an der Saale ?	Vortrag von Rohlfs	B V 13.002
1880	??.03	Königsberg		K RA 13.40, B RA 13.47
1880	07.04.	Weimar	Gerhard Rohlfs: B an Gustav Adolf Schöll	C Staatsbibliothek zu Berlin Slg Darmstaedter Afrika 1875 Blatt 300
1880	08.04.	Weimar	Gerhard Rohlfs: B an Ernst Behm	B P 13.010
1880	10.04.	Gotha ?	Vortrag von Rohlfs	B P 13.009, B V 13.007, B RA 13.51
1880	23.04.	Sondershausen	Vortrag von Rohlfs	B V 13.006
1880	27.04.	Weimar	Gerhard Rohlfs: B an Beamten von Carl Alexander	C RA 13.69A, Original unter Aut XXXIII.32 in SuUB Bremen

1880	30.04.	Weimar	Gerhard Rohlfs: B an unbekannt	Universität Leipzig lt. Kalliope
1880	01.05.	Weimar	Gerhard Rohlfs: B an Gustav Nachtigal	B RA 13.70
1880	01.05.	Weimar	Gerhard Rohlfs: B an Georg Schweinfurth	B RA 13.73
1880	01.05.	Weimar	Gerhard Rohlfs: B an Redaktion wohl Westermann's Monatshefte	B RA 13.74
1990	03.05.	Weimar	Gerhard Rohlfs: B an Henry Lange	C Staatsbibliothek zu Berlin Slg Darmstaedter Afrika 1875 Rohlfs, Gerhard Blatt 239
1880	04.05.	Ohrdruf?	Vortrag von Rohlfs	B V 13.010
1880	11.05.	Weimar	Gerhard Rohlfs: B an unbekannt	Universität Leipzig lt. Kalliope
1880	16.05.	Berlin	Gerhard Rohlfs: B an Ernst Behm	B P 13.011
1880	19.05.	Berlin	Alexander Ziegler: PK an Rohlfs	PK RA 13.94
1880	20.05.	Berlin, Rohlfs bei Bismarck	Rohlfs Vortrag in der Handelsgeogr. Ges.	RA 13.87
1880	21.05.	Weimar	Gerhard Rohlfs: B an Leontine Rohlfs - in:	Konrad Guenther: Gerhard Rohlfs, S 311-315
1880	25.05.	Weimar	Gerhard Rohlfs: PK an Br. Hassenstein	PK P 13.013
1880	01.06.	Weimar	Gerhard Rohlfs: B an Ernst Behm	B P 13.014
1880	03.06.	Weimar	Gerhard Rohlfs: B an Wilhelm Erman	C Staatsbibliothek zu Berlin Slg Darmstaedter Afrika 1875 Rohlfs, Gerhard Blatt 231
1880	10.06.	Weimar	Gerhard Rohlfs: B an Ernst Behm	B P 13.015
1880	10.06.	Weimar	Gerhard Rohlfs: B an Heinr.Schliemann	B RA 13.135a
1880	11.06.	Weimar	Gerhard Rohlfs: B an Georg Schweinfurth	B RA 13.136
1880	11.06.	Berlin, Rohlfs bei Bismarck	Gerhard Rohlfs: B an Heinr.Schliemann	B RA 13.138a
1880	15.06.	Berlin	Gerhard Rohlfs: B an Leontine Rohlfs - in:	Konrad Guenther: Gerhard Rohlfs, S 315-318, auch RA 13.142
1880	15.06.	Berlin	Audienz bei Bismarck	Konrad Guenther: Gerhard Rohlfs, S 315
1880	16.06.	Berlin	Treffen mit von Rantzau	B RA 13.143
1880	16.06.	Berlin	PK an Rohlfs	PK RA 13.144
1880	17.06.	Weimar	Treffen mit von Rantzau	RA 13.143
1880	18.06.	Berlin	Gerhard Rohlfs: B an Ernst Behm	B P 13.016
1880	19.06.	Weimar		B P 13.016
1880	19.06.	Weimar	Gerhard Rohlfs: B an Ernst Behm	B P 13.017

1880	19.06.	Weimar	Gerhard Rohlfs: B an Heinr. Schliemann	B RA 13.148a
1880	22.06.	Weimar	Gerhard Rohlfs: B an Ernst Behm	B P 13.019
1880	22.06.	Weimar	Gerhard Rohlfs: T an Heinr. Schliemann	T RA 13.149b
1880	22.06.	Weimar	Gerhard Rohlfs: T an Heinr. Schliemann	T RA 13.149c
1880	28.06.	Weimar	Gerhard Rohlfs: B an Auswärtiges Amt	B RA 13.153a
1880	14.07.	Bernau	Gerhard Rohlfs: B an Ernst Behm	B P 14.002
1880	19.07.	Weimar	Gustav Nachtigal: PK an Rohlfs	PK RA 14.15, siehe auch P 14.006
1880	20.07.	Berka	Gustav Nachtigal: PK an Rohlfs nachges-	PK RA 14.16
1880	??.07.	Weimar	Gerhard Rohlfs: Die Transsaharische Einsenbahn der Franzosen - in:	Deutsche Rundschau, Heft 10, S 468-470
1880	03.08.	Weimar	Gerhard Rohlfs: B an Richard Andree	C RA 14.27a, Original Stadtarchiv Braunschweig H III 3:16 vol 6 303
1880	06.08.	Berlin	Gerhard Rohlfs: B an Bruno Hassenstein	B P 14.006
1880	ca 08.08.	Berlin		B RA 14.35
1880	09.08.	Berlin	Schulze ?: PK an Rohlfs	PK RA 14.29
1880	09.08.	Berlin	Begrüßungsfeier Nordenskjölt	Die Presse Nr. 222 vom 12.8.1880
1880	13.08.	Berlin	Einladung bei Kronprinzessin	B RA 14.35
1880	14.08.	Berlin	Gustav Nachtigal: PK an Rohlfs	PK RA 14.34
1880	15.08.	Weimar	Gerhard Rohlfs: B an Georg Schweinfurth	B RA 14.35
1880	15.08.	Weimar	Gerhard Rohlfs: B an unbekannt	C Staatsbibliothek zu Berlin Slg Darmstaedter Afrika 1875 Rohlfs, Gerhard Blatt 301
1880	18.10.	Weimar	Gerhard Rohlfs: B an Heinr. Schliemann	B RA 14.65a
1880	20.08.	Weimar	Gerhard Rohlfs: B an Gustav Nachtigal	B RA 14.38
1880	27.08.	Weimar	Gerhard Rohlfs: B an Richard Andree	C RA 14.42c, Original Stadtarchiv Braunschweig H III 3:16 vol 6 303
1880	03.09.	Weimar	Gerhard Rohlfs: B an Richard Andree	C RA 14.48a, Stadtarchiv Braunschweig H III 3:16 vol 6 303
1880	08.09.	Weimar	Gerhard Rohlfs: B an Richard Andree	C RA 14.52a, Original Stadtarchiv Braunschweig H III 3:16 vol 6 303
1880	19.09.	Weimar	Gerhard Rohlfs: B an Limburg/Ausw. Amt	B RA 14.57a

1880	25.09.	Weimar	Gerhard Rohlfs: B an unbekannt	C Staatsbibliothek zu Berlin Nachlass 480/4 Blatt 48-49
1880	28.09.	Abreise von Weimar	Gerhard Rohlfs: B an afrik. Gesellschaft	B RA 14.57a2
1880	26.10	Kairo	Abreise nach Suez	B RA 14.74
1880	27.10.	Suez	Gerhard Rohlfs: B an Otto von Bismarck	B RA 14.70, B RA 14.74 + Neue Deutsche Rundschau, 1898, C 2 in O 11
1880	28.10.	Suez	Gerhard Rohlfs: B an Leontine Rohlfs	Neue Deutsche Rundschau, 1898, S 887-888
1880	29.10.	Suez	Gerhard Rohlfs: B an Leontine Rohlfs	Neue Deutsche Rundschau, 1898, S 888
1880	29.10.	Suez	Gerhard Rohlfs: B an Otto von Bismarck	B RA 14.70
1880	29.10.	Suez	Gerhard Rohlfs: B an unbekannt	C Staatsbibliothek zu Berlin Autogr. I/131
1880	31.10.	Suez	Gerhard Rohlfs: B an Leontine Rohlfs	Neue Deutsche Rundschau, 1898, S 888 -889
1880	01.11.	Suez	Gerhard Rohlfs: B an Georg Schweinfurth	B RA 14.71
1880	02.11.	Suez	Gerhard Rohlfs: B an Leontine Rohlfs	Neue Deutsche Rundschau, 1898, S 889-890
1880	05.11.	Einschiffung in Suez auf die »Messina«	Gerhard Rohlfs: B an Georg Schweinfurth	B RA 14.73
1880	06.11.	Abfahrt der »Messina«, auf dem Roten Meer		Gerhard Rohlfs: Meine Mission nach Afrika, F.A. Brockhaus, Leipzig 1883, S 4
1880	07.11.	auf dem Roten Meer	Gerhard Rohlfs: B an Leontine Rohlfs	Neue Deutsche Rundschau, 1898, S 890-891
1880	08.11.	auf dem Roten Meer	Gerhard Rohlfs: B an Leontine Rohlfs	Neue Deutsche Rundschau, 1898, S 891-892
1880	09.11.	abends Beginn eines schweren Unwetters	Gerhard Rohlfs: B an Leontine Rohlfs	Neue Deutsche Rundschau, 1898, S 891-892
1880	09.11.	auf dem Roten Meer	Gerhard Rohlfs: B an Leontine Rohlfs	Neue Deutsche Rundschau, 1898, S 892-893
1880	10.11.	Unwetter auf dem Rothen Meer	Gerhard Rohlfs: B an Leontine Rohlfs	Neue Deutsche Rundschau, 1898, S 893-894
1880	10.11.	Vor Dschedda auf dem Roten Meer		Gerhard Rohlfs: Meine Mission nach Afrika, F.A. Brockhaus, Leipzig 1883, S 8
1880	11.11.	Djedda	Gerhard Rohlfs: B an Leontine Rohlfs	Neue Deutsche Rundschau, 1898, S 894
1880	11.-12.11	Dschedda		Gerhard Rohlfs: Meine Mission nach Afrika, F.A. Brockhaus, Leipzig 1883, S 13
1880	13.11.	Ankunft in Suakim	Gerhard Rohlfs: B an Leontine Rohlfs	Neue Deutsche Rundschau, 1898, S 894-896
1880	13.11.	Suakim und Kef	Gerhard Rohlfs: B an Leontine Rohlfs	Neue Deutsche Rundschau, 1898, S 894-896
1880	13.11.	Suakim		Gerhard Rohlfs: Meine Mission nach Afrika, F.A. Brockhaus, Leipzig 1883, S 21

1880	14.11.	Suakim	Gerhard Rohlfs: B an Leontine Rohlfs	Neue Deutsche Rundschau, 1898, S 896-897
1880	15.11.	Abreise von Suakim, Ankunft in Massaua	Gerhard Rohlfs: B an Leontine Rohlfs	Neue Deutsche Rundschau, 1898, S 897-898
1880	15.11.	Rotes Meer		Gerhard Rohlfs: Meine Mission nach Afrika, F.A. Brockhaus, Leipzig 1883, S 31
1880	16.11.	Ankunft in Massaua	Gerhard Rohlfs: B an Leontine Rohlfs	Neue Deutsche Rundschau, 1898, S 1039-1041
1880	16.11.	Ankunft in Massaua	Antonin Stecker: B an G. Schweinfurth	B RA 14.81
1880	16.11.	Zollformalitäten in Massaua	Gerhard Rohlfs: B an Leontine Rohlfs	Neue Deutsche Rundschau, 1898, S 1039-1041
1880	16.11.	Hotumlu		Gerhard Rohlfs: Meine Mission nach Afrika, F.A. Brockhaus, Leipzig 1883, S 31
1880	17.11.	Hotumlu, Massaua		aaO, S 39
1880	18.11.	Massaua		aaO, S 89
1880	18.11.	Massaua	Gerhard Rohlfs: B an Leontine Rohlfs	Neue Deutsche Rundschau, 1898, S 1039-1041
1880	18.11.	Massaua	Gerhard Rohlfs: B an Ras Alula	K RA 14.77
1880	19.11.	Massaua	Gerhard Rohlfs: B an Leontine Rohlfs	Neue Deutsche Rundschau, 1898, S 1041-1042
1880	20.11.	Massaua	Gerhard Rohlfs: B an Leontine Rohlfs	Neue Deutsche Rundschau, 1898, S 1042-1043
1880	21.11.	Massaua	Gerhard Rohlfs: B an Leontine Rohlfs	Neue Deutsche Rundschau, 1898, S 1043-1044
1880	22.11.	Massaua	Gerhard Rohlfs: B an Leontine Rohlfs	Neue Deutsche Rundschau, 1898, S 1044
1880	23.11.	Massaua	Gerhard Rohlfs: B an Georg Schweinfurth	B RA 14.79
1880	25.11.	Massaua	Gerhard Rohlfs: B an Leontine Rohlfs	Neue Deutsche Rundschau, 1898, S 1044-1045
1880	25.11.	Hotumlu, anschließend Besteigung des Gedem	Gerhard Rohlfs: B an Leontine Rohlfs	Neue Deutsche Rundschau, 1898, S 1044-1045
1880	26.11.	Massaua	Gerhard Rohlfs: B an Georg Schweinfurth	B RA 14.79
1880	27.11.	Massaua		Gerhard Rohlfs: Meine Mission nach Afrika, F.A. Brockhaus, Leipzig 1883, S 91
1880	28.11.	Massaua	Gerhard Rohlfs: B an Leontine Rohlfs	Neue Deutsche Rundschau, 1898, S 1046
1880	28.11.	Hotumlu, erste Zelte aufgeschlagen	Gerhard Rohlfs: B an Ras Alula	K RA 14.82, Original im Fach 17
1880	30.11.	Massaua	Gerhard Rohlfs: B an Leontine Rohlfs	Neue Deutsche Rundschau, 1898, S 1046
1880	01.12.		Abreise von Leontine Rohlfs aus Ägypten	B RA 14.84
1880	01.12.	Massaua	Gerhard Rohlfs: B an Leontine Rohlfs	Neue Deutsche Rundschau, 1898, S 1047

1880	02.12.	Hutumlu	Gerhard Rohlfs: B an Leontine Rohlfs	Neue Deutsche Rundschau, 1898, S 1047-1048
1880	04.12.	Hotumlu	Gerhard Rohlfs: B an Georg Schweinfurth	B RA 14.85
1880	08.12.	Hotumlu	Gerhard Rohlfs: B an Leontine Rohlfs	Neue Deutsche Rundschau, 1898, 1048-1050
1880	13.12.	Hotumlu	Gerhard Rohlfs: B an Leontine Rohlfs	Neue Deutsche Rundschau, 1898, S 1050
1880	15.12.	Hotumlu	Gerhard Rohlfs: B an Leontine Rohlfs	Neue Deutsche Rundschau, 1898, S 1050-1051
1880	16.12.	Hotumlu	Gerhard Rohlfs: B an Leontine Rohlfs	Neue Deutsche Rundschau, 1898, S 1051
1880	19.12.	Hotumlu	Gerhard Rohlfs: B an Leontine Rohlfs	Neue Deutsche Rundschau, 1898, S 1051
1880	22.12.	Hotumlu, Abreise bis Saati	Gerhard Rohlfs: B an Leontine Rohlfs	Neue Deutsche Rundschau, 1898, S 1051-1052
1880	23.12.	Hotumlu, Abreise bis Saati		Gerhard Rohlfs: Meine Mission nach Afrika, F.A. Brockhaus, Leipzig 1883, S 125
1880	23.12.	Ailet	Gerhard Rohlfs: B an Leontine Rohlfs	Neue Deutsche Rundschau, 1898, S 1052-1053
1880	24.12.	Ailet		Gerhard Rohlfs: Meine Mission nach Afrika, F.A. Brockhaus, Leipzig 1883, S 128
1880	24.12.	Adegani	Gerhard Rohlfs: B an Leontine Rohlfs	Neue Deutsche Rundschau, 1898, S 1052-1053
1880	25.12.	Adegani		Gerhard Rohlfs: Meine Mission nach Afrika, F.A. Brockhaus, Leipzig 1883, S 132
1880	25.12.	Kasem, Treffen mit Offizier vom Ras Alula	Gerhard Rohlfs: B an Leontine Rohlfs	Neue Deutsche Rundschau, 1898, S 1052-1053
1880	29.-30.12	Kasem		Gerhard Rohlfs: Meine Mission nach Afrika, F.A. Brockhaus, Leipzig 1883, Karte
1880	30.12.	Kasen	Gerhard Rohlfs: B an Leontine Rohlfs	Neue Deutsche Rundschau, 1898, S 1053-1055
1880	30.12.	Tsatsega, Treffen mit Ras Alula	Gerhard Rohlfs: B an Georg Schweinfurth	Neue Deutsche Rundschau, 1898, S 1156-1159
1880	31.12.	Tsatsega	Gerhard Rohlfs: B an Georg Schweinfurth	Neue Deutsche Rundschau, 1898, S 1156-1159
1880	31.12.			Gerhard Rohlfs: Meine Mission nach Afrika, F.A. Brockhaus, Leipzig 1883, Karte
1881	01.-02.01	Tsatsega		Gerhard Rohlfs: Meine Mission nach Afrika, F.A. Brockhaus, Leipzig 1883, Karte
1881	01.01.	Tsatsega	Gerhard Rohlfs: B an Georg Schweinfurth	B RA 15.1
1881	02.01.	Tsatsega, Abschied vom Ras Alula	Gerhard Rohlfs: B an Leontine Rohlfs	Neue Deutsche Rundschau, 1898, S 1159-1161
1881	03.01.	Addi Saul	Gerhard Rohlfs: B an Leontine Rohlfs	Neue Deutsche Rundschau, 1898, S 1159-1161
1881	03.01.	Sait		Gerhard Rohlfs: Meine Mission nach Afrika, F.A. Brockhaus, Leipzig 1883, Karte

1881	05.01.	Teramne	Gerhard Rohlfs. B an Georg Schweinfurth	Neue Deutsche Rundschau, 1898, S 1159-1161
1881	07.01.	Godofelassi		Gerhard Rohlfs: Meine Mission nach Afrika, F.A. Brockhaus, Leipzig 1883, S 153
1881	07.11.	Godofelassi	Gerhard Rohlfs: B an Leontine Rohlfs	Neue Deutsche Rundschau, 1898, S 1161-1062
1881	08.01.	Adi-Dochale		Gerhard Rohlfs: Meine Mission nach Afrika, F.A. Brockhaus, Leipzig 1883, S 155
1881	09.01.	Über das Schlachtfeld von Gudda-Guddi (17.11.1875) bis Mai Gome		aaO, S 156
1881	10.-16.01.	Adua		aaO, Karte
1881	13.01.	Adua	Gerhard Rohlfs: B an Georg Schweinfurth	B RA 15.2
1881	13.01.	Adua	Gerhard Rohlfs: B an Leontine Rohlfs	Neue Deutsche Rundschau, 1898, S 1164-1165
1881	14.11.	Adua	Gerhard Rohlfs: B an Leontine Rohlfs	Neue Deutsche Rundschau, 1898, S 1164-1165
1881	17.01.	Aba Gerima		Gerhard Rohlfs: Meine Mission nach Afrika, F.A. Brockhaus, Leipzig 1883, Karte
1881	18.01.	Nahe Marafbutin		aaO, Karte
1881	20.01.	Im Mai Zalet		aaO, Karte
1881	21.01.	Am Katschamo		aaO, S 161
1881	22.-25,01.	Abbi Addi		aaO; S 167
1881	26.01.	Abmaarsch von Abbi Addi		aaO, S 170
1881	27.01.	Fenaroa		aaO, Karte
1881	28.01.	Tsellari		aaO, Karte
1881	30.01.-01.02.	Sokota		aaO, Karte
1881	30.01.	Sokota	Gerhard Rohlfs: B an Leontine Rohlfs	Neue Deutsche Rundschau, 1898, S 1165-1166
1881	31.01.	Sokota	Gerhard Rohlfs: B an afrik. Gesellschaft	Mittheilungen der Afrikanischen Gesellschaft, 1881, Bd 2, Nr 5, S 237-239
1881	31.01.	Sokota	Gerhard Rohlfs: B an Leontine Rohlfs	Neue Deutsche Rundschau, 1898, S 1165-1166
1881	01.02.	Sokota	Gerhard Rohlfs: B an Leontine Rohlfs	Neue Deutsche Rundschau, 1898, S 1166-1167
1881	02.02.	Amde Uorka		Gerhard Rohlfs: Meine Mission nach Afrika, F.A. Brockhaus, Leipzig 1883, Karte
1881	04.02.	Amde Uork	Gerhard Rohlfs: B an Leontine Rohlfs	Neue Deutsche Rundschau, 1898, S 1167-1168
1881	05.02.	Amde Uork	Gerhard Rohlfs: B an Leontine Rohlfs	Neue Deutsche Rundschau, 1898, S 1167-1168
1881	05.02.	Amde Hook	Gerhard Rohlfs: B an Afrk. Gesellschaft	Mittheilungen der Afrikanischen Gesellschaft, 1881, Bd 2, Nr 5, S 239-240
1881	06.02.	Vor Abam		Gerhard Rohlfs: Meine Mission nach Afrika, F.A. Brockhaus, Leipzig 1883, Karte

1881	12.-16.02.	Debra Tabor / Samara beim Negus Negest Johannes		aaO, Karte
1881	12.02.	Debra Tabor / Samara beim Negus Negest Johannes, 1. Audienz	Gerhard Rohlfs: B an Leontine Rohlfs	Neue Deutsche Rundschau, 1898, S 1168-1169, RA 15.28
1881	13.02.	Debra Tabor, 2. Audienz, Briefübergabe	Gerhard Rohlfs: B an Georg Schweinfurth	B RA 15.8, RA 15.28
1881	14.02.	Debra Tabor, Samara, 3. Audienz	Gerhard Rohlfs: B an Afrk. Gesellschaft	Mittheilungen der Afrikanischen Gesellschaft, 1881, Bd 2, Nr 5, S 240-242, RA 15.28
1881	14.02.	Debra Tabor, Samara, 4. Audienz	Gerhard Rohlfs: B an Leontine Rohlfs	Neue Deutsche Rundschau, 1898, S 1168-1169, RA 15.28
1881	15.02.	Debra Tabor, Samara, 5. Audienz		RA 15.28
1881	16.02.	Samara, Debra Tabor, 6. Audienz	Gerhard Rohlfs: B an Georg Schweinfurth	B RA 15.8, RA 15.28
1881	17.02.	Abreise von Samara in Debra Tabor	Gerhard Rohlfs: B an Leontine Rohlfs	Neue Deutsche Rundschau, 1898, S 1170-1172
1881	17.02.	Am Fuße des Amara Gedell		Gerhard Rohlfs: Meine Mission nach Afrika, F.A. Brockhaus, Leipzig 1883, S 236
1881	19.02.	Eifag		aaO, Karte
1881	20.02.	Matraha	Gerhard Rohlfs: B an Leontine Rohlfs	Neue Deutsche Rundschau, 1898, S 1170-1172
1881	20.02.	Eifak	Gerhard Rohlfs: B an Georg Schweinfurth	B RA 15.8
1881	20.-21.02.	Mantraha		Gerhard Rohlfs: Meine Mission nach Afrika, F.A. Brockhaus, Leipzig 1883, Karte
1881	21.02.	Matraha	Gerhard Rohlfs: B an Leontine Rohlfs	Neue Deutsche Rundschau, 1898, S 1170-1172
1881	21.02.	Am Tsana, gegenüber der Insel Matraha, die er am 21.01. besuchte	Gerhard Rohlfs: B an Afrk. Gesellschaft	Mittheilungen der Afrikanischen Gesellschaft, 1881, Bd 2, Nr 5, S 242-244 + Neue Deutsche Rundschau, 1898, C 2 in O 11
1881	22.02.	Bei Belange		Gerhard Rohlfs: Meine Mission nach Afrika, F.A. Brockhaus, Leipzig 1883, Karte
1881	23.02.	Teda		aaO, Karte
1881	24.-28.02.	Gondar		aaO, Karte
1881	24.02.	Gondar	Gerhard Rohlfs: B an Leontine Rohlfs	Neue Deutsche Rundschau, 1898, S 1172
1881	24.02.	Gondar	Gerhard Rohlfs: B an Ernst Behm	B P 15.001
1881	24.02.	Gondar	Gerhard Rohlfs: Brief an Georg Schweinfurth	B RA 15.11
1881	24.02.	Gondar	Gerhard Rohlfs: B an Gustav Nachtigal	Mittheilungen der Afrikanischen Gesellschaft, 1881, Bd 2, Nr 5, S 236
1881	01.03.	Abreise bis zum Fuß des Argef		Gerhard Rohlfs: Meine Mission nach Afrika, F.A. Brockhaus, Leipzig 1883, S 281

1881	02.03.	Deneng		aaO, Karte
1881	03.03.	Coflar		aaO, Karte
1881	04.03.	Amba Sokar		aaO, Karte
1881	06.03.	Dobarik	Gerhard Rohlfs: B - in:	Mittheilungen der Afrikanischen Gesellschaft, Bd 2, Nr 5, S 244-245
1881	06.03.	Dobarik	Gerhard Rohlfs: B an Leontine Rohlfs	Neue Deutsche Rundschau, 1898, S 1172-1174
1881	10.03.	Ksar Bansi		Gerhard Rohlfs: Meine Mission nach Afrika, F.A. Brockhaus, Leipzig 1883, Karte
1881	19.03.	Aksum		aaO, Karte
1881	19.03.	Aksum	Gerhard Rohlfs: B an Leontine Rohlfs	Neue Deutsche Rundschau, 1898, C 2 in O 11
1881	20.03.	Axum	Gerhard Rohlfs: B an Afrk. Gesellschaft	Mittheilungen der Afrikanischen Gesellschaft, 1881, Bd 2, Nr 5, S 246-247
1881	20.03.	Aksum	Gerhard Rohlfs: B an Leontine Rohlfs	Neue Deutsche Rundschau, 1898, S 1174-1175
1881	21.03.	Adua		Gerhard Rohlfs: Meine Mission nach Afrika, F.A. Brockhaus, Leipzig 1883, S 313
1881	22.03.	Adua - Kaisers Geburtstag		aaO, S 314
1881	22.03.	Adua	Gerhard Rohlfs: Brief an Negus Johannes	Entwurf RA 15.16
1881	23.03.	Abreise von Adua		Gerhard Rohlfs: Meine Mission nach Afrika, F.A. Brockhaus, Leipzig 1883, S 315
1881	30.03.	Daba Matta / Kesedaro		aaO, Karte
1881	01.04.	Asmara		aaO, Karte
1881	01.04.	Asmara	Gerhard Rohlfs: B an Leontine Rohlfs	Neue Deutsche Rundschau, 1898, S 1175-1177
1881	02.04.	Bisen / Mai Hinsi		Gerhard Rohlfs: Meine Mission nach Afrika, F.A. Brockhaus, Leipzig 1883, S 333
1881	03.04.	Asmara	Gerhard Rohlfs: B an Leontine Rohlfs	Neue Deutsche Rundschau, 1898, S 1175-1177
1881	04.04.	Mai Hinsi	Gerhard Rohlfs: B an Leontine Rohlfs	Neue Deutsche Rundschau, 1898, S 1177-1178
1881	05.04.	Genda		Gerhard Rohlfs: Meine Mission nach Afrika, F.A. Brockhaus, Leipzig 1883, S 333
1881	06.04.	Mai Atal		aaO, S 334, B RA 15.28
1881	07.04.	Massaua		aaO, S 335
1881	08.04.	Massaua	Gerhard Rohlfs: B an Leontine Rohlfs	Neue Deutsche Rundschau, 1898, S 1178
1881	10.04.		Gerhard Rohlfs: B an Gustav Nachtigal	Mittheilungen der Afrikanischen Gesellschaft, 1881, Bd 2, Nr 5, S 236- 237
1881	11.04.	Massaua	Gerhard Rohlfs: B - in:	Angelika Tunis: Vom Fremdenlegionär zum Hofrat Hochwohlgeboren - in: Afrika-Reisen, S 51
1881	13.04.	Massaua	Gerhard Rohlfs: B an Leontine Rohlfs	Neue Deutsche Rundschau, 1898, S 1178
1881	15.04.	Massaua	Gerhard Rohlfs: B an Leontine Rohlfs	Neue Deutsche Rundschau, 1898, S 1178-1179

1881	18.04.	Massaua	Gerhard Rohlfs: B an Georg Schweinfurth	B RA 15.19
1881	19.04.	Massaua	Gerhard Rohlfs: B an Ersnt Behm	B P 15.004
1881	19.04.	Massaua	Gerhard Rohlfs: B an Leontine Rohlfs	Neue Deutsche Rundschau, 1898, S 1179-1180
1881	20.04.	Einschiffung und Abreise	Gerhard Rohlfs: B an Otto v.Bismarck? vom 23.5.1881	B RA 15.28
1881		Suakim		Gerhard Rohlfs: Meine Mission nach Afrika, F.A. Brockhaus, Leipzig 1883, S 339
1881	26.04.	An Bord des Sagasik, Rotes Meer	Gerhard Rohlfs: B an Leontine Rohlfs	Neue Deutsche Rundschau, 1898, S 1180-1181
1881	27.04.	Ankunft in Suez		aaO, S 340, B RA 15.28
1881	28.04.	Suez, Empfang beim Chediven	Gerhard Rohlfs: B an Leontine Rohlfs	Neue Deutsche Rundschau, 1898, S 1181
1881	28.04.	Empfang beim Chediven Tewfik in Suez	Gerhard Rohlfs: B an Otto v.Bismarck? vom 23.5.1881	B RA 15.28
1881	29.04.	nach Cairo ?	Gerhard Rohlfs: B an Leontine Rohlfs	Neue Deutsche Rundschau, 1898, S 1181
1881	??.04.	Cairo		aaO, S 341, G. Rohlfs: Meine Mission, S 341
1881	29.04.		Gerhard Rohlfs: B 24.02.1881 Gondar, 10.04.1881 Massaua, 31.01.1881 Sokota, 05.02.1881 Amde Hook, 14.02.1881 Debra Tabor, 21.02.1881 Am Tsana, 03.03.1881 Dobarik, 20.03.1881 Axum - in:	Norddeutsche Allgemeine Zeitung, 1881 (im Juli auch in den Mittheilungen der Arfikanischen Gesellschaft, 1881, Bd 2, Nr 5, S 236-247)
1881	03.05.	ab Suez mit französischen Boote		B RA 15.28
1881	07.05.	Neapel		B RA 15.22
1881	11.05.	Friedrichshafen	wo Leontine Rohlfs wartete	Konrad Guenther: Gerhard Rohlfs, S 214
1881	15.05.	Ankunft in Berlin		Gerhard Rohlfs: Meine Mission nach Afrika, F.A. Brockhaus, Leipzig 1883, S 341
1881	17.05.	Berlin	?: Postkarte an Rohlfs	PK RA 15.21
1881	19.05.	Berlin	Gerhard Rohlfs: B an Georg Schweinfurth	B RA 15.31
1881	19.05.	Berlin	Gerhard Rohlfs: B an Georg Schweinfurth	B RA 15.26
1881	21.05.	Berlin	Audienz bei Bismarck	Konrad Guenther: Gerhard Rohlfs, S 32ß
1881	22.05.	Berlin	Empfang beim Kaiser	B RA 15.27
1881	23.05.	Berlin	Gerhard Rohlfs: B ans Auswärtige Amt	B RA 15.28a
1881	??.05.	Berlin	bei Reichskanzler Bismarck	B RA 15.56

1881	26.05.	Weimar	Gerhard Rohlfs: B an Franz Hassen	erwähnt in B RA 15.54
1881	28.05.	Weimar	Gerhard Rohlfs: B an Gordon	B RA 15.31
1881	02.06.	Weimar	Gerhard Rohlfs: B an Richard Andree	C RA 15.37a, Original Stadtarchiv Braunschweig H III 3:16 vol 6 303
1881	09.06.	Berlin	Gerhard Rohlfs berichtet vor dem Verein der Freunde der Erdkunde zu Berlin von seiner soeben beendeten Reise nach Abessinien - in:	Verhandlungen der Gesellschaft für Erdkunde zu Berlin, 1881, Nr 6 u.7, S 222-228
1881	16.06.	Berlin	Nachtigal will Rohlfs treffen	PK RA 15.25
1881	18.06.		Gerhard Rohlfs: B an Gustav Nachtigal	B RA 15.45A
1881	21.06.	Weimar	Gerhard Rohlfs: B an Ernst Behm	B P 15.006
1881	22.06.	Weimar	Gerhard Rohlfs: PK an Ernst Behm	PK P 15.007
1881	23.06.	Weimar	Gerhard Rohlfs: B an Ernst Behm	B P 15.008 und 15.009
1881	27.06.		Gerhard Rohlfs: B an Georg Schweinfurth	B RA 15.56
1881	07.07.	Weimar?	Gerhard Rohlfs. B an Franz Hassen	erwähnt in RB 15,73
1881			Bruder Gottfried Heinrich zieht nach Wiesbaden, Walkmühlstraße 13	O Dr. Heinz Büttelmann: Dr. Heinrich Gottfried Rohlfs, Bremen, 1996, S 8, Joseph Kürschner: Deutscher Litteratur-Kalender auf das Jahr 1887, S 260
1881	27.07.	Weimar	Gerhard Rohlfs: B an Ernst Behm	B P 15.010
1881	27.07.	Weimar	Gerhard Rohlfs: B an Hassan Bey	B RA 15.79
1881	05.08.	Weimar	Gerhard Rohlfs: B an Maxim. Schmid	Staatsarchiv München lt. Kalliope
1881	08.08.	Weimar	Gerhard Rohlfs: B an Ernst Behm	B P 15.011
1881	20.08.	Weimar, Einzug in Meinheim II, Belvederer Allee 17 (später 19)		Konrad Guenther: Gerhard Rohlfs, S 264, Fremdenbuch, S 39
1881	??.08.	Weimar		Gerhard Rohlfs, Kufra, 1881, Vorwort
1881	02.09.	Weimar	Gerhard Rohlfs: B an Emanuel Geibel	B RA 15.84
1881	05.09.	Weimar	Gerhard Rohlfs: B an unbekannt	C Staatsbibliothek zu Berlin Slg Darmstaedter Afrika 1875 Rohlfs, Gerhard Blatt 302-303

1881	15.09.	Weimar	Gerhard Rohlfs: B an Franz Hassen	erwähnt in B RA 15.99
1881	15.-22.09.	Venedig	Gerhard Rohlfs wurde als Teilnehmer am Geographischen Congress in Venedig genannt- laut [war aber vielleicht nicht dort: siehe RA 15.89]	Petermann's Geographische Mittheilungen, 1881, S 427-434, Società Geografica Italina: Terzo Congresso Geografico Internazionale, Volume Primo, 1882, S 120
1881	25.09.	Weimar	Gerhard Rohlfs: B an Franz Hassen	erwähnt in B RA 15.99
1881	26.09.	Weimar	Gerhard Rohlfs: B an Georg Schweinfurth	B RA 15.93
1881	30.09.	Quedlinburg ?	Vortrag von Rohlfs	B V 15.002
1881	03.10.	Leipzig	Vortrag von Rohlfs	B V 15.004
1881	11.10.	Görlitz	Gerhard Rohlfs: B an Georg Schweinfurth	B RA 15.98
1881	14.10.		Gerhard Rohlfs – Kufra-Reise von Tripolis nach der Oase Kufra - Ausgeführt im Auftrage der Afrikanischen Gesellschaft in Deutschland, F. A. Brockhaus, Leipzig	B RA 15.98 in Verbindung mit RA 15.100 und 15.105
1881	19.10.	Gleiwitz	Gerhard Rohlfs: B Über das Arabertum Nordafrikas - in:	Ausland, 1881, Nr 45, 07.11.1881, S 951-953
1881	27.10.	Breslau	Gerhard Rohlfs: B an Ernst Behm	B P 15.013
1881	28.10.	Tarnowitz	Gerhard Rohlfs: B an Georg Schweinfurth	B RA 15.104
1881	29.10.-19.11.	diverse Orte, Vortragsreise	Gerhard Rohlfs: Vorträge	B RA 15.104
1881	30.10.	Weimar	Gerhard Rohlfs: B an Franz Hassen	erwähnt in B RA 15.124
1881	??.10.	Eisenach	Vortrag von Rohlfs	B V 15.003
1881	09.11.	Weimar	Gerhard Rohlfs: B an Georg Schweinfurth	B RA 15.112
1881	20.11.	Berlin	Gerhard Rohlfs: Vortrag	B RA 15.104, auch RA 15.126
1881	??.11.	Bremen	Gerhard Rohlfs: B an Georg Schweinfurth	B RA 15.126
1881	??.11.	Collinghorst	Gerhard Rohlfs: B an Georg Schweinfurth	B RA 15.126
1881	28.11.	Weimar	Gerhard Rohlfs: B an Georg Schweinfurth	B RA 15.126
1881	30.11.	Weimar	Gerhard Rohlfs: B an Georg Schweinfurth	B RA 15.129

1881	??.11.	Venedig ?	Gerhard Rohlfs als Teilnehmer am Geographischen Congress in Venedig vom 15.-22.09.1881 genannt - in:	Petermann's Geographische Mittheilungen, 1881, S 427-434
1881	03.12.	Altenburg	Vortrag von Rohlfs	B V 15.004a
1881	05.12.	Weimar	Gerhard Rohlfs: PK an Ernst Behm	PK P 15.014
1881	07.12.	Weimar	Gerhard Rohlfs: PK an Ernst Behm	PK P 15.015
1881	11.12.	Weimar	Gerhard Rohlfs: B an Ernst Behm	B P 15.016
1881	16.12.	Weimar	Gerhard Rohlfs: B an Paulitschke	B Angebot bei ebay 12.02.06
1881	20.12.	Weimar	Gerhard Rohlfs: B an Georg Schweinfurth	B RA 15.142
1881	24.12.	Weimar	Gerhard Rohlfs: B an die Britische Botschaft in Berlin	B RA 15.144
1881	26.12.	Weimar	Gerhard Rohlfs: B an Franz Hassen	erwähnt in B RA 16.18
1881	28.12.	Weimar	Gerhard Rohlfs: B an Georg Schweinfurth	B RA 15.148
1882	02.01.	Weimar	Gerhard Rohlfs: B an Georg Schweinfurth	B RA 16.2
1882	04.01.	Weimar	Gerhard Rohlfs: B an Hassenstein	B P 16.002
1882	06.01.	Weimar	Gerhard Rohlfs: B an Ernst Behm	B P 16.003
1882	07.01.	Weimar	Gerhard Rohlfs: B an Georg Schweinfurth	B RA 16.4
1882	09.01.	Berlin, Essen bei Bismarck	Gerhard Rohlfs: B vom 10.01.1882 an Leontine Rohlfs - in:	Konrad Guenther: Gerhard Rohlfs, S 320-326, B RA 16.6
1882	10.01.	Berlin	Gerhard Rohlfs: B an Leontine Rohlfs - in:	Konrad Guenther: Gerhard Rohlfs, S 320-326
1882	10.01.	Greiz?	Vortrag von Rohlfs	B V 15.005
1882	ca 15.01	5 Wochen Vortragsreise	Gerhard Rohlfs: B an Georg Schweinfurth	B RA 16.4
1882	18.01.	Gera	Vortrag von Rohlfs	B V 15.008
1882	20.01.	Greiz	Vortrag von Rohlfs	B V 15.009
1882	27.01.	Hohenstein bei Chemnitz	Vortrag von Rohlfs	B V 15.010
1882	31.01.	Frankenberg	Vortrag von Rohlfs	B V 16.002
1882	??.01.	Reichenbach?	Vortrag von Rohlfs	B V 15.012
1882	??.01.	Pösneck	Vortrag von Rohlfs	B V 16.001
1882	07.02.	Weimar	Gerhard Rohlfs: B an Ernst Behm	B P 16.004

1882	08.02.	Weimar	Gerhard Rohlfs: B an unbekannt	Universität Leipzig lt. Kalliope
1882	16.02.	Hildburghausen	Vortrag von Rohlfs	B V 16.005
1882	19.02.	Weimar	Gerhard Rohlfs: B an Georg Schweinfurth	B RA 16.21
1882	22.02.	??	Vortrag von Rohlfs	B V 16.003
1882	24.02.	Schwarzenberg	Vortrag von Rohlfs	B V 16.007
1882	25.02.	Marienberg	Vortrag von Rohlfs	B V 16.010
1882	??.02.	Schleiz	Vortrag von Rohlfs	B V 16.006
1882	??.02.	Meinigen	Vortrag von Rohlfs	B V 16.008
1882	01.03.	Weimar	Gerhard Rohlfs: B an Erns Bchm	B P 16.005
1882	03.03.	Weimar	Gerhard Rohlfs: B an Georg Schweinfurth	B RA 16.26
1882	07.03.	Weimar	Gerhard Rohlfs: B an Karl von Scherzer	C Staatsbibliothek zu Berlin nachlass 480/4 Rohlfs, Gerhard Blatt 8
1882	08.03.	Weimar	Gerhard Rohlfs: B an Georg Schweinfurth	B RA 16.33
1882	15.03.	Weimar	Gerhard Rohlfs: B an Georg Schweinfurth	B RA 16.41
1882	21.03.	Weimar	Gerhard Rohlfs: B an Richard Andree	C B 16.44a, Original Stadtarchiv Braunschweig H III 3:16 vol 6 303
1882	27.03.	Suhl	Vortrag von Rohlfs	B V 16.012
1882	31.03.	Weimar	Gerhard Rohlfs: B an Georg Schweinfurth	B RA 16.52
1882	??.03.	Weimar	Gerhard Rohlfs: PK an Ernst Behm	PK P 006
1882	??.03.	Pyritz	Vortrag von Rohlfs	B V 16.011
1882	02.04.	Weimar	Gerhard Rohlfs: Briefentwurf an das Ministerim des Auswärtigen in Kairo	B RA 16.55
1882	08.04.	Weimar	Gerhard Rohlfs: B an Ernst Behm	B P 16.007
1882	08.04.		Korrespondierendes Mitglied in der Società d'Esplorazione Commerciale in Afrika Mailand	O R 28 und 29 / 17
1882	10.04.	Weimar	Gerhard Rohlfs: PK an Ernst Behm	PK P 16.008
1882	19.04.	Weimar	Gerhard Rohlfs: B an Georg Schweinfurth	B RA 16.65
1882	19.04.	Weimar	Gerhard Rohlfs: B an Ernst Behm	B P 16.009
1882	19.04.	Weimar	Gerhard Rohlfs; B an Wilhelm Schimper	B RA 16.79
1882	29.04.	Weimar	Gerhard Rohlfs: B an Ernst Behm	B P 16.010
1882	??.04.	Arnstadt	Vortrag von Rohlfs	B V 16.013

1882	02.05.	Weimar	Gerhard Rohlfs: B an den Negus, an Schimper	B RA 16.69/70	
1882	08.05.	Weimar	Gerhard Rohlfs: PK an Ernst Behm	PK P 16.011	
1882	21.05.	Weimar	Gerhard Rohlfs: PK an Ernst Behm	PK P 16.012	
1882	22.05.	Weimar	Gerhard Rohlfs: B an Georg Schweinfurth	B RA 16.86	
1882	23.05.	Weimar	Gerhard Rohlfs: PK an Ernst Behm	PK P 16.013	
1882	??.05.		Ehrenmitglied in der Geographischen Gesellschaft (für Thüringen) zu Jena	O R ? / 17	
1882	01.06.	Weimar	Gerhard Rohlfs: B an Ewald Zimmermann	B RA 27.21a	
1882	03.05.	Weimar	Bgerhard Rohlfs: B an unbekannt	C Staatsbibliothek zu Berlin Nachlass 480/4 Blatt 52	
1882	14.06.	Weimar	Gerhard Rohlfs: B an Georg Schweinfurth	B RA 16.100	
1882	14.06.	Weimar	Gerhard Rohlfs: B an Ernst Behm	B P 16.014	
1882	20.06.	Jena	Vortrag in Geogr. Ges. Jena: B an Rohlfs	B RA 16.89, Die Presse vom 21.11.1882	
1882	20.06.	Weimar	Gerhard Rohlfs: B an Ernst Behm	B P 16.015	
1882	30.06.	Weimar	Gerhard Rohlfs: B	B RA 16.122	
1882	03.07.		Ehrenmitglied Société de Geographie d'Anvers	O R 30 / 17	
1882	11.07.	Weimar	Gerhard Rohlfs: B an Englische Regierung	B RA 17.5	
1882	20.07.	Weimar	Gerhard Rohlfs: B	B RA 17.13	
1882	22.07.	Weimar	Gerhard Rohlfs: B	B RA 17.13	
1882	31.07.	Weimar	Gerhard Rohlfs: B an Deutsche Rundschau	B RA 17.26	
1882	31.07.	Weimar	Gerhard Rohlfs: B an unbekannt	C Staatsbibliothek zu Berlin Nachlass 480/4 Blatt 54	
1882	03.08.	Weimar	Gerhard Rohlfs: B an Deutsche Rundschau	B RA 17.29	
1882	04.08.	Weimar	Gerhard Rohlfs: B an Bismarck?	B RA 17.33, 34	
1882	07.08.	Weimar	Gerhard Rohlfs: B an Deutsche Rundschau	B RA 17.36	
1882	08.08.	Weimar	Gerhard Rohlfs: B an Graf ?	B RA 17.38	
1882	10.08.	Weimar	Gerhard Rohlfs: B an Ernst Behm	B P 16.016	

1882	14.08.	Weimar (zwischen 27.07. u. 14.08.1882	Besuch von Hermann Allmers	Hans Gerhard Steimer (H): Hermann Allmers - Briefwechsel mit bremischen Freunden, S. 677	
1882	15.08.	Weimar	Gerhard Rohlfs: PK an Ernst Behm	PK P 16.017	
1882	21.08.	Weimar	Gerhard Rohlfs: B an Georg Schweinfurth	B RA 17.49	
1882	28.08.	Weimar	Berhard Rohlfs: B an Bruno Hassenstein	B P 17.006	
1882	28.08.	Weimar	Gerhard Rohlfs: B an unbekannt	Universität Leipzig lt. Kalliope	
1882	31.08.	Weimar	Gerhard Rohlfs: B an Rudolf von Gottschall	C Staatsbibliothek zu Berlin Autogr. I/2200	
1882	02.09.	Weimar	Gerhard Rohlfs: B an Ernst Behm	B P 16.022	
1882	07.09.	Weimar	Gerhard Rohlfs. PK an Ernst Behm	PK P 17.009	
1882	07.09.	Weimar	Gerhard Rohlfs: B an Bruno Hassenstein	B P 17.009	
1882	11.09.	Weimar	Gerhard Rohlfs: PK an Br. Hassenstein	PK P 17.010	
1882	14.09.	Weimar	Gerhard Rohlfs: B an Larison	B RA 17.66b	
1882	16.09.	Weimar	Gerhard Rohlfs: B an Ernst Behm	B P 17.009	
1882	18.09.	Weimar	Gerhard Rohlfs: B an Bruno Hassenstein	B P 17.012	
1882	18.-22.09.	Eisenach	Gerhard Rohlfs war Teilnehmer der 55. Versammlung Deutscher Naturforscher und Aerzte in Eisenach - in:	Tageblatt der 55. Versammlung Deutscher Naturforscher und Aerzte in Eisenach, 1882, S 17	
1882	18.09.	Eisenach	Konstitutionierende Sitzung der Sektion VI Geographie und Enthnologie mit Gerhard Rohlfs auf der 55. Versammlung Deutscher Naturforscher und Aerzte in Eisenach - in:	Tageblatt der 55. Versammlung Deutscher Naturforscher und Aerzte in Eisenach, 1882 S 28	
1882	19.09.	Eisenach	Vortrag von Gerhard Rohlfs: Deutsche Kolonisation - in:	Tageblatt der 55. Versammlung Deutscher Naturforscher und Aerzte in Eisenach, 1882 S 47, S 186-188	
1882	24.09.	Weimar	Gerhard Rohlfs: PK an Br. Hassenstein	PK P 17.013	
1882	28.09.	Weimar	Gerhard Rohlfs: B an Georg Schweinfurth	B RA 17.75	

1882	??.09		ein Artikel, der ihm stark angekreidet wurde	Gerhard Rohlfs: Welche Länder können Deutsche noch erwerben? - in:	Unsere Zeit, Deutsche Revue der Gegenwart, 1882, 2. Bd, S 354-367
1882	03.10.	Weimar	Gerhard Rohlfs: PK an Br. Hassenstein	PK P 17.014
1882	06.10.	Boppard	weiteren Vortrag von Rohlfs	B V 17.011
1882	16.10.	Hanau	Gerhard Rohlfs: B an Ernst Behm	B P 17.015
1882	18.10.	Oggenheim	Vortrag von Rohlfs	B V 17.008
1882	21.10.	Saarlouis	Gerhard Rohlfs: B an R. Lützel	B V 17.014
1882	21.10.	Hanau	Vortrag von Rohlfs	B V 17.002
1882	26.10.	Pirmasens	Gerhard Rohlfs: B an Georg Schweinfurth	B RA 17.85
1882	28.10.	Weimar	Gerhard Rohlfs: B L'Abyssinee - in:	L'Exploration, 1882, S 111-113
1882	??.10.	Offenburg	Vortrag von Rohlfs	B V 17.010
1882	??.10.	Marburg	Vortrag von Rohlfs	B V 17.018
1882	??.10.	Speyer	Vortrag von Rohlfs	B V 17.012
1882	01.11.	Gießen	Vortrag von Rohlfs	B V 17.001
1882	03.11.	Aschaffenburg	Vortrag von Rohlfs	B V 17.003
1882	10.11.	Kreuznach	Gerhard Rohlfs: B an Ernst Behm	B P 17.018
1882	10.11.	Kreuznach	Gerhard Rohlfs: B an unbekannt	C Staatsbibliothek zu Berlin Slg Darmstaedter Afrika 1875 Rohlfs, Gerhard Blatt 304-305
1882	11.11.	Weißenberg	Vortrag von Rohlfs	B V 17.017
1882	13.11.	Jena	Vortrag von Gerhard Rohlfs vor der Geographischen Gesellschaft zu Jena über seine Abessinien-Reise - in:	Ausland, Nr 46, 1882, S 916-917
1882	16.11.	Mainz	Gerhard Rohlfs: B an unbekannten Lehrer	C Staatsbibliothek zu Berlin Slg Darmstaedter Afrika 1875 Rohlfs, Gerhard Blatt 306
1882	19.11.	Speyer	weiterer Vortrag von Rohlfs	B V 17.012
1882	21.11.	Wesel	weiterer Vortrag von Rohlfs	B V 17.000
1882	27.11.	Köln	Vortrag von Rohlfs?	C Staatsbibliothek zu Berlin Slg Darmstaedter Afrika 1875 Rohlfs, Gerhard Blatt 304-305
1882	29.11.	Krefeld	Vortrag von Rohlfs?	C Staatsbibliothek zu Berlin Slg Darmstaedter Afrika 1875 Rohlfs, Gerhard Blatt 304-305
1882	30.11.	Aachen	Vortrag von Rohlfs	B V 17.005
1882	??.11.	Andernach	Vortrag von Rohlfs	B V 17.017
1882	??.11.	Ludwigshafen	Vortrag von Rohlfs	B V 17.016 und V 17.019

1882	01.12.	Antwerpen	Vortrag von Gerhard Rohlfs vor der Société Géographie d'Anvers über Abessinien - in:	Bulletin de la Société Géographie d'Anvers, Tome VII, S 334-344
1882	??.12	Brüssel		B RA 17.99
1882	09.12.	Weimar	Gerhard Rohlfs: B an Georg Schweinfurth	B RA 17.99
1882	13.12.	Weimar	Gerhard Rohlfs: B an von Werner	B RA 17.101
1882	16.12.	Weimar	Gerhard Rohlfs: B an das Auswärtige Amt	B RA 17.104
1882	20.12.	Weimar	Gerhard Rohlfs: B	B RA 17.108
1882	??.12.	Weimar		Gerhard Rohlfs: Meine Mission nach Afrika, F.A. Brockhaus, Leipzig 1883, S XIII
1882	??		Ehrenmitglied der Geographischen Gesellschaft zu Jena	Mittheilungen der Geographischen Gesellschaft zu Jena, 1882, S 164
1882	??		Ehrenmitglied der Società Geografica Italiane de Roma	Bollettina, 1882, S 8
1883	04.01.	Weimar	Gerhard Rohlfs: B an Ernst Behm	B P 18.001
1883	08.01.	Weimar	Gerhard Rohlfs. B an Georg Schweinfurth	B RA 18.2
1883	09.01.	Weimar	Gerhard Rohlfs: B an Lord Dufferin	B RA 18.6
1883	18.01.	Gera	Vortrag von Rohlfs	B V 15.008
1883	21.01.	Frankenhausen	Vortrag von Rohlfs	B V 17.021
1883	25.01.	Wittenberg	2. Vortrag von Rohlfs	VB V 18.010
1883	26.01.	Schönebeck	Vortrag von Rohlfs	B V 17.020
1883	27.01.	Genthin	Vortrag von Rohlfs	B V 17.024
1883	27.01.		Hermann Rohlfs: Stammbuchblatt	B RA
1883	28.01.	Sangershausen	Vortrag von Rohlfs	B V 18.009
1883	??.01.	Stendal	Weiterer Vortrag von Rohlfs	B V 18.008
1883	02.02.	Berlin	Gerhard Rohlfs. B an Georg Schweinfurth	B RA 18.14
1883	04.02.	Küstrin?	Vortrag von Rohlfs	B V 17.023
1883	09.02.	Schneidemühl	Vortrag von Rohlfs	B V 18.001
1883	10.02.	Staßfurt	Vortrag von Rohlfs	B V 18.012
1883	??.02.	Dirschau	Vortrag von Rohlfs	B V 18.014
1883	20.02.	Tilsit	Vortrag von Rohlfs	B V 18.006
1883	??.02.	Gumbinnen	Vortrag von Rohlfs	B V 18.003
1883	??.02.	Eydtkuhnen	Vortrag von Rohlfs	B RA 18.21
1883	??.02.	Posen		B RA 18.21
1883	03.03.	Ort unleserlich	Vortrag von Rohlfs	B V 18.013
1883	04.03.	Graudenz	Vortrag von Rohlfs	B V 18.011
1883	09.03.	Weimar	Gerhard Rohlfs. B an Georg Schweinfurth	B RA 18.21

1883	17.03.	Weimar	Gerhard Rohlfs. B an Georg Schweinfurth	B RA 18.24
1883	??.03.	??	Vortrag von Rohlfs	B V 18.007
1883	??.03.	Angermünde	Vortrag von Rohlfs	B V 18.017
1883	03.04.	Weimar	Gerhard Rohlfs: B an Eduard Pechuel-Loesche	C Staatsbibliothek zu Berlin Slg Darmstaedter Afrika 1875 Rohlfs, Gerhard Blatt 251
1883	04.04.	Weimar	Gerhard Rohlfs: B an Ernst Behm	B P 18.002
1883	04.04.	Weimar	Gerhard Rohlfs: B an Eduard Pechuel-Loesche	C Staatsbibliothek zu Berlin Slg Darmstaedter Afrika 1875 Rohlfs, Gerhard Blatt 250
1883	10.04.	Berlin	Gerhard Rohlfs: PK an Ernst Behm	PK P 18.003
1883	11.04.	Spandau	Vortrag von Rohlfs	B V 18.016
1883	15.04.	Weimar	Gerhard Rohlfs. B an Ferd Stümcke	B RA 18.40
1883	15.04.	Weimar	Gerhard Rohlfs: B an Herm. Allmers	B Allmers-Museum (Schr. Steimer v. 26.11.2007)
1883	23.04.	Weimar	Gerhard Rohlfs: B an Ferd Stümcke	B RA 18.46
1883	24.04.	Weimar	Gerhard Rohlfs. B an Georg Schweinfurth	B RA 18.47
1883	28.04.	Weimar	Gerhard Rohlfs: B an Bruno Hassenstein	B P 18.004
1883	30.04.	Halle	Vortrag von Rohlfs	B V 18.018
1883	??.04.	Erfurt	Vortrag von Rohlfs	PK RA 18.53
1883	13.05.	Weimar	Gerhard Rohlfs: B an Großherzog Alexander	B RA 18.63
1883	22.05.	Weimar	Gerhard Rohlfs. B an Georg Schweinfurth	B RA 18.77
1883	04.06.	Weimar	Gerhard Rohlfs: B an Ernst Behm	B P 18.006
1883	06.06.	Weimar	Gerhard Rohlfs: B an Ernst Behm	B P 18.007
1883	08.06.	Weimar	Gerhard Rohlfs: B an Ernst Behm	B P 18.008
1883	09.06.	Weimar	Gerhard Rohlfs. B an Georg Schweinfurth	B RA 18.86
1883	11.06.	Weimar	Gerhard Rohlfs. B an Georg Schweinfurth	B RA 18.93
1883	15.06.	Weimar	Gerhard Rohlfs. B an Georg Schweinfurth	B RA 18.95
1883	??.06.	Weimar	Gerhard Rohlfs. B an Georg Schweinfurth	B RA 18.98
1883	04.07.	Weimar	Gerhard Rohlfs: B an Ernst Behm	B P 18.009
1883	07.07.	Bremen, bis 23.07.		B RA 18.77
1883	11.07.	Vegesack	Gerhard Rohlfs: B an Herm. Allmers	B Allmers-Museum (Schr. Steimer v. 26.11.2007)

1883	12.07.	Vegesack	Gerhard Rohlfs hielt in der Tonhalle einen Vortrag über Abessinien	A Vegesacker Wochenschrift Nr 80 vom 12.07.1883
1883	12.07.		Ehrenmitglied Comitato Italiano per la Tripolistania, Neapel	O R ? / 17
1883	13.07.	Vegesack		A Vegesacker Wochenschrift Nr 80 vom 12.07.1883
1883	14.07.	Vegesack		A Vegesacker Wochenschrift Nr 80 vom 12.07.1883
1883	15.07.	Vegesack	»Commers«-Abend zu Ehren von Gerhard Rohlfs im Theatersaal der Tonhalle	Vegesacker Wochenblatt - Kreisblatt für den Kreis Osterholz Nr 82 vom 17.07.1883
1883	16.07.	Vegesack		A Vegesacker Wochenschrift Nr 80 vom 12.07.1883
1883	17.07	Vegesack		A Vegesacker Wochenschrift Nr 80 vom 12.07.1883
1883	18.07	Vegesack		A Vegesacker Wochenschrift Nr 80 vom 12.07.1883
1883	19.07	Vegesack		A Vegesacker Wochenschrift Nr 80 vom 12.07.1883
1883	20.07.	Vegesack		A Vegesacker Wochenschrift Nr 80 vom 12.07.1883
1883	??.07.-??.08.	Vegesack		A Vegesacker Wochenschrift Nr 80 vom 12.07.1883
1883	22.07.	Weimar		B Allmers-Museum (Schr. Steimer v. 26.11.2007)
1883	23.07.	Weimar	Gerhard Rohlfs: B an Herm. Allmers	B Allmers-Museum (Schr. Steimer v. 26.11.2007)
1883	29.07.	Weimar		Konrad Guenther: Gerhard Rohlfs, S. 289
1883	31.07.	Weimar	Gerhard Rohlfs: B an Ernst Behm	B P 18.010
1883	06.08.	Weimar	Gerhard Rohlfs. B an Georg Schweinfurth	B RA 18.108
1883	??.08.-??.09.	Weimar	Gerhard Rohlfs. B an Georg Schweinfurth	B RA 18.110
1883	??.08.	Aschersleben	Vortrag von Rohlfs	B V 18.024 + B V 10.025
1883	02.09.	Weimar	Gerhard Rohlfs. B an Georg Schweinfurth	B RA 18.117
1883	15.09.	Weimar	Gerhard Rohlfs. B an Georg Schweinfurth	B RA 18.119
1883	15.09.	Osterode	Vortrag von Rohlfs	B V 18.021 und V 18.022
1883	15.09.	Wernigerode	Gerhard Rohlfs. B an Georg Schweinfurth	B RA 18.126 + B V 18.023
1883	19.09.	Clausthal ?	Vortrag von Rohlfs	B V 18.020
1883	??.09.	Wolfenbüttel	Weiterer Vorträge von Rohlfs	B V 18.026 + B V 18.028 + B V 18.030 + B V 18.031

1883	03.10.	Halle	Geographen-Tag, Eröffnung des Riebeck-Museums	B RA 18.134
1883	03.10.	Weimar	Gerhard Rohlfs: B an unbekannt	C Staatsbibliothek zu Berlin Nachlass 480/ Blatt 57-58
1883	05.10.	Weimar	Gerhard Rohlfs. B an Georg Schweinfurth	B RA 18.134
1883	06.10.	Weimar	Gerhard Rohlfs: PK an Ernst Behm	PK P 18.011
1883	12.10.	Frankenthal ?	Vortrag von Rohlfs	B V 18.027
1883	12.10.	Weimar	Gerhard Rohlfs. B an Georg Schweinfurth	B RA 18.134
1883	23.10.	Alzey	Vortrag von Rohlfs	B V 18.035
1883	28.10.	Frankenthal	Gerhard Rohlfs. B an Georg Schweinfurth	B RA 18.139 + B V 18.027
1883	31.10.	Karlsruhe	Vortrag von Rohlfs	B RA 18.150
1883	??.10.	Colmar	Vortrag von Rohlfs	B V 18.033
1883	03.11.		Ehrenmitglied Nederlansch Aadrijkskundig Genootschap, Amsterdam	O R 31 / 17
1883	03.11.	Weimar	Gerhard Rohlfs: B an Georg Schweinfurth	B RA 18.148
1883	05.11.	Weimar	Gerhard Rohlfs: B an Antonin Stecker	C B RA 18.151a, Original Forschungsbibliothek Gotha Bl. 3r
1883	10.11.	Weimar	Gerhard Rohlfs. B an unbekannt	C B RA 18.153a, Fotokopie, Original unter Aut XXXII.43 in SuUB, Bremen
1883	??.11.	Waren	Vortrag von Rohlfs	B V 18.038
1883	12.11.	Berlin	Gerhard Rohlfs: B an unbekannt	Universität Leipzig lt. Kalliope, B RA 18.148
1883	16.11.	Berlin	Gerhard Rohlfs. B an Georg Schweinfurth	B RA 18.156
1883	16.11.	Berlin	Gerhard Rohlfs: B unbekannt	C B RA 18.156a, Fotokopie, Original unter Aut XXIII,41 in SuUB, Bremen
1883	22.11.	Berlin	Gerhard Rohlfs. B an Georg Schweinfurth	B RA 18.158
1883	28;11.	Berlin	Gerhard Rohlfs. B an Georg Schweinfurth	B RA 18.162
1883	01.12.	?	Rohlfs auf Geburtstag von Asch. Mutter	B RA 19.50b
1883	04.12.	Hamburg	Gerhard Rohlfs: B an Ernst Behm	B P 18.012
1883	06.12.	Berlin	Gerhard Rohlfs. B an Georg Schweinfurth	B RA 18.162
1883	08.12.	Weimar	Gerhard Rohlfs: B an August Sartori	Stadt- und Landesbibliothek Dortmund lt Kalliope
1883	19.12.	Weimar	Gerhard Rohlfs: B an unbekannt	C Staatsbibliothek zu Berlin Nachlass 480/ Blatt 59
1883	20.12.	Weimar	Gerhard Rohlfs: B an Georg Schweinfurth	B RA 18.167

1883	26.12.	Weimar	Gerhard Rohlfs: B an Stecker	Archiv Jungbunzlau
1883	29.12.	Weimar	Gerhard Rohlfs. B an Georg Schweinfurth	B RA 18.188
1883	??.	Weimar	Gerhard Rohlfs. B an Georg Schweinfurth	B RA 18.192
1884	02.01.	Weimar	Gerhard Rohlfs. B an Georg Schweinfurth	B RA 19.2
1884	14.01.	Wiesbaden ?	Vortrag von Rohlfs	B V 18.029
1884	17.01.	Weinheim	Vortrag von Rohlfs	PK V 18.040
1884	19.01.	Bingen	Gerhard Rohlfs. B an Georg Schweinfurth	B RA 19.13
1884	25.01.	Parchim	Vortrag von Rohlfs	B V 18.041
1884	25.01.	Weimar	Gerhard Rohlfs. B an Georg Schweinfurth	B RA 19.17
1884	26.01.	Wismar	Vortrag von Rohlfs	B RA 19.16, B V 19.001, B V 19.005, B RA 19.16
1884	26.01.	Ludwigslust	Gerhard Rohlfs: B an unbekannt	Staatsbibliothek, Berlin
1884	27.01.	Weimar	Gerhard Rohlfs: B an unbekannt	C Staatsbibliothek zu Berlin Slg Darmstaedter Afrika 1875 Blatt 308
1884	??.01.	Harburg ?	Vortrag von Rohlfs	B V 19.003
1884	04.02.	Greifswald	Gerhard Rohlfs: B an Georg Schweinfurth	B RA 19.20
1884	04.02.	Greifswald	Vortrag von Rohlfs vor der Geographischen Gesellschaft Greifswald	Jahresbericht der Geographischen Gesellschaft Greifswald 1882-86, II. Theil, 1887, S. 108-115
1884	05.02.	Swinemünde	Vortrag von Rohlfs	B V 19.002
1884	06.02.	Anklam	Vortrag von Rohlfs	B V 18.044
1884	??.02.	Schwetz	Ru. Kulemann: B an Gerhard Rohlfs	B RA 19.23
1884	10.02.	Waren	Vortrag von Rohlfs	B V 18.045
1884	11.02.	Güstrow	Vortrag von Rohlfs	B V 18.043
1884	12.02.	nach Riga?		B RA 19.20
1884	16.02.	nach Riga?		B RA 19.17
1884	18.02.	Ankunft in Riga		C Staatsbibliothek zu Berlin Slg Darmstaedter Afrika 1875 Blatt 308
1884	20.02.	Riga	Gerhard Rohlfs: B an	C B 19.24a, Original Stadtbibliothek Hannover 41.3303
1884	27.02.	Reval	Vortrag von Rohlfs	B V 19.007
1884	28.02.	Riga	Vortrag von Rohlfs?	C Staatsbibliothek zu Berlin Slg Darmstaedter Afrika 1875 Blatt 308
1884	13.03.	Weimar	Gerhard Rohlfs: B an Ernst Behm	B P 19.001
1884	13.03.	Weimar	Gerhard Rohlfs: B an unbekannt	C Staatsbibliothek zu Berlin Autogr. I/2411
1884	21.03.	Weimar	Gerhard Rohlfs: B an Georg Schweinfurth	B RA 19.37

1884	23.03.	Weimar	Treffen mit Fritz Regel	B RA 19.33
1884	07.04.	Weimar	Gerhard Rohlfs. B an Georg Schweinfurth	B RA 19.46
1884	14.04.	Weimar	Gerhard Rohlfs: B an ?	B RA 50c
1884	14.04.	Weimar	Gerhard Roihlfs: B an Richard Andree	C B RA 19.50d, Original Stadtarchiv Braunschweig H III 3:16 vol 6 303
1884	23.04.	Weimar	Gerhard Rohlfs. B an Georg Schweinfurth	B RA 19.55
1884	23.04.	Weimar	Gerhard Roihlfs: B an Richard Andree	C B RA 19.56a, Original Stadtarchiv Braunschweig H III 3:16 vol 6 303
1884	??.04.	Bremen	Rud. Kulemann: B an Gerhard Rohlfs	B RA 19.60
1884	04.05.	Bergen	Gerhard Rohlfs. B an Georg Schweinfurth	B RA 19.55
1884	06.05.	Wolgast	Vortrag von Rohlfs	B V 19.009
1884	11.05.	Berlin, Audienz bei Bismarck	Vortrag von Rohlfs	Konrad Guenther: Gerhard Rohlfs, S. 326
1884	11.05.	Berlin	Gerhard Rohlfs: B an Leontine Rohlfs - in:	Konrad Guenther: Gerhard Rohlfs, S 326-329
1884	18.05.	Weimar	Generalversammlug der Geographischen Gesellschaft	B RA 19.72
1884	06.06.	Jena	Gerhard Rohlfs: B an Ernst Behm	B P 19.002
1884	11.06.	Weimar	Gerhard Rohlfs besucht Versammlung der Geographischen Gesellschaft zu Jena	GeoGeJna, 1884, S 218
1884	30.06.	Weimar	Gerhard Rohlfs. B an Georg Schweinfurth	B RA 19.84
1884	30.06.	Literaturhinweis auf	Gerhard Rohlfs. B an Georg Schweinfurth	B RA 19.93
1884	??.07.	Schandau	F. A. E. Lüderitz: B an Gerhard Rohlfs	B RA 19.103a
1884	26.07.	Weimar	Gerhard Rohlfs: B an Graf von Hatzfeld	B RA 19.101c
1884	26;07.	Weimar	Gerhard Rohlfs: B an Reichahuptkasse	B RA 19.101b
1884	26;07.	Weimar	Gerhard Rohlfs: B an Kriegsministerium	B Ra 19.101d
1884	29.07.	Weimar	Gerhard Rohlfs. B an Georg Schweinfurth	B RA 19.103
1884	31.07.	Weimar	Gerhard Roihlfs: B an Richard Andree	C B RA 19.108a, Original Stastarchiv Braunschweig H III 3:16 vol 6 303
1884	06.08.	Weimar	Gerhard Rohlfs: PK an Redaktion PERTHES	PK P 19.003

1884	07.08.	Weimar	Rohlfs empfängt Lüderitz	Friedrich Prüser: Carl Alexander von Weimar und Adolf Lüderitz - in: Tradition, 4. Jg., 3. Heft, August 1959, S 185-187
1884	08.08.	Wilhelmsthal bei Eisenach	Mit Lüderitz zu Carl Alexander	a.a.O., S 185-187
1884	09.08.	Wilhelmsthal bei Eisenach	Mit Lüderitz bei Carl Alexander	a.a.O., S 185-187
1884	10.08.	Weimar	Wohl Rückreise von Wilhelmsthal	a.a.O., S 185-187
1884	14.08.	Weimar	Gerhard Rohlfs. B an Georg Schweinfurth	B RA 19.107
1884	??.08.	Kösen	Gerhard Rohlfs. B an Georg Schweinfurth	B RA 19.112, RA 19.120
1884	16.09.	Berlin		B RA 19.126
1884	18.-23.09	›Magdeburg‹	57. Versammlung Deutscher Naturforscher und Aerzte	B RA 19.120
1884	18.09.	Magdeburg	Rohlfs Teilnehmer an 57. Versammlung Deutscher Naturforscher und Aerzte in Magdeburg - in:	Tagelatt der 57. Versammlung Deutscher Naturforscher und Aerzte in Magdeburg, 1884, S 15, B RA 19.126
1884	18.09.	Weimar	Vortrag Gerhard Rohlfs: Die Bedeutung Afrikas in Beziehung zu Deutschland - in:	Tagelatt der 57. Versammlung Deutscher Naturforscher und Aerzte in Magdeburg, S 38-40, auch RA 19.123
1884	20:09.	Weimar	Gerhard Rohlfs. B an Georg Schweinfurth	B RA 19.126
1884	21.09.	Eisenach	Gerhard Rohlfs. B an Georg Schweinfurth	B RA 19.126
1884	23.09.	Weimar	Gerhard Rohlfs: B an Rudolf von Gottschall	Staatsbibliothek zu Berlin Nachlass 480/4 Blatt 60
1884	25.09.	Berlin und Ankunft in Friedrichsruh	Generalversammlung des Deutschen Kolonialvereins	Eisenacher Zeitung Nr 224 v. 23.9.84, auch RA 19.126, Konrad Guenther: Gerhard Rohlfs, S. 329
1884	26.09.	Friedrichsruh	Gerhard Rohlfs: B vom 26.09.1884 an Leontine Rohlfs - in:	Konrad Guenther: Gerhard Rohlfs, S 329-330
1884	27.09.	Friedrichsruh	Gerhard Rohlfs: B an Leontine Rohlfs - in:	Konrad Guenther: Gerhard Rohlfs, S 329-330
1884	28.09.	Friedrichsruh	Gerhard Rohlfs: B an Leontine Rohlfs - in:	Konrad Guenther: Gerhard Rohlfs, S 330-331
1884	29.09.	Friedrichsruh	Gerhard Rohlfs: B an Leontine Rohlfs - in:	Konrad Guenther: Gerhard Rohlfs, S 331-333
1884	29.09.	Berlin	Gerhard Rohlfs: B an Leontine Rohlfs - in:	Konrad Guenther: Gerhard Rohlfs, S 333-335

1884	30.09.		Audienz bei Otto von Bismarck und Gerhard Rohlfs: B an Graf Wilhelm Bismarck	B RA 19.135
1884	01.10.	Berlin	Gerhard Rophlfs: Städte am Roten Meere: Kosseir, Suez, Djedda - in:	Westermann's Monatshefte, Bd 56, S 760 - 770
1884	01.10.	Berlin	Gerhard Rohlfs: B an Wilhelm Graf von Bismarck	B RA 19.137
1884	02.10.	Berlin	Gerhard Rohlfs: B an Wilhelm Graf von Bismarck	B RA 19.137
1884	03.10.	Berlin	Gerhard Rohlfs: B an Wilhelm Graf von Bismarck	B RA 19.136
1884	09.10.		Gerhard Rohlfs: B an Wilhelm Graf von Bismarck	B RA 19.138a
1884	09.10.		Ernennungsurkunde zum Generalkonsul	E S 19.003
1884	12.10.	Bremen	Ernennung zum Generalkonsul	O R 404
1884	14.10.	Wilhelmshaven	Gerhard Rohlfs: B	B RA 19.139a
1884	17.10.	Weimar	Gerhard Rohlfs 28.02.05 B an Rodenberg	B RA 19.143
1884	21.10.	Weimar	Gerhard Rohlfs: B an ungenannt	C Staatsbibliothek zu Berlin Slg Darmstaedter Afrika 1875 Rohlfs, Gerhard Blatt 242
1884	24.10.	Wilhelmshaven	Gerhard Rohlfs: B an Kusserow	B RA 19.141
1884	27.10.	Wilhelmshaven auf Panzerfregatte »Bismarck«	Gerhard Rohlfs: B an Erbgroßherzog von Weimar	B RA 19.144
1884	28.10.	Abfahrt von Wilhelmshaven	Gerhard Rohlfs: B an Fürsten von Bismarck	B RA 19.145
1884	03.11.	Ankunft in Plymouth	Gerhard Rohlfs: B an Fürsten von Bismarck	B RA 19.145
1884	03.11.	Ankunft in Plymouth		B RA 19.153
1884	04.11.	Abfahrt ab Plymouth		Guenther Konrad: Gerhard Rohlfs, S 220
1884	05.11.	Plymouth		B RA 19.153
1884	06.11.	Weiterreise von Plymouth	Gerhard Rohlfs: B an von Kusserow	B RA 19.153
1884	17.11.	Madeire / Madeira		Guenther Konrad: Gerhard Rohlfs, S 220
1884	17.11.	Funchal / Madeira	Gerhard Rohlfs: B an das Auswärtige Amt	B RA 19.148

1884	17.11.		Gerhard Rohlfs: B an von Kusserow	B RA 19.153
1884	28.11.	St. Helena	Svenska Sällskapet Antropologi och Geografi, Stockholm	O R 32 / 17
1884	04.12.	Ankunft in Kapstadt		Guenther Konrad: Gerhard Rohlfs, S 220
1884	05.12.	Ankunft in Kapstadt		B RA 19.153
1884	06.12.	Capetown / Kapstadt		Guenther Konrad: Gerhard Rohlfs, S 221
1884	09.12.	Rondenbusch bei Kapstadt	Gerhard Rohlfs: B an Konsul Bieber	B RA 19.152
1884	09.12.	Rondenbusch bei Kapstadt	Gerhard Rohlfs: B an unbekannt	C Staatsbibliothek zu Berlin Autogr. I/1304 Blatt 1-2
1884	17.12.	Cape town	Gerhard Rohlfs: B an von Kosserow	B RA 19.153
1885	27.01.	Abreise von Kapstadt auf der »Gneisenau«		Konrad Guenther: Gerhard Rohlfs, S 223
1885	29.01.	Eintreffen in Sansibar	Gerhard Rohlfs: B vom 05.01.1885 an von Kusserow	B RA 20.4
1885	05.02.	Eintreffen in Sansibar		Konrad Guenther: Gerhard Rohlfs, S 223
1885	05:02.	Sansibar	Gerhard Rohlfs: B an von Kusserow	B RA 20.4
1885	11;02.	Aden	Leontine Rohlfs; B an Barbara Guenther	B RA 20.6
1885	11.02.	Sansibar	Gerhard Rohlfs: B an von Kusserow	B RA 20.52
1885	17.02.	Sansibar	Gerhard Rohlfs: B	B RA 20.4
1885	22;02	Sansibar	Ankunft von Leontine Rohlfs	B RA 20.6
1885	??.02.	Sansibar	Gerhard Rohlfs: B an von Kusserow	B RA 20.7
1885	02.03.	Sansibar	Gerhard Rohlfs: B an The British Agency Consulate General	B RA 20.8
1885	05.03.	Sansibar	Gerhard Rohlfs: B an unbekannt	C Staatsbibliothek zu Berlin Slg Darmstaedter Afrika 1875 Rohlfs, Gerhard Blatt 310-311
1885	09;03.	Sansibar	Leontine Rohlfs; B an Barbara Guenther	B RA 20.6
1885	11;03.	Sansibar	Leontine Rohlfs; B an Barbara Guenther	B RA 20.6
1885	17.03.	Sansibar	Gerhard Rohlfs: B an Fürst Bismarck	Transkription O 5 auf C 2

1885	27.04.	Sansibar	Gerhard Rohlfs: B an unbekannt	C Staatsbibliothek zu Berlin Slg Darmstaedter Afrika 1875 Blatt 312
1885	05.05.	Sansibar	Gerhard Rohlfs: B an Fürst Bismarck	Transkription O 5 auf C 2
1885	10.05.	Sansibar	Gerhard Rohlfs: B an Graf Pfeil ?	B RA 20.15
1885	11.05.	Sansibar	Gerhard Rohlfs: B an Großherzog Carl Alexander	B RA 20.16
1885	14.05.	Sansibar	Gerhard Rohlfs: B an Großherzog Alexander	B RA 20.9
1885	04.06.	Sansibar	Gerhard Rohlfs: B an Graf Pfeil ?	B RA 20.17
1885	08.06.	Sansibar	Gerhard Rohlfs: B an von Kusserow	B RA 20.19
1885	22.06.	Sansibar	Gerhard Rohlfs: B an von Kusserow	B RA 20.19
1885	29.06.	Sansibar	Gerhard Rohlfs: B an Graf Pfeil	B RA 20.23
1885	02.07.	Sansibar	Gerhard Rohlfs: B an Graf Pfeil	B RA 20.24
1885	08.07.	Sansibar	Gerhard Rohlfs: B an Graf Pfeil	B RA 20.25
1885	07.07.	Abreise von Sansibar über Aden, Suez, Alexandria und Brindisi nach Berlin		Konrad Guenther: Gerhard Rohlfs, S 235 und 236, mail AA 14.1.2009
1885	20.07.	Aden	Telegramm an Leontine Rohlfs	B RA 20.27
1885	04.08.	Berlin	Ankunft in Hotel Kaiserhof	mail AA 14.1.2009, Neue Freie Presse Nr.7519 5.8.1885
1885	05.08.	Berlin	im Auswärtigen Amt	B RA 20.29
1885	06.08.	Berlin	Gerhard Rohlfs: B an Großherzog Alexander	B RA 20.29
1885	??.08.	Weimar		B RA 20.38
1885	10.08.	Bremen	Gerhard Rohlfs: B an Richerd Andree	C B RA 20.32a, Original Stadtarchiv Braunschweig H III 3:16 vol 6 303
1885	17.08.	Wiesbaden		Neue Freie Presse Nr.7534 vom 20.8.1885
1885	??.08.	Bremen		B RA 20.36
1885	22.08.	Leipzig	Gerhard Rohlfs: B an Ernst Behm	C B P 20.002, Forschungsbibliothek Gotha Bl. 5r-6v
1885	24.08..	München, »für einige Wochen«, Brienner Str. 8c	Gerhard Rohlfs: B an Carl Alexander	B RA 20.38
1885	24.08.	München	Gerhard Rohlfs: B an Richerd Andree	C B RA 20.49a, Stadtarchiv Braunschweig H III 3:16 vol 6 303

1885	25.08.	München	Gerhard Rohlfs: Karte an Pawlowna Wagner	K 20.40a - ebay-Angebot bis 11.05.2013 von iygtx2459, stammt von K. Guenther, Geschenk an Schriftsteller Martin Müller
1885	??.09	München	Gerhard Rohlfs: B an Richerd Andree	C B RA 20.44a, Stadtarchiv Braunschweig H III 3:16 vol 6 303
1885	07.09.	München		B RA 20.52
1885	07.09.		Bevollmächtigter des Museums für Völkerkunde Leipzig	O R 34 / 17
1885	09.09.	München	Clemens Denhardt: B an Gerhard Rohlfs	B RA 20.46
1885	09.09.	Abreise nach Venedig		mail AA 14.1.2009
1885	11.09.	Venedig	Gerhard Rohlfs: B an Fr Giesebrecht?	C Staatsbibliothek zu Berlin Autogr. I/2081-2
1885	13.09.	Venedig	Clemens Denhardt: B an Gerhard Rohlfs	B RA 20.46
1885	14.09.	Venedig	Clemens Denhardt: B an Gerhard Rohlfs	B RA 20.47
1885	21.09.	München	Gerhard Rohlfs: B an von Bismarck	B RA 20.48a
1885	28.09.	Venedig	nahm seine Frau in Empfang	B RA 20.52
1885	02.10.	München		mail AA 14.1.2009
1885	bis 16.10	Venedig		Staatsbibliothek zu Berlin Autogr. I/2081-2
1885	bis 20.10.	Verona		Staatsbibliothek zu Berlin Autogr. I/2081-2
1885	27.10.	Weimar	Gerhard Rohlfs: B an Ribbek	C B RA 20.53b, Original Stadtbibliothek Hannover l41.3972, B RA 8.53b
1885	30.10.	Weimar		B RA 20.55
1885	4.11.	München	Gerhard Rophlfs: Vortrag	Wiener Zeitung Abendpost Nr. 255 6.11.1886
1885	??.11.	Sangershausen	Vortrag von Rohlfs	B V 18.009
1885	04.12.	Greifswald	Vortrag von Rohlfs vor der Geographischen Gesellschaft Greifswald	Jahresbericht der Geographischen Gesellschaft Greifswald 1882-86, II. Theil, 1887, S. 165-171
1885	07.12.	?	weiterer Vortrag von Rohlfs	Stadtbibliothek Hannover 41.3972, B RA 20.53b
1885	10.12.	Freienwalde	weiterer Vortrag von Rohlfs	B V 20.012
1886	11.12.	Grünberg	weiterer Vortrag von Rohlfs	B V 20.008
1885	13.12.	Berlin		B RA 20.72
1885	20.12.	Weimar	Gerhard Rohlfs: B an Strauch	B RA 20.69
1885	22.12.	Weimar	Gerhard Rohlfs: B an Obrist	B RA 20.63
1885	29.12.	Weimar	Gerhard Rohlfs: B an Wilhelm Erman	C Staatsbibliothek zu Berlin Slg Darmstsaedter Afrika 1874 Rohlfs, Gerhard Blatt 232
1885	30.12.	Weimar	Gerhard Rohlfs: B an Strauch	B RA 20.71

1885	30.12.	Weimar	Gerhard Rohlfs: B an Georg Schweinfurth	B RA 20.76
1886	03.01.		Gerhard Rohlfs: L'Abissinia, Vallardi, Milano und Napoli	
1886	14.01.	Itzehoe	Vortrag von Rohlfs	B V 21.003
1886	19.01.		Besuch von Alois Wolmuth	Stammbuchblatt 40
1886	19.01.	Flensburg	Vortrag von Rohlfs	B V 20.009
1886	19.01.	Apenrade	Vortrag von Rohlfs	B V 20.011
1886	20.01.	Hadersleben	Vortrag von Rohlfs	B V 20.007
1886	21.01.	Christiansfeld	Vortrag von Rohlfs	B V 20.007
1886	23.01.	Schleswig	Vortrag von Rohlfs	B V 21.015
1886	25.01.	Rendsburg	Vortrag von Rohlfs	B V 20.006
1886	??.01.	Husum	Vortrag von Rohlfs	B V 21.001
1886	??.01.	Meldorf	Vortrag von Rohlfs	B V 21.003
1886	??.01.	Herford	Vortrag von Rohlfs	B V 21.006
1886	05.02.	Rheydt	Vortrag von Rohlfs	B V 20.016, B V 20.019
1886	07.02.	Langenberg ?	Vortrag von Rohlfs	B V 21.003
1886	09.02.	Hagen	Vortrag von Rohlfs	B V 21.004
1886	10.02.	Remscheid	Vortrag von Rohlfs	B V 21.009
1886	11.02.	Kassel	3. (?) Vortrag von Rohlfs	B V 20.013
1886	11.02.	Siegen	Vortrag von Rohlfs	B V 21.011
1886	12.02.	Aachen	weiterer Vortrag von Rohlfs	B V 17.005
1886	14.02.	Viersen	Vortrag von Rohlfs	B V 20.015
1886	16.02.	Frankfurt / Main ?	Vortrag von Rohlfs	B V 20.001
1886	18.02.	Wetzlar	Vortrag von Rohlfs	B V 20.017
1886	23.02.	Bernstein	Vortrag von Rohlfs	B V 21.002
1886	23.02.		Tod des Bruders Hermann Rohlfs	
1886	??.02.	Wesel? War für 9.2. vorgesehen	weiterer Vortrag von Rohlfs	B V 17.000
1886	??.02.	Hamm ?	weiterer Vortrag von Rohlfs	B V 20.002
1886	26.03.	Altenburg ?	weiterer Vortrag von Rohlfs	B V 15.004a, B V 20.014
1886	27.03.	Dresden ?		B RA 21.15
1886	07.04.	Weimar	Gerhard Rohlfs: B an Wilhelm Erman	C Staatsbibliothek zu Berlin Slg Darmstaedter Afrika 1875 Rohlfs, Gerhard Blatt 273
1886	16.04.	Weimar	Gerhard Rohlfs: B an Georg Schweinfurth	B RA 21.22
1886	25.05.	Weimar	Gerhard Rohlfs: B an unbekannt	Universität Leipzig lt. Kalliope
1886	??.05.	Weimar	Gerhard Rohlfs: B an Heinrich von Eggeling	B RA 21.29

1886	12.06.	Weimar	Besuch von Hermann Allmers	Hans Gerhard Steimer (H): Hermann Allmers Briefwechsel mit bremischen Freunden, S. 681
1886	23.06.	Weimar	Gerhard Rohlfs: B an Georg Schweinfurth	B RA 21.33
1886	10.07.	Weimar	Gerhard Rohlfs: B an Georg Schweinfurth	OB RA 21.34a
1886	??.07.	Kissingen	Rohlfs hat Otto von Bismarck gesprochen	B RA 21.37a
1886	23.07.	Weimar	Gerhard Rohlfs: B an Ghzg Carl Alexander	B RA 21.37a
1886	31.07.	Heidelberg	Rohlfs erfährt den Tod von Liszt	Gerhard Rohlfs: Erinnerungen an Franz Liszt in Kinrad Guenther: Gerhard Rohlfs, Seite 310
1886	05.08	Heidelberg	nach gesandt	PK RA 21.38
1886	31.08.	Weimar	Gerhard Rohlfs: B an Großherzog Carl Alexander	B RA 21.37a
1886	31.08.	Weimar	Gerhard Rohlfs: B an Joachim Graf Pfeil	B RA 21.45
1886	06.09.	Weimar	Gerhard Rohlfs: B an unbekannt	C Staatsbibliothek zu Berlin Nachlass 480/4 Blatt 62
1886	20.09.	Weimar	Gerhard Rohlfs: B an unbekannt	C Staatsbibliothek zu Berlin Nachlass 480/4 Blatt 64
1886	05.10.	Heidelberg	Vortrag von Rohlfs	B V 21.018
1886	07.10.	Freiburg	Vortrag von Rohlfs	B V 21.027
1886	13.10.	Stuttgart	weiterer Vortrag von Rohlfs	B V 21.021
1886	14.10.	Schwäbisch Gmünd	Vortrag von Rohlfs	B V 21.019, B V 21.036
1886	15.10.	Ravensburg	Vortrag von Rohlfs	B V 21.032
1886	17.10.	Spaichingen	Vortrag von Rohlfs	B V 21.036
1886	18.10.	Heilbronn	Vortrag von Rohlfs	B V 21.037
1886	20.10.	Ulm	Gerhard Rohlfs: B an Ramsler	Literaturarchiv Marbach lt. Kalliope
1886	21.10.	Heilbronn	weiterer Vortrag von Rohlfs	B V 21.037
1886	22.10.	Heilbronn	weiterer Vortrag von Rohlfs	B V 21.037
1886	26.10.	Heidenheim	Vortrag von Rohlfs	B V 21.017
1886	28.10.	Nördlingen	Vortrag von Rohlfs	B V 21.028
1886	31.10.	Tübingen	Gerhard Rohlfs: B an Graf Pfeil	B RA 21.58a
1886	??.10.	Ansbach	Vortrag von Rohlfs	B V 21.023
1886	??.10.	Rottweil	Vortrag von Rohlfs	B V 21.038
1886	??.10.	Reutlingen	Vortrag von Rohlfs	B V 21.031
1886	??.10.	München	Vortrag von Rohlfs	B V 21.033
1886	03.11.	München	Vortrag von Rohlfs im Liebig'schen hörsaale	Wiener Zeitung Abendpost Nr. 255 vom 6.11.1886
1886	09.11.	Rothenburg	Vortrag von Rohlfs	B V 21.035
1886	09.11.	Fürth	Vortrag von Rohlfs	B V 21.029
1886	10.11.	Asch	Vortrag von Rohlfs	B V 21.042

1886	11.11.	Schweinfurt	Vortrag von Rohlfs	B V 21.020
1886	16.11.	Hof	Vortrag von Rohlfs	B V 21.022, B V 21.042
1886	18.11.	Regensburg	Vortrag von Rohlfs	B V 21.025
1886	20.11.	Neuburg	Vortrag von Rohlfs	B V 21.040
1886	27.11.	Passau	Vortrag von Rohlfs	B V 21.026
1886	??.11.	Amberg	weiterer Vortrag von Rohlfs	B V 21.024
1886	??.11.	Augsburg	Vortrag von Rohlfs	B V 21.039
1886	??.11.	Bayreuth	Vortrag von Rohlfs	B V 21.039
1886	??.11.	Sigmaringen ?	Vortrag von Rohlfs	B V 21.041
1886	??.11.	Korbach	Vortrag von Rohlfs	B V 21.043
1886	??.11.	Schwabach	Vortrag von Rohlfs	B V 21.044
1886	17.12.	Berlin		B RA 21.68
1886	19.12.	Berlin	Audienz beim Kaiser	T RA 21.67
1886	20.12.	Weimar	Gerhard Rohlfs: B an Graf Pfeil	B RA 21.65a
1886	22.12.	Weimar	Gerhard Rohlfs: B an Georg Schweinfurth	Original in der Uni Freiburg
1887	12.01.	Weimar	Gerhard Rohlfs: B an Georg Schweinfurth	B RA 22.6
1887	23.01.	Weimar ?	Vortrag von Gravenreuth	B RA 22.2
1887	25.01.	Weimar, Abendgesellschaft wg Ostafrika	Gerhard Rohlfs: B an Georg Schweinfurth	B RA 22.15
1887	28.01.	Weimar	Gerhard Rohlfs: B an Georg Schweinfurth	B RA 22.15
1887	14.02.	Weimar	Gerhard Rohlfs: B an Schuldirektor in ?	B RA 22.22
1887	14.02.	Weimar	Gerhard Rohlfs: B an Lüderitz	Universität Freiburg lt. Kalliope
1887	19.02.	Weimar	Gerhard Rohlfs: B an Frau Lüderitz	B RA 22.24
1887	??.02.	Höxter	Vortrag von Rohlfs	B V 22.001
1887	??.02.	Northeim	Vortrag von Rohlfs	B V 22.005
1887	??.02.	Coesfeld ?	Vortrag von Rohlfs	B V 22.008
1887	??.02.	Paderborn	Vortrag von Rohlfs	B V 22.009
1887	??.02.	Jever	Vortrag von Rohlfs	B V 22.011
1887	05.03.	Weimar	Gerhard Rohlfs: B	B RA 22.19
1887	05.03.	?	Vortrag von Rohlfs	B RA 22.19
1887	07.03.	Hameln	weiterer Vortrag von Rohlfs	B V 21.012
1887	07.03.	Holzminden ?	Vortrag von Rohlfs	B V 22.003
1887	09.03.	Arolsen	Vortrag von Rohlfs	B V 22.010
1887	10.03.	Arnsburg ?	Vortrag von Rohlfs	B V 22.007
1887	15.03.	Osnabrück ?	Vortrag von Rohlfs	B V 10.002
1887	15.03.	Bielefeld	Vortrag von Rohlfs	B V 2.004
1887	16.03.	Hildesheim	Vortrag von Rohlfs	B V 22.014
1887	20.03.	Annaberg ?	weiterer Vortrag von Rohlfs	B V 8.003
1887	27.03.	Aurich ?	Vortrag von Rohlfs	B V 22.006

1887	??.03.	Coburg	Vortrag von Rohlfs	B V 22.012
1887	??.03.	Gütersloh	Vortrag von Rohlfs	B V 22.013
1887	19.04.	Weimar	Gerhard Rohlfs: B an Georg Schweinfurth	B RA 22.39
1887	24.04.	Kulmbach	Vortrag von Rohlfs	B V 22.015
1887	06.06.	Weimar	Gerhard Rohlfs: B an Alexander Supan	B P 22.001
1887	07.06.	Weimar	Gerhard Rohlfs: B an Wilhelm Erman	C Staatsbibliothek zu Berlin Slg Darmstaedter Afrika 1875 Rohlfs, Gerhard Blatt 234-235
1887	15.06.	Weimar	Gerhard Rohlfs: B an Georg Schweinfurth	B RA 22.64
1887	??.06.	Berlin		B RA 22.64
1887	05.07.	Weimar	Gerhard Rohlfs: B an Heinrich Rohlfs	B RA 22.69
1887	16.07.	Weimar	Gerhard Rohlfs: B an Georg Schweinfurth	B RA 22.81
1887	20.07.	Weimar	Gerhard Rohlfs: B an Alexander Supan	B P 22.002
1887	31.07.	Weimar	Gerhard Rohlfs: B an Stecker	Archiv Jungbunzlau
1887	30.08.	Antweiler	Von Gravenreuth: Postkarte an Rohlfs	PK RA.22.80
1887	04.09.	Weimar	Gerhard Rohlfs. b an unbekannt	C Staatsbibliothek zu Berlin Nachlass 480/4 Blatt 6
1887	14.09.	Frankenberg ?	weiterer Vortrag von Rohlfs	B V 16.002
1887	18.09.	Weimar	Gerhard Rohlfs: B an Georg Schweinfurth	C B RA 97a, Original in der Uni Freiburg
1887	05.10.	Weimar	Gerhard Rohlfs: B an unbekannt	C B RA 22.107a, Original Stadtbibliothek Hannover
1887	10.10.	Reichenbach ?	Vortrag von Rohlfs	B V 21.016
1887	10.10.	Sagau ?	Vortrag von Rohlfs	B V 22.023
1887	12.10.	Geringswalde	Vortrag von Rohlfs	B V 22.036
1887	??.10.	Rochlitz	Vortrag von Rohlfs	B V 22.036
1887	15.10.	Plauen	Vortrag von Rohlfs	B V 22.020
1887	??.10.	Frankenthal ?	Vortrag von Rohlfs	B V 9.19
1887	22.10.	Strehlen	Vortrag von Rohlfs	B V 22.042
1887	24.10.		Commendatore dell'Ordine della Correna - Königliches Privatsekretariat, Monza	O oNr / Mappe 17
1887	24.10.	Glatz	Vortrag von Rohlfs	B V 22.038
1887	28.10.	Hirschberg ?	Vortrag von Rohlfs	B V 22.019
1887	31.10.	Rottweil	Gerhard Rohlfs: Vortrag über Ostafrika vor dem Deutschen Kolonialverein - in:	Deutsche Kolonialzeitung, 1. Heft, 1887, S 1
1887	??.10.	Namslau ?	Vortrag von Rohlfs	B V 22.034

1887	??.10.	Cottbus	Vortrag von Rohlfs	B V 22.035
1887	01.11.	Frankenstein ?	Vortrag von Rohlfs	B V 22.030
1887	05.11.	Arnstadt ?	Vortrag von Rohlfs	B V 22.017
1887	05.11.	Brieg	Gerhard Rohlfs: B an unbekannt	C Staatsbibliothek zu Berlin Slg Darmstardter Afrika 1875 Rohlfs, Gerhard Blatt 314
1887	08.11.	Oels	Vortrag von Rohlfs	B V 22.037
1887	09.11.	Neustadt / Saale	Vortrag von Rohlfs	B V 22.025
1887	11.11.	Ratibor	Vortrag von Rohlfs	B V 22.043
1887	14.11.	Tarnowitz	Vortrag von Rohlfs	B V 22.040
1887	19.11.	Oppeln	Vortrag Gerhard Rohlfs vor der Gesellschaft für Deutsche Kolonisation - in:	B V 22.026, Kolonial-Politische Korrespondenz, Nr 47, 26.11.1887, S 375
1887	23.11.	Saalfeld	Vortrag von Rohlfs	B V 22.016
1887	24.11.	Bernstadt	Gerhard Rohlfs: PK an Tschörner	PK RA 22.112
1887	??.11.	Ostrau	Vortrag von Rohlfs	B V 22.039
1887	??.11.	Breslau ?	Vortrag von Rohlfs	B V 22.042
1887	??.11.	Guben	Vortrag von Rohlfs	B V 22.044
1887	??.11.	Grottkau	Vortrag von Rohlfs	B V 22.046
1887	??.11.	Strehlen	Vortrag von Rohlfs	B V 22.042
1887	02.12.	Striegau	weiterer Vortrag von Rohlfs	B V 22.041
1887	03.12.	Striegau	Vortrag von Rohlfs	B RA 22.112
1887	07.12.	Meißen	Vortrag Gerhard Rohlfs vor dem Gewerbeverein und dem Verein für Handel und Industrie - in:	Kolonial-Politische Korrespondenz, Nr 50 vom 17.12.1887, S 399-400
1887	09.12.	Kassel	Vortrag von Rohlfs	B V 22.018
1887	15.12.	Weimar	Gerhard Rohlfs: B an Georg Schweinfurth	B RA 22.116a, Original in der Uni Freiburg
1887	28.12.	Weimar	Gerhard Rohlfs: B an Dr. Hans Meyer	B RA 22.117
1887	28.12.	Weimar	Gerhard Rohlfs: B an Redaction d. Mitt.	B P 22.003
1887	??	Weimar	Gerhard Rohlfs: B an Ignaz von Döiinger	Bayerische Staatsbilbiothek lt. Kalliope
1888	01.01.	Weimar	Gerhard Rohlfs: B an Alexander Supan	B P 23.001
1888	06.01.		Commendatore dell'Ordine die Santi Maurizio e Lazzaro -König Umberto I. von Italien	O R 10 / Mappe und Kasten 17
1888	07.01.	Rom	Wilhelm Junker: B an Gerhard Rohlfs	B RA 23.12.

1888	17.01.	Rom	Gerhard Rohlfs: B an an Major des Großherzogs	B RA 23.2, siehe auch PK RA 22.120
1888	17.01.	Rom, seit Anfang des Jahres	Gerhard Rohlfs: B an Georg Schweinfurth	C B RA 23.4a, Original in der Uni Freiburg
1888	18.01.	Rom	Gerhard Rohlfs: B an Georg Schweinfurth	C B RA 23.4a, Original in der Uni Freiburg
1888	07.02.	Rom	Gerhard Rohlfs: Postkarte an Georg Schweinfurth	PK RA 23.4b, Original in der Uni Freiburg
1888	09.02.	Rom	Gerhard Rohlfs: B an Georg Schweinfurth	B RA 23.13
1888	12.02.	Rom	Wilhelm Junker: B an Gerhard Rohlfs	B RA 23.26
1888	02.03.	Rom	Gerhard Rohlfs: Postkarte an Georg Schweinfurth	B RA 23.12.
1888	03.03.	Rückkehr aus Rom über Pisa und San Remo nach Weimar	Gerhard Rohlfs: B vom 16.03.1888 an Georg Schweinfurth	B RA 23.22
1888	04.03.	Livorno		Gerhard Rohlfs: St. Helena und Elba, Westermann, 1888, Bd 65, S 110
1888	15.03.	Elba		Gerhard Rohlfs: St. Helena und Elba, Westermann, 1888, Bd 65, S 110
1888	16.03.		Ehrenmitglied der Società Africana d'Italia, Neapel	O R 33 / 17
1888	16.03.	Weimar	Gerhard Rohlfs: B an Georg Schweinfurth	B RA 23.22
1888	18.04.	Weimar	Gerhard Rohlfs: B an Hans Meyer	B RA 23.24
1888	18.04.	Spremberg	Vortrag von Rohlfs	B V 23.003
1888	24.04.	Rückkehr aus Berlin nach Weimar	Gerhard Rohlfs: B vom 24.04.1888 an den Major des Großherzogs	B RA 23.29
1888	26.04.	Weimar	Gerhard Rohlfs: B an den Major des Großherzogs	B RA 23.29
1888	28.04.	Weimar	Gerhard Rohlfs: B an Georg Schweinfurth	B RA 23.31
1888	??.04.	Forst ?	Vortrag von Rohlfs	B V 22.045
1888	08.05.	Weimar	Gerhard Rohlfs: B an Alexander Supan	B P 23.003
1888	11.05.	Weimar	Gerhard Rohlfs: B an Alexander Supan	B P 23.004
1888	13.05.	Weimar	Gerhard Rohlfs: B an Hermann Meyer	B RA 23.40a
1888	14.05.	Weimar	Gerhard Rohlfs: B an Alexander Supan	B P 23.005

1888	23.05.	Weimar	Gerhard Rohlfs: B an Hans Meyer	B RA 23.32
1888	27.05.	Weimar	Gerhard Rohlfs: B an Hans Meyer	B RA 23.45
1888	28.05.	Weimar	Gerhard Rohlfs: B an Georg Schweinfurth	B RA 23.47a
1888	05.06.	Weimar	Gerhard Rohlfs: PK an Alexander Supan	PK P 23.006
1888	07.06.	Weimar	Gerhard Rohlfs: B an Alexander Supan	B P 23.007
1888	08.06.	Weimar	Gerhard Rohlfs: B an Alexander Supan	B P 23.008
1888	10.06.	Weimar	Gerhard Rohlfs: PK an Alexander Supan	PK P 23.009
1888	15.06.	Weimar	Gerhard Rohlfs: PK an Alexander Supan	PK P 23.010
1888	16.06.	Weimar	Gerhard Rohlfs: B an Alexander Supan	B P 23.011
1888	??.06.	Krefeld ?	Vortrag von Rohlfs	B V 21.007
1888	10.07.	Weimar	Gerhard Rohlfs: PK an Georg Schweinfurth	PK RA 23.44
1888	10.07.		Tod der Schwester Marie Voss geb Rohlfs	
1888	16.07.	Collinghorst ?	Beerdigung seiner Schwester Marie Voss geb. Rohlfs	
1888	22.07.	Weimar	Gerhard Rohlfs: PK an Alexander Supan	PK P 23.012
1888	24.07.	Weimar	Gerhard Rohlfs: PK an Alexander Supan	PK P 23.013
1888	08.08.	Weimar	Gerhard Rohlfs: PK an Alexander Supan	PK 23.014
1888	29.08.	Weimar	Gerhard Rohlfs: B an Georg Schweinfurth	C Staatsbibliothek zu Berlin Slg Darmstaedter Afrika 1875 Rohlfs, Gerhard Blatt 258-259
1888	03.09.	Weimar	Gerhard Rohlfs: B an Georg Schweinfurth	C Staatsbibliothek zu Berlin Slg Darmstaedter Afrika 1875 Rohlfs, Gerhard Blatt 260-261
1888	07.09.	Weimar	Gerhard Rohlfs: B an Georg Schweinfurth	C Staatsbibliothek zu Berlin Slg Darmstaedter Afrika 1875 Rohlfs, Gerhard Blatt 242
1888	05.09	Weimar	Trauzeuge bei Alma Senrah	mail vom 15.10.12015 von Axel Gömar
1888	17.09.	Weimar	Gerhard Rohlfs: B an Alexander Supan	B P 23.015
1888	18.09.	Weimar	Gerhard Rohlfs: B an Georg Schweinfurth	C Staatsbibliothek zu Berlin Slg Darmstaedter Afrika 1875 Rohlfs, Gerhard Blatt 264-265
1888	19.09.	Weimar	Gerhard Rohlfs: PK an Alexander Supan	PK P 23.016

1888	27;09.	Weimar	Gerhard Rohlfs: B an unbekannt	C B RA 23.74a, Stadtbibliothek Hannover 53.7122,
1888	29.09.	Weimar	Gerhard Rohlfs: B an Georg Schweinfurth	C Staatsbibliothek zu Berlin Slg Darmstaedter Afrika 1875 Rohlfs, Gerhard Blatt 266-267
1888	23.10.	Ludwigshafen?	weiterer Vortrag von Rohlfs	B V 17.016, B RA 23.80
1888	25.10.		Gerhard + Leontine Rohlfs: B an Georg Schweinfurth	B RA 23.77
1888	25.10.	Soest	Vortrag von Rohlfs	B V 23.011
1888	27,10.	Holzminden ?	Vortrag von Rohlfs	B V 23.009, B V 23.022
1888	28.10.	Wolfenbüttel	Gerhard Rohlfs: B an unbekannt	C B RA 23.84a, Stadtbibliothek Hannover 52.7122,
1888	29.10.	Wolfenbüttel ?	weiterrer Vortrag von Rohlfs	B V 18.031, B V 23.018
1888	31.10.	Gießen	weiterer Vortrag von Rohlfs	B V 17.001, B V 23.007
1888	29.10.	Wolfenbüttel ?	Vortrag von Rohlfs	B V 23.018
1888	??.10.	Altenburg	Vortrag von Rohlfs	B V 23.012
1888	??.10.	Seesen	weiterer Vortrag von Rohlfs	B V 23.014, B V 23.042
1888	01.11.	Meiningen?	weiter Vortrag von Rohlfs	B V 16.008
1888	02.11.	Hildburghausen	Vortrag von Rohlfs	B V 23.047, B V 23.039, B V 23.010 - auch B V 16.005
1888	03.11.	Frankenhausen?	weiterer Vortrag von Rohlfs	B V 17.021
1888	05.11.	Schleiz?	weiter Vortrag von Rohlfs	B V 16.006
1888	06.11.	Gera?	Vortrag von Rohlfs	B V 15.008, B V 23.013, B V 23.042, B V 23.044
1888	07.11.	Weida ?	weiterer Vortrag von Rohlfs	B V 23.027
1888	07.11.	Poesneck	Vortrag von Rohlfs	B V 23.034a, B V 23.024, B V 7.009, B V 23.031
1888	08.11.	Poesneck	Vortrag von Rohlfs	B V 23.024, B V 23.031
1888	12.11.	Greiz	Vortrag von Rohlfs	B V 23.020, B V 23.017, B V 15.005
1888	14.11.	Rosswein	weiterer Vortrag von Rohlfs	B V 23.023, B V 23.028, B V 23.030, B V 23.037
1888	17.11.	Wismar	Vortrag von Rohlfs	B V 23.48
1888	20.11.	Wittenberg ?	Vortrag von Rohlfs	B V 18.010
1888	24.11.	Solingen ?	Vortrag von Rohlfs	B V 7.3
1888	24.11.	Dessau	weiterer Vortrag von Rohlfs	B V 23.029, B V 23.049, Anhalter Staatsanzeiger Nr. 278 vom 26.11.1888
1888	26.11.	Aschersleben	weiterer Vortrag von Rohlfs	B V 23.035, B V 23.036, B V 18.025, B V 23.033
1888	28.11.	Frankenhausen	Vortrag von Rohlfs	B V 23.041
1888	29.11.	Langenhausen ?	Vortrag von Rohlfs	B V 20.010
1888	??.11.	Oschersleben ?	Vortrag von Rohlfs	B V 23.043, B V 23.045
1888	01.12.	Frankenhausen	Vortrag von Rohlfs	B V 23.041

1888	02.12.	Hannover	Gerhard Rohlfs: Vortrag vor der deutschen Colonialgesellschaft	Norddeutsche Volkszeitung, 04.12.1888, S 1, 2 - Bücherei Museum Schloß Schönebeck
1888	03.12.	Mühlhausen	weiterer Vortrag von Rohlfs	B V 23.040, B V 13.005, B V 23.034
1888	07.12.	Berlin ?		RA 23.91
1888	14.12.	Sondershausen	Vortrag von Rohlfs	B V 17.022, B V 23.038, B V 23.046, B V 23.050
1888	16.12.	München	Gerhard Rohlfs: B vom 28.12.1888	B RA 23.97
1888	1612.	München	Gerhard Rohlfs: Redner Anti Sclaverei	Grazer Volksblatt Nr. 293 v 21.12.1888
1888	23.12.	München	Comité Müchen: B an Gerhard Rohlfs	B RA 23.95
1888	??	Weimar	Gerhard Rohlfs: B an ?	B RA 23.97
1888	??	Jena, Gera - Termine ungewiß	Vortrag von Rohlfs	Vortragskorrespondenz
1888	??	Weimar	Gerhard Rohlfs: B an Hermann Roemer	Stadtarchiv Hildesheim lt. Kalliope
1889	21.01.	Mailand	Vortrag von Rohlfs	B V 23.51
1889	23.01.	Mailand	Vortrag von Rohlfs	B V 23.51
1889	05.02.	Weida	Vortrag von Rohlfs	B V 16.008a
1889	??.02.	Weimar	Gerhard Rohlfs Vortrag über den »Werth der Kolonisation und der Sklavenfrage« im Kolonialverein	Weimarer Zeitung, 17.01.1889
1889	??.??	Rom		B RA 24.25
1889	12.03.	Waida	Vortrag von Rohlfs	B V 24.004, B 24.006, B 24.008
1889	12.03.	Alsfeld	Vortrag von Rohlfs	B V 24.008
1889	14.03.	Osnabrück	eiterer Vortrag von Rohlfs	B V 24.005
1889	19.03.	Weimar	Gerhard Rohlfs: PK an Alexander Supan	PK P 24.001
1889	22.03.	Weimar	Gerhard Rohlfs: B an Wilhelm Ermann	C Staatsbibliothek zu Berlin Slg Darmstaedter Afrika 1875 Rohlfs, Gerhard Blatt 236
1889	02.04.	Weimar	Gerhard Rohlfs: B an Alexander Supan	B P 24.002
1889	08.04.	Weimar	Gerhard Rohlfs: B an Alexander Supan	B P 24.003
1889	24.04.	Weimar	Gerhard Rohlfs: B an Georg Schweinfurth	B RA 24.23
1889	26.04.	Berlin	Geographen-Kongreß - war vom 24.-26.4.89	B RA 24.23
1889	??.04.	Weimar	Gerhard Rohlfs: B an Major	B RA 24.27

1889	11.05.	Weimar	Gerhard Rohlfs: B an Alexander Supan	B P 24.004
1889	??.05.	Bonn, Kaiserhof		Konrad Guenther: Gerhard Rohlfs; S 264
1889	30.05.	Godesberg	Gerhard Rohlfs: B an Alexander Supan	B P 24.005
1889	05.06.		Meinheim II verkauft	B RA 24.34
1889	06.06.	Bonn (Kaiserhof)	Gerhard Rohlfs: B an Georg Schweinfurth	B RA 24.34
1889	20.06.	Bonn (Kaiserhof)	Gerhard Rohlfs: B an Major	B RA 24.035a
1889	20.06.		Kauf des Grundstücks in Rüngsdorf	B RA 24.38
1889	21.06.	Bonn	Gerhard Rohlfs: B an Georg Schweinfurth	B RA 24.38
1889	25.06.	Bonn	Gerhard Rohlfs: B an Georg Schweinfurth	B RA 24.40
1889	01.07.	Godesberg	Gerhard Rohlfs: PK an Herm. Allmers	PK Allmers-Museum (Schr. Steimer v. 26.11.2007)
1889	27.07.	Godesberg	Gerhard Rohlfs: B an Hans Meyer	B RA 24.43
1889	16.07.	Godesberg	Gerhard Rohlfs: B an Alexander Supan	B P 24.006
1889	27.07.	Godesberg	Gerhard Rohlfs: B an Georg Schweinfurth	B RA 24.49
1889	24.08.	Ems	Gerhard Rohlfs: B an Georg Schweinfurth	B RA 24.57
1889	31.08.	Ems	Rudolf Said Ruete: PK an Gerhard Rohlfs	PK RA 24.59
1889	18.09.	Rückkehr von Ems nach Godesberg	Gerhard Rohlfs: B vom 24.08.1889 an Georg Schweinfurth	B RA 24.57
1889	08.10.	Godesberg	Gerhard Rohlfs: B an Hans Meyer	B RA 24.69
1889	12.10.	Weimar		B RA 24.67
1889	17.10.	Koblenz ?	Vortrag von Rohlfs	B V 18.032
1889	21.10.	Schneidemühl	Vortrag von Rohlfs	B V 24.013
1889	21.11.	Braunsberg	weiterer Vortrag von Rohlfs	B V 24.020, B V 24.026
1889	25.10.	Allenstein	Vortrag von Rohlfs	B V 24.015
1889	27.10.	Berlin ?		B RA 24.69
1889	29.10.	Bartenstein	Vortrag von Rohlfs	B V 24.026
1889	??.10.	Weimar	H.J. Meyer: B an Rohlfs	B RA 24.70
1889	??.10.	Schwetz	Vortrag von Rohlfs	B V 24.019
1889	??.10.	Neidenburg	Vortrag von Rohlfs	B V 24.009
1889	??.10.	Marienwerder	Vortrag von Rohlfs	B V 24.023
1889	03.11.	Berlin	Gerhard Rohlfs: B an ?	B RA 24.76
1889	05.11.	Wormdill	Vortrag von Rohlfs	B V 24.014
1889	06.11.	Wehlau	Vortrag von Rohlfs	B V 24.010
1889	12.11.	Eydtkuhnen	Vortrag von Rohlfs	B V 24.012

1889	14.11.	Memel	weiterer Vortrag von Rohlfs	B V 24.017
1889	16.11.	Deutsch Eylau	Vortrag von Rohlfs	B V 24.25
1889	20.11.	Angerburg	Vortrag von Rohlfs	B V 24.018
1889	21.11.	Thorn	Gerhard Rohlfs: B an Hermann Meyer	B RA 24.73a
1889	27.11.	Marienburg	Vortrag von Rohlfs	B V 20.024
1889	28.11.	Dirschau	Vortrag von Rohlfs	B V 24.021
1889	29.11.	Berlin		P RA 24.74
1889	03.12.	Berlin	Quedenfeldt: PK an Rohlfs	PK RA 24.75
1889	11.12.	Bremen	Gerhard Rohlfs: B an Hermann Meyer	B RA 25.77a
1889	??	Danzig, Preußisch Stargard -Termine ungewiß	Vortrag von Rohlfs	B V 24.022, B V 24.027
1890	14.01.	Wiesbaden, Taunusstraße 38		PK RA 25.7
1890	18.01.	Wiesbaden, Taunusstraße 38		B RA 25.11
1890	21.01.	Wiesbaden, Taunusstraße 38		B RA 25.13
1890	23.01.	Wiesbaden, Taunusstraße 38		B RA 25.14
1890	24.01.	Wiesbaden	ab Anfang Januar Kur	B RA 25.27
1890	27.01.	Wiesbaden	Gerhard Rohlfs: B an Dr. Hans Meyer	B RA 25.15
1890	05.02.	Wiesbaden	Gerhard Rohlfs: B an Carl Alexander	B R 25.7
1890	13.02.	Wiesbaden	Gerhard Rohlfs: B an Carl Alexander	B R 25.12
1890	23.02.	Wiesbaden, Taunusstraße 38	Gerhard Rohlfs: B an Dr. Hans Meyer	B RA 25.17
1890	25.02.	Wiesbaden	Gerhard Rohlfs: B an Carl Alexander	B R 25.19
1890	08.03.	Wiesbaden, Taunusstraße 38	Gerhard Rohlfs: B an Georg Schweinfurth	B RA 25.27
1890	10.03.	Wiesbaden	Gerhard Rohlfs: B an Carl Alexander	B R 25.25
1890	16.03.	Rückreise nach Godesberg	Gerhard Rohlfs: B an Julius Grosse	B R 25.25
1890	17.03.	Godesberg	Gerhard Rohlfs: B an Georg Schweinfurth	B RA 25.33
1890	14.04.	Godesberg	Gerhard Rohlfs: B an ?	B RA 25.36
1890	26.05.	Godesberg	Gerhard Rohlfs: B an Georg Schweinfurth	B RA 25.42
1890	12.06.	Godesberg, Friedrichstraße 10	erster Eintrag im Fremdenbuch	Fremdenbuch, S 73

1890	19.06.	Godesberg	Gerhard Rohlfs: B an Georg Schweinfurth	B RA 25.54
1890	26.06.	Godesberg	Gerhard Rohlfs: B an Georg Schweinfurth	B RA 25.57
1890	30.06.	Godesberg	Besuch von Theodor Kirchhoff	Stammbuchblatt 45
1890	30.06.	Bonn	Sitzung des Kolonial-Vereins	B RA 25.60
1890	02.07.	Godesberg	Gerhard Rohlfs: B an Georg Schweinfurth	B RA 25.60
1890	08.07.	Godesberg	Gerhard Rohlfs: Ba an Gustav Freytag	C Staatsbibliothek zu Berlin Slg Darmstaedter Afrika 1875 Rohlfs, Gerhard Blatt 237
1890	19.07.	Godesberg	Gerhard Rohlfs: B an unbekannt	B RA 25.63a
1890	11.08.	Godesberg	Gerhard Rohlfs: B an Georg Schweinfurth	B RA 25.60
1890	15.08.	Godesberg	Gerhard Rohlfs: B an Georg Schweinfurth	B RA 25.67
1890	27.08.	Godesberg	Gerhard Rohlfs: B an Großherzog	B RA 25.71
1890	03.09.	Godesberg	Gerhard Rohlfs: B an Alexander Supan	B P 25.001
1890	04.09.	Godesberg	Gerhard Rohlfs: K an A. Schwab	C B RA 25.78a, Original Stadtbibliothek Hannover 41.1699,
1890	10.09.	Godesberg	Gerhard Rohlfs: B an unbekannt	Universität Leipzig lt. Kalliope
1890	21.09.	Godesberg	Gerhard Rohlfs: B an Georg Schweinfurth	B RA 25.75
1890	25.09.	Godesberg	Gerhard Rohlfs: B an eine Schule ?	B RA 25.81
1890	27.09.	Godesberg	Gerhard Rohlfs: B an Fürt Hohenlohe-Langenburg - in:	Konrad Guenther: Gerhard Rohlfs, S 256-259
1890	30.09.	Godesberg	Gerhard Rohlfs: B an Großherzog	B RA 25.84
1890	04.10.	Godesberg	Gerhard Rohlfs: B an Major	B RA 25.085
1890	26.10.	Treptow	Vortrag von Rohlfs	B V 25.015
1890	29.10.	Godesberg	Gerhard Rohlfs: B an Dr. Hans Meyer	B RA 25.89
1890	29.10.	Wismar	Vortrag von Rohlfs	B V 25.006
1890	31.10.	Berlin		B RA 25.90
1890	31.10.	Havelberg	Vortrag von Rohlfs	B V 25.005, B V 25.009
1890	04.11.	Godesberg	Gerhard Rohlfs: B an Georg Schweinfurth	B RA 25.90
1890	04.11.	Rawitsch	weiterer Vortrag von Rohlfs	B V 25.002
1890	12.11.	Berlin	keine Audienz, hat Schweinfurth gesehen	B RA 25.98
1890	13.11.	Godesberg	Gerhard Rohlfs: B an Königliche Hoheit	B RA 25.097

1890	14.11.	Godesberg	Gerhard Rohlfs: B an Stadtdirektor Rohr	B RA 26.98a - Auszug in Akte 2 unter 10 auf C 1
1890	17.11.	Schlave	Vortrag von Rohlfs	B V 25.011, B V 25.012
1890	18.11.	Godesberg	Gerhard Rohlfs: B an Georg Schweinfurth	B RA 25.98
1890	18.11.	Schivelbein	Vortrag von Rohlfs	B V 25.013
1890	07.12.	Wiesbaden	Hans Meyer: PK an Rohlfs	PK RA 25.118
1890	12.12.	Godesberg	Gerhard Rohlfs: B an Herrn Dr. Hans Meyer	B RA 25.111
1890	12.12.	Godesberg	Gerhard Rohlfs: B an Georg Schweinfurth	B RA 25.113
1890	??	Neu-Ruppin, Rummelburg, Ostrowo/Posen, Stolpe - Termine ungewiss	Vortrag von Rohlfs	B V 25.001, B V 25.003, B V 20.004, B V 25.007, B V 25.014
1891	07.02.	Godesberg	Gerhard Rohlfs: B an Georg Schweinfurth	B RA 26.2
1891	15.02.	Godesberg	Gerhard Rohlfs: B an Georg Schweinfurth	B RA 26.6
1891	18.02.	Godesberg	Gerhard Rohlfs: PK an Alexander Supan	PK P 26.001
1891	25.03.	Wiesbaden	Gerhard Rohlfs: B an unbekannt	C B RA 26.16a, Original Stadtbibliothek Hannover
1891	??.03.	Godesberg	Gerhard Rohlfs: B an Herrn Dr. Hans Meyer	B RA 26.10
1891	??.03+04.	Wiesbaden	einige Wochen	B RA 26.22
1891	21.04.		Ordentliches Mitglied im Verein von Altertumsfreunden im Rheinlande, Bonn	O R ? / 17
1891	21.04.	Godesberg	Gerhard Rohlfs: B an Georg Schweinfurth	B RA 26.22
1891	10.06.	Godesberg	Gerhard Rohlfs: B an Georg Schweinfurth	B RA 26.29
1891	14.06.	Godesberg	Bgerhard Rohlfs: B an Stadtdirektor Rohr	B RA.32a, Kopie, Original unter 6,11 - 1261 im Staatsarchiv Bremen
1891	23.06.	Godesberg	Gerhard Rohlfs: B an Georg Schweinfurth	B RA 26.31
1891	25.06.	Godesberg	Gerhard Rohlfs: PK an Alexander Supan	PK P 26.002
1891	30.06.	Godesberg	Gerhard Rohlfs: B an Georg Schweinfurth	B RA 26.36
1891	02.07.	Godesberg	Gerhard Rohlfs: B an Stadtdirektor Rohr	B RA 26.38b, Kopie, Original unter 6,11 1261 im Staatsarchiv Bremen

1891	06.07.	Rüngsdorf	Gerhard Rohlfs: B an Stadtdirektor Rohr	B RA 26.38c, Kopi, Original unter 6,11 1261 im Staatsarchiv Bremen
1891	10.07.	Godesberg	Gerhard Rohlfs: B an Georg Schweinfurth	A RA 26.38a, Original in der Uni Freiburg
1891	21.07.	Godesberg	Gerhard Rohlfs: B an Hermann Meyer sen	B RA 26.46a
1891	11.08.	Godesberg	Gerhard Rohlfs: PK an Redaktion PERTHES	PK P 26.003
1891	15.08.	Godesberg	Gerhard Rohlfs: B an Georg Schweinfurth	A RA 26.40a, Original in der Uni Freiburg
1891	15.08.	Godesberg	Gerhard Rohlfs: B an Georg Schweinfurth	A RA 26.52a, Original in der Uni Freiburg
1891	15.08.	Godesberg	Gerhard Rohlfs: Entwurf eines B an die Kolonialabteilung im Auswärtigen Amt	B RA 26.051a2
1891	18.08.	Godesberg	Gerhard Rohlfs: Entwurf eines B an den Sultan avon Bornu	B RA 26.051a2
1891	19.08.	Godesberg	Gerhard Rohlfs: PK an Redaktion PERTHES	PK P 26.004
1891	04.10.	Godesberg	Gerhard Rohlfs: B an Georg Schweinfurth	B RA 26.66
1891	04.10.	Godesberg	Gerhard Rohlfs: B an Georg Schweinfurth	B RA 26.75
1891	09.10.	Godesberg	Gerhard Rohlfs: B an Dr. Hans Meyer	B RA 26.76
1891	09.10.	Godesberg	Gerhard Rohlfs: B an Alexander Supan	B P 26.005
1891	19.10.	Godesberg	Gerhard Rohlfs: B an Alexander Supan	B P 26.007
1891	24.11.	Godesberg	Gerhard Rohlfs: B an Georg Schweinfurth	B RA 26.83
1891	08.12.	Godesberg	Gerhard Rohlfs: B an Georg Schweinfurth	B RA 26.98
1891	11.12.	Godesberg	Gerhard Rohlfs: B an Alexander Supan	B P 26.008
1891	27.12.	Godesberg	Gerhard Rohlfs: B an Georg Schweinfurth	B RA 26.101
1891	29.12.	Godesberg	Gerhard Rohlfs: B an Georg Schweinfurth	B RA 26.105
1891	??	Godesberg	Gerhard Rohlfs: B an Georg Schweinfurth	B RA 26.106
1891	??		Gerhard Rohlfs: B an Otto Braun	Literaturarchiv Marburg lt. Kalliope

1892	26.01.	Wiesbaden, Taunusstraße		B RA 27.8b
1892	11.02.	Wiesbaden	Gerhard Rohlfs: B an Georg Schweinfurth	C B RA 27.10a, Original an der Uni Freiburg
1892	27.01.	Wiesbaden	Gerhard Rohlfs: B an Rudolf Amandus Philippi	Universitätsbibliothek Freiburg lt. Kalliope
1892	31;01.	Wiesbaden	Gerhard Rohlfs: K an Julius Kettler	C RA 27.8d aus Stadtbibliothek Hannover 64.10214
1892	20.02.	Wiesbaden Taunusstraße 38	Gerhard Rohlfs: B an Georg Schweinfurth	B RA 27.10a, Original an der Uni Freiburg
1892	07.03.	(Wiesbaden) Godesberg	Gerhard Rohlfs: B an J. G. Wetzstein	C Staatsbibliothek zu Berlin Slg Darmstaedter Afrika 1875 Blatt 272
1892	09.03.	Wiesbaden Taunusstraße 38	Gerhard Rohlfs: B an Georg Schweinfurth	B RA 27.11a, Original an der Uni Freiburg
1892	13.03.	Wiesbaden	Gerhard Rohlfs: B an Richerd Andree	C B RA 27.12a, Original Stadtarchiv Braunschweig H III 3:16 vol 6 303
1892	25.03.	Wiesbaden Taunusstraße 38	Gerhard Rohlfs: B an Georg Schweinfurth	B RA 27.12.
1892	30.03.	Godesberg	Gerhard Rohlfs: B an unbekannt	B RA 27.12b, Original SuUB Bremen
1892	12.05.	Godesberg	Gerhard Rohlfs: PK an Alexander Supan	PK P 27.001
1892	21.05.	Godesberg	Gerhard Rohlfs: B an Alexander Supan	B P 27.002
1892	01.06.	Godesberg	Gerhard Rohlfs: B Westermann-Verlag	B RA 27.12a
1892	30.06.	Godesberg	Gerhard Rohlfs: B an Gerald Zimmermann	B RA 27.21a
1892	??.07.	Godesberg	Gerhard Rohlfs: B an Georg Schweinfurth	C B RA 27.25a, Original in der Uni Freiburg
1892	17.07.	Rüdesheim, Kreuznach	Gerhard Rohlfs: B an Georg Schweinfurth	B RA 27.30
1892	03.08.	Godesberg	Gerhard Rohlfs: B an Georg Schweinfurth	B RA 27.30
1892	17.08.	Godesberg	Gerhard Rohlfs: B an Georg Schweinfurth	B RA 27.37
1892	18.08.	Godesberg	Gerhard Rohlfs: B an Giacomo Doria/ Societa Geografica Italiana	B RA 27.40a
1892	04.09.	Godesberg	Gerhard Rohlfs: B Westermann-Verlag	B RA 27.49a
1892	05.09.	Godesberg	Gerhard Rohlfs: B Westermann-Verlag	B RA 27.51a
1892	07.09.	Godesberg	Gerhard Rohlfs: B Westermann-Verlag	B RA 27.51b
1892	08.09.	Godesberg	Gerhard Rohlfs: B Westermann-Verlag	B RA 27.52a

1892	12.09.	Godesberg	Gerhard Rohlfs: B an Georg Schweinfurth	B RA 27.53.
1892	16.09.	Godesberg	Gerhard Rohlfs: B an Alexander Supan	B P 27.003
1892	20.09.	Godesberg	Gerhard Rohlfs: B Westermann-Verlag	B RA 27.56
1892	04.10.	Weimar	Hans Meyer: B an Gerhard Rohlfs	B RA 27.63
1892	08.10.	Godesberg	Gerhard Rohlfs: B Westermann-Verlag	B RA 27.60
1892	08.10.		Medaille zur Goldenen Hochzeit von Carl-Alexander von Sachsen-Weimar-Eisenach	O R 106, Kasten 17
1892	09.10.	Weimar	Einladungen des Großherz.Gold. Hochz.	RA 27.60a und b
1892	15.10.		Medaille am Band zur Goldenen Hochzeit von Carl-Alexander von Sachsen-Weimar-Eisenach	R 118 / Kasten 17
1892	25.10.	Godesberg	Gerhard Rohlfs: B an Herrn Jaeger	B RA 27.71
1892	22.11.	Godesberg	Gerhard Rohlfs: B an ?Oskar Lenz	C Staatsbibliothek zu Berlin Slg Darmstaedter Afrika 1875 Rohlfs, Gerhard, Blatt 241
1892	23.11.	Godesberg	Gerhard Rohlfs: B an Georg Schweinfurth	C B RA 27.80a, Original in der Uni Freiburg
1892	28.11.	Godesberg	Gerhard Rohlfs: B an Dr. Hans Meyer	B RA 27.88
1892	03.12.	Godesberg	Gerhard Rohlfs: B Westermann-Verlag	B RA 27.91
1892	05.12.	Rüngsdorf	Gerhard Rohlfs: B an Alexander Supan	B P 27.004
1892	09.12.	Godesberg	Gerhard Rohlfs: B an Alexander Supan	B P 27.005
1892	12.12.	Godesberg	Gerhard Rohlfs: B an Dr. Hans Meyer	B RA 27.92
1892	17.12.	Godesberg	Gerhard Rohlfs: B an Oskar Lenz	C Staatsbibliothek zu Berlin Slg Darmstardter Afrika 1875 Rohlfs, Gerhard Blatt 264
1892	??.12.	Godesberg	Gerhard Rohlfs: B an Georg Schweinfurth	B RA 27.95
1893	05.01.	Godesberg	Gerhard Rohlfs: B an Richerd Andree	C B RA 28.4a, Original Stadtarchiv Braunschweig H III 3:16 vol 6 303
1893	14.01.	Weimar	Rohlfs überbrachte ein Geschenk zur Goldenen Hochzeit an den Großherzog	Konrad Guenther: Gerhard Rohlfs, S 281

1893	14.01.	Godesberg	Gerhard Rohlfs: B an Dr. Hans Meyer	B RA 28.5, B RA 28.7
1893	24.01.	Wiesbaden	Gerhard Rohlfs: B an Georg Schweinfurth	B RA 28.8
1893	08.02.	Wiesbaden	Gerhard Rohlfs: B an Georg Schweinfurth	B RA 28.9
1893	17.02.	Godesberg	Gerhard Rohlfs: B an Georg Schweinfurth	C B RA 28.14a, Original in der Uni Freiburg
1893	24.03.	Wiesbaden	Gerhard Rohlfs: B an Georg Schweinfurth	B RA 28.18
1893	25.03.	Wiesbaden	Gerhard Rohlfs: B Westermann-Verlag	B RA 28.30
1893	26.03.	Wiesbaden	Gerhard Rohlfs: B an Louise Reuter	B R 28.5
1893	29.03.	Wiesbaden	Gerhard Rohlfs: B Westermann-Verlag	B RA 28.31
1893	31.03.	Rückkehr von Wiesbaden nach Godesberg	Gerhard Rohlfs: B an Julius Grosse	B R 28.3
1893	01.04.	Godesberg	Gerhard Rohlfs: PK an Redaktion PERTHES	PK P 28.001
1893	07.04.		Tod der Schwester Elisabeth Rohlfs	O Todesanzeige
1893	13.04.	Godesberg	Gerhard Rohlfs: B an Richard Andree	C B RA 28.46a, Original Stadtarchiv Braunschweig H III 3:16 vol 6 303
1893	20.04.	Godesberg	Gerhard Rohlfs: B an unbekannt	Universsitätsbibliothek Freiburg, Nr 504 lt Kalliope
1893	29.05.	Bonn	Gerhard Rohlfs: B an unbekannt	C Staatsbibliothek zu Berlin Slg Darmstaedter Afrika 1875 Blatt 316
1893	24.06.	Godesberg	Gerhard Rohlfs: B an Richerd Andree	C B RA 28.73a, Stadtarchiv Braunschweig H III 3:16 vol 6 303
1893	30.06.	Godesberg	Gerhard Rohlfs: B an Georg Schweinfurth	C Staatsbibliothek zu Berlin Sld Darmstaedter Afrika 1875 Rohlfs, Gerhard Blatt 268-269
1893	25.07.	Godesberg	Gerhard Rohlfs: B an Georg Schweinfurth	B RA 28.41
1893	02.08.	Godesberg	Gerhard Rohlfs: B an Georg Kollm	C Staatsbibliothek zu Berlin Sld Darmstaedter Afrika 1875 Rohlfs, Gerhard Blatt 315
1893	19.08.	Godesberg	Gerhard Rohlfs: B an Alexander Supan	B P 28.002
1893	02.09.	Godesberg	Gerhard Rohlfs: B an Alexander Supan	B P 28.003
1893	21.09.	Godesberg	Gerhard Rohlfs: B an Georg Schweinfurth	C B RA 28.84a, Original in der Uni Freiburg
1893	??.09.	Godesberg	Gerhard Rohlfs: B an Georg Schweinfurth	C B RA 28.104a, Aut XXIV,11 in SuUB Bremen
1893	17.10.	Godesberg	Gerhard Rohlfs: B an Georg Schweinfurth	C B RA 28.112a, Original in der Uni Freiburg

1893	17.10.	Godesberg	Gerhard Rohlfs: B an Georg Schweinfurth	C B RA 28.115a, Original in der Uni Freiburg
1893	03.11.	Godesberg	Gerhard Rohlfs: B Westermann-Verlag	B RA 28.115
1893	10.11.	Godesberg	Gerhard Rohlfs: B an Georg Schweinfurth	C B RA 28.122a, Original in der Uni Freiburg
1893	16.11.	Godesberg	Gerhard Rohlfs: B an Georg Schweinfurth	C B RA 28.127a, Original in der Uni Freiburg
1893	20.11.	Godesberg	Gerhard Rohlfs: B an Georg Schweinfurth	B RA 28.129
1893	20.11.	Godesberg	Gerhard Rohlfs: B an Dr. Hans Meyer	B RA 28.130
1893	21.11.	Godesberg	Gerhard Rohlfs: B an Rüete	B RA 28.131
1893	06.12.	Rüngsdorf bei Godesberg	Gerhard Rohlfs: B an Dr. Hans Meyer	B RA 28.132
1893	07.12.	Godesberg	Gerhard Rohlfs: B an Georg Schweinfurth	B RA 28.138
1893	19.12.	Godesberg	Gerhard Rohlfs: B an Dr. Hans Meyer	B RA 28.139
1893	21.12.	Godesberg	Gerhard Rohlfs: B an Georg Schweinfurth	B RA 28.144
1893	27.12.	Godesberg	Gerhard Rohlfs: B an Max von Oppenheim	B RA 28.145
1893	??	Wiesbaden		B RA 28.144
1894	06.01.	Wiesbaden	Gerhard Rohlfs: B an Rüete	B RA 29.4
1894	17.01.	Wiesbaden	Gerhard Rohlfs: B an Alexander Supan	B P 29.001
1894	25.01.	Wiesbaden	Gerhard Rohlfs: B an Georg Schweinfurth	B RA 29.6
1894	25.01.	Wiesbaden	Gerhard Rohlfs: B an Georg Schweinfurth	B RA 29.15
1894	19.02.	Wiesbaden		B RA 29.15
1894	19.02.	Godesberg	Gerhard Rohlfs: B an Georg Schweinfurth	B RA 29.29
1894	16.03.	Rüngsdorf	Gerhard Rohlfs: PK an Redaktion PERTHES	PK P 29.002
1894	19.03.	Rüngsdorf	Gerhard Rohlfs: PK an Redaktion PERTHES	PK P 29.003
1894	06.04.	Rüngsdorf	Gerhard Rohlfs: B an Georg Schweinfurth	B RA 29.31
1894	04.05.	Rüngsdorf	Gerhard Rohlfs: B an Stadtdirektor Rohr	C B RA 29.43a, Original unter 6,11 1261 im Staatsarchiv Bremen
1894	10.05.	Rüngsdorf	Gerhard Rohlfs: B an Stadtdirektor Rohr	C B RA 29.44b, Original unter 6,11 1261 im Staatsarchiv Bremen

1894	25.05.	Rüngsdorf	Gerhard Rohlfs: B an Georg Schweinfurth	B RA 29.39
1894	25.05.	Rüngsdorf	Gerhard Rohlfs: B an Georg Schweinfurth	B RA 29.47
1894	21.06.	Godesberg	Gerhard Rohlfs: B: an Red. Westermann	C B RA 29.62a, Original Stadtarchiv Braunschweig H III 3.16 vol 6 303
1894	27.06.	Rüngsdorf	Gerhard Rohlfs: B an Ruete	B RA 29.48
1894	28.06.	Rüngsdorf	Gerhard Rohlfs: B an Georg Schweinfurth	B RA 29.65
1894	29.06.	Rüngsdorf	Gerhard Rohlfs: B an Georg Schweinfurth	B RA 29.66
1894	10.07.	Rüngsdorf	Gerhard Rohlfs: B an Stadtdirektor Rohr	B RA 29.67
1894	12.07.	Rüngsdorf	Gerhard Rohlfs: B an Stadtdirektor Rohr	B RA 29.67a, Kopie, Original unter 6,11 1261 im Staatsarchiv Bremen
1894	30.07.	Rüngsdorf	Gerhard Rohlfs: B an Georg Schweinfurth	B RA 29.69
1894	03.08.	Rüngsdorf	Gerhard Rohlfs: B an Georg Schweinfurth	B RA 29.70, auch C B RA 29.70a
1894	09.09.	Rüngsdorf	Gerhard Rohlfs: B an Georg Schweinfurth	B RA 29.74
1894	15.09.	Rüngsdorf	Gerhard Rohlfs: B an Georg Schweinfurth	B RA 29.77
1894	22.09.	Rüngsdorf	Gerhard Rohlfs: B an Georg Schweinfurth	B RA 29.79
1894	14.10.	Rüngsdorf	Gerhard Rohlfs: B an Richard Andree	C B 29.87a, Original Stadtarchiv Braunschweig H III 3:16 vol 6 303
1894	16.10.	Rüngsdorf	Gerhard Rohlfs: B an Georg Schweinfurth	B RA 29.90
1894	27.10.	Rüngsdorf	Gerhard Rohlfs: B an Richard Andree	C B RA 29.93a, Original .Stadtarchiv Braunschweig H III 3:16 vol 6 303
1894	29.10.	Rüngsdorf	Gerhard Rohlfs: B an Georg Schweinfurth	B RA 29.95
1895	21.01.	Wiesbaden, Weberstr. 3		K RA 30.7
1895	30.01.	Wiesbaden	Gerhard Rohlfs: B an Stadtdirektor Rohr	C B RA 30.8a, Original unter 6,11 1261 im Staatsarchiv Bremen
1895	??.03-??.04	Wiesbaden		Konrad Guenther: Gerhard Rohlfs, S 339
1895	29.03.		Tod der Schwester Johanna Elisabeth	
1895	15.05	Rüngsdorf	Gerhard Rohlfs: B an Rüete	B RA 30.18a
1895	28.05.	Rüngsdorf	Gerhard Rohlfs: B an Georg Schweinfurth	B RA 30.20
1895	10.06.	Rüngsdorf	Gerhard Rohlfs: B an Alexander Supan	B P 30.001
1895	16.06.	Rüngsdorf	Silberhochzeit	Konrad Guenther: Gerhard Rohlfs, S 339
1895	05.07.	Rüngsdorf	Gerhard Rohlfs: B an Georg Schweinfurth	B RA 30.27

1895	26.08.	Rüngsdorf	Gerhard Rohlfs: B an Georg Schweinfurth	B RA 30.34
1895	06.09.	Rüngsdorf	Gerhard Rohlfs: B an Georg Schweinfurth	B RA 30.38
1895	09.09.	Rüngsdorf bei Godesberg	Gerhard Rohlfs: B an Georg Schweinfurth	B RA 30.38a, Original in der Uni Freiburg
1895	02.10.	Rüngsdorf	Gerhard Rohlfs: B an Georg Schweinfurth	B RA 30.43
1895	16.10.	Rüngsdorf	Gerhard Rohlfs: B an Georg Schweinfurth	B RA 30.48
1896	15.01.	Rüngsdorf	Gerhard Rohlfs: B an Georg Schweinfurth	B RA 31.6
1896	01.02.	Rüngsdorf	Gerhard Rohlfs: B an Alexander Supan	B P 31.001
1896	17.02.	Godesberg	Gerhard Rohlfs: B an Georg Schweinfurth	B RA 31.9
1896	23.03.	Godesberg	Gerhard Rohlfs: B an Georg Schweinfurth	B RA 31.9
1896	24.03.	Godesberg	Gerhard Rohlfs: B an Georg Schweinfurth	B RA 31.9
1896	??.03.-??.04	Wiesbaden		Konrad Guenther: Gerhard Rohlfs, S 339
1896	14.04.	Wiesbaden		B RA 31.18
1896	??.04.	Wiesbaden, 14 Tage		B RA 31.18
1896	07.05.	Rüngsdorf	Leontine Rohlfs: B an Rudolph Said Rüete	B RA 31.18
1896	02.06.	Tod in Bad Godesberg		Konrad Guenther: Gerhard Rohlfs, S 339
1896	05.06.	Einäscherung im Krematorium zu Hamburg-Ohlsdorf		Konrad Guenther: Gerhard Rohlfs, S 340
1896	10.06.	Trauerfeier und Beisetzung in Vegesack		NVZ 11.06.1896 in 10 Tod 1 auf C 2

Als ehrenamtlicher Mitarbeiter im

Heimatmuseum Schloss Schönebeck

hatte ich seit Jahren die Gelegenheit, den Nachlass von Gerhard Rohlfs durchzusehen und auch die Zustimmung des Vorstandes, ihn für diese Arbeit auszuwerten.
Dafür danke ich ihm.
Es war und ist mir ein Anliegen, den Bestand über Kopien von Briefen, Artikeln in Zeitschriften und Zeitungen und anderen Dokumenten zu mehren, um weitere Informationen über diesen Mann und sein Umfeld zu erhalten. Über jede Unterstützung in diesem Vorhaben wären das Museum und ich sehr dankbar.

Bremen, im Juli 2019

Günter Bolte

bolte@museum-schloss-schoenebeck.de

Heinrich Labentsch

Vegesacker Skizzen

… und das Bild eines Lebens

Taschenbuch, Format 14 x 22 cm,
232 Seiten, 37 s/w Abb.
14,90 Euro
ISBN 978-3-95494-191-9

Ein Mann kehrt zurück an seinen Heimatort und besucht die Stätten seiner Jugend. Er vergleicht und erinnert sich. Wie ein Maler skizziert er prosaisch Ereignisse und Personen aus der Vergangenheit, ohne die ein Bild nicht leben kann. Er wirft einen Blick zurück auf sein Bremen-Nord, auf Vegesack, Aumund, Schönebeck, Grohn, Lemwerder und natürlich auf die Weser. Dabei stellt er sich selbst in den Rahmen und zieht eine liebenswerte Bilanz. Selbstironie, ein wenig Sarkasmus, muntere Farben ergeben ein unterhaltsames Album von einst und jetzt.

Im zweiten Teil dieser gelungenen Ansicht von Heimat erstellt Heinrich Labentsch die Biografie seines Großvaters, Bruno Frenzel, der um 1900 in die Region gekommen war, um als junger Mann eine Existenz aufzubauen. Er kam aus dem Erzgebirge und blieb nach einem bewegenden Schicksal der Weser treu. Sein Leben, seine Familie mag beispielhaft gelten für viele, die sich in Bremen-Nord und umzu niedergelassen haben.